비스마르크와 독일 통일

비스마르크와 독일 통일

2024년 5월 25일 초판 인쇄
2024년 5월 30일 초판 발행

지은이 김장수 | 교정교열 정난진 | 펴낸이 이찬규
펴낸곳 북코리아 | 등록번호 제03-01240호
주소 13209 경기도 성남시 중원구 사기막골로45번길 14 우림2차 A동 1007호
전화 02-704-7840 | 팩스 02-704-7848
이메일 ibookorea@naver.com | 홈페이지 www.북코리아.kr
ISBN 978-89-6324-196-8 (93920)
값 23,000원

비스마르크와 독일 통일

Bismarck und die deutsche Einigung

김장수 지음

북코리아

책을 내면서

오토 폰 비스마르크(Otto von Bismarck)는 1815년 4월 2일 마그데부르크에서 북쪽으로 약 50킬로미터 떨어진 쇤하우젠(Schönhausen)에서 카를 빌헬름 페르디난트 비스마르크(Karl Wilhelm Ferdinand von Bismarck)의 세 번째 아들로 태어났다.

베를린에서 인문계 고등학교, 즉 김나지움을 졸업한 비스마르크는 1832년 5월 10일 당시 하노버 왕국에서 학문적 명성을 떨치던 괴팅겐(Göttingen) 대학에 입학했다. 법학과 국가학 학부에 입학한 비스마르크는 '하노베라(Hanovera)'라는 향우회에 가입했고, 이후부터 그는 대학의 학문적 명성을 제대로 활용하지 않고 대학 생활의 즐거움만 추구했다. 따라서 그는 강의에 참석하기보다 술집에서 많은 시간을 보냈다. 비스마르크에게 많은 빚을 지게 한 이러한 생활은 괴팅겐 대학에서의 학업을 중단케 하는 요인이 되기도 했다. 그런데도 비스마르크는 이 대학에서 역사학자 겸 정치학자였던 헤렌(Arnold Heeren) 교수의 강의를 수강하면서 '유럽의 국가 체제'에 대한 자신의 관점을 체계적으로 정립할 수 있었다. 비스마르크는 1833년 11월부터 베를린의 프리드리히 빌헬름(Friedrich Wilhelm) 대학에서 학업을 지속했는데, 괴팅겐 대학에서와 달리 이곳에서는 비교적 학교생활을 충실히 하려는 자세도 보였다.

1835년 5월 20일 대학을 졸업한 비스마르크는 제1차 법학 국가고시인 판사 시보 시험에 합격했는데, 그러기 위해 특별 과외 수업까지 받았다. 합격 통보를 받은 후 비스마르크는 베를린 고등법원에서 사법 시보로 활동했지만, 얼마 안 되어 법원에서의 활동에 회의를 품기 시작했다. 이에 그는 베를린에서의 사법 시보 직을 포기한 후 당시 자신이 원하던 외교관이 되는 데 필요한 절차를 밟기 위해 아헨으로 떠났다. 실제로 비스마르크는 아헨에서 외교관이 되기 위한 절차를 밟았고 그 이후 시보로서 활동도 펼쳤다. 그러나 비스마르크는 베를린에서와 마찬가지로 자신의 생활에 만족을 느끼지 못했다. 그런데 어느 날 아헨의 완전히 다른 모습이 비스마르크의 시야에 들어왔다. 그의 열정을 송두리째 흔들어버릴, 상상조차 하지 못한 완전히 다른 세상의 모습이 보이기 시작했다. 아헨은 이미 로마 시대부터 19세기 초반까지 국제적으로 이름난 휴양 온천지로서 귀족이나 부유한 영국인이 모여드는 곳으로 알려졌다. 대학도시로서 한적하기만 했던 괴팅겐이나 넓고 복잡한 베를린과 다른, 사교도시로서 유서 깊은 아헨만의 새로운 모습이 그에게 별천지처럼 다가왔다. 아헨의 세속적 사교계는 한창 혈기가 끓어오르는 젊은 남자에게 산만해질 수밖에 없는 많은 기회를 제공했으며, 강한 유혹의 손길을 뻗기도 했다. 점차 비스마르크는 아헨을 찾은 영국 귀족 방문객과 어울리려고 했고, 그중 젊은 여인들은 비스마르크의 마음을 사로잡았다. 실제로 비스마르크는 아헨에서 쿰버랜드(Cumberland) 공작의 조카딸인 21세의 러셀(Laura

Russel)을 만났고, 둘은 바로 사랑에 빠졌다. 비스마르크는 부유한 영국 귀족 인사들과 교류하면서 스스로 상류사회에 동화되는 실수를 저질렀고, 그 과정에서 막대한 적자 상태에 놓인 생활비를 메우기 위해 카지노에서 도박까지 하는 무리수도 두었다. 비스마르크는 러셀과 헤어진 후 이사벨라 로레인-스미스(Isabella Loraine-Smith)와 새로운 사랑에 빠졌지만, 이 역시 오래 지속되지 못했다.

이후에도 비스마르크는 아름다움에다 사회적·경제적으로 안정된 조건을 갖춘 여성만이 자신의 이상에 적합하다고 판단했기 때문에 귀족 가문의 부유한 여성과의 결혼에 지나치게 집착하곤 했다. 직장에 대해 성실함이나 책임감이라고는 전혀 찾아볼 수 없이 상류층 여성과의 결혼이야말로 미래를 위한 해결책인 듯, 결혼을 빌미로 자신이 처한 현실적 궁핍 또는 상황에서 벗어나려 했고 그 대가 역시 스스로 짊어져야 했다. 결국 비스마르크는 빚만 진 채 고향으로 돌아와야 했다.

고향으로 돌아온 비스마르크는 모든 것을 부정적으로 받아들이지 않았고 마음을 추스르기 위해 부단히 노력하기도 했다. 늘 많은 책을 가까이했던 탓에 뛰어난 문장력이나 숨은 기지가 향후 그의 활동에 적지 않은 도움을 주었다. 실제로 비스마르크는 셰익스피어(William Shakespeare), 바이런(George Gordon Noel Lord Byron), 괴테(Johann Wolfgang v. Goethe), 울란트(Ludwig Uhland), 그리고 하이네(Heinrich Heine)의 작품을 비롯하여 역사서와 철학서, 대중문학, 베를린 신문까지 읽을 정도로 높은 독서율을 보였다. 당시 비스마르크는 김나지움 동창생 블랑켄부르크(Moritz v. Blankenburg)의 권유에 따라 포메른의 경건주의자 모임에 참석했고, 경건주의자들과 긴밀한 접촉도 펼쳤다.

이 과정에서 비스마르크는 자신에게 사랑의 의미를 깨닫게 해준 진정한 첫사랑인 타텐-트리에글라프의 딸 마리(Marie v. Thadden-Trieglaff)도 만났다. 마리는 뛰어난 감성적 카리스마에 경건한 의식까지 갖춘 매력적인 인물로 비스마르크의 영혼을 심층까지 뒤흔든 여인이었다. 그러나 마리는 이미 오래전에 블랑켄부르크와 약혼했고, 결혼까지 약속한 상태였다. 비스마르크에게 블랑켄부르크는 소중한 친구였지만, 그렇다고 자신에게 마리가 가지는 의미 역시 부인하기 어려웠다.

당시 마리 폰 타텐-트리에글라프는 비스마르크를 자신의 절친한 친구 요하나와 결혼시키려고 했다. 마리 폰 타텐-트리에글라프와 그녀의 남편 블랑켄부르크의 지속적인 노력으로 비스마르크와 요하나는 1847년 1월 12일 약혼했고, 그로부터 7개월 후인 1847년 7월 28일 비스마르크와 요하나의 결혼식이 카슈벤란트(Kaschubenland)의 알트콜치글로브(Alt-kolziglow)에 위치한 마을교회에서 거행되었다.

1847년 2월 3일 프로이센의 프리드리히 빌헬름 4세(Friedrich Wilhelm Ⅳ)는 철도 건설에 필요한 재원을 마련하기 위해 공채 발행을 결정했고, 그에 따라 프로이센 연합지방의회를 개원한다는 칙령도 발표했다. 바로 연합지방의회 선거가 각 지방에서 실시되었다. 그런데 당시 비스마르크는 토지 귀족들로부터 충분한 신임을 받지 못했기 때문에 연합지방의회 의원으로 선출되지 못했다. 그러나 그는 연합지방의회 의원 중 어느 한 의원이 지병으로 활동하지 못하면 그를 대신해 보궐 의원으로 활동할 수 있는 권한을 부여받았다. 예리코 지역 기사령 의원이었던 브라우히트쉬(v. Brauchitsch)가 지병으로 의원 활동을 포기함에 따라 비스마르크는 그의 의원직을 승계했다. 비스마르크는

1847년 5월 8일부터 연합지방의회에서 최연소 의원으로 활동하기 시작했다. 32세의 최연소 의원이었던 비스마르크는 당시 연합지방의회에서 왕권 및 귀족 계층의 이익을 대변하던 우파 세력에 가담했다. 비스마르크의 의회 활동은 한마디로 과격하고도 독선적이었는데, 상대방을 신랄하고 불손하게 공격하거나 반자유주의적 집단을 끌어모아 단체로 대항하는 식으로 자유주의 추종자들과 정면충돌도 마다하지 않았다. 그렇지만 비스마르크는 연합지방의회가 열리는 몇 주 동안 자신이 가진 정치적 재능을 발견하는 성과도 거뒀다.

1848년 3월 1일 비스마르크는 형 베른하르트로부터 프랑스에서 발생한 2월 혁명의 진행 과정을 전해 들었다. 당시 그는 이웃 국가에서 진행된 혁명에 그리 큰 관심을 보이지 않았다. 그러나 비스마르크는 독일 남서부 지역에서 혁명적 상황이 확산하고 있다는 것과 베를린에서 혁명 세력이 우위를 차지하고 있다는 사실을 접한 이후부터 사태의 심각성과 병력 동원의 불가피성도 인지하게 되었다. 특히 그는 베를린에서 전개되는 상황에 대해 크게 우려했다. 이에 따라 그는 포츠담에 가서 군부의 핵심 인사들인 묄렌도르프(Johann Karl Wolf Dietrich v. Möllendorff)와 프리트비츠(Karl v. Prittwitz) 두 사람과 심도 있는 대화도 나누려고 했다. 3월 20일 포츠담에 도착한 비스마르크는 묄렌도르프, 프리트비츠와 독대하면서 혁명 세력을 타파할 반혁명적 소요의 필요성도 강조했다. 그러나 이들은 비스마르크의 제안에 동의하지 않았다. 아울러 이들은 정세를 제대로 파악하지 못하고 자신의 관점만 관철하려는 비스마르크를 평가절하했다. 또한 이들은 비스마르크를 지방에서 온 성급한 인물 정도로 간주하기도 했다.

결국 비스마르크는 자신이 지향하는 바를 실현하기 위해서는 프리드리히 빌헬름 4세와의 독대가 필요하다는 것을 인지했다. 이후부터 그는 국왕을 알현하기 위한 노력을 펼쳤고, 결국 국왕과 몇 분간의 독대 기회도 가질 수 있었다. 짧은 독대 과정에서 비스마르크는 병력을 동원하여 혁명적 소요를 분쇄해야 한다는 관점을 분명히 밝혔지만, 국왕은 수용을 거부했다. 이후 비스마르크는 카를(Karl) 왕자와 더불어 빌헬름(Wilhelm) 왕세제의 부인인 아우구스타(Augusta)를 통해 그들의 계획을 구체화할 수 있다는 확신도 했지만, 왕세제빈의 반대로 계획은 실현되지 못했다. 아우구스타의 거부로 비스마르크는 자신의 계획을 포기하고 쇤하우젠으로 돌아왔다.

베를린 지배계층의 위선과 비겁함에 실망한 비스마르크는 1848년 5월 22일 개원한 제헌 국민의회에 관심을 기울이지 않았다. 그렇지만 그는 제헌 국민의회의 활동과 거기서 결정된 사안들에 대해서는 예의주시했는데, 이 의회에서 다수를 차지하던 좌파 세력의 지나친 요구가 관철되었기 때문인 것 같다. 이렇게 원외에서 활동하던 비스마르크는 간헐적으로 자신의 정치적 견해를 밝히는 데 주저하지 않았다. 이에 따라 1848년 7월 4일부터 간행된 보수진영의 독자적 언론지 『크로이츠차이퉁(Kreuzzeitung)』 제작에 적극적으로 참여했는데, 이 신문에 신랄한 논조로 좌파 세력을 거침없이 공격하고 그들에게 상처를 가하는 문체의 기고문도 자주 올렸다. 비스마르크는 1848년 8월 18일부터 개최된 지주의회에도 참석하여 자신의 보수적 관점을 다시금 피력했다.

3월 혁명이 종식된 후, 오스트리아에서와 마찬가지로 프로이센에서도 혁명 이전의 체제로 회귀하려는 시도가 펼쳐졌다. 이에 따라 1851년 프랑크푸르트 연방의회로 프로이센 대표를 다시 파견하는 일이 시급해지자, 베를린 정부는 오스트리아와 폭넓은 협력을 추구할 능력을 갖춘 후보자를 찾게 되었고 비스마르크의 이름도 후보 명단에 올랐다. 이렇게 베를린 정부가 외교 정책에 문외한이던 비스마르크를 유력한 후보 중의 하나로 선정한 것은 매우 이례적 결정이라 하겠다. 1851년 7월 중순부터 비스마르크는 프랑크푸르트 독일 연방대사로서 본격적인 임무에 들어갔다. 이후부터 비스마르크는 연방의회 내 각 국가 간의 이해관계를 파악하는 데 주력했다. 그 과정에서 비스마르크는 자신의 정치적 기대치와 완전히 다른 오스트리아의 속내를 정확히 파악하는 기민성을 발휘하기도 했다. 프랑크푸르트 연방의회에서 보낸 8년간의 긴 세월은 1862년부터 프로이센 수상으로 활동할 그에게 정치 전반에 대한 탐색기인 동시에 향후 정치 방향을 결정짓는 밑거름이 될 만한 기간이었다.

비스마르크는 1859년부터 1862년까지 러시아 주재 프로이센 대사로 활동했고, 1862년에는 짧은 기간 동안 프랑스 주재 프로이센 대사로 근무하기도 했다. 1861년 호엔촐레른 가문의 새로운 지배자로 등장한 빌헬름 1세(Wilhelm I)는 섭정 신분으로 국방부 장관과 육군 참모총장으로 임명한 룬(Allbrecht Theodor Emir v. Roon)과 몰트케(Helmuth Graf v. Moltke)에게 프로이센군 증강에 필요한 방안을 상세히 마련하도록 지시했다. 이에 따라 룬은 국민개병제를 토대로 연간 징집 인원을 6만 3천 명으로 늘린다는 법안을 1860년 2월 10일 하원에 제출했지만, 당시 원내 제1당인 독일 진보당이 거부 입장을 표방함에 따라 국왕은 하원을 해산하는 강경책으로 대응했다. 그런데 독일 진보당과 자유주의 좌파는 1862년 5월 6일 시행된 선거에서 다시 압도적인 승리를 거두었다. 그런데도 빌헬름 1세는 군대 문제에서 어떠한 이유로도 의회의 다수파에 양보하려 하지 않았고, 이로 인해 하원은 군제 개편에 필요한 모든 추가 자금 지출 승인을 거부했다. 이제 국왕과 하원은 첨예한 헌법적 쟁점에 직면했는데, 말하자면 프로이센을 지배하는 것이 국왕이냐 아니면 의회냐 하는 문제였다. 위기가 더욱 심화하자, 왕세자 프리드리히(Friedrich)는 국왕에게 양보할 것을 제안했다. 빌헬름 1세의 각료들 역시 합법적 예산 없이 통치해야 하는 상황에 놓이게 되자, 동요하지 않을 수 없었다.

1862년 9월, 하원이 예산안 자체 상정을 각하함에 따라 빌헬름 1세는 왕세자 프리드리히에게 왕권을 양위하려는 생각도 하게 되었고 비밀리에 그에 필요한 절차를 밟기 시작했다. 우선 그는 자신의 서명과 날짜만 빠진 양위 문서를 작성하여 측근 인사들에게 제시했다. 빌헬름 1세의 이러한 시도에 우려를 표명하던 룬은 비스마르크만이 이러한 상황을 극복할 수 있을 거라고 판단했다. 따라서 그는 9월 18일 휴가를 끝내고 파리로 돌아가던 비스마르크에게 "지체하면 위험하다. 서두르시오"라는 내용의 전보를 보내 조속히 귀국할 것을 종용했다. 베를린에 도착한 비스마르크는 9월 22일 오후 빌헬름 1세와 독대했고, 한시적으로 의회의 기능을 무시한 왕정 독재 시대를 도입해야 한다는 것을 강조했다. 비스마르크의 이런 확고한 자세는 빌헬름 1세의 긍정적인 반응을 끌어냄과 동시에 퇴위를 철회케 하는 요인으로도 작용했다.

국왕과 의회가 날카롭게 대립하는 가운데 1862년 9월 23일 비스마르크는 임시 수상으로 임명되었다. 같은 날 하원은 308 대 11이라는 압도적인 표 차로 군제 개혁을 위해 정부가 요구한 예산안을 거부했고, 이로써 하원과 정부 간의 갈등은 새로운 위기 국면으로 치달았다. 비스마르크는 상하 양원의 불일치로 예산이 통과되지 못할 경우를 대비한 헌법 규정이 없다는 사실도 파악했다. 따라서 그는 하루라도 국가 통치가 중단되어서는 안 된다는 '결함이론'을 부각했다. 어떤 법이 합법적으로 효력을 얻기 위해서는 세 개의 입헌적 권력기관, 곧 국왕과 귀족원과 하원의 동의가 필요하다. 만약 세 권력 사이에 합의가 이루어지지 않는다면, 헌법은 세 권력 가운데 어느 쪽을 따라야 하는지 전혀 규정하지 않았다. 어떤 권력도 다른 권력에 양보를 강제할 수 없으므로 헌법은 의사소통을 위한 타협의 길을 모색해야 한다고 정했을 뿐이라는 것이 결함이론의 핵심 내용이라 하겠다.

이 같은 의회와의 대립이 지속되는 상황에서 슐레스비히-홀슈타인 문제가 부상했다. 1863년 11월 15일 덴마크의 프레데리크 7세(Frederik VII)가 직계상속자 없이 사망하면서 크리스티안 폰 존더부르크 글뤽스부르크(Christian v. Sonderburg-Glücksburg)가 덴마크 왕위를 계승했다. 여기서 슐레스비히-홀슈타인 양 대공국을 통합하는 데 필요한 합법적인 상속권이 누구에게 있는가를 두고 분쟁이 발생했다. 1850년대 초에 체결한 일련의 국제조약에서는 크리스티안 폰 존더부르크-글뤽스부르크가 선임자인 프레데리크 7세와 같은 조건으로 덴마크 왕위를 계승한다는 것이 명시되었다. 하지만 1863년에 접어들면서 프레데리크 아프 아우구스텐보르크(Frederik af Augustenborg) 대공이 양 대공국에 대한 권리를 주장하면서 문제가 꼬이기 시작했다. 프레데리크 아프 아우구스텐보르크 대공은 오래전부터 양 대공국에 대한 권리를 주장했지만, 대공의 아버지 크리스티안 아프 아우구스텐보르크는 1852년의 런던 의정서에서 그에 대한 권리 포기, 즉 아우구스텐보르크 방계 혈통의 계승권 포기에 동의했다. 그런데 1863년 프레데리크 아프 아우구스텐보르크가 자신은 1852년 조약과 무관하다면서 대담하게 '슐레스비히-홀슈타인 대공'의 칭호, 즉 스스로를 프리드리히 8세(Friedrich VIII. v. Schleswig-Holstein)라 칭했고 이는 독일 민족주의자들로부터 열렬한 지지도 받았다. 그런 상황에서 덴마크가 슐레스비히 병합을 선언하자, 비스마르크는 오스트리아와 더불어 덴마크 공격을 감행하여 승리를 거두었다. 1864년 8월 1일, 덴마크 국왕 크리스티안 9세(Christian IX)는 독일 연방과 슐레스비히-홀슈타인 양 대공국의 미래와 관련된 결정은 보류한 채 그에 대한 모든 권리를 프로이센과 오스트리아에 양도하고 그 지역을 오스트리아-프로이센 연합군이 관할하도록 했다. 이 모든 결정은 독일권의 두 강대국인 프로이센과 오스트리아의 협력에 기초한 조화로운 2강 지배체제의 출범처럼 보였다.

이렇게 덴마크와의 전쟁에서 공조한 프로이센과 오스트리아는 독일권의 이해관계를 제대로 정리하지 못한 상태였다. 당시 비스마르크는 마인(Main)강을 기점으로 그 이북 지역은 프로이센이 주도하고, 그 이남 지역은 오스트리아가 이끄는 이중 구도를 원했지만, 오스트리아는 그에 동의하지 않았다. 결국 비스마르크는 전쟁이라는 방법, 즉 형제 전쟁을 통해 양국 간의 문제점을 해결하려고 했다. 예상과 달리 형제 전쟁에서 쉽게 승리한 프로이센은 독일 연방을 해체하고 북독일 연방을 출범시켰다. 아울러 독일권에서 강제로 축출된 오스트리아는 오스트리아-헝가리 이원 국가로 변형되었다. 형제 전쟁에서 중립을 지킨 프랑스는 그 대가로 룩셈부르크를 원했지만, 초기의 약속과 달리 비스마르크는 동의하지 않았고, 그것은 나폴레옹 3세에게 반프로이센 감정을 가지게 하는 요인으로 작용했다.

1868년 9월 17일 마드리드에서 소요가 발생해 부르봉(Bourbon) 왕조의 이사벨라 2세(Isabella II)가 추방되었다. 이후부터 에스파냐인은 이사벨라 2세를 축출하고 유럽에서 새로운 통치자를 찾고자 했다. 포르투갈 후보자가 왕위 계승을 거부하자, 에스파냐 임시 정부는 호엔촐레른-지크마링겐(Hohenzollern-Sigmaringen) 가문에 접근했는데, 이 가문은 호엔촐레른 가문에 속하는 남부 독일의 가톨릭계 가문으로서 1866년 이미 루마니아 국왕을 배출한 바 있었다. 1870년 초 에스파냐 전권 공사인 프림(Juan Prim) 장군은 호엔촐레른-지크마링겐 가문의 수장인 카를 안톤(Karl Anton)에게 포르투갈 공주와 결혼한 그의 장남 레오폴트(Leopold)가 왕위 계승을 할 수 있게끔 허락할 것을 요청했다. 당시 레오폴트는 이러한 제의에 대해 매우 주저했지만, 6월 19일 에스파냐 왕위 계승을 수락했다. 프로이센 국왕 빌헬름 2세 역시 마지못해 수용했다. 그러나 파리 정부는 이러한 상황 전개에 동의하지 않았고, 결국 에스파냐 왕위 계승에 적극적으로 개입하기로 했다. 개입 과정에서 프랑스는 프로이센에 지나친 요구를 하게 되었고, 그 과정에서 '엠스 전보' 사건이 발생했다. 내용인즉슨 비스마르크가 빌헬름 1세에게서 온 전보 내용의 일부를 삭제하여 독일 국민에게는 프랑스 대사가 프로이센 국왕에게 무례를 범한 것으로 보이게 했지만, 프랑스 국민에게는 프랑스 대사가 모욕당한 것으로 꾸몄다. 이에 따라 1870년 7월 프랑스와 프로이센이 주도하던 독일연합군 사이에 전쟁이 발생했고, 비스마르크의 예상대로 프로이센과 독일연합군이 승리를 거두게 되었다. 이후 탄생한 독일 제국은 4 왕국, 5 대공국, 13 공국, 3 자유시 등 25개 국가와 2 제국령(알자스, 로트링겐)으로 구성되었는데, 각 구성 국가는 재래의 명칭과 군주를 그대로 유지하고 적지 않은 자치권도 인정받았다.

비스마르크는 독일 통일 이후 정당 정책, 종교 정책, 그리고 사회복지 제도 도입 같은 정책을 효율적으로 추진했다. 그리고 그는 알자스-로렌 지방을 빼앗긴 프랑스의 보복 전쟁이 가시화되는 것을 막기 위해 펼친 외교 정책, 즉 프랑스의 고립화와 그것을 유지하는 데 절대적으로 필요한 열강 간의 동맹 정책도 지속적으로 펼쳤다. 아울러 그는 빌헬름 1세에 이어 독일 제국의 두 번째 황제로 등극한 프리드리히 3세(Friedrich III)가 1888년 6월 13일 서거한 후 등장한 빌헬름 2세(Wilhelm II)와의 관계에도 신경을 썼다. 비스마르크는 29세의 젊은 빌헬름 2세와 협력하려고 했지만, 새 황제는 독자적으로 국가를 운영하기 위해서는 늙은 재상을 퇴출해야 한다는 관점을 가졌고 결국 실현했다.

1990년 10월 3일 독일이 재통일된 이후부터 비스마르크에 대한 독일인의 관심은 크게 증대했는데, 그가 독일 통일을 구현하는 데 주역으로 활동했다는 사실 때문이었던 것 같다. 이에 비스마르크에 대한 재평가, 특히 부정적 측면보다는 긍정적 측면에서의 재평가가 모색되었고, 그러한 시도에 대한 사회적 반응 역시 매우 호의적이었다. 더욱이 비스마르크에 관한 연구가 활성화되면서 현실정치가(Realpolitiker)로서 그의 정치적 행보와 업적을 다룬 다수의 저서와 논문이 출간되는 학문적 성과도 거두었다.

주지하듯이, 비스마르크는 수백 년간 지속된 독일권의 지역주의를 타파하고 1871년 1월 18일 독일 제국을 탄생시키는 데 주도적 역할을 담당했다. 그러나 그는 1860년대 초반부터 구체화하기 시작한 독일의 통일 과정에서 나타난 적지 않은 장애 요인들, 즉 독일권에서 오스트리아의 패권주의와 프랑스의 팽창주의 및 간섭주의에 직면했는데 그럴 때마다 그는 자신의 정치적 역량을 발휘하여 그러한 장애 요인들을 효율적으로 제거했다. 그런데 비스마르크는 장애 요인들을 제거하는 과정에서 합법성이 결여된 전쟁이라는 방법을 사용했고, 거기서 비롯된 부작용을 해결해야 하는 노력도 기울여야 했다.

그런데 비스마르크는 자신의 정책을 실현하면서 여론의 공감대를 얻고자 노력하지 않았을 뿐만 아니라 그에 대해 부정적이었던 세력에 대해서도 배려하지 않았다. 오로지 그는 주어진 사건들을 냉철히 분석하고 거기서 도출된 판단에 따라 실행했는데, 그것이 바로 그가 펼친 현실정치의 핵심 내용이라 하겠다. 현실정치가로서의 이러한 자세는 그가 정치활동을 본격적으로 펼치기 시작한 1848년부터 세상을 떠날 때까지 견지되었던 것으로, 그의 정책에 대한 불만 세력의 결집과 이들이 능동적으로 활동을 전개하는 요인이 되기도 했다.

지금까지 국내 서양사학계, 특히 독일사학계는 독일 통일을 실현한 비스마르크에 대해 적지 않은 관심을 보였고, 그 과정에서 많은 저서와 논문들이 간행되고 발표되었다.[1] 이러한 연구 성향은 앞으로도

1 여기서는 지금까지 출간된 저서들만 언급한다. 우선 빌헬름 몸젠의 『비스마르크』가 1997년 최경은에 의해 번역 출간되었고, 김장수가 『비스마르크: 독일 제국을 탄생시킨 현실 정치가』를 2009년 출간했고, 강미현이 『비스마르크 평전: 비스마르크가 또다시 살아나다』를 2010년 간행했고, 에버하르트 콜브의 『오토 폰 비스마르크』를 김희상이 2021년 번역 출판했고, 그리고 2022년 강성학이 『오토 폰 비스마르크: 천재 정치가의 불멸의 위대한 리더십』을 간행했다.

당분간 지속될 것 같다. 필자 역시 이러한 연구 성향에 부응하기 위해 가지고 있던 자료들과 최근에 구매한 전문서들을 토대로 비스마르크가 독일 통일 과정에서 맡은 역할과 통일 이후의 정책을 구체적으로 확인하기 위해 이 책을 쓰게 되었다.

이 책에서는 비스마르크가 정치활동에 본격적으로 참여하기 시작한 3월 혁명(1848) 이후부터 독일 통일이 실현된 1871년까지를 구체적으로 언급한다. 이를 위해 우선 성장기와 청년기의 비스마르크를 다룬 후, 본격적으로 정치활동을 시작한 3월 혁명 전후의 시기를 취급하도록 한다. 이어 프랑크푸르트 대사 및 러시아와 프랑스에서 외교관으로 활동하던 시기와 프로이센 수상으로 등장한 이후의 시기를 언급하고자 한다. 여기서는 특히 프로이센 수상으로 취임한 이후 군제개혁을 거부하던 의회와의 대립을 극복하는 과정을 다룬 뒤 독일 통일의 걸림돌로 등장한 외부 세력, 특히 오스트리아 및 프랑스와의 전쟁을 구체적으로 거론하도록 한다. 마지막으로 독일 통일 이후 비스마르크의 국내 정책, 외교 정책, 그리고 위정자들과의 관계, 특히 빌헬름 2세와의 불편한 관계를 언급하면서 그의 말년에 대해서도 자세히 다루도록 한다.

인명과 지명 등 고유명사는 해당 국가의 발음과 표기에 따랐다. 다만 영어식 표기로 굳어져 있는 나라(예: '외스터라이히' 대신 '오스트리아')나 지역명(예: '뵈멘' 대신 '보헤미아')은 그대로 사용했다.

짧은 기간의 탈고에서 비롯된 문장이나 내용상의 오류는 개정판에서 시정하도록 하겠다. 그리고 어려운 여건에도 이 책의 출간을 기꺼이 허락하신 북코리아 이찬규 대표님과 출판사 관계자 여러분께 이 자리를 빌려 감사의 말씀을 드린다.

2024년 4월

김장수

목차

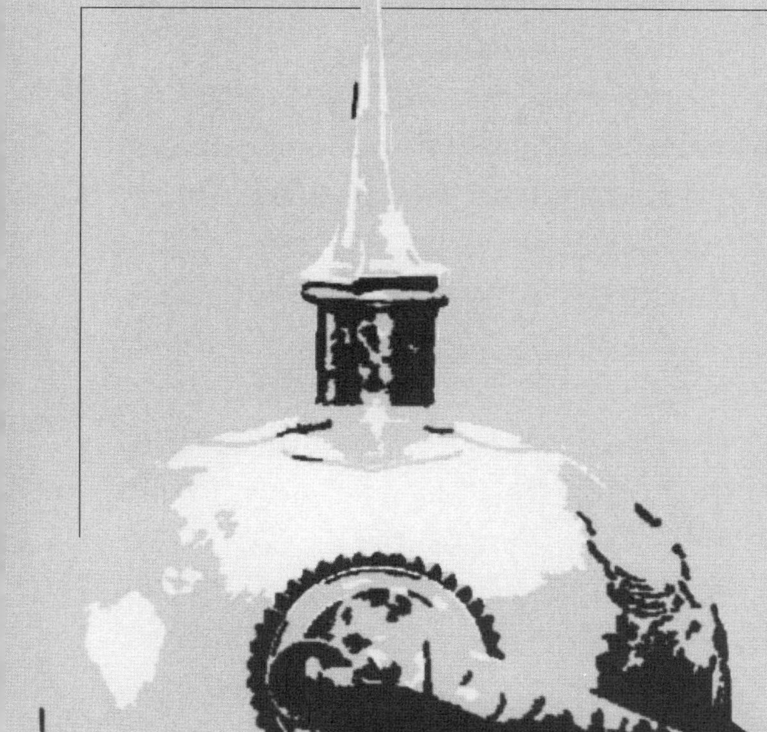

제1장
청년기의 활동

1 유년기의 생활

엘바(Elba)섬에서 탈출한 나폴레옹(Napoleon)이 파리(Paris)에서 다시 정권을 장악한 1815년 4월 2일, 오토 폰 비스마르크(Otto von Bismarck)는 마그데부르크(Magdeburg)에서 북쪽으로 약 50킬로미터 떨어진 엘베강 오른쪽에 있는 쇤하우젠(Schönhausen)에서 카를 빌헬름 페르디난트 비스마르크(Karl Wilhelm Ferdinand v. Bismarck)의 세 번째 아들로 태어났다.[1] 이는 베를린에서 발간되던 『슈페너쉐 차이퉁

1 비스마르크의 완전한 이름은 오토 에두아르트 레오폴트 폰 비스마르크(Otto Eduard Leopold von Bismarck)다. 원래 비스마르크는 1명의 누이와 2명의 형, 알렉산더 프리드리히(Alexander Friedrich)와 베른하르트(Bernhardt)가 있었다. 1807년에 출생한 큰형 알렉산더 프리드리히는 1809년에 사망했으며, 1809년에 태어난 누이 루이제 요하나(Louise Johanna)는 1813년에 사망했고, 1810년에 태어난 베른하르트가 유일한 형으로 남아 있었다. 1819년에 남동생 프란츠(Franz)가 태어났지만, 이 동생도 1822년에 생을 마감했다. 1827년에 태어난 여동생 말비네(Malwine)는 비스마르크 말년에 그에게 많은 도움을 주었다. 비스마르크가 태어나기 2년 전인 1813년 나폴레옹 보나파르트의 막냇동생 제롬 보나파르트(Jerôme Boaparte)가 통치하던 베스트팔렌 왕국(Königreich Westfalen) 영역이 엘베강 왼쪽 지역까지 확대되었고, 나폴레옹 전쟁 기간 중 프랑스군은 쇤하우젠에 주둔하기도 했다. 그리고 이러한 시기에 프랑스의 혁명사상이 이 조그만 마을에 영향을 끼치는 상황마저 초래했다.

(Spenersche Zeitung)』의 한 귀퉁이에 카를 빌헬름 페르디난트 비스마르크가 모든 지인과 친척에게 알리는 조그만 광고문에서 확인할 수 있다. 광고문에서는 "어제 아내가 건강한 아들을 출산했다(Gestern hat meine Frau einen gesunden Jungen geboren)"라는 문구가 확인되었다.

비스마르크 가문은 알트마르크(Altmark)의 오래된 가문 중의 하나였지만, 비스마르크가 등장하기 전에는 평범한 가문에 불과했다.[2] 1806년 가르니손키르헤(Garnisonkirche)에서 16세의 루이제 빌헬미네 멘켄(Luise Wilhelmine Mencken)과 결혼한 34세의 비스마르크 아버지, 카를 빌헬름 페르디난트 비스마르크 역시 전형적인 토지 귀족(Junker)의 범주에서 벗어나지 못했다.[3] 카를 알렉산더 비스마르크(Karl Alexander v. Bismarck)의 막내아들인 카를 빌헬름 페르디난트 비스마르크는 제1차 오스트리아 왕위 계승 전쟁(1740) 이후부터 프로이센이 참여한 모든 전쟁에서 항상 전방을 담당한 가문의 전통을 무시하고, 1794년 23세의 젊은 나이에 대위(Rittmeister)로 예편했다. 이에 따라 이 인물은 1806년의 해방전쟁과 1813년에 벌어진 나폴레옹 전쟁에 참여하지 않았다. 이를 통해 카를 빌헬름 페르디난트 비스마르크는 프로이센 국왕을 위해 한 번도 전투에 참여하지 않았음을 확인할 수

---

2 13세기부터 확인되는 비스마르크가는 프로이센(Preußen)을 통치한 호엔촐레른(Hohenzollern) 가문보다 오래된 가문이었다. 알트마르크는 독일 작센-안할트(Sachsen-Anhalt)주의 북부지역이며, 베를린 서쪽과 볼프스부르크(Wolfsburg) 동쪽 사이를 아우르며, 브란덴부르크(Brandenburg)주의 시발점이 된 곳이다.

3 당시 프로이센에서만 확인되던 융커는 포메른과 슐레지엔(Schlesien) 지방에 많이 살고 있었는데, 이들은 귀족 출신인 데 자부심을 가졌고 농장을 경영하고 수입 증대를 위해 지방관리로 활동하기도 했다. 융커들은 젖소의 젖을 직접 짜거나 자신들이 만든 털실을 인근 시장에 가서 팔기도 했다. 외양상 이들은 부유한 농민 같은 생활을 했다.

있다. 예편한 이후부터 흉갑을 착용한 그의 검(Kürassiersäbel)은 옷장 한구석에 놓이게 되었다. 이에 반해 카를 빌헬름 페르디난트 비스마르크의 둘째 형 프리드리히(Friedrich)와 셋째 형 레오폴트(Leopold)는 일찍부터 군에서 복무했기 때문에 직업 장교로서의 명성도 떨쳤다.

아버지 카를 빌헬름 페르디난트 비스마르크와 달리 어머니 빌헬미네는 자녀 교육에 필요한 지적 조건들을 충분히 갖추고 있었다. 실제로 그녀는 유창한 어휘력에 풍부한 감수성을 겸비하고, 학문적 소양마저 갖추고 있었다. 빌헬미네의 부친인 아나스타시우스 루트비히 멘켄(Anastasius Ludwig Mencken)은 추밀원 고문관(Geheim Kabinettsrat)이었으며 당시 진행되던 개혁, 특히 교회와 학교 부문 개혁(Kirchen und Schulwesen)에서 핵심적 역할을 담당하기도 했다.

빌헬미네는 부친이 일찍 세상을 떠났기 때문에 경제적으로 매우 어려운 상황에서 성장했다. 니더작센(Niedersachsen)의 올덴부르크(Oldenburg)에 자리한 멘켄 가문에서는 다수의 저명한 학자가 배출되었는데, 이들은 주로 라이프치히(Leipzig) 대학과 헬름슈테트(Helmstedt) 대학에서 신학, 역사, 법학을 강의했다.

비스마르크가 태어난 다음 해인 1816년 카를 빌헬름 페르디난트 비스마르크는 가족과 함께 포메른(Pommern)의 나우가르트(Naugard) 지역에 있는 크니프호프(Kniephof)로 이주했는데, 부인 빌헬미네가 사촌 미망인으로부터 크니프호프와 거기서 약 10킬로미터 떨어진 퀼츠(Külz)와 야르셸린(Jarchelin)의 광대한 토지를 상속받았기 때문이다. 신앙심이 깊었던 카를 빌헬름 페르디난트 비스마르크와 빌헬미네는 지역 교회의 재정 상황이 매우 어렵다는 것을 파악한 후, 적지 않은 토지를 교회에 기증하기도 했다. 교회에 대한 부모의 이러한 배려는 훗

비스마르크의 어린 시절(11세)

날 비스마르크의 교회 정책에도 적지 않은 영향을 끼쳤다.

카를 빌헬름 페르디난트 비스마르크는 프로이센의 지방 귀족들과 마찬가지로 불평과 불만이 많은 농민 사이에서 마치 소왕국의 국왕처럼 군림하는 지방 지주이자, 아랫사람들을 다소 거칠게 다루던 주인이기도 했다.

비스마르크가 어린 시절을 보낸 크니프호프는 프로이센의 다른 지방들보다 농업 의존도가 매우 높았는데, 이는 이 지방의 경제적 낙후성을 예측하게 한다. 그렇지만 크니프호프는 강변의 평지를 끼고 넓게 펼쳐진 쇤하우젠과 달리 농가나 도로가 없는 자그마한 마을이었다. 마을은 떡갈나무가 길게 뻗어 있는 거리를 지나 왼쪽으로 숲과 공원을 끼고 오른쪽으로 집들이 드문드문 보이는 곳에 있었다. 2층으로 된 저택은 좌우로 증축한 1층 건물에 각각 다락방까지 있었고, 집 뒤편으로 정원과 거기에 딸린 방과 베란다, 그리고 오른쪽으로 하인들이 거주하는 방으로 이루어져 있었다. 벽돌로 장식된 좁은 현관이 보여주듯, 누가 보더라도 저택으로 보기에는 규모나 시설이 매우 미흡한 건물이었다. 그런데도 완만한 언덕과 작은 숲길, 멀리 펼쳐진 초원과 수목림, 거기에다 활엽수림과 개울까지 끼고 있던 크니프호프, 한 폭의 그림과도 같았던 풍광은 전형적인 도시의 삭막하고 메마른 모습과는 너무나 거리가 먼, 그야말로 어린 비스마르크에게는 전원생활을 만끽할 수 있었던 천국이었다. 실제로 이러한 자연 환경은 어린 비스마르크의 정서 함양에 크게 이바지했다.

2 베를린에서의 학창 생활

어머니 빌헬미네[4]에게서 가정교육을 받던 일곱 살의 비스마르크는 1822년 초 친형 베른하르트(Bernhardt)가 다니던 베를린(Berlin) 빌헬름가에 있는 플라만 사립학교(Plamannsche Erziehungsanstalt)에 입학했다.[5] 당시 고급 공무원의 자녀들과 엘베강 동쪽 지역 토지 지주들의 자녀들이 주로 다니던 플라만 사립학교는 페스탈로치(Johann Heinrich

4 비스마르크는 1847년 2월 어머니 빌헬미네와 아버지 카를 빌헬름 페르디난트 비스마르크에 대해 언급했는데, "그녀는 아름다웠고 화려함을 사랑한 여인이었다. 아울러 그녀는 명석하고 생동감 넘치는 이해력도 가졌다. 그러나 그녀는 나에게 너무 많은 것을 배우게끔 요구했고, 그러한 것은 종종 나에게 너무나 가혹하고 냉혹한 것처럼 느껴지곤 했다. 따라서 그 당시 나는 어머니를 종종 미워하곤 했다. 어머니와 달리 아버지는 정말로 나와 형을 사랑한 것 같다. 그런데도 아버지에 대한 나의 자세는 올바르지 못한 것 같다. 이 점에 대해 나는 후회하고, 반성해야 할 것이다"라고 회상했다.

5 당시 비스마르크의 어머니 빌헬미네는 1806년 훔볼트(Wilhelm v. Humboldt)가 주도한 수업 및 교육 개혁에 동의하는 자세를 보였다. 따라서 그녀는 두 아들이 반드시 신교육을 받아야 한다는 생각도 하게 되었다. 빌헬미네는 아들들이 왕국에서 존경받는 지식인으로 성장해야 한다고 생각했고, 그것을 실천하는 것이 자신의 주된 과제라고 믿었다. 이렇게 빌헬미네가 선호한 플라만 사립학교는 페스탈로치의 교육이념을 추종한 독일 교육학자 플라만(Johann Ernst Plamann)이 설립한 학교다.

Pestalozzi)식 교육 방법[6]을 철저히 추종했기 때문에 건강한 체력과 정신 교육을 동시에 지향한 학교로도 명성이 매우 높았다.

플라만 사립학교의 일과는 교사가 아침마다 펜싱 검으로 학생들을 찔러 깨우는 새벽 6시 이전부터 시작되었다. 새벽 6시 빵과 우유뿐인 아침 식사가 학생들에게 제공되었고, 7시에 종교수업과 교장의 훈화에 이어 10시 30분에 휴식과 함께 마른 빵으로 한 차례 더 식사가 나왔다. 학생들은 점심시간에 주메뉴인 고기와 삶은 감자로 식사했고, 저녁에는 빵이나 샌드위치에다 데운 맥주에 첨가물을 섞은 음료수가 나왔다. 식사 시간을 제외한 나머지 시간은 수업과 예습, 공동산책과 공식적인 놀이 시간 등의 교육 프로그램에 할애되었다. 그리고 군사훈련의 비중도 높았음을 알 수 있는데, 그것은 많은 학생의 몸에서 길게 부어오른 피멍(Striemen)으로 확인할 수 있다. 당시 비스마르크는 플라만 사립학교의 이러한 운영 방식에 대해 매우 부정적이었는데, 그것은 그가 6년 동안 다닌 이 학교를 '교도소(Zuchthaus)'로 지칭한 데서 확인할 수 있다.[7]

플라만 사립학교가 경영난으로 폐교함에 따라 비스마르크는 1827년 가을부터 1832년 4월까지 프리드리히 빌헬름 인문계 고등학

---

6 페스탈로치는 교육 목적을 인간의 자연 본성 개발에 두었기 때문에 그의 교육 원리는 합자연 원리에 기초한 것 같다. 그런데 그가 지향한 자연은 원시적 자연이 아닌 문화를 통해 얻을 수 있는 인간적 자연이었다.

7 1825년 비스마르크는 어머니로부터 편지 한 통을 받았는데, 빌헬미네는 아들에게 성적이 형 미하엘(베른하르트)보다 나쁘면(dein Zeugnis zu Michaelis nicht vorzüglich gut ausfällt) 이번 겨울 집에 올 생각을 포기하고 플라만 사립학교의 허가증 없이 집을 방문하는 것도 절대로 허용하지 않는다는 경고성 발언도 했다. 1864년 비스마르크는 자신의 측근에게 "내 어린 시절은 플라만 사립학교가 다 망쳐버렸어. 실제로 이 학교는 교도소 같았으니까"라고 했다.

교(Friedrich Wilhelm Gymnasium)와 그라우엔 클로스터 수도원 부설 인문계 고등학교(das Gymnasium zum Grauen Kloster)를 다녔다.[8] 베를린에서 비스마르크와 그의 형 베른하르트가 인문계 고등학교에 다니는 동안 카를 빌헬름 페르디난트 비스마르크는 이들 형제가 머무를 주택을 임차했고, 겨울에는 아내인 빌헬미네와 함께 임차 주택에 머무르기도 했다. 부모가 베를린에 없는 동안 형제는 쇤하우젠에서 선발해 고용한 가정부 노이만(Trinne Neumann)의 보살핌을 받았다. 당시 비스마르크는 어머니 빌헬미네가 7~8월 여름방학 동안 형과 자신이 크니프호프에서 해수욕을 즐기지 못하게 했다는 의심도 여러 번 제기했다.[9]

이 시기 비스마르크는 역사를 제외한 모든 학과에서 뛰어난 능력을 발휘했는데, 그중 언어와 지리, 통계학에서는 다른 학생들보다 월등했다. 특히 언어 능력이 뛰어난 그는 모국어와 별 차이를 느낄 수 없을 정도로 영어와 프랑스어를 유창하게 구사했고 러시아어, 이탈리아어, 그리고 에스파냐어로 간단한 대화도 가능했다. 그러나 비스마르크는 교사들과 동급생들 사이에서 별로 눈에 띄지 않는 조용한 학생이었다. 1832년 4월 비스마르크는 비교적 우수한 성적으로 대학 입학 자격시험(Abitur)에 합격했다. 합격 증서에는 비스마르크가 자격

---

8 김나지움 츰 그라우엔 클로스터는 프란체스코 수도회 소속의 수도원이 운영하던 인문계 고등학교였다. 1574년에 설립된 이 학교는 베를린에서 가장 오래된 명문 고등학교였다. 수도사들이 회색 옷을 착용한 데서 유래한 그라우엔 클로스터는 제2차 세계대전 중 파괴되었고, 현재는 교회 일부만 남아 있다. 그리고 프리드리히 빌헬름 김나지움은 1797년에 설립된 왕립 교육기관이었다.

9 고향에 갈 수 없던 비스마르크는 포츠담 근교 템플린(Templin)에 살던 숙부 프리드리히(Friedrich v. Bismarck)에게 맡겨지는 경우가 허다했다.

시험에서 받은 성적뿐만 아니라 재학 시절에 관찰된 그의 성격에 대해서도 비교적 자세히 기록되어 있다. 또한 이 합격 증서에는 비스마르크가 뛰어난 재능을 갖추었음에도 종종 자신의 학문적 노력을 중단하거나 등한시하는 단점 때문에 평균적 학생 수준에서 크게 벗어나지 못했다는 점도 명시되었다.[10]

10 이러한 비스마르크의 재능에 대해 학교 친구였던 블랑켄부르크(Moritz v. Blankenburg)도 언급했는데, "비스마르크는 참 수수께끼 같은 인물이다. 나는 그가 공부 대신 산책하러 가는 것을 자주 보았다. 그런데도 그는 모든 것에 해박할 뿐만 아니라 자신에게 부여된 과제들도 기간 내에 제출했다"는 것을 부각했다.

3 괴팅겐 대학 입학

1832년 5월 10일 열일곱 살의 비스마르크는 사관학교에 진학하기를 바라던 아버지의 기대를 저버리고 법학을 공부하기 위해 당시 하노버 왕국(Königreich Hannover)에서 학문적 명성을 떨치고 있던 괴팅겐(Göttingen) 대학에 입학했다. 당시 독일 대학은 유럽에서 가장 수준 높은 대학으로 평가받고 있었다. 영국 여왕 빅토리아(Victoria)의 남편 앨버트(Albert)는 옥스퍼드(Oxford)와 케임브리지(Cambridge) 대학이 독일 대학 같은 명성을 얻기 위해서는 독일 대학을 모델로 전면적 개혁을 해야 한다고 했다. 괴팅겐 대학을 선택한 것은 비스마르크가 아니라 어머니 빌헬미네였다.

입학 당시 비스마르크의 신장은 당시로서는 매우 거구라 할 수 있는 192센티미터였고 깡마른 체구, 숱 많은 밝은 금발에 얼굴에는 주근깨가 가득했다. 비스마르크는 괴팅겐 대학보다 하이델베르크 대학에서 공부하고자 했지만, 어머니의 반대로 실현되지 못했다. 당시 빌헬미네는 아들이 하이델베르크에서 학업보다 맥주에 푹 빠지지 않을까 걱정했다. 법학과 국가학(Rechte und Staatswissenschaften) 학부에 입

비스마르크의 대학 시절(1832)

학한 비스마르크는 7월 6일 1809년부터 본격적으로 활동을 펼치기 시작한 '하노베라(Hanovera)'라는 향우회(Landmannschaft)에 임시로 가입했고, 8월에 개최된 펜싱 결투에서 승리를 거둔 후 정식 회원으로 활동하기 시작했다. 이후부터 그는 대학의 학문적 명성을 제대로 활용하지 않고 대학 생활의 즐거움만 추구했다.[11] 그는 자신이 매우 개

11 자신이 '모든 것(nach hinten und vorn)'에 관심을 가질 나이라고 언급한 비스마르크는 '법학과 국가학 학부'에 입학했는데, 이 학부는 국가의 조직과 경영을 연구하는 학문으로 행정학, 법학, 경제학, 정치학, 역사학 그리고 사회학을 포괄했다. 대학에 입학한 직후, 비스마르크는 대학생 학우회로 번역되는 부르셴샤프트(Burschenschaft)에 관심을 표명했다. 비스마르크가 관심을 보인 부르셴샤프트는 1815년 6월 12일 예나(Jena) 대학에서 최초로 결성되었는데, 독일의 통합을 실현하고 자유주의의 제 원칙을 실제 정치에 반영하겠다는 것이 이 학생단체의 목표로 제시되었다. 부르셴샤프트를

방적이라고 판단했고 방탕한 생활도 일삼았다. 실제로 비스마르크는 재학 중 교칙으로 금지된 결투(mensur)를 25회 이상이나 벌임으로써 대학 지하 감옥(Karzeraufenthal)에 여러 번 구금되기도 했다. 당시 그는 하노베라에서 최고 검객으로 이름을 날렸고, 그 때문에 '무적의 아킬레스(Achilles der Unverwundbare)'라는 별명까지 얻었다. 비스마르크는 1833년 1월 형 베른하르트에게 보낸 서신에서 미카엘(Michaeli) 축제

결성하는 과정에서 이 대학의 학생이었던 리만(Heinrich Hermann Riemann)이 결정적인 역할을 담당했다. 리만과 측근들의 노력으로 학생 총수 650명 중에서 143명에 달하는 학생들이 부르셴샤프트에 가입했는데, 이 대학생단체는 점차 아른트(Ernst Moritz Arndt), 루덴(Heinrich Luden), 프리스(Friedrich Fries) 교수의 영향을 받게 되었다. 그런데 이들 교수는 당시 반메테르니히적 관점을 표방하는 데 주저하지 않았던 반정부 인물들이었다. 중부와 남부 독일의 많은 대학이 예나 대학의 예를 따랐으나, 북부 독일에서의 조직화는 매우 느리게 진행되었으며, 바이에른과 오스트리아 같은 지역은 이 운동의 영향을 거의 받지 않았다. 이러한 지역적 편차를 통해 부르셴샤프트 운동이 구교 지역이 아닌 신교 지역에서 주로 진행되었다는 것도 확인할 수 있다. 예나 대학에서 부르셴샤프트가 결성된 지 2년 후인 1817년 10월 18일 부르셴샤프트 총회가 작센-바이마르-아이제나흐(Sachsen-Weimar-Eisenach) 대공국의 바르트부르크(Wartburg)에서 개최되었다. 외형적 목적은 루터(Martin Luther)의 종교개혁 300주년과 라이프치히(Leipzig) 전승 4주년을 기념하기 위한 것이었다. 그러나 실제 목적은 부르셴샤프트 사이의 단결 및 현재의 독일 상황에 어떻게 대처해야 할 것인가를 정리하는 데 있었다. 이 축제에서는 공화정 체제의 도입도 언급되었지만, 대다수 학생은 그에 동의하지 않았다. 바르트부르크 축제의 공식 행사가 끝난 후 일부 학생들에 의해 소각 행위가 있었는데 주로 반독일적인 것, 구체제의 상징물, 그리고 반자유주의적 저술가의 작품 등이 소각되었다. 이러한 소각 행위는 메테르니히를 비롯한 독일 내 위정자들의 관심 및 우려를 유발했다. 이후부터 이들은 학생들의 이러한 행위를 공공질서 및 국가 체제에 대한 정면 도전으로 간주했고, 부르셴샤프트의 활동과 조직 와해에 필요한 방안도 구체적으로 마련하기 시작했다. 또한 부르셴샤프트를 불법단체로 간주하고 이 단체에 관여하는 인물들에 대한 처벌도 본격화하기로 했다. 당시 비스마르크는 자신이 부르셴샤프트에 가입한다면 판사, 관료 그리고 외교관으로서의 활동을 포기해야 한다는 사실을 인지했기 때문에 2개월 만에 부르셴샤프트와의 관계를 완전히 단절했다. 아울러 그는 부르셴샤프트 회원들의 뒤떨어진 교육 수준과 생활 수준에 실망했고, 이 학생단체가 지향하던 정치 및 사회개혁에 대해서도 부정적이었다.

이후 14회 펜싱 결투를 벌였고, 거기서 단 한 번만 자기 피를 보았다고 자랑하기도 했다.

실제로 비스마르크는 강의보다는 술집에서 시간을 보내는 경우가 많았다. 비스마르크에게 많은 빚을 지게 했던 이러한 생활은 괴팅겐 대학에서 그의 학업을 중단케 하는 요인이 되기도 했다. 그런데도 비스마르크는 이 대학에서 역사학자 겸 정치학자였던 헤렌(Arnold Heeren) 교수의 강의를 수강하면서 유럽의 국가 체제(das europäische Staatensystem)에 대한 자신의 관점을 체계적으로 정립할 수 있었다.

브레멘 상인 출신의 아들로 태어난 헤렌은 경제와 교역이 일반 정치와 어떻게 연계되는가에 큰 관심을 보였고, 이것은 그가 이 부분에 대해 탁월한 식견도 가지는 계기가 되었다. 헤렌은 1793년부터 3년에 걸쳐 진행된 연구 업적으로 『유럽 주요 민족들의 정치, 교통, 그리고 교역에 대한 사상(Ideen über Politik, den Verkehr und den Handel der vornehmsten Völker der Alten Welt)』을 출간했다. 이 저서는 당시 많은 지식인의 관심을 유발했고, 이 저서로 헤렌은 1801년 괴팅겐 대학 역사학부 교수로 임용되었다.

1833년 11월부터 비스마르크는 베를린의 프리드리히 빌헬름(Friedrich Wilhelm) 대학에서 학업을 지속했는데, 괴팅겐 대학에서와 달리 이곳에서는 비교적 학교생활에 충실하려고 노력했다.[12] 당시 베를린 대학에 재학 중인 학생은 2,500명 정도였고 이들 중 25% 이상이 법학을 전공했는데, 이 대학에는 사비니(Friedrich Karl v. Savigny), 랑

12 괴팅겐 대학을 졸업하지 못했음에도 비스마르크는 1885년 3월 28일, 이 대학에서 명예박사학위를 취득했다.

케(Leopold v. Ranke), 트렌델렌부르크(Friedrich Adolf Trendelenburg), 그리고 리히터(Carl Richter)를 비롯한 저명한 학자들도 많았기 때문에 독일 내에서 학문의 전당으로 간주되었다.

베를린 대학 재학 중 비스마르크는 오페라 관람을 좋아했으며, 프랑스어와 영어를 즐겨 썼다. 베를린의 귀족 사교계를 능숙하게 휘어잡을 줄 아는 활달하고 박식한 청년이었던 그는 무엇보다 진정한 우정을 맺고 가꿀 줄 알았다. 베를린 시절의 가장 가까운 친구들, 예를 들면 발트해 연안 출신 카이저링(Alexander Graf v. Kaiserling) 백작과 미국인 모틀리(John Lothrop Motley)는 평생지기가 됐다. 세 사람은 '영국 서클(Englisches Kranchen)'을 구성한 후 정례적으로 모임도 했는데, 당대 유명한 작곡가들의 작품을 연주하거나 셰익스피어나 바이런의 작품을 비롯해 잡다한 어문학에 대한 활발한 토론도 벌였다.[13] 1861년부터 1868년까지 빈 주재 미국대사, 1869년부터 1870년까지 런던 주재 미국대사로 활동한 모틀리는 젊은 시절, 즉 1839년에 쓴 소설 『모톤의 희망(Moton's Hope)』에서 비스마르크를 라벤마르크(Otto v. Rabenmark)라는 인물로 등장시켰다. 소설에서 라벤마르크는 술집과 거리에서 그야말로 고삐 풀린 말처럼 자유분방하지만, 자욱한 파이프 담배 연기가 실루엣을 만드는 방에서는 모든 객기를 버리고 모톤과

13 당시 자유주의를 추구하던 카이저링은 프로이센의 정치체제를 강하게 비판했다. 페테르부르크 학술원과 교류하던 카이저링의 할아버지와 부친은 자녀들 교육을 위해 칸트(Immanuel Kant)를 가정교사로 모시는 열성도 보였다. 졸업 후 카이저링은 도르파트(Dorpat) 대학의 감독관으로 활동했다. 비스마르크는 독일 재상에서 물러난 후, 부인 요하나의 권유로 1891년 발트해 연안 국가를 여행했다. 여기서 비스마르크는 1868년 이후 만나지 못한 카이저링을 보았고 이들은 몇 주 동안 함께 즐겁게 지냈다. 이후에도 몇 차례 비스마르크와 카이저링의 만남이 있었다.

이성적으로 이야기를 나누는 인물로 묘사되었다.[14]

비스마르크가 김나지움과 대학에서 공부하던 시기 유럽대륙에서는 정치적 격동현상이 진행되고 있었고 이는 독일에도 영향을 끼치게 되었다. 1824년 프랑스 국왕으로 등극한 샤를 10세(Charles X, 1824~1830)의 보수·반동 정책으로 인해 7월 혁명(1830)이 발생했다. 이 혁명의 영향으로 벨기에 및 폴란드에서도 독립운동이 진행되었다. 이러한 제 상황, 특히 폴란드인의 독립운동은 그동안 보수·반동적 정부의 탄압 및 규제로 활동이 중단된 독일의 지식인 계층에게 적지 않은 자극제 역할도 했다. 이제 이들은 민족통합의 필요성을 다시금 인식하게 되었고 그것을 위해 무엇을 해야 하는가도 파악했다. 점차 이들은 기존 질서 체제의 문제점들을 지적했고 그것을 타파해야 한다는 것도 역설했다. 아울러 이들은 기존 질서 체제, 즉 절대왕정 체제를 대체할 새로운 정치체제 도입을 모색했고 신문이라는 매개체를 활용하여 자신들의 관점을 피력하기도 했다. 물론 이러한 시도가 독일 전 지역에서 동시에 이루어진 것은 아니었다. 남부 독일에서 시작된 이러한 시도는 점차 독일 전역에 지대한 영향을 끼쳤는데, 일례로 '독일언론과 조국연맹(Deutscher Preß und Vaterlandsverein)'이라는 단체

14 1832년 여름부터 비스마르크와 가깝게 지내던 모틀리는 비스마르크보다 나이가 한 살 많은 학생이었다. 그는 하버드 대학에서 공부하다가 명망 높은 독일 학문과 문학·예술 분야에 매료되어 괴팅겐 대학으로 배움의 장소를 옮겼다. 그런데 당시 모틀리는 독일 사회에서 확인되던 '폰(von)'의 사용 여부에 따라 지배계층과 피지배계층으로 구분되는 것에 강한 의구심을 제기하기도 했다. 대학 졸업 후 모틀리는 역사가로서 이름을 날렸는데, 특히 네덜란드 역사에 깊은 관심을 보였다. 1850년대 모틀리는 3권으로 된 『네덜란드 공화국 탄생사(Geschichte des Entstehens der Hollandischen Republik)』를 출간했다. 비스마르크와 모틀리는 1833년 가을 베를린에서 한때 같은 집에서 지낼 정도로 친밀했고, 이들의 우정은 모틀리가 1877년 63세의 나이로 죽을 때까지 지속되었다.

의 활동에서 확인된다. 독일의 현실 상황을 국민에게 전달하여 독일에 대한 관심을 증대하겠다는 목적에서 결성된 이 단체는 점차 전국적인 조직망을 갖추게 되었고, 메테르니히(Klemens Wenzel Lothar Fürst v. Metternich)를 비롯한 당시 독일 위정자들이 두려움을 갖는 요인으로도 작용했다.

'독일언론과 조국연맹'은 당시 반메테르니히주의자로 간주된 비르트(Johann Georg August Wirth)와 지벤파이퍼(Philip Jakob Siebenpfeifer)에 의해 운영되었다. 지벤파이퍼는 통일의 당위성과 정치체제 개혁을 논의하기 위한 (정치적) 축제 개최도 제안했다. 당시 축제는 정부 허가 없이 참여자들이 자유롭게 자신들의 정치적 견해를 제시하거나 조율할 수 있는 유일한 방법이었기 때문에 종종 활용되곤 했다. 이러한 제의를 접한 독일의 지식인들은 전폭적인 지지를 보였을 뿐만 아니라 축제가 원만히 개최될 수 있게끔 협조도 아끼지 않았다. 1832년 5월 27일에 개최된 함바흐(Hambach) 축제에는 약 2만 명에 달하는 사람들이 참여했고 독일권의 개혁과 통일, 폴란드의 독립 문제 등이 중요한 안건들로 부상했다.

이 축제에 참여한 대부분 인사들이 메테르니히 체제 붕괴를 독일 통일의 선행조건으로 제시함에 따라 연방의회는 새로운 반동 정치를 펼쳤는데, 이는 부르셴샤프트와 이 학생단체 활동에 동조하던 일부 교수가 1817년 10월 18일 바르트부르크(Wartburg)에서 개최한 축제 이후의 상황과도 비슷했다. 즉, 연방의회는 각국 의회가 가졌던 정치적 제 권한의 일부를 유보했을 뿐만 아니라 정치 단체 결성과 민중 집회 개최 역시 정부의 승인 사안으로 채택했다. 아울러 연방의회는 독일 내에서 진행되던 혁명적 움직임을 감시하는 체제도 더욱 강화했다. 그러나 연방의회의 이러한 반동 조치에도 불구하고 독일권을 통합해야 한다는 견해는 저변으로 확산했고, 그러한 것은 3월 혁명(1848) 이후부터 구체화하기 시작했다.

이렇게 독일권에서 통일운동이 전개되었음에도 대학생이던 비스마르크는 이러한 것에 관해 관심을 보이지 않았는데, 이는 후에 독일 정치 세계에서 핵심적 역할을 한 인물에게서 확인되는 이해할 수 없는 사안이라 하겠다.

4 아헨에서의 생활

1835년 5월 20일 대학을 졸업한 비스마르크는 제1차 법학 국가고시인 판사 시보 시험(Auskultatorprüfung)에 합격했는데 그 과정에서 특별 과외 수업까지 받았다. 당시 비스마르크는 법전을 설명하는 과목(In Erklärung des Korpus iuris)에서 '우수(Recht gut)', 법 이론(Rechtstheorie)에서는 '충분(Hinreichend)'이라는 평가를 받았다. 며칠 뒤부터 그는 베를린 고등법원에서 사법 시보(Auskultator)로 활동했지만, 얼마 안 되어 법원에서의 활동에 회의를 가지기 시작했다. 괴팅겐 시절 학우였던 샤를라흐(Gustav Scharlach)에게 보낸 서신에서 아침 8시에 출근해서 저녁 8시까지 열심히 일한 뒤 퇴근하는 다람쥐 쳇바퀴 도는 것과 같은 생활을 한다고 했다. 낮이면 흥미 없는 일을 해야 했고, 저녁이면 먹고살기 위해 왕실과 관료들의 사교 모임을 찾아 나서 즐거운 척해야 하는 자신의 처지에 회의감을 가지게 된 것도 언급했다.

현실 생활에 만족하지 못하던 비스마르크의 이러한 하소연은 그가 크니프호프에 머물던 1834년 봄, 같은 인물에게 보낸 서신에서 다시금 확인된다. 당시 그는 괴팅겐 대학의 학업 이수증 발급이 지연되면서 계획한 베를린 대학 입학이 불확실한 때였다. 이러한 과도기적 상황에서 나태와 미래에 대한 불확실성에 휩싸인 19세의 비스마르크가 입학 자격을 얻지 못할 경우 자신이 어떤 진로를 밟게 될지 곰곰이 생각하게 되었고, 그것을 절친한 친구에게 솔직히 밝힌 것이다.

서신에서 비스마르크는 "나의 밝지 못한 미래는 몇 년간 신병들에게 칼이나 휘두르며 권태를 달래다가 여자를 얻어 아이를 낳겠지. 농사를 짓고 곡주 양조장을 운영하여 영지 농민들의 풍속을 해칠지도 몰라. 혹시 10년 안에 네가 이곳에 온다면 초대할게. 감자 브랜디를 곯아떨어질 때까지 마시고 질릴 때까지 사냥에 푹 빠질 수도 있지. 이 동네에 오면 콧수염을 기른 뚱뚱한 방위군 장교도 볼 수 있을 거야. 땅이 흔들릴 때까지 악담과 저주를 퍼붓는 인물이야. 유대인과 프랑스인이라면 무조건 혐오하고 마누라에게 들볶일 때면 하인이나 개를 사정없이 두들겨 패는 인간이지. 내가 가죽바지를 입고 슈테틴(Stettin) 양모 시장에 나가면 웃음거리가 될 거야. 그러다가 사람들이 나를 남작님이라 불러주면 수염을 쓰다듬으며 값을 2탈러(Thaler) 정도 깎아주겠지. 국왕 탄신일이면 술에 취해서 큰 소리로 축하 인사를 하다가 중간중간 '하! 정말 잘난 말이야!(Auf Aehre! superbes Pferd!)'라고 외치겠지" 등을 언급했는데, 비스마르크는 콧수염을 기른 뚱뚱한 방위군 장교가 미래의 자신이라는 것을 우회적으로 표현한 것 같다.

그러나 비스마르크는 공직 생활의 하루하루를 무의미하게 보내면서도 확실한 미래를 보장받으려는 의욕만은 포기하지 않았다. 조급함이 더해짐에 따라 당시 포츠담 내각에서 근무하던 형 베른하르트에게 외무고시 응시에 필요한 상세한 정보도 부탁했다. 형의 도움으로 비스마르크는 33세의 젊은 나이에 아헨 시장으로 재직하던 아르님-보이첸부르크(Adolf Heinrich Graf v. Arnim-Boitzenburg)로부터 허가서를 받을 수 있었다. 1836년 1월에 다시 국가고시를 치른다는 조건으로 사법 시보에서 외교 시보로의 변경이 가능하다는 내용이었다.

아르님-보이첸부르크의 서신을 받은 후 비스마르크는 베를린의 사법 시보를 미련 없이 그만두었고, 본격적인 외교관이 되기 위해 아헨으로 떠났다.[15] 1836년 2월 중순 아르님-보이첸부르크의 배려로 시험위원회로부터 2차 시험의 논문 주제(Themata)도 넘겨받았다. 이후 철학과 국가학에서 논문 2편을 제출하고 법학과 국가경제학, 재정에 관한 구두시험도 치러야 했다. 2차 시험 과정은 전공인 법학에 대한 구체적인 지식과 행정학 이외에 프로이센 교육 개혁 이념에 적합한 학문적 지식과 교양을 검증하는 능력 시험이었다.

6월 30일 비스마르크는 철학 논문 〈본성과 맹세 허용에 대해(Über die Natur und Zulässigkeit des Eides)〉와 국가학 논문 〈절약적 국가경제에 대해(Über die Sparsamkeit im Staatshaushalt)〉를 제출했다. 첫 번째 시험보다 좋은 성적은 아니었으나, 각각 1점(sehr gut: 수)과 4점

15 아헨으로 떠나기에 앞서 비스마르크는 쇤하우젠의 조용한 가택 도서관에서 스피노자(Baruch de Spinoza), 키케로(Marcus Tullius Cicero), 그리고 볼테르(F. M. Arouet de Voltaire)의 작품들을 읽고 두 편의 논문도 작성했다.

1815년 빈 회의에서 프로이센에 소속되었던 과거 폴란드 영토 일부가 러시아에 넘겨짐에 따라 프로이센은 그에 대한 반대급부로 라인란트(Rheinland)를 차지하게 되었다. 지금까지 프로이센과 아무런 관계도 없었던 라인란트는 이렇게 갑자기 프로이센에 포함되었다. 라인란트인의 대다수는 가톨릭 신자였고, 프랑스 자유주의도 수용했다. 약 20년간 프랑스의 지배를 받았던 라인란트인은 나폴레옹 법전(Code Napoléon)에 따라 통치를 받았다. 그런데 나폴레옹 법전은 1900년까지 라인란트에서 그 유효성을 발휘했다. 비스마르크가 아헨에 머물렀을 때, 아헨인은 이 프로이센 관리를 싫어했고 심지어 무시하기도 했다.

(gelungen: 양)을 받았다. 국가학 논문의 경우, 사회 참여의식과 관심을 제대로 제시하지 못한 점이 감점 요인으로 작용했다. 논문이 통과된 후 비스마르크는 아르님-보이첸부르크가 소개한 서적들을 8일 동안 집중적으로 읽는 열의와 성의를 보였다. 그 덕분에 라틴어와 그리스어 텍스트, 즉 크세노폰(Xenophn)의 『교육(Kyropädie)』과 키케로(Marcus Tullius Cicero)의 『의무론(Pflichtenbuch)』을 번역하는 필기시험과 그리스어로 말하고 역사와 철학 체계에 대해 언급하는 구두시험도 무사히 치러낼 수 있었다. 당시 시험위원회는 비스마르크의 뛰어난 판단력, 사안에 대한 신속한 이해력, 기민한 표현력, 그리고 지식 습득에 대한 독자적 해석력을 칭찬했고, 정부 시보로 활동하는 데 필요한 능력 역시 갖추었다는 것을 명시했다.

7월 1일부터 비스마르크는 아헨에서 업무를 시작했다. 베를린에서 보낸 1년간의 사법 시보 생활이 경력으로 인정됨에 따라 근무 기간 역시 3년에서 2년으로 단축되었다. 이제 외교관이 되는 지름길이 제대로 펼쳐진 것처럼 생각되었다. 당시 비스마르크는 스스로 택한 우회로가 미래의 꿈을 실현해줄 진정한 길임을 의심치 않았다. 비스마르크는 7월에 국유지와 산림 업무, 8월에는 군사 및 지방 체제와 관련한 다양하고 새로운 업무를 신속하게 처리하는 능력을 발휘했다. 그의 인생은 드디어 자신이 꿈꾸던 길로 제대로 접어든 듯 느껴졌기 때문에 곧 다가올 먹구름에 대해서는 전혀 상상도 하지 못했다.

그러나 그런 성취감은 오래가지 못했다. 사회적으로나 개인적으로 대단한 성공을, 그것도 남들보다 빠르게 성취할 것을 꿈꾸던 그에게 날이 갈수록 공직의 무게는 다르게 느껴졌다. 아헨의 행정업무 역시 국왕 직속 관리로서 사법부의 보조로 근무하던 예전의 일과 다르지 않았다. 외교관이 되기 위해, 그것도 '단축 코스'를 발견한 그에게 아헨의 활동 역시 직장생활이라는 면에서는 베를린의 사법 시보 시절과 마찬가지로 단조로움의 연속이었다. 무언가 새로운 자극을 받기보다 일종의 구속으로 느껴지기는 예전과 다를 바 없었다. 이제 그에게는 그저 무료한 날만 계속되었다. 시민 계층이 지향하던 자유주의나 1815년 국왕 프리드리히 빌헬름 4세(Friedrich Wilhelm IV, 1840~1861)가 약속한 헌법제정 문제도 그에게는 별개의 문제였고, 자신의 자유나 특권과 관련되지 않은 주변의 상황 그 무엇에도 무관심하거나 불만스러워했다. 심지어 그는 자신과 아무런 관계도 없는 라인 지방의 주민들을 '타고난' 하층민들로 서슴없이 경멸하고, 그들과는 아무런 교류도 하지 않으려는 특권의식만 내세웠다.

그러던 어느 날 비스마르크는 아헨의 완전히 다른 모습을 확인하게 되었다. 그의 열정을 송두리째 흔들어버릴, 상상조차 하지 못한 완전히 다른 세상의 모습이 두 눈에 들어왔다. 아헨은 이미 로마 시대부터 19세기 초반까지 국제적으로 이름난 휴양 온천지로서 귀족들이나 부유한 영국인이 모여드는 곳으로 알려졌다. 대학도시로서 한적하기만 했던 괴팅겐이나 크고 복잡한 베를린과는 사뭇 다른, 사교계로서 유서 깊은 아헨만의 새로운 모습이 별천지처럼 그에게 다가왔다. 실제로 비스마르크는 아헨에서 국제적 사교활동의 역동성을 체험했다. 속세의 사교계는 한창 혈기가 끓어오르는 젊은이에게 산만해질 수밖에 없는 많은 기회를 제공했으며, 강한 유혹의 손길을 뻗기도 했다.

엘베강 동쪽 지역 출신인 융커, 즉 촌티가 나던 비스마르크는 아헨을 찾은 영국 귀족 출신 방문객들과 어울리는 것이 좋았고 특히 그의 마음을 사로잡은 것은 젊은 여인들이었다. 첫 연애는 상대방이 자신의 출신 가문을 지나치게 부풀린 것이 밝혀지면서 바로 끝났다. 이어 쿰버랜드(Cumberland) 공작의 조카딸인 21세의 러셀(Laura Russel)을 만나게 되었고, 얼마 되지 않아 이들은 사랑에 빠졌다. 형 베른하르트에게 보낸 서신에서 비스마르크는 러셀의 아름다움을 자랑했고, 약혼도 하겠다고 거론했다. 비스마르크는 한순간에 시골 융커의 촌스러움마저 벗어던진 듯 제정신을 잃고 하루하루를 보냈다. 비스마르크는 부유한 영국 귀족 인사들과 교류하면서 스스로 상류사회에 동화하려고 했다. 그 결과 적자 늪에 빠진 생활비를 메우기 위해 카지노에서 도박까지 하는 무리수를 두었다. 게다가 가을이 되면서 러셀 일행은 다음 여름을 기약한 채 다시 영국으로 돌아가 버렸다. 이로써 비스마르크와 러셀의 관계는 진전 없이 종료되었다. 그런데도 비스마르크는 러셀과의 결혼 약속을 구체적으로 매듭짓지 못한 것을 못내 후회했다.

러셀과의 관계가 끝나자, 그동안 수면 아래에 있던 심각한 문제가 부각하기 시작했는데, 그것은 비스마르크가 불성실한 인물로 간주될 위기에 놓인 것이다. 비스마르크의 상관인 아르님-보이첸부르크가 아무런 보고조차 없이 장기간 업무를 게을리한 부하의 행동을 용납할 리 없었다. 게다가 젊은 나이에 부와 명예를 모두 갖춘, 그야말로 비스마르크에게는 더없이 동경의 대상이었던 아르님-보이첸부르크가 자신이 꿈꾸던 외교관의 수장, 즉 외무장관 안칠론(Johann Peter Friedrich v. Ancillon)의 후임으로 지목된다는 소문까지 나돌았으니 그의 앞날은 막막하기만 했다. 외교관의 경력을 꿈꾸는 인물이 직무 유기 대가로 장차 외무장관이 될 상관의 눈 밖에 나버릴 상황에 놓이게 되었다.

막연하게 내년을 기약한 채 러셀이 떠나버린 상황에서 비스마르크의 미래는 막막하기만 했다. 얼마 후 비스마르크는 러셀이 쿰버랜드 공작의 조카딸이 아니라는 것을 알게 되었고, 모친의 혼외관계에서 태어난 인물이라는 것까지 전해 들었다. 이제 비스마르크는 이것저것 다 놓치고 아무런 실속도 없이 힘에 부치는 빚까지 떠안게 되었다. 불행 중 다행으로 유명한 법학자 사비니의 아들이자 아헨에서 연수 생활을 함께하던 카를 프리드리히 사비니(Karl Friedrich v. Savigny)의 도움으로 비스마르크의 일탈 행위는 무마되고 복직도 이루어졌다. 그리고 11월 2일 아버지는 한마디의 불평도 없이 200탈러를 보내 비스마르크 빚 일부를 갚아주었다. 비스마르크는 마음을 다잡고 새로이 일어서기를 결심하고 다시 직업전선에 뛰어들었다. 겨우내 절약해서 나머지 빚을 갚고 어느 정도 저축도 할 결심이었다.

1837년 초 비스마르크는 열네 살이나 많은 36세의 여인을 만나면서 직장생활에 충실하겠다는 이전의 결심 역시 사라지게 되었다. 곱게 다듬어진 우아한 모습에 이미 결혼까지 한 그녀는 삶에 대한 열정과 욕구를 불러일으켜주는 여인이었다. 그녀와의 만남을 더없는 기회로 여긴 비스마르크는 규칙적으로 그녀를 찾았고, 프랑스어를 연습하는 시간까지 애써 만들지만 두 사람의 관계는 더 이상 진전이 없었다.

그러나 또다시 이어진 로맨스로 그해 여름부터 비스마르크에 대한 나쁜 소문이 아헨에 나돌기 시작했다. 무더운 한여름에 비스마르크는 로레인-스미스(Isabella Loraine-Smith)와 새로운 사랑에 빠졌다. 너무나 아름답고 경이로움마저 느끼게 하는 그녀의 신비로운 매력에 그의 마음은 온통 빼앗겨버렸다. 러셀 때보다 훨씬 빨리 진전된 관계에 비스마르크는 지난번의 실수를 만회할 생각으로 그녀에게 적극적으로 다가섰다. 비스마르크는 영국국교회 출신의 성직자와 지방 귀족 여인 사이에서 태어난 17세의 어린 숙녀 때문에 영국 상류층에 대한 환상에서 좀처럼 벗어나지 못했다. 단지 8일간의 휴가를 받은 비스마르크는 로레인-스미스 가족과 함께 여행을 떠났다. 그러나 1837년 7월부터 9월까지 이어진 여행에서 비스마르크는 로레인-스미스 가족과 함께 마인(Main)강과 라인(Rhein)강을 거쳐 스위스까지 내려가는 무리수를 두었는데, 이는 그가 애초부터 허가받은 휴가 기간을 지킬 생각이 없었다는 것도 예측하게 한다. 마치 세상에 그녀밖에 없는 것처럼 참으로 어처구니없는 행동이었다. 그러나 결혼 날짜까지 오갈 정도로 관계가 급속하게 진전된 두 사람은 그동안 값비싸게 즐긴 대가로 더없이 심각한 금전난에 부딪혀야 했다.[16]

예전과 마찬가지로 비스마르크는 다시금 빚을 메우기 위해 비스바덴의 도박장을 전전해야 했다. 룰렛 게임(Roulettespiel)을 하다가 눈덩이처럼 불어난 1,700탈러의 엄청난 빚은 급기야 개인적 부도 위기 상황까지 몰고 갔다. 그런데 러셀과 마찬가지로 로레인-스미스도 진정한 만남은 아닌 듯했다. 너무나도 달콤했던 4개월 동안의 사랑 역시 그 이상 지속되지 못했기 때문이다. 당시 두 영국 아가씨는 청혼자의 경제적 여유를 우선시했기 때문에 빚에 쪼들려 도박장이나 찾는 인물을 계속해서 만나줄 리 없었다. 실제로 로레인-스미스는 경제적으로 넉넉지 못한 비스마르크가 아닌, 런던 근교 해로(Harrow) 출신의 안정된 수입이 보장된 29세의 청년 은행가 브뱅(Richard Lee Bevan)을

16 사비니는 8월 말 비스마르크가 프랑크푸르트에서 보낸 서신을 받았다. 서신에서 비스마르크는 1838년 3월 말 영국 레스터셔(Leicestershire)의 스카스데일(Scarsdale)에서 로레인-스미스와 결혼할 계획까지 언급했다.

선택해 결혼했다. 비스마르크가 영국 여인과의 열애에서 얻은 것이라고는 영어 회화 능력이 이전보다 훨씬 나아졌다는 것뿐이었다.

당시 비스마르크의 처지는 아주 곤란해졌다. 두 번이나 휴가 처리 없이 무책임하게 돌아다녔으니, 아르님-보이첸부르크의 선처를 더는 기대할 수 없었다. 더욱이 늘어난 빚더미와 악성 소문으로 주변의 차가운 시선과 부정적인 인식은 물론, 그를 믿었던 가까운 사람들의 실망까지 겹쳐 하루하루를 보내는 것이 무척이나 괴로웠다. 훗날 자신의 구혼 편지에서 조심스레 언급했지만, 대학에 입학한 이후부터 8년 동안 왕래를 거의 끊다시피 하며 부모님을 찾지 않았던 그를 아버지는 늘 용인했지만, 언제나 가차 없이 꾸짖던 어머니의 반응은 이번에도 같았다. 만성 신경증에 시달리던 어머니는 끝내 자리에 누웠고, 그로 인해 경제적으로나 개인적으로 아버지의 근심 걱정은 더욱 늘어났다.

비스마르크의 집안 분위기는 어두워져만 갔다. 비스마르크는 지금껏 자신이 저질러놓은 문제를 스스로 해결한 적 없었고, 그 책임 역시 아버지의 몫으로 돌아갔다. 비록 젊은 시절 한때의 일로 간주하더라도 이성과의 교제와 일에서 같은 실수를 반복하면서 허상만 따라다닌 대가는 걷잡을 수 없을 만큼 엄청났다. 상류층의 아름답고 부유한 여성들에게 눈길을 돌렸던 비스마르크는 누가 보더라도 스스로 쳐놓은 덫에 걸려든 신세였다. 그런데도 4개월간의 향락은 비스마르크에게 여전히 꿈같은 시간으로 남아 있었다. 이후로도 비스마르크는 아름다움에다 사회적·경제적으로 안정된 여건을 갖춘 여성만이 자신의 이상에 적합하다고 판단했기 때문에 귀족 가문의 부유한 여성과의 결혼에 지나치게 집착하곤 했다. 직장에 대한 성실함이나 책임감이라고는 전혀 찾아볼 수 없이 상류층 여성과의 결혼을 미래 해결책으로 여긴 비스마르크는 실제로 결혼을 통해 자신이 처한 현실적 궁핍에서 벗어나려고 했다. 그 대가는 스스로 짊어져야 할 몫이었기 때문에 비스마르크는 빚만 잔뜩 진 채 고향으로 돌아와야 했다.

1837년 11월 1일, 실직에 무일푼의 빈털터리가 된 비스마르크의 눈앞에 병색이 완연한 어머니와 가계부채로 힘겨워하는 아버지의 모습이 또렷하게 다가왔다. 그런데도 비스마르크는 시골 생활을 시작한 지 얼마 안 되어 무료함을 느끼게 되었고 거기에서 벗어나려는 시도도 펼쳤다. 아헨에서 많은 도움을 준 사비니의 활약으로 비스마르크는 다시 한번 아르님-보이첸부르크의 선처를 얻어냈다. 아르님-보이첸부르크는 전출서에 "당신이 아헨에서 사회생활을 하며 헛되이 보낸 만큼 이후 관직에 복귀할 때 더욱 힘든 업무에 충실하기를 바란다"라고 썼다. 당시 비스마르크는 아헨 시장의 섬세한 반어적 표현에 담긴 의중을 직시했고, 실제로 이행하려고도 했다. 또한 전출서에는 12월 중순부터 새로운 부임지인 포츠담에서 군 복무를 시작하라는 것도 명시되었다.

이에 따라 그동안 공직 생활에 심한 거부감을 가졌던 비스마르크는 처음부터 아버지가 원했던 길이고 어머니마저 한때 생각했던 병영생활에 뛰어들었다. 군대에 대한 거부감이 사라진 것도 아닌 상황에서 새로운 결심을 한 것은 단조로운 시골 생활에서 벗어나려는 의도였다. 1838년 1월 말, 비스마르크는 아버지에게 새로운 결심을 밝히고 3월 말 포츠담 친위대 소속 저격부대에 입대했다. 이런 결정은 대학 시절의 잦은 펜싱 결투에서 타격을 받은 이후 오른쪽 팔 아래의 약해진 근육 핑계로 군 복무를 모면하려 했던 때와는 달랐다.[17] 그가 지원한 곳은 상급학교를 다닌 자와 고위층 자녀들에게만 주어지던 자리였다. 게다가 일반 징집대상자와 비교하면 군 복무기간도 1년으로 짧은 데다 예비역 장교로 진급할 기회도 빨랐으니 절대로 나쁜 조건이 아니었다.

포메른에서 군 복무를 하던 비스마르크는 수차례에 걸쳐 왕궁에 초대되었고 거기서 1840년 프리드리히 빌헬름 4세로 등극한 왕세자와도 자주 접촉하면서 그의 궁신(Höfling)이 되었다. 1838년 가을, 비스마르크는 포메른의 저격부대에서 그라이프스발트(Greifwald)로 근무지를 옮겼다. 이후부터 그는 충분한 숙고 끝에 스스로 선택한 결정이 아니었기 때문이었는지, 아니면 공직처럼 틀에 박힌 군대 생활에 대한 거부감 때문이었는지 자신이 본래 원하던 바도 아닌 군 복무를 하면서 새로운 탈출구를 찾고자 했다. 군대를 공직 생활이나 시골 생활을 대신하는 일종의 도피처로 간주하지 않았더라면 도저히 생각할 수도 없는 행동이었다. 1838년 10월 22일, 비스마르크는 베를린과 아헨에 이어 포츠담의 자리마저 지키지 못하고 중도에 하차했다.

---

17 실제로 비스마르크는 병역의무를 면제받기 위해 면접관에게 근육통을 호소했다. 그는 오른쪽 팔을 들어 올리면 심한 통증이 온다는 것을 실연했고, 이것으로 병역의무 이행이 한시적으로 중단되었다.

5 농장주로서의 생활

1년도 못 채운 군 생활 이후 비스마르크는 관료주의적인 관행과 그에 따른 규칙적 업무에 싫증을 느꼈는지 국가 관료로 더는 활동하지 않으려고 했다. 이러한 그의 자세는 당시 귀족 사회에 널리 확산한 관료주의 체제에 대한 반발이었다. 비스마르크는 오랫동안 고심한 끝에 다시금 도피처를 찾아냈는데, 그것은 누구의 눈치나 간섭도 없는 지방 융커로 돌아가는 것이었다. 병영생활 중 틈틈이 시간 나는 대로 엘데나(Eldena) 농업학교에서 농학을 배웠는데, 일찌감치 부모님으로부터 물려받게 될 경작지나 경영할 작정이었던 것 같다.

실제로 비스마르크는 수익과 가치를 올리는 방법으로 농업 근대화를 추진할 계획에 마음이 부풀어 있었고, 밤마다 귀리 타작이며 비료 개발 문제와 호밀 이삭줍기를 생각하곤 했다. 예상치 않은 그의 결정에 사촌 여동생 말로르티에(Caroline v. Malortie)마저 신중히 처리할 것을 권유했다. 그러나 정부 관리로 활동하는 것보다 큰 농장의 경영자가 되겠다는 생각을 가진 비스마르크에게 그러한 권유는 귀에 들어오지도 않았다. 그의 의지로 보아 이제 제 길을 찾은 듯했지만, 불어나는 엄청난 빚에 쪼들리는 상황에서 채무 관계를 정리하는 것이 급선무였다. 실제로 그에게는 당장이라도 빚을 조금씩 갚기 위해 하루속히 스스로 돈을 버는 방법 이외에 다른 해결책이 없었다. 그뿐만 아니라 어떠한 일을 시작하든 당시 그의 처지로는 부모의 동의나 도움 없이 홀로 자립할 형편도 아니었다. 비스마르크는 어머니의 이해를 얻어내는 것이 최우선 과제라는 것을 인지했고 어려운 것으로 생각하지도 않았다. 당시 대학까지 졸업하고도 사회에서 제 자리를 찾지 못한 채 이리저리 방황하던 아들의 새로운 결심을 접한 어머니의 심정은 담담했는데, 그것은 더는 실망할 것도 없는 체념상태에서 나온 것이었다. 당시 빌헬미네는 아들이 진 빚의 규모에 대해 정확히 알지 못했지만, 자신의 오랜 투병 생활로 포메른 세습지의 심각한 재정난만은 어느 정도 눈치채고 있었다. 1838년 7월 19일 형 베른하르트가 베를린에 머무르던 아버지에게 보낸 편지에서 비스마르크가 어머니와 화해를 모색했고 빌헬미네 역시 아들의 그러한 시도를 수용했다는 내용을 전달했다. 이를 통해 비스마르크와 빌헬미네 사이의 관계는 어느 정도 회복했다고 볼 수 있다.

1839년 1월 1일 오랫동안 암으로 고통받던 빌헬미네는 49세의 나이로 세상을 떠났다. 건강했던 비스마르크의 친가와 달리 그녀 역시 친정아버지처럼 50세를 넘기지 못했다.

1839년 부활절 무렵 크니프호프로 거처를 옮긴 비스마르크는 그해 여름 형 베른하르트와 공동으로 물려받은 두 농경지 큐르츠와 야르흐린을 기반으로 경영자로서의 첫걸음을 내디뎠다.[18] 재정난도 해

18 카를 빌헬름 페르디난트 비스마르크는 아내가 죽은 후 열두 살이던 딸 말비네

결하고 누구의 간섭도 받지 않은 채 독자적으로 기업 형태의 농업을 경영하겠다는 포부 때문이었는지 베를린과 아헨에 이어 포츠담과의 이별 역시 뇌리에서 사라졌다. 크니프호프는 자작농 없이 집안의 농노와 세습 소작농들이 고용된 지역이었다. 생산된 곡물 양에 따라 현물을 지급하는 봉건제도의 근간이 그대로 유지되었다. 이곳은 중세의 농노제와 유사한 형태로 수백 년 동안 유지된 제도가 쉽게 허물어질 것 같지 않은, 프로이센에서도 가장 낙후된 지역이었다. 토지 귀족인 융커는 지역 내 경찰권, 사법권, 그리고 교회 후견인의 권리까지 행사했기 때문에 봉건적 제도를 폐지하려는 모든 움직임에 반대했다. 비스마르크 역시 그런 많은 영주처럼 귀족의 권리수호에 적극적으로 찬성하는 자세를 보였다.

1841년 형 베른하르트가 나우가르트(Naugart) 군 지방의회 의원으로 임명됨에 따라 쇤하우젠의 두 형제는 다시 갈림길에 섰다. 나우가르트와 가까운 야르흐린으로 거주지를 옮기려는 베른하르트의 의사에 따라 농업에 뛰어든 지 2년도 되지 않은 비스마르크는 크니프호프와 큐르츠 영지를 독자적으로 소유하게 되었다.

그 이후부터 비스마르크는 점차 자산을 늘려갔다. 크니프호프 외에도 자력으로 약 2,200모르겐에 달하는 경작지와 초원, 숲, 저수지, 그리고 조그마한 가옥, 마구간, 곡물창고(schuenen), 대장간, 양조장(Brennere), 그리고 하루 품삯을 받는 일꾼들을 위한 열한 채의 오두막 등을 소유하기에 이르렀다.[19] 또한 그는 44명의 소작농도 거느렸다.

를 데리고 쇤하우젠의 본거지로 돌아갔다.

19 1모르겐은 두 필의 소가 오전 중에 경작할 수 있는 넓이로, 오늘날의 2에이커

공직 생활에 적응하지 못하던 예전 모습과 달리 비스마르크는 농업 경영인으로서 짧은 기간 내에 높은 수익을 올렸다. 여기에는 분명히 자신만의 비법이 있었다. 당시 화학자 리비크(Justus v. Liebig)가 제조한 인조비료 덕을 보았지만, 비스마르크는 수익성 높은 작물 생산에 필요한 영농기술 터득에 주력했고, 무엇보다 방치된 많은 토지를 활용하여 높은 수확과 소득을 올리는 경영혁신도 이루었다.

비스마르크는 안일하게 행동하는 다른 지주들과 확실히 다른 경영 방법으로 성과를 거두었다. 체계적으로 연구하는 데는 익숙하지 않았지만, 나름대로 필요와 의지에 따라 도움 되는 자료와 정보를 수집하고 회계 정리에도 게을리하지 않는 능동성을 발휘했다. 또한 토지의 질, 토지와 수확량의 관계를 확인하기 위해 직접 현장을 돌아다녔고, 농업경제와 기술을 배우면서 농민들과 이웃들의 경험과 지식도 기꺼이 경청했다. 그뿐만 아니라 비스마르크는 사람들을 효율적으로 다루는 능력도 갖추게 되었다. 정치적으로 유능하고 감정이입 능력도 갖추었다고 평가받을 만큼 그는 인간관계에서 탁월한 장점도 지녔다. 농민들에게 장화 신은 발로 위협하지 않았고, 악담이나 질타 역시 삼갔으며, 오히려 붙임성 있는 쾌활한 성격과 사투리로 훈계하는 친화성도 보였다. 이제 비스마르크는 재정적으로 상당한 기반도 갖추게 되었다. 그리고 재력 수준에 걸맞게 사회적으로는 예비역 장교로, 그리고 슈타르가르트(Stargart) 내 국경수비대와 창기병 육군 소위 등의 명예직을 맡으면서 유대관계를 넓혀나갔다. 한때 누구보다 즐겨왔던 도시 생활에서 벗어나 시골의 삶과 자연 속에서 누구에게도 구속당

정도의 면적이다.

하지 않고 자유를 맛보면서 부를 축적한 비스마르크는 지주로서 한적한 전원생활에 익숙해져갔다.

그러나 경작지나 생산량 등 물질적 이권을 완전히 보장받고 독립된 생활까지 누리게 된 시점에서 무료함이 다시금 그의 발목을 잡았다. 시골의 따분하고 고독한 시간의 무게가 어느새 그 자신을 억누르고 있음을 깨달았다. 그동안의 생활이 도피에 지나지 않은 듯 지금까지의 삶 가운데 가장 힘든 순간이 서서히 다가오고 있었다.

비스마르크는 날이 갈수록 뭔가 채워지지 않는 공허감 속에서, 내부로부터 끓어오르는 외부 세계로의 탈출 충동을 억제하지 못했다. 심미적 성향에 감상적 정적주의 외에도 사회적으로 능동적이면서 강건한 기질을 갖춘 그는 토지와 자연 속의 농경 생활에 묻혀 조용히 지내는 것만으로 만족하지 못했다. 하루, 한 달, 일 년이 지나도 포메른 융커 출신 '촌뜨기 무리'나 소시민들, 아니면 기껏해야 창기병 장교들과 일상적인 교류가 전부인 생활, 하는 일 없이 엽총이나 차고 무위도식만 하는 자신의 처지를 견디기가 무척이나 힘든 듯, 비스마르크는 1841년 9월 10일 클리트칭(Louis v. Klitzing)에게 보낸 서신에서 이미 자신이 병적 나태함에 시달리고 있음을 토로했다. 실제로 비스마르크는 자신의 생활을 다음과 같이 표현하기도 했다. "결혼도 하지 않고 고독하게 보내고 있는 나는 벌써 20대 후반에 접어들었다. 비록 육체적으로는 건강하지만, 정신적으로는 감수성이 매우 결여된 것 같다. 또한 나는 시계처럼, 특별한 희망이나 두려움 없이 매우 권태로운 상태에서 근근이 생명을 유지하는 것 같다." 그러나 비스마르크는 모든 것을 부정적으로 생각하지 않았고, 마음을 추스르기 위해 부단한 노력도 펼쳤다. 늘 많은 책을 가까이했던 탓에 뛰어난 문장력이나 숨은 기지가 그 자신의 밑거름으로 쌓여갔다. 처음에는 체계적으로 책을 읽지 않았지만 점차 자신에게 실제로 도움 되는 책들을 선별하여 읽었는데, 이는 특히 부친 카를 빌헬름 페르디난트 비스마르크가 죽은 후에 본격화되었다. 당시 비스마르크는 셰익스피어(William Shakespeare), 바이런(George Gordon Noel Lord Byron), 괴테(Johann Wolfgang v. Goethe), 울란트(Ludwig Uhland), 그리고 하이네(Heinrich Heine)의 작품을 주로 읽었다. 특히 유럽에서 당시 가장 유명했던 시인 바이런의 작품들에 나타난, 모든 세대가 공감할 수 있는 삶의 감정을 통해 자신 속에 내재해 있는 상심의 모습이나 모험에 대한 그리움과 자유를 한껏 갈구하기도 했다. 특히 비스마르크는 바이런의 신랄한 풍자에 매료되었는데, 이것은 그의 성격과도 일치했기 때문이다.

이 시기에 비스마르크는 무도회와 사교계, 연극공연이나 오후 차 모임, 심지어 사냥꾼 무리와의 만남 등 각종 모임에 참석함은 물론 스테틴 의회의 자문역이나 포메른 경영인 단체에서 정치적 역량도 발휘했다. 그런 기회를 통해 비스마르크는 프로케쉬 폰 오스텐(Anton Graf Stargart Prokesch v. Osten), 바르텐슬레벤-카로(Graf v. Wartensleben-Carow), 젠프트-필자흐(Ernst v. Senft-Pilsach), 뷜로-쿰머로(Ernst Gottfried Georg v. Bülow-Cummerrow) 등 명망 있는 귀족이나 동년배들을 만났다.

비스마르크가 이처럼 노력을 펼쳤음에도 삶의 방향과 목표가 완전히 뒤바뀐 현실에서 더 이상의 만족감을 얻기란 쉽지 않았다. 융커 생활로 개인적 활동과 사회적 독립성을 실현할 수 있으리라는 기대가 채워졌음에도 시골의 삶에서 벗어나 정치활동을 펼칠 수 있는 삶이 더욱 절실하게 와닿을 뿐이었다.

채워지지 않는 무언가를, 즉 내면의 갈증을 해소하기 위한 비스마르크의 시도는 계속되었고 그러면서도 그는 생활 안정이 최우선이라고 생각했다. 1841년 비스마르크는 네 번째 여인인 판신(Pansin)의 영주 딸인 오틸리에(Ottilie v. Puttkammer)에게 사랑을 느끼고 청혼을 결심했다. 그런데 당시 정직하고 소박한 포메른 융커들과 그들의 품행 바른 부인과 딸들은 비스마르크에 대한 나쁜 평판을 익히 알고 있었다. 비스마르크에 대한 평판이 나쁘다는 것을 알게 된 오틸리에의 어머니가 딸의 결혼 문제에 본격적으로 개입하면서 일이 틀어졌다. 이에 비스마르크는 자신이 작성한 서신을 부친 명의로 오틸리에의 어머니에게 보냈고, 서신에서 단도직입적으로 "어머니께서는 자녀, 특히 아들이 부정하거나 비천한 행동을 할 때마다 그것을 바로 인지하셨습니까?"라는 다소 의미심장한 질문을 던졌다. 비스마르크의 서신을 읽은 오틸리에의 어머니는 심한 불쾌감을 느꼈다. 판신에 적지 않은 영지를 소유하고 재정적으로 상당히 탄탄했던 오틸리에의 어머니는 "둔감하고 편협하며 경건하지 않은 청년(Ein stumpfsinniger, engstirniger Frömmler)"이라는 모욕적 언사로 그의 청혼을 거절했고, 오틸리에가 그의 구혼에 대해 거절 편지까지 보냈다는 거짓 사실을 주변에 알리기도 했다. 그런데 결혼까지 생각했던 것으로 보아 두 사람의 관계에 어느 정도 진전은 있었던 것 같다.

비스마르크는 오틸리에와의 청혼 과정에서 드러난 자신에 대한 주변의 일방적 평가로 말할 수 없는 모욕감을 느꼈고, 그러한 상황은 해가 바뀌어도 지속되었다. 1842년 초 비스마르크는 오틸리에가 자신을 사랑하지 않는다고 판단한 후 그녀와의 청혼 문제를 깨끗이 정리하기로 결심했지만, 벼랑 끝으로 내몰린 심정만은 여전히 극복하기 어려웠다. 비스마르크는 친구 클리트칭에게 보낸 서신에서 "창피해서 두 발이 얼어버린 것처럼 꼼짝할 수가 없네. 도대체 무엇이 내게 그녀에게 구혼하게끔 유혹했는지 알 수 없네. 비록 내가 젊은 여성들과 교제하는 것을 좋아하지만, 결혼에 대해서는 심각하게 고려해야 한다는 것도 알게 되었네!"라고 언급했는데, 이것은 그가 당시의 불편한 심정을 우회적으로 토로한 것 같다.

고루하고 답답한 시골 분위기를 견디다 못한 비스마르크는 마음의 상처를 치유하는 방법을 모색하던 중 서유럽으로 여행을 떠나기로 했다. 자유로운 세계에 대해 억누를 길 없는 충동과 함께 여행길에 오른 그는 지나간 모든 상흔을 뒤로한 채 1842년 7월부터 약 3개월간 스코틀랜드, 영국, 프랑스, 이탈리아, 그리고 스위스 등지를 돌아다녔다. 당시 비스마르크는 금전적으로 상당히 안정되었고, 또 농장 일은 그가 없어도 돌아갈 만한 상황이었다. 비스마르크는 여행하면서 자신의 일정에 대해 자세한 기록을 남기지 않았으나, 영국의 음식문화(Gastronomie)와 풍경 및 농업에 대해 언급한 몇 통의 편지를 아버지에게 보냈다. 영국에 머물던 비스마르크는 아헨 시절 영국의 지위 높은 귀족들에게 현혹된 것처럼 보수당을 이끌던 필(Robert Peel)이나 노드니(Norderney)에서 하노버 왕세자와 그의 부인 데사우 공녀(Herzogin v. Dessau) 일행이 체류하는 곳을 찾아다니는 등 고위층의 부유한 사람들과 접촉할 기회를 얻고자 했다. 비스마르크는 영국 여행 중 인도에 가는 자원입대도 생각했다. 그러나 그는 "인도인이 나에게 어쨌다는 말인가(Was haben mir die Inder zuleide getan?)"라고 스스로에게 묻고 자신의 계획을 포기했다.

긴 여행에서 돌아온 비스마르크는 다시 예전의 일상생활로 돌아갔다. 이후부터 그는 독서를 게을리하지 않으면서 자신을 위한 곳이라면 어디든 가리지 않고 찾아다니며 사람들과의 유대관계를 놓치지 않으려고 애썼다. 그러다가 비스마르크는 시골 생활을 마감하고 공직 생활로 돌아가려고 했다. 1844년 4월 7일, 2차 국가고시를 앞두고 수습 근무를 신청했다. 5월 3일 비스마르크는 포츠담 지방정부청(Regierungspräsidium)에서 새로운 자리를 얻었다. 소홀했던 공직 생활을 만회하기 위해 자신의 열정을 모두 보여주리라는 절박한 심정으로 붙든 마지막 기회였다. 당시 비스마르크는 자신의 열정적인 에너지가 멈추지 않기를 희망했다. 그러나 그는 입이 열 개라도 더는 할 말이 없게 되었다. 불과 2주일도 못 된 5월 15일 형수의 급작스러운 병환으로 휴가를 얻은 후 4주간 근무를 계속하다가 또다시 중도 하차한 것이다. 7년 전 아헨에서와 마찬가지로 두 번 다시 자신의 자리에 모습을 드러내지 않았다. 비스마르크는 자신의 행위에 대한 당위성을 부여하기 위해 "지난날과 마찬가지로 관리들의 자세와 업무실태가 너무나도 진부하고 무익하다"는 자위적 언급도 했다.

결국 비스마르크는 시골 생활로 회귀했지만, 그 속에서조차 소외자 처지에 놓이게 되었다. 늘 그랬듯이 자기 존재에 대한 회의와 비판은 지속되었지만, 방대한 양의 독서를 하면서 정신적 자극과 지적 수준을 높이려고 했다. 그러나 그는 자신의 존재에 대한 염증과 삶에 대한 호기심마저 상실한 채 점점 무기력과 의욕 상실로 지쳐갔다. 비도덕적인 자세, 맹목적인 자포자기, 자기파괴 등 한 인간이 감내할 수 있는 모든 정신적·심적 고통으로 괴로운 날들을 보냈고, 급기야 상심의 병을 앓으면서 비스마르크는 감상적인 염세주의자로 바뀌었다.

6 마리 타텐-트리에글라프와의 만남

이러한 상황에서 비스마르크는 동창생 블랑켄부르크의 권유에 따라 포메른의 경건주의자(Pietist) 모임에 참석했고 이들과 긴밀한 유대관계도 맺었다.[20] 당시 모임에 참석한 인물들은 사회적 명망가였고, 프로이센 정계를 좌우하던 권력의 실세들이었다. 비스마르크는 이들과의 교류로 지금껏 가져보지 못한 인맥도 형성했다.

당시 경건주의자들의 모임은 경건주의 주교이자, 명망 높은 퇴역 장교인 타텐-트리에글라프(Adolf v. Thadden-Trieglaff)가 주도했다. 그리고 이 모임에 타텐-트리에글라프의 두 처남인 젠프트-필자흐(Senft-Pilsach)와 게를라흐뿐만 아니라 슈탈(Friedrich Julius Stahl) 등도 참석했다. 대학에서 법철학과 국가 및 교회법을 가르치던 슈탈은 당시 프로이센 보수주의를 이끈 선구자였다. 에른스트 루트비히 폰 게를라흐는 마그데부르크(Magdeburg)의 고등법원장과 항소법원장으로 활동했다.

---

20 당시 블랑켄부르크는 부친의 영지 카르데민(Cardemin)을 관리하기 위해 사법부 근무를 포기했다.

아울러 이 인물은 프로이센 추밀원 회원으로 베를린 정계에서 적지 않은 영향력도 행사했다. 고위급 참모장교였던 레오폴트 폰 게를라흐는 에른스트 루트비히 폰 게를라흐의 형으로 빌헬름 왕세제의 부관으로 활동하다가 프리드리히 빌헬름 4세의 직속 부관으로 승진했다. 게를라흐 형제는 향후 비스마르크의 정계 진출에도 큰 도움을 주었다.

경건주의는 인간 내면의 고행과 엄격함을 추구했고 어떠한 비판도 허용하지 않는 성서 지상주의를 지향했다. 아울러 종파와 관계없이 깊은 신앙심을 표방하는 자세도 보였다. 당시 비스마르크는 공통된 종교관이나 인생관을 지닌 경건주의자들에 대해 이질감을 가졌기 때문에 그들과 함께하는 자리에도 부담감을 느꼈다. 하지만 이타주의적 자세와 함께 그 누구도 부인할 수 없는 호감에다 뛰어난 이해력과 포용력까지 갖춘 블랑켄부르크의 세심한 배려와 노력 앞에서 비스마르크 역시 자신의 거부적 자세를 포기했다.

블랑켄부르크와의 만남이 잦아지면서 비스마르크는 퇴역 장교 타텐-트리에글라프가 1820년 결혼 후 취득한 트리에글라프 농장도 즐겨 찾게 되었다. 그러나 의지할 곳 없이 고독하기만 했던 그가 그곳을 자주 찾았던 실제 이유는 따로 있었다. 평생을 따라다니며 그의 마음 깊은 곳 한 자리를 차지하게 될 이루지 못한 사랑이 그곳에 있었기 때문이다. 그 여인은 비스마르크에게 사랑의 의미를 진지하게 깨닫게 해준 타텐-트리에글라프의 딸 마리(Marie v. Thadden-Trieglaff)였다. 뛰어난 감성적 카리스마에 경건한 의식까지 갖춘 매력적인 여성 마리는 비스마르크의 영혼을 심층까지 뒤흔들었다. 당시 마리는 방황하던 비스마르크의 영혼을 걱정하며 먼저 다가섰다. 어떤 다른 의도가 있던 것도 아니고, 또 그에게 특별한 감정을 가지게 되리라고는 상상조차 못 한 그저 배려 차원의 접근이었다.

마리로 인해 비스마르크는 자연스럽게 종교 문제에 관한 관심의 폭을 조금씩 넓혀가기 시작했다. 이신론과 범신론에 관한 생각들에 사로잡혀 있기도 했지만, 여전히 경건주의자들과의 종교적 대화를 피하려고 했다.[21] 블랑켄부르크를 통해 신의 천지창조를 믿게 되었지만,

---

21 이신론(Deismus)은 라틴어 'deus'에서 유래되었다. 이신론과 어원적으로 같은 의미가 있는 단어는 유신론(Theismus)이고 그리스어 'theos'에서 파생되었다. 모두 '신'이라는 뜻을 가진 두 단어는 같은 의미로 혼용되다가 17세기부터 신학자들과 철학자들에 의해 각각 다른 의미로 사용되기 시작했다. 당시 유신론자와 이신론자들은 최고의 신과 창조주에 대한 믿음을 천명했다. 유신론자들은 신이 스스로 만든 세상의 움직임에 적극적으로 개입한다고 생각했지만, 이신론자들은 신이 세상을 창조할 때 세상이 스스로 움직이는 힘, 즉 자력을 부여했다고 믿었다. 현실적으로 이신론자들은 계시, 예언, 초자연적 힘, 기적 등을 믿지 않았다. 이들은 우주가 자연의 법칙에 따라 움직이듯이 인간사회도 자연법에 따라 움직인다고 믿었다. 기독교에서 '계시'를 뺀 이신론은 자연종교, 자연신학이라고 부를 수 있는 개념이다. 자연종교란 계시나 교회의 가르침을 통해 전해지는 지식이 아니라 모든 사람이 타고났거나 이성을 통해 얻을 수 있는 지식체계다. 자연종교는 인간 이성에 대한 신뢰의 증가, 독단과 불관용을 초래한 계시종교에 대한 불신, 질서정연한 우주의 합리적 건축자로서의 신에 대한 인식과 더불어 확산했다. 여기서 자연의 법칙과 자연법은 계시의 빛이 아니라 이성의 빛으로 파악할 수 있는 것으로 인식하기 시작했다. '이신론'이라는 용어는 비레(Pierre Viret)가 1564년 자신의 글에서 언급했는데, 칼뱅주의 신학자였던 그는 "이신론이라는 새로운 용어는 무신론을 감추기 위한 위장 개념에 불과하다"는 설명에서 나왔다. 1690년부터 영국에서 확산하던 이신론은 프랑스, 독일, 그리고 미국으로 그 영역을 넓혀갔다. 영국과 독일의 이신론자들은 기독교 교리를 온건하게 공격했지만, 프랑스의 이신론자들은 적극적이고 신랄하게 비판했다. 그 일례로 볼테르(Francois Marie Arouet de Voltaire)는 "분별력을 가진 모든 사람, 모든 선량한 사람은 기독교가 공포에 사로잡히도록 끊임없이 공격해야 한다고 한다"고 했다. 당시 볼테르는 동시대의 이신론자와 마찬가지로 신을 '최고의 존재', '신적인 시계공', '신적인 우주 창조자', '자연의 신', 그리고 '빛의 아버지'로 간주했다.

범신론(Pantheismus)은 'pan(모든)'과 'theós(신)'를 합성한 단어다. '신은 모든 것이며, 모든 것 역시 신'이라는 것이 범신론의 핵심적 논리라 하겠다. 기독교에서 말하는 신은 초월적이며 인간적인 신인 데 비해, 범신론의 신은 내재적이며 추상적인 신이다. 기독교에 따르면 만물은 신에 의해 창조되어 신과 별도로 존재하지만, 범신론에서는 만

다른 한편으로 인간의 힘이나 이성적 능력 역시 인식했기 때문에 신학적 사고를 극복하기는 쉽지 않았다.

그런데도 마리와의 만남이 잦아지면서부터 비스마르크의 종교관에도 많은 변화가 나타났다. 그는 개인의 필요나 소망, 기대를 이루기 위한 신앙을 멀리하면서도 나름대로 신의 전지전능함과 무한함에 대해 사고의 깊이를 더해갔다. 그리고 궁극적으로 신은 인간에게 인식의 가능성을 부여하지 않았으며, 인간이 신의 의지와 계획을 알려고 하는 것 자체가 불손이며, 다만 창조주가 죽음으로 심판을 내리듯 인간은 순종의 자세로 기다려야 할 뿐이며, 지상에서 종교적 경건 생활을 통해 신의 의지가 인간에게 전달된다는 신앙 세계도 수용하기 시작했다. 물론 이런 종교관의 변화 이면에는 여전히 계몽적 합리주의나 외로움과 고독에 빠져 절망하던 인간의 격정 같은 것들이 뒤섞여 있었고, 경건주의자들이 지향한 다소 편협하고 경직된 자세를 본능적으로 거부하는 심리 역시 함께 작용했다. 그런데도 복잡한 그의 내면에 신의 존재가 자리한 것만은 확실했다.

시간이 흐를수록 신앙 문제로 혼란스럽기는 했지만, 비스마르크의 마음속에 마리의 존재만큼은 확고하게 자리 잡았다. 이제 마리는 얼마 전까지만 해도 염세주의에 빠져있던 비스마르크에게 자신의 존재에 깊이 안주하고 솟구치는 생의 욕구마저 회복시켜주는 존재가

물이 신 안에 있으며 신 역시 만물 안에 있다는 것이다. 이렇게 초월적이며 인격적인 창조의 존재를 부정하는 것은 기독교를 부정하는 것이어서 무신론이라는 의심을 받기도 했다. '범신론적'이라는 형용사는 영국의 이신론자 톨런드(John Toland)가 1705년 처음으로 사용했고, '범신론'이라는 단어는 몇 년 뒤에 톨런드의 반대자 중 한 사람이 처음으로 사용했다.

되었다.

타인뿐만 아니라 자기 자신에 대한 비판적 회의가 여전히 남았지만, 삶의 의미를 되찾은 비스마르크의 의욕은 넘쳐났다. 비스마르크는 피상적이고 진부하며 보잘것없던 자기 존재의 의미를 되새기면서 그동안 걸어온 길에 대한 내면적 성찰의 시간도 가졌다. 마침내 비스마르크는 마리에게 마음의 문을 열었고 자기 내면을 있는 그대로 보여주는 데도 주저하지 않았는데, 그것은 그녀에 대한 사랑의 감정을 묻어둘 수 없었기 때문이다. 지나간 시절 순식간에 빠져들었다가 후회로 마감한 두 번의 열정과는 모든 것이 다르다는 사실도 깨달았다. 이상적 여인상인 21세의 마리에게 반해버린 비스마르크 못지않게 마리 역시 그에게 빠져들었다. 실제로 마리는 '야생과 오만함의 화신(Ausbund von Wildheit und Arrogance)이자 힌터포메른의 불사조(Hinterpommerscher Phonix)'인 비스마르크의 순수한 정신적 이상과 열정적 에너지에 매료되었다. 이제 두 사람은 어느새 장난도 칠 만큼 가까운 사이로 발전했다. 그러나 마리는 이미 오래전에 블랑켄부르크와 미래를 약속한 사이였다. 비스마르크에게 블랑켄부르크는 소중한 친구였지만, 그렇다고 자신에게 마리가 가지는 의미 역시 부인하기 어려웠다. 마리 역시 '가정적이며, 경건하고 성실하며, 부드럽고 착한' 블랑켄부르크와 '넘치는 힘과 열정을 갖춘 불타오르는 듯 매혹적인' 비스마르크라는 두 남자 사이에서 혼란스럽기는 마찬가지였다. 비스마르크와 마리 사이의 친밀한 감정은 마리가 블랑켄부르크와 결혼한 이후에도 크게 달라지지 않았다.

7 요하나와의 결혼

마리 폰 타텐-트리에글라프는 비스마르크를 자기 친구 요하나와 맺어주는 데 크게 기여한 인물로, 1844년 10월 4일 트리에글라프(Trieglaff)에서 열린 블랑켄부르크와의 결혼 피로연에서 20세의 요하나를 비스마르크의 여성 파트너(Tischdame)로 선택했다.

요하나는 힌터포메른(Hinterpommern)의 룸멜스부르크(Rummelsburg)에 위치한 라인펠트(Rheinfeld) 시골 귀족의 외동딸로 가문으로나 사회적으로나 경건주의에 많은 영향을 받은 성실한 신앙인이었다. 당시 포메른은 프로이센 왕국에서 정치적·사회적으로 가장 뒤처진 지방이었다. 음악과 문학에 관심을 가졌던 그녀는 슈만(Robert Alexander Schumann)과 베토벤(Ludwig van Beethoven) 같은 작곡가, 셰익스피어와 낭만주의자들 중에서 폴(Jean Paul)을 매우 존경했다. 요하나는 경건주의자들 모임에서 자유롭게 행동한다거나 정신적으로 개방되지는 않았지만, 절제와 소박함을 갖춘 이성이 돋보이는 여성이었다. 그러나 요하나를 처음 접한 비스마르크는 그녀를 매력적인 여성으로 보지 않았다. 많은 여성을 만난 그였지만, 요하나에게서 자신의 감정을 움직일 만한 열정은 느끼지 못했다. 이러한 비스마르크의 미온적 태도를 확인한 블랑켄부르크는 "이곳에 와서 그녀를 만나라. 자네가 원하지 않는다면 요하나를 내 두 번째 부인으로 삼을 거야(Komm und sieh. Willst Du sie nicht, dann nehme ich sie zu meiner zweiten Frau)"라는 다소 익살맞은 어투로 비스마르크를 부추겼다.

요하나와 잘 어울린다는 블랑켄부르크의 언급에도 불구하고 그날 신부 아버지가 쏘아 올린 불꽃 이외에 불붙은 것은 아무것도 없었다. 비스마르크는 연회 도중의 큰불을 끄는 데 용감히 나서서 도왔을 뿐 블랑켄부르크의 언질에는 아무런 반응도 보이지 않았다.[22] 이후 비스마르크와 요하나는 블랑켄부르크 부부의 카르데민(Cardemin) 신혼집에서 다시 만났지만, 요하나에 대한 비스마르크의 태도는 변하지 않았다. 결국 거의 2년 동안이나 두 사람을 지켜보던 마리가 적극적으로 나섰다. 그녀는 비스마르크가 요하나를 가까이에서 만날 자리를 마련하기로 하고, 1846년 7월 말부터 8월 초까지 경건주의자 모임에 참석하는 친구들과 함께 휴양지 하르츠(Harz)로의 여행을 계획했다. 하르츠 여행에 참여한 젊은이들은 달빛이 아름다운 밤에 멘델스존의 음악을 들으며 낭만적인 풍경을 즐기면서 종교적 담소도 나누었다. 당시 음악적 재능이 있는 요하나와 함께 가끔 연주한 코이델(Robert v. Keudell)은 그녀를 "균형이 잘 맞는 대단한 미모는 아니지만, 짙은 검은색 머릿결이 만든 그늘에 파랗게 빛나는 눈동자는 말을 거는 것처럼 생기가 넘친다"라고 묘사했다.

22 불꽃놀이로 발생한 화재는 마을과 농장 건물에 상당한 피해를 주었고, 화재 피해를 보지 않은 것은 주택뿐이었다.

요하나

하르츠에 같이 다녀온 이후부터 비스마르크 역시 요하나를 다르게 보기 시작했다. 블랑켄부르크 부부 역시 기회가 있을 때마다 비스마르크에게 하르츠에서의 추억을 이야기하며 소극적인 요하나와의 서신교환을 제의했다. 결국 블랑켄부르크 부부의 끊임없는 노력이 성과를 거두었다. 1846년 9월 5일 비스마르크는 요하나의 부친에게 서신을 보냈는데, 요하나와의 교제에 대한 부친의 동의를 얻어내고자 했다. 그런데 요하나에 대한 비스마르크의 감정이 변화되던 시점을 전후하여 예기치 않은 일들이 겹쳐서 일어났다. 그중 하나가 1845년 11월 22일 부친 카를 빌헬름 페르디난트의 죽음이었다. 어머니의 빈자리와 달리 자신에게 한결같이 안식처가 되었던 아버지의 임종 앞에서 비스마르크는 단순히 아들로서만이 아니라 한 인간으로서 무한

한 연민을 느꼈다. 나이가 들어 가족도 없이 홀로 외롭게 죽음을 맞이하는 것만큼 슬픈 일도 없었겠지만, 무엇보다 자신의 방문을 기뻐하던 아버지의 모습을 보았기 때문이다.

그 무렵 쇤하우젠에 거주하던 형 베른하르트가 나우가르트 구역 시의원으로 재선됨에 따라 크니프호프의 비스마르크는 뜻하지 않게 주거지를 이전해야 하는 문제에 직면했다.[23] 그는 아버지 병환 때문에 반년 이상 형을 대신해서 크니프호프는 물론 쇤하우젠까지 도맡아서 두 곳을 왕래해야 했다. 비스마르크는 아버지가 사망한 이후 토지의 재분배 과정에서 자신의 몫이었던 야르흐린과 이웃한 큐르츠를 모두 형에게 주는 대신 쇤하우젠을 물려받기로 했다. 그 자신이 태어나고 수백 년 동안 조상 대대로 전해 내려온 가문의 세습지를 형으로부터 넘겨받으면서 비스마르크는 마침내 쇤하우젠의 새 주인이 되었다.

비스마르크는 1846년 4월 크니프호프를 소작인에게 맡기고 가문의 세습지인 쇤하우젠으로 거주지를 완전히 옮기기로 했다. 그동안 마리와 가까운 크니프호프와 쇤하우젠 두 곳을 오간 그는 마리를 포기해야 한다는 결심을 인위적으로 실행한 셈이었다. 비록 부친의 죽음과 형의 직장 문제를 계기로 쇤하우젠이 새로운 정착지가 되었지만, 그렇게 해서라도 마리와의 이별을 결심한 것이다. 게다가 하르츠 여행 이후 달라진 요하나와의 관계 역시 적지 않은 작용을 한 것 같다. 그러던 중 또 하나의 엄청난 소식이 쇤하우젠으로 날아들었는데, 그것은 마리의 죽음이었다. 유행성 열병에 시달리던 어머니를 보살피던 중 티푸스 전염병(Typhus-Epidemie)에 걸린 마리가 1846년 10월 말부

23 베른하르트는 결혼을 두 번 했고 그사이에 13명의 자녀도 얻었다.

터 앓기 시작해서 11월 10일 24세의 젊은 나이로 세상을 떠나고 말았다. 마리의 사망 소식을 접한 비스마르크는 할 말을 잊었다. 마리의 종교적인 확신과 신뢰, 자신의 영혼까지 돌봐주었던 지극한 정성, 그리고 이룰 수 없었던 그녀와의 사랑에 대한 애틋함 등이 그의 뇌리를 교차했다.

비스마르크는 고귀하고도 소중한 마리가 더는 이 세상에 없다는 사실을 좀처럼 받아들이지 못했다.[24] 힘들고도 긴 일주일을 보낸 비스마르크는 11월 18일 여동생 말비네(Malwine v. Armin)에게 서신을 보내 자신의 심적 고통을 언급했다. 서신에서 비스마르크는 "가까운 누군가를 잃고 그 이별로 내 삶의 크고 예기치 않은 틈(eine große und unerwartete Lücke)이 생겨버린 것은 진정 처음 있는 일이다"라고 토로했다. 실제로 오랫동안 비스마르크는 마리 폰 타덴-트리에글라프를 기억했다. 마음에 드는 여인을 볼 때마다 자기도 모르게 마리의 모습을 찾곤 했다.

마리의 죽음으로 깊은 상처를 받은 비스마르크는 12월 14일 카르데민으로 향했고, 블랑켄부르크가 함께하는 자리에서 요하나에게 자신의 마음을 털어놓았다. 31세의 비스마르크는 이후 48년 동안 동고동락하게 될 운명의 반려자 요하나를 진심으로 받아들이고자 했다. 마리에 대한 아픔을 알고 있던 요하나 역시 진솔하게 다가오는 그에게 마음의 문을 열었다. 두 사람의 결혼이 성사되기까지 비스마르크

24 마리가 죽은 후 비스마르크는 카르데민에 가서 죽은 그녀의 모습을 보았다. 얼마 후 블랑켄부르크는 요하나에게 서신을 보냈는데, 자신의 진실한 친구인 오토가 왔음을 언급했다. 이어서 그는 오토, 즉 비스마르크가 마리의 죽음을 슬퍼하면서 영원을 믿는다는 태도 변화까지 보인 것도 거론했다.

가 펼친 구애 작전은 열렬했다. 그런 가운데 12월 21일 그의 구혼 편지 사건은 대단히 유명했다. 비스마르크는 1846년 성탄절을 며칠 앞두고 성경에 능통한 블랑켄부르크의 세세한 도움까지 받으면서 성실한 경건주의자인 요하나의 아버지 푸트카머(Heinrich v. Puttkammer)를 공략하기로 했다. 그런데 당시 요하나의 부모는 한때 철부지였던 비스마르크의 평판에 대해 잘 알고 있었다. 12월 24일 미래의 장인인 푸트카머에게 도착한 비스마르크의 구혼 편지는 많은 부분에서 사실이었지만, 상당히 과장된 표현 역시 많이 들어 있어 장인의 허락을 받아내려는 그의 강한 의지가 내재해 있었다.

비스마르크의 구혼 편지는 어린 시절에 대한 회고를 시작으로 한 개인의 신상명세서와도 같았고, 문체 면에서 19세기 서한문학의 걸작이라는 평까지 들었다. 서신의 서두에서 비스마르크는 푸트카머 가문의 딸에게 구혼하는 자신에 대해 요하나 부모님의 용서를 청하는 간곡한 부탁을 했다. 이어 그는 자신의 종교적 발전 과정을 자세하게 전달했다. 즉 그는 16세 때 베를린의 유명한 신학자인 슐라이어마허(Friedrich Ernst Daniel Schleichermacher)에게 견진 세례를 받은 사실을 비롯하여 당대 최고 학자들인 슈트라우스(David Friedrich Strauß), 포이어바흐(Ludwig Feuerbach), 바우어(Bruno Bauer) 등의 종교 비판적 강의와 저서들에 대해서도 언급했다. 또한 비스마르크는 마리와 관련된 이야기도 빠뜨리지 않았다. 비스마르크는 마리로 인해 가정생활의 소중함을 깨달았고, 그 집안에서 고향과도 같은 느낌을 찾게 되었다는 것을 언급했다. 고통으로 시달리다가 세상을 떠난 마리를 통해 마음 깊이 느끼는 아픔과 자신의 무능함을 통감한 사실, 그리고 열렬히 기도함으로써 자신의 신앙을 되돌아보는 시간도 가졌음을 토로했다. 신이 비록 자신의 기도를 들어주지 않았지만, 두 번 다시는 그런 일이 없도록 신에게 간청드릴 힘이 생겨났고, 설혹 그럴 자유가 주어지지 않더라도 자신이 알지 못했던 신뢰와 삶의 용기를 느낀 지금 더는 비관하지 않을 것이라는 새로운 각오까지 표현했다.

비스마르크는 신앙의 힘을 재차 강조하면서 스스로 죄악과 부조리에서 벗어날 수 없다는 사실을 깨닫게 되었다는 것도 고백했다. 영원한 삶에 대해 가졌던 의구심을 버린 지금, 은총으로 자신 안에서 믿음을 일깨우며 강화된 신앙심 속에서 매일같이 참회하는 마음을 청하는 용기와 좌절하지 않으려는 강한 의지를 힘주어 강조하기도 했다. 그러면서 신과 영원한 생명에 대한 믿음이 실제로 자기 삶 전부를 좌우하게 된 현실을 재차 언급하면서 서신을 마무리했다.

비스마르크의 예상과 달리 서신을 읽은 푸트카머 부부의 반응은 호의적이지 않았다. 서신 내용으로는 그만한 사윗감이 없었지만, 예전에 같은 가문 사람인 오틸리에와의 결혼설 등 불쾌한 소문만 무성했던 인물에게 어린 외동딸 요하나를 보내야 한다니 심란할 수밖에 없었다. 실제로 하인리히 푸트카머는 비스마르크를 "도축업자가 도끼로 목을 치기 전의 황소와 같다"고 언급했다.[25] 며칠이 지나도록 구혼 서신에 대한 아무런 회답이 없자, 비스마르크는 자기 뜻이 제대로 받아들여지지 않았다고 생각하게 되었다. 앉아서 무작정 기다리거나, 그렇다고 상대방의 무반응을 결혼 반대의 뜻으로 받아들여 포기할

25 푸트카머는 비스마르크가 보낸 서너 쪽의 서신을 읽으면서 과거가 많은 인물이고, 죄 많은 현실 세계에서 왔고, 결코 회개할 준비가 안 된 기독교인이라는 것도 파악했다. 이러한 관점에 요하나의 어머니도 동조했는데, "늑대는 최상의 양만을 가져간다"는 발언에서 확인할 수 있다.

수도 없는 상황에서 비스마르크는 초조하고 답답하기만 했다. 점차 비스마르크는 라인펠트로 직접 요하나 부모를 찾아가는 길 이외에 다른 해결책이 없다는 것도 알게 되었다. 1847년 초 비스마르크는 라인펠트에 있는 요하나의 부모 집에 가서 미래의 장인과 장모 앞에서 요하나를 포옹(Umarnung)하는 돌발적 행동을 했다. 이러한 돌출행동에 대해 요하나의 부모와 함께 있던 친척과 친지들은 경악했지만, 비스마르크는 대범한 행동 이후 요하나의 부모를 비롯한 당시 주변 사람들을 설득하고 결혼 승낙까지 받아내는 기지도 발휘했다.[26]

당시 비스마르크의 생활 또한 많이 달라져 있었다. 구혼 사건이 있기 전인 1846년 10월부터 쇤하우젠 제방 감독관(Deichhauptmann)으로 활동하고 있었다. 엘베강에서 약 2킬로미터 떨어져 있으며, 2천 명에 가까운 주민이 살던 쇤하우젠은 1845년 초 40년 만에 막대한 손실을 입었다. 가옥이나 도로, 울타리, 둑이 모조리 무너지거나 유실되었고, 숲 일부도 파괴되었으며, 곳곳에서 파종마저 어려운 상황이 벌어졌다. 수개월에 걸쳐 진행되던 복구 작업을 지켜보던 비스마르크는 수해 피해에 대한 모든 책임을 관할 농지개량위원(Meliorations-Kommissar)에게 돌렸고, 결국 마그데부르크 지방정부는 비스마르크에게 직접 그 임무를 맡아달라고 요청했다. 처음 얼마간의 망설임 끝에 마그데부르크 지방정부의 제안을 수락한 비스마르크는 예리초프

26 요하나를 포옹한 지 5분 만에 약혼 승낙을 받아낸 비스마르크는 "그동안 접었던 행운, 아주 대단한 행복을 잡았다고 생각합니다. 냉철하게 말해서, 저는 보기 드문 기품과 귀족 혈통으로서 자부심이 넘치는 성품을 가진 여인과 결혼할 수 있으리라는 희망을 거의 포기했습니다. 요하나의 사랑스러우면서도 붙임성이 좋은 성품은 제가 그 어떤 귀부인에게서도 보지 못했던 것입니다"라고 언급했다.

(Jerichow)에서 잔다우(Sandau)까지 엘베강 우측 지역을 관할했다. 빙하가 떠내려올 사태 등에 대비하는 성실한 공직자로서의 모습은 예전의 비스마르크에게서는 상상조차 할 수 없는 것이었다. 그리고 '얼마 가지 않아 또다시 포기하지 않을까?'라는 주변의 우려 역시 불식되었다.

매사에 최선을 다하기 시작한 비스마르크는 1847년 1월 비상 공무 때문에 요하나 부모님과의 만남까지 연기할 정도로 달라져 있었다. 고향 제방 감독관의 임무를 수행하면서 시작된 공직 생활은 1890년 3월 20일 독일 재상의 자리에서 물러날 때까지 지속되었고 그 기간은 무려 43년이나 되었다.

1847년 1월 12일 비스마르크와 요하나의 약혼식이 거행되었다. 약혼한 후 이들은 결혼하기 전까지 각각 쇤하우젠과 라인펠트에서 떨어져 지냈다. 둘은 수백 통의 서신을 주고받으며 서로를 위로하고 그리운 마음을 전했다. 서신에서 확인되듯이, 비스마르크에게 사랑은 모든 것을 소생시키는 힘 자체였다. 염세주의자로 세상을 등지고 말았더라면, 애정의 온기로 마음을 열고 기쁨으로 세상을 바라보는 행운도 결코 경험하지 못했을 것이다.

약혼식이 있은 지 7개월 후인 1847년 7월 28일 비스마르크와 요하나의 결혼식이 카슈벤란트(Kaschubenland)의 알트콜치글로브(Altkolziglow)에 위치한 마을교회에서 거행되었다. 결혼식을 끝낸 후 신혼부부는 며칠 동안 크니프호프와 쇤하우젠에 사는 친지를 찾아다니면서 인사를 드렸다. 쇤하우젠의 농민들은 지주의 신부를 본 후 "젊은 여주인이 아름답지 않다"고 했고, 비스마르크의 친척들 역시 그러한 평가에 전적으로 동의했다. 실제로 당시 비스마르크는 요하나의 외모보다 조건 없는 헌신, 순응, 그리고 자신의 생활방식에 빨리 적응하려는 노력에 감명받았다.

비스마르크와 요하나는 8월 11일부터 10월 6일까지 두 달 가까이 긴 신혼여행을 떠났다. 여정은 엘베강을 따라 드레스덴(Dresden)과 보헤미아 지방의 프라하(Praha)를 거쳐 빈으로, 그리고 다시 도나우강 증기선을 타고 린츠(Linz), 잘츠카머구트(Salz kammergut), 잘츠부르크(Salzburg), 티롤(Tirol), 베르흐테스가든(Berchtesgaden)을 거쳐 이탈리아 북부로 이어졌다. 여비가 충분했기 때문에 비스마르크가 바라던 대로 베네치아(Venezia)까지 돌아볼 수 있었다.

9월 초 비스마르크 부부는 베네치아에 머물렀는데, 당시 프리드리히 빌헬름 4세 역시 같은 도시에 체류 중이었다. 비스마르크는 프리드리히 빌헬름 4세가 개최한 연회에 참석했는데, 이는 당시 육군 소령 룬(Alfred Theodor Emil Graf v. Roon)의 배려였다. 프리드리히 빌헬름 4세는 비스마르크와 짧은 대화를 나누었는데, 비스마르크가 보수주의 추종 세력 내에서 높은 평가를 받고 있다는 것도 언급했다. 국왕의 이러한 언급을 통해 비스마르크는 머지 않은 장래에 국왕 측근에서 일할 수 있다는 희망까지 품게 되었다. 베네치아를 떠난 비스마르크 부부는 스위스를 거쳐 라인강을 거슬러 올라가는 여행을 계속했다.

신혼 여행에서 돌아온 비스마르크 부부는 1847년 10월 중순부터 쇤하우젠에서 신혼살림을 차렸다. 시부모님이 모두 돌아가셨기 때문에 살림에 초보였던 요하나는 집안 살림의 대부분을 친정어머니에게 의존했다. 그 이듬해 8월 21일 요하나는 첫 번째 아이 마리를 순산했다. 마리(Marie Elisabeth Johanna v. Bismarck)가 태어났을 때, 비스마르크는 드디어 아버지가 되었다는 기쁨과 함께 아버지를 잃었던 아픔과 너무나도 일찍 세상을 떠난 마리를 떠올렸다. 장인에게 첫 아이가 태어난 기쁜 소식을 전하면서 아들이었다면 신께 무릎을 꿇어 감사했을 것이라는 넋두리도 잊지 않았다. 이는 남아를 선호하던 분위기 때문에 아들을 먼저 낳았더라면 요하나가 자녀 문제에서도 벗어날 수 있었으리라는 판단 때문이었던 것 같다.

그리고 한 해 뒤인 1849년 12월 28일 베를린에서 헤르베르트(Herbert)가 태어났다. 요하나가 간절히 바라던 대로 아들이었으니, 두 사람 모두 적어도 아들을 낳는 문제에서 해방된 셈이었다. 그리고 마지막으로 1852년 8월 1일 프랑크푸르트에서 빌헬름(Wilhelm Albrecht Otto v. Bismarck)이 태어났다. 헤르베르트는 처음에 '니콜라이'라 불렸으며, 태어난 다음 해 2월 11일 베를린 도로테엔 37번가 이층집에서 선교사 고스너(Johannes Gossner)의 세례를 받았다. 자식 중에서 가장 재능이 뛰어났으면서도 문제 또한 가장 많이 일으켜 늘 부모의 관심사였던 헤르베르트는 훗날 외교관이자 정치인으로서 아버지의 정치 활동을 적극적으로 도왔다.

비스마르크는 32세라는 늦은 나이에, 그것도 온갖 절망적인 순간을 경험하고 나서야 결혼했다. 그런 만큼 그에게 가정을 이룬다는 의미는 누구보다 각별했다. 그전까지 여성들과의 만남은 파행으로 끝났기 때문에 요하나와의 평온하고 화목한 가정생활에 대한 그의 기대는 실제로 매우 컸다.

제2장
3월 혁명 전후의 활동

1 독일권의 분열 상태와 극복 방안

오토(Otto) 대제 이후 약 천 년 동안 국가의 명맥을 유지해오던 신성로마제국은 1806년 10월 14일 예나-아우어슈테트(Jena-Auerstedt) 전투에서 나폴레옹군에 격파됨에 따라 멸망했다. 이후 제국의 영토는 나폴레옹의 보호국이 된 라인연방(Rheinbundstaaten), 호엔촐레른의 프로이센, 그리고 합스부르크(Habsburg)의 오스트리아로 분할되었다. 더욱이 1815년 빈 회의 결정에 따라 등장한 독일 연방은 독일 민족의 기대와 달리 35개의 대소 국가와 4개의 자유시(Freistadt)로 구성된 엉성한 정치체제였다. 독일의 지식인 계층과 대학생들은 이러한 체제 등장에 불만을 표시했고, 특히 대학생들은 1815년 6월 부르셴샤프트를 결성하여 통일운동에 적극적으로 참여하는 등의 적극성도 보였다. 이러한 부르셴샤프트의 활동에 부정적이던 메테르니히(Klemens Wenzel Fürst Metternich)는 1819년 3월 23일 발생한 잔트(Karl Sand)의 정치적 암살과 이어 발생한 뢰닝(Karl Löhning)의 암살 시도 후 자신의 체제를 위협하던 세력에게 일격을 가할 기회가 왔음을 인지했다.[1] 이에 따라 그는 프로이센 정부와 긴밀한 협력을 모색했다.

1819년 8월 1일 메테르니히는 테플리츠(Teplitz)에서 하르덴베르크(Karl August v. Hardenberg)와 회동했는데, "마치 내가 세계의 정복자 나폴레옹을 제압한 것처럼 신의 은총으로 독일에서의 반정부적 소요도 가능한 한 빨리 진압할 수 있기를 바란다"는 견해를 밝혀 부르셴샤프트에 대한 자신의 조치가 매우 신속·단호하리라는 것을 예측하게 했다. 하르덴베르크 역시 부르셴샤프트 문제를 해결해야 한다고 인식했기에 메테르니히의 관점을 지지했다. 다음 날 이 두 사람은 독일 내 반정부 활동을 규제하기로 의견 일치도 보았는데, 거기서 나온 중요한 것들을 거론한다면 반정부 신문들의 간행금지와 독일 대학 내 반정부적 요소들을 제거한다는 것이었다. 이들의 이러한 합의는 그동안 신문들과 대학이 반메테르니히 정책을 확산시키는 데 주도적 역할을 했다는 인식 때문인 듯하다.

메테르니히는 하르덴베르크와의 합의를 구체화하기 위해 1819년 8월 6일 보헤미아 지방의 휴양 도시인 카를스바트(Karlsbad)에서 연방 비밀회의(Geheimkonferenz)를 개최했다. 여기에는 오스트리아, 프

---

1 잔트가 처형된 지 얼마 안 된 7월 1일 약사 뢰닝은 나사우(Nassau) 공국의 추밀원 고문 이벨(Karl Friedrich Justus Emil v. Ibell)을 살해하려고 했지만 실패했다. 이에 뢰닝은 유릿가루를 먹고 자살했다. 뢰닝의 암살 시도는 잔트의 경우와 달랐는데, 이는 폴렌(Karl Follen)이 의뢰인에게 직접 암살 지시를 내린 데서 확인할 수 있다. 친프로이센 성향의 인물이던 이벨은 하르덴베르크가 측근으로 고용할 정도로 뛰어난 정치적 감각을 지니고 있었다. 자유주의를 추종하고 정치개혁을 지향한 이벨이 암살 대상으로 선정된 것은 아마도 이 인물이 부르셴샤프트가 적대시한 유대인 해방을 지향했기 때문인 듯하다.

로이센, 바이에른(Bayern), 작센(Sachsen), 하노버(Hannover), 뷔르템베르크(Württemberg), 바덴(Baden), 메클렌부르크-슈베린(Mecklenburg-Schwerin), 메클렌부르크-슈트렐리츠(Mecklenburg-Strelitz), 그리고 나사우(Nassau) 대표가 참여했는데, 이 국가들 모두 메테르니히 정책을 지지했다. 메테르니히 주도로 진행된 회담에서는 진보적 시민 계층의 성장을 막는 방법도 심도 있게 논의되었다.

당시 카를스바트 비밀회의 참석자들은 독일 연방 약관 13조를 군주제와 연계시켜 재해석하려고 했다. 이러한 시도는 대의제가 명시된 일부 국가의 헌법을 무력화하는 동시에 그것의 도입을 제도적으로 막으려는 시도로도 볼 수 있을 것이다. 아울러 여기서는 일련의 규제 조항들이 논의되고 통과되었는데, 그 내용을 살펴보면 다음과 같다. 첫째, 향후 5년간 신문 및 정기간행물에 대해 엄격한 사전 검열을 시행한다. 전지 20매, 즉 8절판 320쪽 미만의 출판물에 대해서도 이러한 검열 방식을 적용한다. 그러나 8절판 320쪽을 초과하는 출판물들은 사후 검열도 시행한다. 아울러 독일 연방의 권위와 연방 회원국들의 평화와 질서를 저해하는 서적들이 발견되면, 즉시 회수하여 폐기한다. 그리고 이러한 서적들을 출간한 출판사들의 책임자는 5년간 동일 업종에 종사할 수 없다. 둘째, 대학들과 인문계 고등학교들은 각국 정부가 지명한 특별전권위원(Landesherrlicher Bevollmächtigter)의 엄격한 감독을 받는다. 그렇지만 위원은 이들 교육기관의 학문적 문제나 교육과정에 대해서는 간섭하지 않는다. 그리고 기존 질서 체제를 부정하는 강의를 하거나 학생들을 선동하는 교수들은 대학 교단에서 추방하고, 이들은 독일의 다른 대학에서도 강의할 수 없다. 셋째, 부르센샤프트는 즉시 해산하고 향후 이 학생단체와 연계된 학생들은 국가 관료로 임명하지 않는다. 그리고 특별전권위원이나 대학 평의회의 결정에 따라 제적된 학생들은 독일의 다른 대학에 재입학할 수도 없다. 넷째, 마인츠(Mainz)에 11명의 법률가로 구성된 중앙조사위원회(Centraluntersuchungscommission)를 설치하여 각 지역에서의 혁명적 소요를 조사하고 연방의회에 보고하는 임무를 부여한다. 그리고 독일 내 모든 국가에서 체포권 및 구인권을 가지게 될 이 위원회는 한시적으로 운영한다.

독일 대학생들의 통일운동이 이렇게 탄압받을 때, 독일 경제인들 사이에서 통일을 위한 심상치 않은 움직임이 감지되기 시작했다. 국내의 정치적 분열 상태에도 불구하고 라인 지방에서 시작된 독일의 산업 발전은 국내의 상공 시민을 고무시켰는데, 이는 자본주의적 산업 발전을 지속하는 데 필요한 통합 시장의 형성 요구로 이어졌다. 그 때문에 당시 독일 경제인들은 국내의 대소 국가 및 도시 간의 관세 장벽을 철폐하여 정치적 통일에 앞서 경제적 통일이 먼저 이루어져야 한다는 주장을 펼치면서 그러한 것을 현실화하기 위한 노력도 기울였다. 이에 따라 프로이센의 경제인들은 1819년 북부 독일의 여러 국가와 관세동맹(Zollverein)을 체결했다. 그리고 1844년 오스트리아를 제외한 나머지 독일 연방 참여국들이 관세동맹을 결성함으로써 정치적 통일에 앞서 경제적 통일이 이룩될 수 있었다.

2 비스마르크의 정치활동 개시

1847년 2월 3일 프로이센의 프리드리히 빌헬름 4세는 철도 건설에 필요한 재원을 마련하기 위해 공채 발행을 결정했고, 그에 따라 프로이센 연합지방의회(Der Vereinigte Landtag)를 개원한다는 칙령도 발표했다. 바로 각 지방에서 연합지방의회 선거가 실시되었다. 그런데 당시 비스마르크는 토지 귀족들로부터 충분한 신임을 받지 못했기 때문에 연합지방의회의 의원으로 선출되지 못했다.[2] 그러나 그는 연합지방의회 의원 중 어느 한 의원이 지병으로 활동하지 못하면 그를 대신해 보궐 의원(Ersatzmann)으로 활동할 수 있는 권한을 부여받았다.

1847년 4월 11일 베를린궁의 백색홀에서 개최된 연합지방의회에는 모두 612명의 의원이 참석했는데, 이들은 8개 지방 신분제의회의 의원들이었다. 따라서 연합지방의회는 새 헌법기관이 아니라 단순히 각 지방의회를 조합한 단일 기구에 불과했다. 의원들은 지방과 신

---

2 당시 비스마르크는 반드시 연합지방의회에 진출하겠다는 의지를 밝혔지만, 그것을 실현하기는 거의 불가능했다. 이에 반해 아버지 친구인 아돌프 폰 타텐-트리에글라프와 장인 하인리히 폰 푸트카머는 연합지방의회에 참석했다.

프로이센 지방의회 의원 비스마르크(1847)

분에 따라 각기 따로 앉았다. 대공과 백작, 왕실에 소속된 귀족 및 왕실 구성원이 앉는 상위구역(Herrenkurie)이 있었고, 나머지 위원들은 지방 귀족과 시민, 농민의 대표로서 3신분 지역(Dreistandekurie)에 앉았다. 복잡한 표결 방식 때문에 각 지방 대표는 그들의 이익을 침해하는 안건에 대해 거부권을 행사할 수 있었으며, 이런 점에서 연합지방의회는 1815년 이후 보여준 프로이센의 '연방' 구조를 제대로 반영했다.

당시 프로이센의 자유주의자들은 국왕의 이러한 양보적 자세에 대해 강한 인상을 받지 못했는데, 국왕의 칙령이 의회의 권한을 새로운 조세 부과 및 국채 승인으로 한정한 것과 임명 귀족들로 구성된 상원을 제시하여 하원에 대한 또 다른 제동장치를 마련한 데서 연유했다.[3] 의회가 개원한다는 사실 자체가 중요했기 때문에 독일 여러 곳에서 자유주의자들이 의회 활동을 참관하기 위해 베를린에 모여들었다. 그러나 헌정사에 실제적 진전이 있으리라는 희망은 곧 사라졌다. 그 이유는 프리드리히 빌헬름 4세가 개회사에서 자신과 신민 사이에 성문헌법이 제정되는 것을 허용하지 않을 것이라고 단언했기 때문이다. 국왕을 설득하여 의회를 정기적으로 소집하고 의회 권한을 확대하려는 시도는 완전히 실패했다.

예리코 지역 기사령 의원의 보궐 또는 대리 의원으로 선출된 비스마르크는 메르제부르크(Merseburg)에서 열린 지방의회에 참석하지 못했다. 그러나 예리코 지역 기사령에서 당선된 브라우히트쉬(v. Brauchitsch) 의원이 갑자기 재발한 지병으로 의원 활동을 포기함에 따라 비스마르크는 그의 의원직을 승계했을 뿐만 아니라 1847년 5월 8일부터 연합지방의회 최연소 의원으로 활동하기 시작했다. 32세의 최연소 의원이던 비스마르크는 당시 연합지방의회에서 왕권 및 귀족계층의 이익을 대변하던 우파 세력에 참여했는데, 이 세력은 상대적으로 소수에 불과했다.

연합지방의회에서 비스마르크의 보수적 성향이 점차 드러났는데, 그것은 5월 17일의 첫 공식 연설에서 확인되었다.[4] 여기서 그는

---

3 1820년 1월 17일 하르덴베르크의 절친한 동료인 로테르(Samuel Lother) 주도로 국가부채법(Staatsverschuldungsgesetz)이 제정되었고 이 법에 따라 프로이센 정부는 전국적인 신분제의회, 즉 연합지방의회의 승인 없이는 국채를 발행할 수 없었다.

4 당시 비스마르크가 추종한 보수주의는 질서유지(Bewahrung der Ordnung)를 핵심 가치(Zenraler Wert)로 간주했다. 또한 이 주의는 종교에서 왕권과 교권의 연합(Bündnis Throrn und Altar)을 지향했고, 사회질서 체제에서는 권위(Autorität)를 부각했다. 그리고 경제활동에서는 전통적 엘리트 계층의 특권(Privilegierung traditioneller

일부 의원, 특히 자우켄(Ernst v. Saucken) 의원이 제기한 헌법제정의 필요성을 반박했다. 자우켄 의원은 프로이센을 위한 성문헌법의 필요성을 역설하며, 1813년 나폴레옹의 강제 점령에 저항해 일어난 민중 소요의 주된 동기가 헌법을 갖고자 하는 열망에서 나왔다는 점을 강조했다. 이에 초선 의원 비스마르크는 나폴레옹에 저항해 일어난 투쟁 동기, 즉 앞서 연설한 의원의 관점을 시정해야 한다는 생각도 하게 되었다. 몇 번이고 반복해 '혀를 찬 뒤' 비스마르크는 발언을 시작했다. 그는 "프로이센이 외부 침입자에게 당한 박해와 굴욕만으로 피가 들끓지 않는다면, 침입자를 향한 증오가 다른 모든 감정을 압도하지 못한다면" 민족 명예에 스스로 먹칠하는 어리석음에 불과하다는 관점을 피력했다. 이에 연합지방의회는 벌집을 쑤셔놓은 듯 소란스러워졌다. 몇몇 의원이 해방전쟁의 의미를 그렇게 편파적으로 해석해서는 안 된다는 반론을 제기하기도 했다. 그러자 비스마르크는 강한 반어법으로, 당시 저항운동을 두고 헌법을 가지고 싶은 열망의 반영이라는 선배 의원들의 가르침 덕에 봉기를 직접 경험하지 못한 유감이 씻은 듯 사라졌다고 비아냥거렸다. "저는 지금까지 외세가 노예 상태에서 벗어나는 데 필요한 뜨거운 투쟁 요인으로 작용하는 줄 알았는데, 지금 가르침대로라면 오히려 국내 세력이 이런 노예 상태를 지원한 셈이로군요. 이런 가르침에 제가 감사하다는 말을 드릴 수는 없습니

Eliten)을 부각했고, 왕권과 그에 협력하는 소수 지배계층(Monarchie und Aristokratie)이 주도하는 정치를 선호했다. 그리고 신분 질서 체제의 복권(Wiederherstellung der Ständegesellschaft)을 지향 목표(Utopie)로 제시했다. 이와 달리 당시 자유주의는 계급 없는 시민사회(Klassenlose Bürgergesellschaft)를 지향했고, 사회주의는 동등한 사회구현(Verwirklichung der Gesellschaft von Gleichen)을 미래 목표로 제시했다.

다.” 이어 그는 프로이센 왕실의 진정한 옹호자라 자처하고, 수십 년간 지속된 시민 계층의 요구를 “라인 지방 포도주 출장 판매인들의 정치적 상투어(Phrasen der rheinischen Weinreisenden-Politik)”에 지나지 않는 것이라고 일축하기도 했다. 이는 연합지방의회 의원들의 강한 반발을 초래했고, 자유주의 성향의 신문은 “아주 뻔뻔한 융커”라는 공격도 했다.[5] 하지만 비스마르크는 자신의 정치적 성향에 대한 부정적 시각에도 불구하고 국왕 및 귀족 계층의 권한 증대를 위해 온갖 노력을 기울이는 것이 바로 자신의 주된 과제로 인식하기 시작했다.[6]

비스마르크의 의회 활동에서 확인되는 것은 과격하고 독선적 발언을 지속했다는 것이다. 즉, 그는 신랄하고 불손하게 공격하거나 반자유주의적 집단을 끌어모아 단체로 대항하는 식으로 자유주의 추종자들과의 정면충돌도 서슴지 않았다. 그런 태도는 보수주의자들의 수장인 게를라흐의 눈에 띌 수밖에 없었다. 게를라흐는 이미 포메른 시절 블랑켄부르크의 주선으로 경건주의자들 모임에서 비스마르크를 만났기 때문에 두 사람 사이의 만남은 의미가 더했다. 연합지방의회가 열리는 몇 주 동안 비스마르크 역시 자신이 가진 정치적 재능을 발견하는 성과를 거두었다.

비스마르크가 참여한 연합지방의회는 프리드리히 빌헬름 4세가

5 당시 비스마르크는 헌법을 인위적으로 제정해서는 안 된다는 태도 또한 피력했다. 그런데 비스마르크는 드높은 목청과 정확한 단어를 선택하기 위해 약간 머뭇거리는 약점을 가지고 있었다. 하지만 마치 두 눈으로 보는 것처럼 선명한 그림을 그려내는 표현력에 재치와 신랄한 촌철살인을 담아내는 연설로 청중을 휘어잡을 줄 알았다.

6 그 일례로 비스마르크는 국왕 및 귀족 계층의 봉건적 권한을 방어해야 한다는 관점을 피력했다. 당시 프리드리히 빌헬름 4세는 비스마르크의 이러한 보수적 자세를 긍정적으로 평가했다.

헌법제정을 거부함에 따라 쾨니히스베르크(Königsberg)와 베를린 사이를 잇는 동부 철도 건설에 필요한 2,500만 탈러의 공채를 포함한 여러 건의 재정지출에 대한 인준도 보류했다.[7] 격분한 국왕은 이미 궤도에 오른 헌정 작업을 중지하고 1847년 6월 연합지방의회도 해산했다. 이러한 국왕의 결정에 비스마르크는 전적으로 동의했는데, 그것은 정부가 의회의 과도한 요구를 수용할 수도 있다는 우려 때문이었다. 실제로 비스마르크는 의회의 지나친 요구로 왕권이 약화하는 것을 두려워했고 그것을 저지할 방안도 구체적으로 생각했다. 연합지방의회에서의 활동으로 비스마르크는 프로이센 전역에서 명성을 크게 얻었으며, '왕권수호를 위해 조건 없이 투쟁하는 인물', 그리고 '정통보수파의 선봉장'이라는 선명한 성향의 정치가로 부상했다.

연합지방의회가 아무런 성과 없이 해산되었지만, 캄푸하우젠(Gottfried Rudolf Kampfhausen)[8]과 한제만(David Justus Ludwig Hansemann)

---

7 당시 프리드리히 빌헬름 4세는 철도 건설에 매우 긍정적이었는데, 증대되던 수송 기술의 경제적·군사적·전략적 중요성을 인지했기 때문이다.

8 1803년 휜스호벤(Hünshoven)에서 태어난 캄프하우젠은 부친인 게르하르트 고트프리트 캄프하우젠(Gerhard Gottfried Camphausen)이 사망한 후 동생인 아우구스트(August)와 함께 교역과 은행 업무를 담당하는 회사를 설립했다. 캄프하우젠은 1831년부터 쾰른 상공회의소(Die Kölner Handelskammer) 회원으로 활동했고, 1838년부터 10년간 의장직을 수행하기도 했다. 당시 이 인물은 자유무역을 선호했으며 철도 건설에 대해서도 큰 관심을 표명했다. 1840년대 초반부터 쾰른에서는 정치개혁에 대한 희망이 증대되었는데, 그것은 왕위 교체에서 연유했다. 캄프하우젠은 '월요일 모임(Montagskränzchen)'이라는 비공식적 회합에 적극적으로 참여했고 점차 베케라트(Hermann v. Beckerath), 메비센(Gustav Mevissen), 그리고 한제만과 더불어 라인 지방의 대표적인 자유주의자로 주목받기 시작했다. 이 시점에 쾰른에는 정당이 없었기 때문에 상공회의소를 주축으로 하여 정치적 조직이 구축되기 시작했다. 캄프하우젠은 산업구조의 변화로 산업계에서 수공업자의 축출은 필연적이며, 거기서 파생된 대중적 빈곤현상과 가사노동자의 궁핍화는 피할 수 없는 것으로 간주했다.

이 주도한 라인란트(Rheinland)와 베스트팔렌(Westfalen) 지방의회 출신 자유주의자들은 대지주 아우어스발트(Rudolf v. Auerswald)가 이끌던 동프로이센 자유주의자들과 긴밀하게 협력할 기회를 얻게 되었다.

캄프하우젠과 더불어 신정부에서 핵심 역할을 담당한 한제만은 함부르크(Hamburg) 근처의 핀켄베르더(Finkenwerder)에서 목사의 아들로 태어났다. 1817년 한제만은 가족들로부터 창업자금을 빌려 아헨에서 양모 상인으로 활동하기 시작했다. 양모 상인으로 활동한 지 몇 년이 채 안 되어 적지 않은 부를 축적했다. 1843년 실시된 지방의회 선거에서는 의원직도 획득했다. 이 시기 한제만은 정치 분야에 관심을 가졌고 특히 경제장려 정책, 즉 사회 기반시설 확충, 빈곤과의 투쟁, 그리고 시민동등권 구현 등을 실현하는 방안도 마련했다. 이와 더불어 한제만은 봉건제도의 폐해를 지적했고 시민권 확장의 필요성도 강조했다. 나아가 시민 계층의 공동결정권 강화, 즉 정치활동 참여권과 국가경제참여권 확대를 요구했다. 1830년 프랑스에서 7월 혁명이 발생하자 한제만은 프로이센에서도 혁명 발생의 징후가 강력히 나타나고 있다는 주장을 펼치면서 그러한 것은 헌법에 따라 운영되는 정부 시스템을 도입한다면 제어할 수 있다고 했다. 초기 자유주의자들과 마찬가지로 한제만 역시 부유하고 교양을 갖춘 시민 계층이 '국가의 중추(Schwerkraft des Staates)' 역할을 담당해야 한다고 했다. 그는 의회의 역할을 부각했고, 재산평가에 따른 차등선거제 도입도 요구했다.

3 메테르니히 체제의 붕괴

오스트리아도 3월 초부터 프랑스에서 발생한 2월 혁명의 영향을 받기 시작했는데, 그것은 메테르니히 체제의 심장으로 간주된 빈에서 정치적 저항이 나타난 데서 확인할 수 있다. 3월 3일 니더외스터라이히 신분의회(Die Ständeversammlung des Landes Niederösterreich)의 좌파 의원 33명이 절대왕정 체제를 종식하고 전국 단위의 신분제의회 소집을 요구하는 청원서를 제출했는데, 자유주의를 추종하던 귀족 계층의 희망도 동시에 표출되었다. 3월 6일 오스트리아 시민 계층을 대표하던 '법·정치 독서회(Juridisch-Politisches Leseverein)'도 전 오스트리아 의회 소집 요구 등의 구체적인 개혁안을 제시했다. 오스트리아 진보당(Fortschrittspartei Österreichs) 역시 3월 4일 신분제의회 소집 외에도 입헌군주제로의 이행, 취업의 자유, 검열제도 폐지 등을 요구하는 성명을 발표했다.

이렇게 반정부적 움직임이 지속되었지만, 빈 정부는 어떠한 양보도 하지 않으려고 했다. 물론 합스부르크 가문은 황위 계승자로 간주하던 프란츠 요제프(Franz Joseph)의 어머니 조피(Sophie)를 중심으로 시

빈에서의 시가전

민 계층의 요구를 부분적으로 수렴해야 한다는 인식도 했는데, 이러한 양보만이 가문의 안전을 보장받을 수 있다는 판단 때문이었던 것 같다.

그러나 이러한 시도는 기존 질서 체제의 근간을 유지하려던 메테르니히와 그의 추종 세력의 반대로 실현되지 못했다. 그런데도 메테르니히와 그의 추종 세력은 계엄령 선포 같은 단호한 조처를 할 수 없었는데, 오스트리아에서도 혁명적 상황이 발생할 수 있다는 우려 때문이었던 것 같다. 따라서 무력을 동반한 단호한 조처를 할 수 없었던 빈 정부는 사태 추이만 관망할 수밖에 없었다.

오스트리아 혁명은 3월 13일부터 본격적으로 시작되었다. 이날 니더외스터라이히(Niederösterreich) 신분의회가 개최됨에 따라 빈의 시민은 이 의회의 활동에 대해 커다란 기대와 희망을 품게 되었다. 이른 아침부터 빈의 시민은 의사당 앞으로 몰려들었는데, 그 수는 4천 명 정도였다. 이들 중에는 학생, 변호사, 의사, 예술가, 그리고 자영업자들도 다수 포함되었는데, 이것은 단순한 민중 집회의 성격에서 벗어난 것으로 보아야 할 것이다. 집회 참여자들은 대표를 의회에 파견한 후 자신들의 입장을 거론하게 했다. 이어 이들은 오전 11시 의회로 몰려가 학생들이 포함된 대표단을 구성한 후 정부와의 협상도 요구했다. 같은 날 정오, 정부군이 투입됨에 따라 오후 2시부터 무력충돌이 발생했다. 의사당 앞에서 정부군이 먼저 시위대를 향해 발포하자, 시위자들은 돌 세례로 대응했고 그 과정에서 남자 4명과 여자 1명이 목숨을 잃었다. 무기고와 다른 중요한 건물 앞에서도 충돌이 발생했다. 비록 정부군이 중무장했음에도 시위대를 진압할 수 없었는데, 학생들과 노동자들의 저항이 의외로 완강했기 때문이다.

학생들과 노동자들은 소비세관청, 경찰서, 렌베크(Rennweg)에 위치한 메테르니히 저택, 왕립 종축장 등을 습격했고 오후에는 다른 지역의 노동자들도 가세했다. 같은 시간에 시민 대표자들도 황궁으로 진입했는데, 메테르니히와 경찰청장인 제들니츠키(Joseph v. Sedlnitzky)의 즉각적인 해임, 정부군의 철수, 그리고 학생들의 무장 허용을 요구했다. 그리고 자신들의 요구가 수용된다면 사회적 질서 회복을 위해 협력하겠다는 최후통첩성 양보안도 제시했다.

빈에서의 혁명적 소요가 심화함에 따라 합스부르크 가문은 위기감을 느꼈지만, 메테르니히와 그의 지지 세력은 어떠한 정치적 타협도 불가능하다는 태도를 고수했다. 그러나 빈의 중심지와 교외에서 발생한 노동자들의 봉기로 황실은 사태의 심각성을 깨달았다. 결국 같은 날 저녁 7시 황궁에서 임시국가 비밀회의가 개최되었는데, 메테르니히는 참석하지 않았다. 회의에서 조피를 비롯한 일부 참석자들은 메테르니히를 혁명의 희생양으로 활용해야 한다는 의견을 밝혔고, 그에 대해 1836년부터 메테르니히와 지속적으로 대립하던 콜로브라트-리프슈타인스키(Franz Anton Graf v. Kolowrat-Liebsteinsky)도 동의했다. 임시국가 비밀회의의 결정이 내려짐에 따라 황실을 대표한 루트비히 대공이 메테르니히에게 수상직 사퇴를 권고했고, 메테르니히 역시 그러한 결정에 따르기로 했다. 오스트리아 제국뿐만 아니라 전 유럽의 증오를 받던 메테르니히가 실각한 이후 반동 정권의 지지 계층 역시 와해되었다.

4 베를린에서의 혁명적 소요

1848년 프랑스에서 발생한 2월 혁명[9]과 빈에서 진행된 급박한 상

---

9 7월 혁명(1830) 이후 등장한 루이 필리프의 7월 정부는 시민 계층, 특히 대시민 계층의 지지로 유지되었기 때문에 당연히 이들 계층의 이익을 옹호하는 정치를 펼치는 데 주력했다. 점차 라마르틴(Alphonse Marie Louis de Lamartine)을 중심으로 한 소시민 계층의 공화파 세력과 블랑이 주도하던 노동자 계층의 사회주의 세력은 7월왕정에 대해 불만을 표시하게 되었다. 7월 혁명 이후 선거권 행사가 가능한 유권자 수가 이전의 9만 4천 명에서 1832년에는 16만 6천 명으로 늘어났는데, 이는 능동적 유권자가 되는 데 필요한 납세액이 300프랑(Franc)에서 200프랑으로 인하되었기 때문이다. 1845년 실질적 유권자 수가 24만 명까지 늘어났지만, 이는 당시 전체 인구 3,550만 명 중 0.7%에 불과한 비율이었다. 그리고 루이 필리프의 소극적이고 회피적인 외교 정책은 나폴레옹 시대의 영광을 회상하던 국내 왕당파의 반발도 유발했다.

이렇듯 국내 반정부 세력의 저항이 심화함에 따라 루이 필리프는 1840년 자유주의자였던 티에르(Louis Adolphe Thiers) 대신 보수파의 기조(François Pierre Guillaume Guizot)를 수상으로 임명했다. 이후부터 기조는 의회를 매수하고자 의원들에게 관직 및 정부 관급 공사의 주주 자리를 제공하거나 정부 기간산업의 계약 특혜를 주는 등 온갖 정치적 부정 및 부패를 조장했다. 이러한 정치적 부정부패와 더불어 흉작 및 경제적 공황으로 파산과 실업률 역시 급증했다. 이에 따라 공화주의자와 사회주의자들은 1848년 2월 22일 정부의 실정을 비난하는 정치개선촉진회(Reform Banquet)를 파리 시내 샹젤리제(Champs-Elysées) 근처에서 개최하기로 합의했지만, 기조 정부의 개입으로 무산되었다. 이에 『르나시오날(Le National)』지의 편집 책임자 마라스트(Marast)가 정치개선촉진회에 참석하려던 군중에게 시위 전개를 촉구했다. 이에 따라 정치개선촉진회 참

황으로 프로이센에서도 3월 초부터 혁명적 징후가 나타나기 시작했다. 그런데 소요는 베를린이 아닌 지방에서 시작되었다. 정치적·경제적으로 다른 지역보다 선진화된 라인 지방에서 그 출발 징후가 나타났고, 주도적 역할을 한 계층은 쾰른(Köln) 시민이었다. 이와는 별도로 3월 3일 쾰른시청 앞에서 발생한 집단시위에는 노동자들이 대거 참여했다. 쾰른의 공산당 지부동맹 회원들이 주도한 이 시위에서는 일련의 정치적 요구도 제시되었다. 시위 중 참여자들에게 배포된 '민중의 요구(Forderung des Volkes)'에서는 언론 및 결사의 자유뿐만 아니라 민중이 입법과 행정을 주도해야 한다는 것도 거론되었다. 그리고 이를 위해 보통선거제 도입, 상비군 폐지 및 시민병 체제의 도입이 전제조건으로 제시되었다. 당시 공산당 동맹 회원들은 노동 계층의 사회적 요구를 대변하는 데 주저하지 않았는데, 그러한 것은 이들이 노동권 요구, 생존권 보장, 그리고 무상 의무교육제 도입을 강력히 요구한 데서 확인할 수 있다. 이러한 요구를 실천하기 위해 쾰른 노동자들은 쾰른 지방의회에 압력을 가했다. 5천여 명의 시위대가 시청 앞 광장에 집결했는데, 여기서 빌리히(August Willich)와 아네케(Friedrich Anneke)가 연설했고, 빈민 의사로 활동하던 고트샬크(Andreas

---

석자들이 기조의 관저를 습격하고 국민방위대와도 충돌했다. 그런데 국민방위대는 2월 23일부터 정부의 명령을 거부하고 시위대와 보조를 맞추었다. 2월 24일 대학생들, 실업 노동자들, 소상점 점주들, 그리고 장인들이 참여한 시위대는 시가전에서 우위를 차지했다. 이들은 드 비유(de Ville) 호텔 및 파리시청을 점령한 후 튀일리(Tuileries) 왕궁도 습격했다. 이에 따라 루이 필리프는 퇴위를 선언하고 영국으로 망명했다. 곧 라마르틴(Alphonse Marie Louis de Prat de Lamartine)을 중심으로 한 공화주의파, 블랑과 30세의 기계공 알베르(Martin Alexandre Albert)가 주도하던 사회주의파가 합세하여 임시 정부를 수립했다.

Gottschalk)는 소수 대표자와 더불어 쾰른 시장에게 '민중의 요구'를 전달했다. 시위대의 압력에 굴복한 시 의회는 행정장관에게 청원서를 전달하기로 약속했다. 그러나 시청을 점령한 시위대는 몇 시간 후 정부군에 의해 강제로 해산되었는데, 그 과정에서 시위 주도자들은 체포되었다. 결국 실패로 끝난 이 봉기는 프로이센 전역에 혁명적 상황을 파급했고, 혁명적 소요에 대해 다소 유보적이던 시민 계층도 움직였다.

이후부터 시민 계층은 급진적 요구와 청원을 막기 위해 청원 운동의 주도권을 장악하는 데 주력했다. 당시 이들 계층의 정치 전략은 입헌정치적 개혁을 통해 정치와 사회 영역에서의 침체를 극복하고 사회적 불안도 예방하려고 했다. 유산 시민 계층에 대한 심각한 증오에 바탕을 두고 사회주의적인 실험뿐만 아니라 자칫하면 공산주의로까지 나아갈 수도 있었던 파리에서와 마찬가지로 일반 대중, 특히 하층민이 가졌던 불만의 급속한 폭발은 그들이 가졌던 개념과는 일치하지 않았다. 3월 3일 저녁 라인 지방 시민을 주축으로 한 라인 지방 의회는 베를린 정부에 개혁안 제출을 청원했고, 다른 도시의 자유주의자들도 쾰른의 예를 따랐다. 시민 집회 및 지방의회에서 작성된 청원서가 베를린 정부에 전달되었는데, 주요 내용은 바로 전국 단위의 의회 소집이었다.

3월 6일 베를린에서도 혁명적 소요가 발생했다. 이에 앞서 프랑스에서 날아온 뉴스는 베를린 시민을 흥분시켰다. 2월 28일 베를린 『포시세 차이퉁(Vossische Zeitung)』의 호외는 '급보'라는 제목으로 프랑스 국왕 루이 필리프의 퇴위 소식을 알렸다. 편집자는 호외에서 "프랑스 및 유럽의 현 정세를 고려할 때, 이러한 사태변화는 1830년의

7월 혁명보다 결과적으로 더 놀랍고 어쩌면 더 중대한 것으로 보인다"라는 설명도 첨부했다. 1월 초부터 본격화된 이탈리아의 혁명적 소요 역시 베를린 시민에게 적지 않은 영향을 끼쳤다.[10]

이탈리아와 프랑스에서의 혁명 상황을 접한 베를린 시민은 거리로 쏟아져나와 정보를 수소문하면서 토론을 벌이기에 바빴다. 날씨도 한몫 거들었다. 이날은 누구나 기억할 만큼 온화하고 맑은 초봄 날씨였다. 독서클럽과 커피점, 온갖 종류의 공공시설에는 사람들이 터질 듯이 들어찼다. 그리고 신문을 손에 든 사람은 누구나 의자 위로 올라가 큰 소리로 내용을 낭독하는 능동성도 보였다.

당시 베를린 정부는 국왕 프리드리히 빌헬름 4세에게 보낼 청원서 수용을 거부했지만, 신민은 그것을 관철하려고 했다. 프리드리히 빌헬름 4세는 1840년 6월 7일 프리드리히 빌헬름 3세(Friedrich

10 이탈리아에서의 혁명적 소요는 남부 지방, 즉 양 시칠리아 왕국에서 시작되었는데 외부로부터 유입된 왕조에 대한 저항 때문이었다. 소요를 주도한 인물들은 양 시칠리아 왕국의 페르디난도 3세(Ferdinando III delle Due Sicilie, 1830~1859)로부터 헌법 도입 및 세제상의 개혁도 약속받았다. 아울러 이들은 입헌군주정 체제 도입도 관철했다. 이후 혁명의 여파는 중부 이탈리아까지 확산했다. 이에 따라 사르데냐-피에몬테 왕국(Regno di Sardegna-Piemonte)에서도 소요가 발생했는데, 이 왕국의 국왕이던 알베르토(Carlo Alberto, 1831~1849)가 헌법 도입을 결정하는 요인으로도 작용했다. 사르데냐-피에몬테 왕국에서 소요가 발생한 직후, 즉 1월 말 알베르토는 자신의 왕위를 포기하려고 했다. 그러나 당시 보수주의적 성향의 내무장관 보렐리(Giacinto Borelli) 백작의 권유에 따라 헌법제정위원회를 구성하여 1848년 3월 4일 헌법도 제정했는데, 이를 지칭하여 '알베르토 헌법(Statuto Albertino)'이라고 했다. 헌법에서는 입헌군주정 체제를 도입한다는 것이 언급되었을 뿐만 아니라 국왕이나 의회의 권한 등도 구체적으로 명시되었는데, 그 중요한 내용을 살펴보면 다음과 같다. ① 국왕은 국가의 원수 겸 정부의 책임자다. ② 국왕은 헌법을 보호하는 유일한 권한을 가질 뿐만 아니라 그에 대한 의회의 간섭, 즉 헌법 내용의 개정 등을 통제할 수 있다. ③ 의회는 양원제, 즉 상원과 하원으로 운영한다.

프리드리히 빌헬름 4세

Wilhelm III, 1797~1840)가 서거한 후 프로이센의 위정자로 등장했다.[11] 그런데 이 인물은 부친을 비롯한 이전의 통치자들과 달리 즉위 초부터 개혁에 대해 깊은 관심을 보였다.

프로이센의 자유주의자들은 프리드리히 빌헬름 4세가 취한 첫 번째 행동에서 희망을 발견했다. 정치적 사면으로 아른트(Ernst Moritz Arndt)가 1840년 7월 2일 본(Bonn) 대학 교수로 복귀했는데, 이 인물은 프로이센 정부가 펼친 선동자 추격 정책의 희생자였다.[12] 그뿐만 아니라 프리드리히 빌헬름 4세는 지방 신분제의회를 다시 정례적

11 프리드리히 빌헬름 4세는 프로이센 국왕으로 등극하기 전에 6개월간 섭정 정치도 펼쳤다.

12 아른트는 1819년 9월 20일 발표한 카를스바트 협약에 따라 1820년 11월 민족과 다소 과격한 민주주의에 대한 언급으로 교수직에서 해임되었다. 이후 진행된 소송절차에서 아무런 결론이 나지 않았음에도 프리드리히 빌헬름 3세는 아른트가 강의하는 것을 허용하지 않았다.

(Periodischer Zusammentritt)으로, 즉 2년마다 소집한다는 약속도 했다. 또한 정례적 지방 신분제의회는 각 지방의 공공복지와 연계된 문제를 국왕에게 자문할 수 있게끔 위원회 설치도 허용받았다. 1842년 국왕은 베를린에서 위원회 총회를 소집했다. 그러나 새 통치자의 등장으로 헌정적 진전이 있으리라는 자유주의자들의 희망은 유감스럽게도 잘못된 것이었다.

프리드리히 빌헬름 4세는 합스부르크 가문이 지배하고 프로이센 군주가 독일 방위를 위해 그 부사령관 역할을 하던 기독교적 독일 제국에서 벗어나지 못한 낭만주의자였다. 요컨대, 프리드리히 빌헬름 4세는 근대적 자유주의에 대해 조금도 공감하지 않았다. 성향 및 신념에서 그는 스위스 역사가이자 법률가인 할러(Karl Ludwig v. Haller)의 저서에서 상술된 것처럼 기독교적 신분제 국가를 자신의 정치적 이상으로 간주한 인물이었다.

당시 프리드리히 빌헬름 4세는 낭만적 계몽주의의 조합주의적 이념(Korporatistische Ideologie der romantischen Aufklärung)에 심취했다. 그는 대의제에 반대하지 않았지만, 그런 것은 자연스럽게 발생해야 한다고 믿었다. 바꿔 말하면 그러한 것들은 중세의 '질서정연한 사회'에서 예시되듯이, 하늘이 자연스럽게 사람에게 내려준 위계나 계층, 인간이 성취한 것과 부합해야 한다는 것이었다. 그의 정치관과 역사관의 기본원칙은 연속성과 전통에서 비롯되었다.[13] 그것은 아마도 프로

13 당시 프리드리히 빌헬름 4세는 "신민에 대한 자신의 깊은 연대감은 왕권신수설에서 비롯되었다"고 토로하면서 이러한 것이 신민 욕구에 대한 성스러운 통찰도 가지게 한다고 했다. 이러한 그의 관점은 런던 주재 프로이센 외교관이던 분젠(Carl Kosias v. Bunsen)에게 보낸 서신에서 다시금 언급되었다. 편지에서 프리드리히 빌헬름 4세는 "왕

이센 강철 시대(Eiserne Zeit)에 있었던 사건, 즉 왕세자 시절이던 1806년 모후인 루이제(Luise)와 함께 프랑스군의 침략을 피해 왕국의 동부로 피난한 것과 1810년 어머니의 갑작스러운 죽음에서 겪은 트라우마가 반영된 것으로 보인다.[14]

얼마 안 되어 자유주의자들은 새 통치자에게 환멸을 느끼기 시작했다. 실제로 이 인물은 헌법개혁을 요구할 때마다 장황하고 모호한 말로 대응하거나 과격한 성향의 인물들을 투옥하는 등의 방법을 적극적으로 활용하기 시작했다.[15]

만이 알 수 있는 것들이 있다. 왕세자 때도 몰랐던 이러한 것들은 국왕으로 등극한 후 비로소 알게 되었다(Es gibt Dinge, die man nur als König weiss, die ich selber als Kronprinz nicht gewusst und nun erst als König erfahren habe)"고 했다.

14 프리드리히 빌헬름 4세의 모친인 루이제 왕비는 1793년 17세의 나이에 프로이센 왕위계승자와 결혼했다. 이후 1810년 사망할 때까지 그녀는 10명의 아이를 낳았고, 그중 7명은 성인으로 성장했으며, 장남과 차남, 즉 프리드리히 빌헬름 4세와 빌헬름 1세(Wilhelm I, 1861~1888)가 프로이센 국왕으로 즉위했다. 특히 빌헬름 1세는 1871년 1월 18일 독일 제국의 초대 황제로 등극했다. 1795년 4월 대불 동맹체제에서 이탈한 프로이센은 1806년 결성된 제4차 대불 동맹체제에 참여했다. 이에 프랑스의 응징이 바로 시작되었는데, 1806년 10월 14일 예나(Jena)와 아우어슈테트(Auerstedt)에서 펼쳐진 전투에서 승리한 후 나폴레옹은 10월 27일 브란덴부르크(Brandenburg)문을 통해 베를린으로 입성했다. 이에 따라 루이제는 어린 자녀들과 더불어 동프로이센의 쾨니히스베르크〔Königsberg: 오늘날의 러시아 칼리닌그라드(Kaliningrad)와 메멜(Memel: 오늘날의 라트비아)〕로 도피해야 했다. 혹한의 겨울에 진행된 도피의 나날들은 왕비의 건강에 위해적 요소로 작용했다. 1809년 루이제와 프리드리히 빌헬름 3세는 베를린으로 귀환했지만, 루이제는 다음 해인 1810년 34세의 젊은 나이로 생을 마감했다.

15 프랑스에서 2월 혁명이 발생한 이후부터 프로이센의 여러 곳에서 혁명적 징후가 감지됨에 따라 국왕의 측근 인물들도 개혁의 필요성을 부각하기 시작했다. 그 일례로 프리드리히 빌헬름 4세의 측근이자 국립극장장이던 레데른(Friedrich Wilhelm v. Redern) 백작이 1848년 2월 22일 혁명 같은 최악의 상황을 피하기 위해서는 '위로부터의 혁명(Revolution von oben)'이 절실히 필요하다고 제안했다. 그러나 국왕은 다음날인 1848년 2월 23일 "혁명을 통해 다른 혁명을 예방한다(die Revolution durch eine

1848년 3월 6일 저녁 최초의 민중 집회가 휴식과 오락 장소로 알려진 티어가르텐(Tiergarten)에서 열렸다.[16] 600여 명이 참가한 민중 집회는 4시간 이상 진행되었는데, 여기서 청원서 작성에 대한 논의가 있었고 다음 날 문서로 작성되었다. 문서에서는 헌법제정, 언론 및 집회의 자유, 정치범들에 대한 사면, 왕군의 규모 축소 및 국민개병제(Volksbewaffnung) 도입, 보통 선거제도 도입 등이 거론되었다.

3월 7일 베를린에서 수공업자, 노동자, 시민, 그리고 학생의 시위가 펼쳐졌다. 같은 날 프리드리히 빌헬름 4세는 1847년 6월 해산한 연합지방의회를 4년마다 소집하겠다는 약속을 했고, 그에 따른 첫 연합지방의회를 4월 초 베를린에서 개원한다는 계획도 밝혔다. 이러한 양보를 통해 베를린 정부는 당시의 혁명적 상황을 종식할 수 있다는 판단도 했다. 그러나 자유주의적 시민은 그에 만족하지 않았다. 검열 없는 새로운 언론법 제정도 비슷한 방향으로 나아갔다. 베를린의 민중운동은 정부의 이러한 미온적 조치에 만족하지 않고 결단을 내리려고 했다. 이에 따라 시위 규모가 점차 확대되어 4천여 명이 참여한 시위가 3월 9일 펼쳐졌고, 거기서도 단호한 청원서가 작성되었다.

3월 13일 베를린에서 최초의 전단(Flugblatt)도 살포되었는데, 생계 및 실업에 대한 구제책 마련, 폭리와 착취에서 벗어날 수 있는 보호책 강구, 노동부 및 사회부 신설 등이 요구되었다.[17]

Revolution vorbeugen)"는 레데른의 제안을 거부했다.

16 브란덴부르크문 바로 옆에 있던 티어가르텐은 동물원을 지칭한다.

17 당시 베를린에만 6천 명 이상의 실업자가 있었는데, 이는 장기간 지속된 경제적 침체 현상 때문이었다. 게다가 1847년 초 독일을 비롯한 전 유럽에 대기근이 발생했다. 1845년과 1846년 감자 수확이 병충해, 즉 '감자 부패병'으로 인해 크게 격감했고, 이

프리드리히 빌헬름 4세의 양보적 자세에도 불구하고 당시 프로이센 왕실은 이전처럼 어떠한 정치적 양보도 하지 않으려 했다. 왜냐하면 프리드리히 빌헬름 4세의 동생이자 프로이센의 왕위계승자였던 빌헬름(Wilhelm)과 그를 둘러싼 군사적 반동 그룹이 모든 것을 결정했기 때문이다. 이들은 민중이 성급히 일어나게끔 유도한 후 군대를 투입하여 민중혁명을 진압하겠다는 계획도 세웠다. 따라서 이들은 민중

로 인해 농민들은 주식 부족 현상을 겪게 되었다. 다음 해 역시 갑작스러운 자연재해로 인해 곡물 수확량이 크게 줄었고, 이는 물가를 이전보다 갑절 이상 상승시켰을 뿐만 아니라 무서운 기근도 촉발했다. 이러한 때 오버슐레지엔(Oberschlesien)에서는 콜레라까지 발생하여 수백 명이 목숨을 잃기도 했다.

당시 23세의 스위스 대학생 그룬홀처(Heinrich Grunholzer)는 베를린 극빈층 가정의 삶을 정확히 명시하기 위해 사실 그대로 꾸밈없는 통계작성에 주력했고, 그 과정에서 구체적인 일례를 제시하기도 했다. 그룬홀처가 작성한 문서에서는 "지하 3호실에서 다리를 저는 벌채꾼을 보았다. 내가 들어가자 부인은 식탁에 있던 감자 껍질을 치웠다. 16세의 딸은 당황해서 아버지가 입을 여는 사이에 방구석으로 피했다. 그는 새 건축학교 공사장에서 다쳐 일할 수 없게 되었다고 한다. 이후 그는 정부에 도움을 요청했지만 오랫동안 무시당했고, 경제력을 완전히 상실하고 나서야 한 달에 은화 15그로셴(Silbergroschen)을 수당으로 받았다. 그는 더는 시내의 주택에 거주할 수 없었기 때문에 어쩔 수 없이 가족들이 있는 집으로 돌아왔다. 지금 그는 빈민위원회(Armendirektion)에서 매달 2탈러를 받는다. 다리 부상을 치료할 수 없다는 것이 인정되면 매달 1탈러를 추가로 받을 수 있다. 그의 아내는 그 두 배를 벌며, 딸은 추가로 1.5탈러를 벌어들인다. 그러면 총 가계소득은 6.5탈러가 된다. 하지만 매달 주거비로 2탈러가 나가고 '감자 한 끼(Mahlzeit Kartoffeln)'로 식사를 때우는 데 은화 1그로셴 9페니히가 든다. 이렇게 하루에 두 끼 먹는다고 할 때, 매달 주식 식료품비로 3.5탈러가 나간다. 그러면 1탈러가 남는데, 이것으로 땔감을 사야 하고 살아남기 위해 날감자 외에 필요한 모든 것도 해결해야 한다"는 일례가 확인되었다. 여기서 벌채꾼이 어렵게 살아가는 요인이 수입, 즉 벌 수 있는 돈이 매우 적다는 것도 제시되었다. 당시 베를린에는 그룬홀처가 사례로 제시한 벌채꾼보다 더 가난한 사람들이 적지 않았는데, 그것은 임대료를 내지 못하는 사람이 7만 8천 명이나 된 데서 확인할 수 있다. 이렇게 임대료를 내지 못하는 사람들은 2~3평의 단칸방에서 평균적으로 5.35인이 지내야 하는 비참한 생활을 해야 했다. 따라서 당시 사회주의자들은 빈민 계층의 비인간적 생활이 가진 자의 비도덕적 행태 때문이라는 주장을 펼치는 데 주저하지 않았고, 그에 동조하는 세력 역시 적지 않았다.

을 향한 군사적 개입을 시도했고, 그 과정에서 시의 모든 중요한 거점들을 장악했다.

3월 13일 저녁 빌헬름은 정부군에 티어가르텐 민중 집회를 해산시키라는 명령을 하달했다. 이후 정부군은 브란덴부르크성 앞에서 최초로 귀가하던 시위대를 습격했고, 이때부터 민중에 대한 정부군의 만행이 시작되었다.[18] 다음 날인 3월 14일 브뤼더(Brüder)가에서 시위대에 대한 학살이 자행되었다. 같은 날 저녁 정부군이 항의하는 시위대를 향해 무차별 총격을 가했고, 3월 16일에도 왕세제 궁 앞에서 시위대를 향해 총격을 가했다. 이러한 정부군의 강압적 진압으로 3월 14일부터 3월 16일까지 20여 명이 사망했고, 150명이 부상했다.

이후 베를린 전역에서는 손에 잡히는 것들로 바리케이드가 설치되었고 그 주변에서 대부분의 전투가 벌어졌다. 시가지 곳곳에 설치된 바리케이드를 향해 전진하는 보병대가 사정거리 안에 들어오면 근처 건물에서 타일과 돌멩이가 쏟아졌다. 상황이 이렇게 전개됨에 따라 병사들은 집마다 들어가서 수색했고, 설치된 바리케이드는 포병대의 포격으로 해체되거나 전투 중 죄수들의 도움을 받던 병사들에 의해 제거되었다. 이러한 상황에서 정부군에 대한 시민의 증오는 갈수록 확산했다. 당시 혁명 세력의 핵심적 요구는 베를린에서 정부군의 철수였다. 혁명을 저지하려는 정부의 고위 관료와 정부군의 만행은 시민의 분노를 폭발시켰으며 이들의 무력항쟁도 격화되었다. 점차 시민은 정부군 철수를 위한 방안을 마련하기 시작했고 시위 강도도

18 베를린에서 발생한 혁명적 소요를 진압하기 위해 2만 명의 정부군이 동원되었는데, 이들은 주로 각 지방에서 차출된 20세 정도의 전투 경험 없는 신병들이었다.

거세졌다.

상황의 심각성을 인식한 프리드리히 빌헬름 4세는 4월 27일 다시금 연합지방의회를 소집하겠다고 약속했다. 아울러 독일 통일을 위한 관세동맹 확대를 제안했으며 독일 연방의 개혁에 대해서도 언급했다. 국왕의 이러한 조치로는 당시의 혁명적 상황이 종료될 수 없었는데, 전반적인 개혁이나 입헌군주정 체제 도입에 대한 언급이 없었을 뿐만 아니라 베를린에서의 정부군 철수도 거론하지 않았기 때문이다.

메테르니히를 추방한 빈의 승리가 독일인에게 혁명적 투쟁의 필요성을 부각했지만, 베를린 정부에는 오히려 불안만 증폭시켰다. 지금까지의 폐쇄정책을 고수한다면 체제 붕괴도 가져올 수 있다는 불안에서 베를린 정부는 개혁 정책을 더는 회피할 수 없었다. 이에 따라 정부 내에서 개혁파가 주도권을 장악하게 되었고, 이들은 프리드리히 빌헬름 4세의 지원도 받게 되었다. 왕세제 빌헬름의 완강한 반대에도 불구하고 3월 17일 결정이 내려졌다.

실제로 17일과 다음 날인 18일 내무장관 보델슈빙-벨메데(Ernst v. Bodelschwingh-Velmede) 남작은 프리드리히 빌헬름 4세의 위임을 받아 시민 계층의 요구를 수렴한 두 개의 칙령을 발표했다. 하나는 사전검열제도의 폐지였고, 다른 하나는 4월 24일 통합지방의회를 소집한다는 것이었다. 또한 칙령에는 독일 연방 개혁 및 헌법제정도 부수적으로 명시되었다. 그러나 급진적 자유주의자들은 자신들의 요구를 고집했다. 국왕으로부터 개혁 정책에 대한 구체적 회답을 얻어내라는 위임을 받고 3월 17일 베를린에 도착한 라인 지방의 대표들은 더욱 완강했다. 베를린 대표들 역시 심각한 상황을 목격하고 정부군의 철수, 반동 내각의 해산, 시민병 체제의 도입, 자유 헌법의 제정 등을 요구하고 나섰다. 이러한 요구들은 같은 날 베를린 곳곳에서 개최된 민중 집회에서 재천명되었다. 이들은 국왕에게 청원서를 보내면서 그에 대한 압박 수단으로 다음 날 정오 왕궁 앞 광장에서 대규모 시위를 펼치기로 했다.

오후 2시 대규모 시위군중 앞에서 국왕의 결정이 발표되었고, 왕궁의 발코니로 나간 프리드리히 빌헬름 4세는 광장에 모인 수많은 군중으로부터 박수갈채도 받았다. 이어 보델슈빙-벨메데는 국왕의 입장을 대독하기 시작했다. "국왕께서는 언론의 자유가 널리 확산하기를 원하십니다! 국왕께서는 통합지방의회가 즉시 개원하기를 바라십니다! 국왕께서는 모든 독일 땅이 가장 자유로운 토대에서 헌법적 보호를 받기를 바라십니다! 국왕께서는 독일의 깃발이 반드시 있어야 한다고 생각하십니다! 국왕께서는 세금에서 비롯된 모든 규제도 철폐하려고 하십니다! 국왕께서는 프로이센이 이러한 운동, 통일운동에서 선두적 역할을 하기를 원하십니다!" 시위대는 이러한 국왕의 개혁 의도에 대해 동의했고 "국왕 만세!"를 외쳤다.

이러한 상황에서 빌헬름 왕세제는 베를린 주둔 총사령관 푸엘(Ernst v. Pfuel)을 그의 측근인 프리트비츠(Karl v. Prittwitz) 장군으로 교체했다.[19] 과잉 충성과 반동에 익숙한 프리트비츠와 그의 측근들은 무력 진압의 필요성을 제기하는 데 주저하지 않았다. 결국 분위기는 돌변했고, 시위자들과 그들의 추종 세력 역시 의구심을 가지기 시작했다. 점차 "군대는 철수하라(Militär zurück)!"는 구호가 제기되었다. 거

19 푸엘은 시위대와의 협상을 통해 당시 상황을 해결하고자 했다.

의 같은 시점에 왕궁으로부터 정부군이 공격함에 따라 시위대는 크게 격분했다. 그런데 이러한 돌발적 상황은 국왕이 궁정 앞의 시위대를 해산시키라는 명령 때문이었다. 명령에 따라 기병연대가 천천히 앞으로 나아가며 시위군중을 밀어붙였지만, 해산시키는 데는 실패했다.

이로부터 얼마 안 되어 베를린 곳곳에 노동자, 수공업자, 학생, 그리고 시민이 추가로 바리케이드를 설치했다. 기병 투입을 막기 위해 거리의 돌들도 파헤쳐졌다. 동시에 시위 참여자들은 무장하기 시작했고, 그 과정에서 무기상과 장교 숙소에서 무기들이 탈취되기도 했다. 그러나 소총이 모자라 도끼, 갈고리, 쇠스랑, 낫, 창 등도 동원되었다. 당시 전투의 중심지는 주로 넓은 도로였다. 군사령관 프리트비츠는 시의 중심을 장악한다면 소요 역시 진압할 수 있다고 생각했지만, 그의 계획은 어긋났다. 많은 바리케이드가 제거되었음에도 새로운 바리케이드들이 속속 설치되었다. 전투는 치열한 시민전쟁으로 변형되었다. 물론 전투병, 무기, 예비병 등에서 혁명군은 열세였다.

3월 18일 2만 명의 정부군이 900여 개의 바리케이드를 제거했지만, 시민 봉기를 완전히 진압할 수 없었다. 실제로 정부군은 시를 완전히 점령할 수 없었고 다른 지역의 예비군을 베를린으로 이동시켜 수도를 포위할 수도 없는 상황이었다. 반동적인 정부군의 패배가 확실시됨에 따라 프리드리히 빌헬름 4세는 시민에게 무기를 버릴 것을 호소했지만, 시위 가담자는 냉담과 조소로 국왕의 기만에 대응했다.

3월 19일 아침 새로운 포고문이 발표되었는데, 바리케이드를 철수한다면 정부군 역시 물러난다는 것이 거론되었다. 당시 국왕의 측근이자 언론인으로 활동한 엔제(Karl August Varnhagen v. Ense)는 일기장에서 프리드리히 빌헬름 4세의 불편한 심기를 자세히 언급했다. 그에 따르면 3월 19일 저녁 베를린의 상황이 심각해지고 그 해결책으로 제시된 것들에 대한 의구심이 증대되면서 국왕은 팔걸이의자를 뒤로 젖히면서 하늘을 향해 두 팔을 들어 올린 후 흐느끼면서 "하느님, 하느님, 당신께서는 저를 버리셨습니다"라고 소리쳤다는 것이다. 이러한 국왕의 신경쇠약적 행동에 대해 역사가 바클레이(David E. Barclay)는 동의하지 않았는데, 그것은 얼마 전 측근을 비롯한 많은 인물이 국왕에게 베를린 상황에 대해 확실한 태도 표명과 결정을 요구했지만, 국왕은 빌헬름 왕세제나 내무장관인 보델슈빙-벨메데보다 더욱 완고한 인내심을 보였기 때문이다.[20]

같은 날 프리드리히 빌헬름 4세는 "나의 사랑하는 베를린 시민"이라는 제목의 선언서를 발표했는데, 이는 그 자신이 혁명적 상황에 굴복한 것으로 볼 수 있을 것이다. 아울러 그의 내적 불확실성(inner Unsicherheit)도 선언서 발표에 한 가지 요인으로 작용했다. 당시 프리드리히 빌헬름 4세는 베를린에서 서둘러 혁명적 소요를 종식하려 했고, 시가전에서 발생한 참사 원인이 시위 참여자 전체에서 비롯된 것이 아니라 일부 소수 계층, 즉 외부에서 유입된 악인 무리의 과격한 행동에서 시작되었다고 확신하고 있었다.[21]

---

20 베를린 주둔 총사령관인 프리트비치는 프리드리히 빌헬름 4세에게 더욱 과격한 방법으로 혁명군을 진압해야 한다고 건의했지만, 국왕은 이를 수용하지 않았고 결국 프리트비치는 해임되었다.

21 당시 프리드리히 빌헬름 4세는 분젠과의 서신교환에서 "베를린의 상황은 혁명이 아닌 반란 또는 모반"이라고 했다. 편지에서 국왕은 반란주도자들이 일주일 전부터 계획에 따라 1만 명에서 2만 명 정도의 (소름 끼치는) 하인을 베를린으로 이동시켰고 베를린 경찰이 이들을 인지하지 못하게끔 숨겨놓았다는 주장도 펼쳤다. 이는 베를린 시민

이후 프리드리히 빌헬름 4세는 베를린에 주둔 중인 정부군을 포츠담으로 철수토록 했다. 이러한 소식을 접한 빌헬름 왕세제는 형에게 달려가 자신의 칼을 국왕의 발아래에 내던지며 "이제까지 전하가 수다쟁이라는 것은 알았지만, 겁쟁이인 줄은 몰랐습니다. 이제 전하를 명예롭게 섬길 수 없습니다"라고 외쳤다. 이에 대해 분노의 눈물을 머금은 프리드리히 빌헬름 4세는 "상황이 너무 안 좋아! 너도 여기 있으면 안 돼. 빨리 피해!"라고 대응했다.[22]

다음 날 프리드리히 빌헬름 4세는 포츠담으로 떠났다. 그에 앞서 시가전에서 희생된 사람들에 대한 장례식과 혁명 시민으로 구성된 의용군에게 무기를 넘겨주는 의식에도 참여해야 했는데, 이는 혁명 세력에 대한 굴욕스러운 행위로 간주할 수 있을 것이다.[23] 실제로 당시 프로이센 국왕은 베를린 시민의 요구에 휘둘렸는데, 이는 3월 19일 국왕 내외에게 궁정 발코니로 나오라는 시민 요구로 표출되기 시작했다. 궁정 밖에는 간밤의 전투에서 목숨을 잃은 소요 참여자들의 시신이 문짝이나 나무 널빤지 위에 눕혀 나뭇잎에 덮인 상태로 광장에 실려 와 있었다. 옷이 벗겨져서 총격과 포탄, 총검 공격으로 생긴 상처가 그대로 드러나 있었다. 왕은 이때 우연히 군모를 쓰고 있었다. 이에 군중 대열 앞에 있던 나이 든 남성이 프리드리히 빌헬름 4세를

이 그들의 어버이인 국왕을 상대로 시가전을 펼치지 않는다는 확신에서 나온 것 같다.

22 왕비인 엘리자베트-루도비카로부터 더는 후계자를 얻을 수 없다는 것을 인지한 프리드리히 빌헬름 4세는 동생 빌헬름을 자신의 후계자로 지명했다. 그런데 당시 빌헬름 왕세제는 '포도탄 왕자(Kartätschenprinz)'라는 별명을 얻을 정도로 매파적 성향이 강했다.

23 당시 혁명 세력은 "국왕이 사망자를 직접 보아야 한다"는 주장을 펼쳤다.

향해 '군모를 벗을 것(Hut runter)'을 요구하자, 국왕은 모자를 벗고 고개를 숙였다. 당시 국왕 옆에 있던 엘리자베트 루도비카 왕비 역시 큰 충격을 받았다.[24]

3월 21일 프리드리히 빌헬름 4세는 "나의 신민과 독일 민족(An mein Volk und die deutsche Nation)"이라는 제목의 호소문을 발표했다. 여기서 그는 "프로이센이 향후 독일 통합에서 주도적 역할(Preußen geht fortan in Deutschland auf)"을 담당하겠다는 것도 강조했다.[25] 그런데 프리드리히 빌헬름 4세가 언급한 독일 통일은 국민국가의 정치적 통일이 아닌 중세 독일 제국의 산만하고 문화적이며 종교적인 통일이었다. 따라서 그는 독일이라는 국가 공동체에서 오스트리아의 주도권에 도전하려는 의도도 갖지 않았다. 실제로 프리드리히 빌헬름 4세는 지금까지 견지해온 오스트리아와의 협력을 포기할 생각이 전혀 없었다.

---

24 당시 엘리자베트-루도비카 왕비는 남편인 프리드리히 빌헬름 4세에게 "이제 우리에게 남은 것은 단두대뿐입니다(noch fehlt nur noch die Guillotine)"라는 절망적 언급도 했다.

25 선언서에서 프리드리히 빌헬름 4세는 "오늘 본인은 지도자의 역할을 떠맡을 것이다. (…) 위험을 두려워하지 않고 불의를 허용하지 않는 본인의 신민은 나를 버리지 않을 것이다. 이제 본인은 옛 독일의 색을 되살릴 것이며, 신민과 더불어 숭고한 독일 제국의 기치 아래로 들어갈 것이다. 앞으로 프로이센은 독일과 더불어 하나가 될 것이다"라고 했다.

5 혁명적 소요에 대한 비스마르크의 대응

비스마르크는 3월 1일 형 베른하르트로부터 프랑스에서 발생한 2월 혁명의 진행 과정을 전해 들었지만, 이웃 국가에서 진행된 혁명에 그리 큰 관심을 보이지 않았다. 그러나 비스마르크는 독일 남서부 지역에서 혁명적 상황이 초래되고 있다는 것과 베를린에서도 혁명 세력이 우위를 차지하고 있다는 사실을 접한 후 사태의 심각성과 병력 동원의 불가피성도 인지하게 되었다.[26] 특히 그는 육군 소령 룬에게 전해 들은 베를린에서의 상황에 크게 우려를 표명했다. 비스마르크는 쇤하우젠에서 약 1킬로미터 떨어진 탕거뮌데(Tangermünde)성 망

26 비스마르크는 이웃 지주인 바르텐슬레벤 아우프 카로(Graf v. Wartensleben auf Karow) 백작으로부터 3월 18일과 19일에 걸쳐 베를린에서 진행된 상황을 비교적 자세하게 전해 들었다. 당시 베를린에서 전개된 시가전에 두려움을 느끼고 바르텐슬레벤 아우프 카로의 저택으로 피신한 한 여인이 베를린에서 진행된 상황을 저택 주인에게 정확히 알려주었다. 상황의 심각성을 인식한 바르텐슬레벤 아우프 카로는 비스마르크에게 바로 베를린 사태를 전달했다. 이러한 소식을 접한 비스마르크는 시가전에서 희생된 군인들이 전사한 것이 아니라 살해당했다는 반응을 보였는데, 이것은 귀족적·왕당파적 감정에서 나온 것이라고 하겠다.

루에 흰색 천에 십자가가 그려진 구 프로이센 기를 게양했다. 이어 그는 베를린에서 우위를 장악한 혁명 세력을 분쇄하고 이들에 의해 인질 상태에 놓여 있던 국왕을 구출하기 위해 쇤하우젠에서 자신의 충실한 소작농 50여 명을 무장시켜 베를린으로 진격하려고 했다. 그러나 그는 룬에게서 베를린의 정확한 후속 상황을 전달받은 후 자신의 구상을 접었다.

이후부터 그는 혁명 이전의 질서 체제, 즉 절대왕정 회복을 위해 적극적으로 참여하겠다는 의사를 밝혔고, 그것을 이행하는 데 필요한 절차도 밟기 시작했다. 비스마르크는 자신의 관점을 구체화하기 위해 포츠담에 가서 군부의 핵심 인사인 묄렌도르프(Johann Karl Wolf Dietrich v. Möllendorff)와 프리트비츠를 만나 심도 있는 대화를 나누려고 했다. 비스마르크는 3월 20일 포츠담에 도착했다.[27] 이때는 이미 베를린에

---

27 3월 혁명이 끝나고 수개월이 지난 1849년 9월 16일 비스마르크는 부인 요하나에게 서신을 보냈다. 서신에서 그는 하루 전 여동생 말비네와 함께 프리드리히스하인(Friedrichshain) 혁명 투사 묘역에 간 것을 언급했다. 이어 그는 249명의 시가전 희생자가 매장된 혁명 투사 묘역에 대한 베를린인의 우상숭배적 분위기에 노여움 또는 역겨움을 느낀다고 토로하고, 신과 인간의 웃음거리에 불과한 범법자들의 무덤에 '자유와 권리(Freiheit und Recht)'라는 십자 훈장의 비문이 각인된 것을 보면서 이들이 실제로 행한 파괴적 행동을 절대 용서할 수 없다고도 했다. 또한 비스마르크는 사람들이 모두 죄를 짓고 있다는 것을 언급하면서 우리를 시험하는 신만이 그것을 알고 계시며 우리 주 예수 그리스도 또한 모든 폭동자를 위해 돌아가셨지만, 오늘까지 숭배되고 있는 베를린의 혁명 투사 묘역과 함께 내 조국 프로이센을 대수롭지 않게 여긴 살인자들을 보면 마음의 분노가 끓어오르기만 한다는 속내를 실토하기도 했다.

이러한 서신을 통해 비스마르크는 3월 혁명 희생자가 사회적으로 미화되고 과대평가된 것에 동의하지 않았고, 그러한 현상이 혁명이 끝난 후에도 지속되고 있다는 사실에 크게 불만을 토로했다. 당시 비스마르크는 3월 혁명에 참여한 계층을 가지지 못한 자들로 간주하고, 이들이 남의 재산에 탐욕을 느끼고 빼앗는 과정에서 무력적 소요가 발발했다는 다소 편협한 관점을 가지고 있었다.

서 벌어진 시가전에서 320명에 달하는 시위 참여자와 정부군이 희생되었고, 베를린에서의 혁명적 상황을 해소하기 위해 프리드리히 빌헬름 4세 역시 일련의 양보 정책을 제시한 상태였다. 혁명 세력과의 타협을 모색하고 양보안을 제시한 프리드리히 빌헬름 4세에 대해 비스마르크를 비롯한 일련의 보수주의자들의 불만 역시 크게 증대했다. 당시 비스마르크는 사람들이 종교적 믿음을 잃으면 즉시 교회를 파괴할 것이고, 왕권신수설 대신에 인권이 우선순위를 차지한다면 국왕 역시 바로 제거될 것이라는 관점도 가지고 있었다.

군부의 핵심 인물들과 독대한 비스마르크는 특히 묄렌도르프에게 "만일 귀하께서 국왕의 명령 없이 혁명 세력을 제압한다면 귀하께 어떤 일이 발생할 거라고 생각하십니까? 본인이 생각하기로는 프로이센 신민 모두 귀하께 진심으로 감사를 드릴 것이며, 프리드리히 빌헬름 4세께서도 귀하의 솔선적 행동에 대해 당위성을 부여하실 것입니다"라고 했다. 즉, 그는 혁명 세력을 타파할 반혁명적 소요의 당위성을 강조했다. 이러한 비스마르크의 언급에 대해 묄렌도르프는 자기 휘하의 군으로 혁명 세력을 충분히 진압할 수 있지만, 국왕의 명령 없이는 어떠한 군사적 행동도 펼칠 수 없음을 분명히 밝혔다. 프리트비츠 장군 역시 묄렌도르프와 마찬가지로 비스마르크의 제안에 동의하지 않았다. 당시 그는 정세를 고려하지 않는 비스마르크를 지방에서 온 성급한 인물로 평가하기도 했다.

묄렌도르프와 프리트비츠 장군과의 접촉 과정에서 표출된 비스마르크의 자세는 상황 역전을 위한 주역이 아닌 보조역에 불과했고 비스마르크 역시 후에 그것을 인정했다. 그런데도 비스마르크는 그때까지 포츠담에 머무르던 왕세제 빌헬름으로부터 베를린 포위 명령을 프리트비츠 장군에게 전달할 수 있다는 확신도 했지만, 그러한 것은 실행되지 못했다.

3월 21일 저녁, 비스마르크는 내무장관직에서 물러난 보델슈빙-벨메데를 방문했는데, 프리드리히 빌헬름 4세의 행동을 '겁쟁이 행동'으로 평가절하하고 국왕을 더는 안 보겠다고 결심한 전임 내무장관의 의사를 확인했다. 또한 비스마르크는 베를린에서의 혁명적 소요를 정부군 투입으로 진압하겠다는 보델슈빙-벨메데의 계획을 국왕이 수용하지 않은 것도 알게 되었다. 이러한 상황에서 비스마르크는 프리트비츠 장군으로부터 마그데부르크에 주둔 중인 제4군단 총사령관 헤데만(August v. Hedemann) 장군을 만나 자신의 군사작전에 대한 동의 여부를 확인하는 과제를 부여받았다.[28] 독대 과정에서 헤데만 장군은 비스마르크의 지나친 적극성 때문에 그가 프리트비츠 장군의 요청을 실제로 받았는지 의심했고, 그에 따라 비스마르크를 체포하려고까지 했다.

헤데만 장군과의 만남이 성과 없이 끝남에 따라 비스마르크는 자신의 관점, 즉 병력 동원을 통해 혁명 세력을 분쇄하기 위해서는 프리드리히 빌헬름 4세와의 독대가 반드시 필요하다는 것도 인지했다. 이후부터 비스마르크는 국왕을 알현하기 위한 노력을 펼쳤고, 그 결과 국왕과 몇 분간의 독대 기회를 가질 수 있었다. 비스마르크는 병력을 동원하여 혁명적 소요를 분쇄해야 한다는 관점을 분명히 언급했지만, 국왕은 그에 대한 수용을 거부했다.[29] 특히 프리드리히 빌헬름 4세는

28 헤데만은 1848년 3월 5일 제4군단 총사령관으로 임명되었다.

29 비스마르크가 국왕을 알현하는 자리에 왕비 엘리자베트-루도비카도 있었다.

자신이 프로이센의 상황을 정확히 파악하고 있음을 언급함에 따라 비스마르크는 다른 방법을 마련해야 했다.

당시 프리드리히 빌헬름 4세의 동생인 카를(Carl) 왕자 역시 무력적 방법으로 혁명 세력을 진압해야 한다는 관점을 가지고 있었다.[30] 그러나 그는 자기 형이 위정자로 있는 한 그러한 방식이 수용될 수 없음을 인지했기 때문에 자신과 같은 생각을 가진 비스마르크와 빈번한 접촉을 시도했다. 이러한 접촉 과정에서 카를 왕자는 비스마르크에게 자신의 바로 위 형인 빌헬름 왕세제가 영국으로 떠나기 전 프리드리히 빌헬름 4세가 왕좌에서 쫓겨날 상황에 놓인다면 반드시 무력적 개입을 해야 한다는 내용의 문서도 작성했다는 것을 넌지시 알려주었다. 또한 카를 왕자는 비스마르크에게 빌헬름 왕세제 부인인 아우구스타(Augusta)[31]를 통해 자신들의 계획을 구체화할 수 있다는 확신마저 심어주었다.[32]

엘리자베트-루도비카 왕비는 3일 동안 국왕이 잠을 자지 못한 것을 언급했는데, 이에 대해 비스마르크는 "국왕께서는 어려운 상황에서도 주무셔야 합니다"라고 대응했다. 비스마르크의 이러한 답변에 대해 엘리자베트-루도비카 왕비는 아무런 반응도 보이지 않았는데, 이는 비스마르크가 당시의 상황을 전혀 고려하지 않은 데서 나온 것 같다.

30 카를 왕자는 1801년 프리드리히 빌헬름 3세(Friedrich Wilhelm III: 1797~1840)의 3남으로 태어났다. 1844년 9월 23일 카를은 보병 장군(General der Infanterie)으로 임명되었고, 1848년 3월부터 프로이센 제2군단 감찰관으로 활동했다. 또한 이 인물은 정례적으로 추밀원 회의에 참석했고, 프리드리히 빌헬름 4세의 외교 특사로 자주 외국을 방문하는 등의 임무도 수행했다.

31 작센-바이마르-아이제나흐 대공(Großherzog von Sachsen-Weimar-Eisenach)의 딸이었던 아우구스타는 1829년 빌헬름 왕자와 결혼했다. 나중에 독일 제국 최초의 황후가 된 아우구스타의 정식 이름은 아우구스타 마리 루이제 카타리나 폰 작센-바이마르-아이제나흐(Augusta Marie Luise Katharina v. Sachsen-Weimar-Eisenach)였다.

32 당시 혁명 세력은 빌헬름 왕세제 체포에 적지 않은 현상금도 걸었다.

3월 23일 비스마르크는 포츠담의 도시성에서 융커 단체의 대표자 신분으로 아우구스타와 만났다. 비스마르크는 도시성 안 1층과 2층 사이의 중간층에 있는 한 사무실에서 가문비나무 의자에 앉아있던 아우구스타에게 빌헬름 왕세제가 머물고 있던 장소를 정확히 알려달라고 요청했는데, 왕세제와의 접촉을 통해 베를린에서 혁명 세력에 의해 억류된 프리드리히 빌헬름 4세를 구할 방법을 모색하고, 왕세제로부터 직접 명령도 받을 수 있겠다는 판단에서 나온 것이었다. 그렇게 한다면 프리트비츠 장군을 중심으로 계획하는 베를린 진격에 대한 당위성도 얻을 수 있겠다는 것이 비스마르크의 관점이었다. 아우구스타는 비스마르크의 요청을 거부했는데, 빌헬름 왕세제의 아들인 17세의 프리드리히 빌헬름(Friedrich Wilhelm)이 위협받을 수도 있다는 우려 때문이었다.

이에 따라 비스마르크는 또 다른 요구도 했는데, 심신쇠약자인 프리드리히 빌헬름 4세를 권좌에서 축출하고 그녀의 아들 프리드리히 빌헬름을 국왕으로 옹립하여 혁명적 소요를 진압하고 그동안 프리드리히 빌헬름 4세가 혁명 세력에게 양보한 모든 조치 역시 환원해야 한다는 태도를 밝혔다. 아우구스타는 비스마르크의 이러한 도전적 요구, 즉 반혁명(Konterrevolution)에 대해 거절 의사를 분명히 밝혔는데, 비스마르크의 제안 또는 요구가 카를 왕자와의 접촉 때문이라는 사실도 즉시 파악했다. 아우구스타는 비스마르크가 예의에 어긋날 뿐만 아니라 혐오스러운 반역 음모에 적극적으로 가담했다는 사실에 분노마저 느꼈다.[33] 비스마르크와의 독대 후 아우구스타는 대화 내용

---

33 이후부터 아우구스타는 남은 평생, 즉 1890년 1월에 생을 마감할 때까지 비스

비스마르크와 프리드리히 빌헬름 4세(1848)

을 남편에게 보냈는데, 그녀는 가명으로 된 수신인 주소를 사용했다. 서신에서 아우구스타는 왕세제 빌헬름이 혁명 세력에 대한 국왕의 입장에 이의를 제기한 것에 대해 비스마르크가 비난하면서 반혁명을 거론한 것도 언급했다. 아울러 그녀는 서신에서 비스마르크가 매우 위험한 인물이라는 평가도 했다. 결국 비스마르크는 자신의 계획을 포기하고 '위로부터의 비겁함'을 절실히 느끼면서 쇤하우젠으로 돌아

마르크를 용서하지 않았다. 아우구스타는 1858년부터 자신과 정치적 뜻을 같이하던 정치가인 로겐바흐(Franz v. Roggenbach: 1861년부터 바덴의 외무장관으로 활동)와 스토쉬(Alfred v. Stosch)를 자주 만났고, 영국의 정치체제를 독일에 도입하려는 시도도 펼쳤다. 비스마르크가 1862년 프로이센 수상으로 임명되었을 때 왕세자 프리드리히는 일기장에서 어머니가 비스마르크를 '불구대천의 원수(todfeind)'로 간주하고 있다는 것도 거론했는데, 이것이 그 일례라 하겠다.

왔다. 얼마 후 혁명에 반대하는 세력을 규합해 공격에 나서야 한다는 게를라흐의 촉구가 담긴 사발통문이 비스마르크에게 도착했는데, 이 통문에 그는 "반응할 필요도 희생할 생각도 없음"이라는 첨언만 달았다.

보수파의 선봉장 게를라흐는 4월 초 소집된 제2차 연합지방의회에서 비스마르크가 보인 태도에 불만을 표시했다. 비스마르크가 국왕 프리드리히 빌헬름 4세에게 청원을 올리는 제안에 반대표를 던진 몇 안 되는 소수파에 속했기 때문이다. 이보다 게를라흐를 분노하게 한 것은 비스마르크가 자신의 연설을 짤막하게 마무리하면서 자신이 언급해달라던 내용을 고의로 빠뜨렸기 때문이다. 비스마르크는 뛰어난 현실감각으로 나이 차가 20년이나 나는 선배의 철벽같은 교조주의에 분명히 선을 그었다. 그는 '시대 흐름에 따른 변화', 즉 자신이 더는 바꿀 수 없는 상황을 있는 그대로 수용하면서 간결하게 옛 프로이센 왕국의 종식에 애도를 표했다.

6 비스마르크의 정치활동 재개

제2차 연합지방의회는 1848년 4월 10일에 해산되었다. 해산되기 직전 제2차 연합지방의회, 즉 '사망 연합지방의회(Sterbe-Landtag)'는 일주일 정도 마무리 활동을 했는데 이 기간에 비스마르크는 자신의 견해를 적극적으로 언급하는 등 활발한 활동을 펼쳤다. 그는 연합지방의회에서 거의 만장일치로 채택된 '3월 18일의 국왕 칙서'에 대한 감사문을 비판했고, 국왕이 혁명 세력에 굴복한 데 대한 불만도 토로했다. 비스마르크는 연설에서 "지금까지 진실로 사랑한 고인처럼 과거와도 작별한다(Ich scheide von der Vergangenheit wie von einem Verstorbenen, den ich aufrichtig geliebt habe)"는 의사를 밝혔다. 이어 그는 국왕 스스로 왕국을 관에 내던진 것을 다시 복원하는 것이 얼마나 힘든 일인지 잘 알 것이라고 했다.

5월 22일부터 제헌 국민의회가 활동을 시작했다. 총 395명의 의원 중에서 기술 장인 출신(18명)과 농민 출신(46명)이 차지한 비율은 각기 5%와 12%였다. 이는 빈 제국의회보다 다소 높은 비율이었다. 보수파(120명)는 소수였고 지주 계층(27명) 역시 제헌 국민의회 의원의 7%밖에 되지 않았다. 제헌 국민의회에서는 캄프하우젠 정부가 서둘러 준비한 헌법 초안을 놓고서도 극심한 논쟁이 펼쳐졌다.[34]

당시 프로이센과 독일의 많은 지역에서처럼 베를린에서도 수적으로나 자신감에서나 극좌파 세력이 커지고 있었다. 동시에 자유주의 강령을 지향하는 엘리트주의에 강한 거부감을 표명하는 조직과 신문들도 등장했다. 1848년 여름부터 가을까지 프로이센을 시민국가 체제로 변형시키고 자본주의적 질서 체제 확립에 이바지할 많은 법령이 정부와 의회에서 제안되고 결정되었다. 이러한 법령들은 왕권 제한을 지향했지만, 민중의 이익을 고려하지는 않았다. 따라서 이 법령들은 극좌파로부터 비판도 받았다. 그뿐만 아니라 극좌파는 이러한 법령과 상반되는 내용의 법령들을 제시하는 적극성도 보였다. 그런데도 정부가 제시한 법령들은 반동 세력에 타격을 주었고, 융커들은 이 법령을 혁명적이라고까지 생각했다.

제시된 제 법령 중에서 문제가 된 것은 개정 지역 행정법, 국유지 및 산림 담당법, 배심제 재판법, 병역법, 언론법, 신분 자유 보장법, 영주재판권 폐지법, 사설 은행 설치법, 광산규제법 등이었다. 형법의 변경과 혼인법이 준비되었고, 제헌 국민의회의 분과위원회는 교회와 국가의 분리 및 교회와 국가교육의 분리를 과감히 결정했다. 봉건 의무제의 무상 철폐, 국유지 매각, 대지주·귀족·장교·성직자 등의 면세 특권 철폐 등은 진보적인 면을 보여주었다.

---

34 제헌 국민의회는 5월 22일 베를린 궁전의 백색홀에서 개원식을 거행했는데, 일부 의원은 개원식 장소를 베를린 궁전 대신 베를린 성악 아카데미(Singakademie zu Berlin)로 옮길 것을 요구하기도 했다. 그러나 프리드리히 빌헬름 4세는 제헌 국민의회 의원들이 자신 앞에 나타나야 한다는 관점을 가졌기에 의원들의 제의에 동의하지 않았다.

당시 비스마르크는 제헌 국민의회 활동에 관해 관심을 두지 않았다. 그런데도 의회의 활동과 거기서 결정된 사안들에 대해 예의주시했는데, 이는 위에서 언급한 좌파 세력의 지나친 요구들이 수용되었기 때문인 것 같다.[35] 이렇게 원외에 있던 비스마르크는 간헐적으로 자신의 정치적 견해를 밝히는 데 주저하지 않았을 뿐만 아니라 그것을 실현하는 데도 적극적으로 참여했다. 1848년 7월 24일 슈테틴에서 '대지주 계층의 관심보존협회(Verein zur Wahrung der Interessen des Großsgrundbesitzes)'가 발족했는데, 이 협회는 출범 초기부터 국왕에게 다량의 청원서를 제출하는 적극성도 보였다.

1848년 7월 4일부터 보수진영의 독자적 언론지로 간주되던 『노이에 프로이시셰 차이퉁(Neue Preußische Zeitung)』이 해방전쟁의 철십자를 지향함에 따라 신문명을 『크로이츠차이퉁(Kreuzzeitung)』으로 변경한 후 간행되기 시작했다. 초기에 이 신문은 일부 극우주의자의 정신적 지주 역할을 담당하다가 점차 프로이센 내에서 여론조성에 적지 않은 영향도 끼치게 되었다. 그러다가 이 신문은 보수세력의 결정적 핵으로 자리 잡았다.

『크로이츠차이퉁』 발간에 핵심적 역할을 담당한 인물은 바게너(Hermann Wagener)였는데, 당시 편집장으로 활동했다. 마그데부르크 주교구 재판소의 시보로 활동한 바게너는 교회의 정통교리를 열성적으로 옹호했고, 실용주의와 정치적 자유를 철저히 비판했다. 따라서 그는 루트비히 폰 게를라흐가 주도한 보수세력의 중요 인물로 주목

35 비스마르크가 제헌 국민의회에 진출하지 못한 것은 그의 정치적 성향, 즉 보수적 성향 때문이었다.

받았다. 당시 비스마르크는 『크로이츠차이퉁』 제작에 열성적으로 참여했고, 그 과정에서 대학 때부터 알고 지내던 바게너와 지속적인 접촉도 모색했다. 이러한 접촉 과정에서 비스마르크는 광고주를 많이 확보하는 것과 신문구독자의 저변 확대 방법을 제시하기도 했다.[36] 또한 그는 신문이 우호 세력과 비우호 세력에 없어서는 안 될 정보제공자이기 때문에 정보의 신속화와 확대가 꼭 필요하다고 했다.

비스마르크는 신랄한 논조와 공격적이고 거침없는 문체로 상대방 또는 정적에 깊은 상처를 주는 기고문을 『크로이츠차이퉁』에 자주 올렸다. 그는 자신의 이름을 밝히지 않았는데, 이는 기사를 작성한 인물 이름을 밝히지 않는 당시의 상례에서 비롯되었다.

비스마르크는 1848년 8월 18일부터 개최된 지주의회(Junkerparlament)에도 참석하여 자신의 보수적 관점을 다시금 피력했는데, 이는 그가 지주의회에서 무력으로 반혁명 세력을 타파해야 한다는 태도를 밝힌 데서 확인할 수 있다. 그런데 당시 지주의회는 평판 나쁜 프로이센 제헌 국민의회의 대응 기구로 출범했다. 이러한 성향을 보인 지주의회에서 비스마르크는 지주 권한을 침해하는 프로이센 제헌 국민의회의 활동을 맹비난하는 데 주저하지 않았다.[37]

---

36 바게너는 비스마르크가 독일 재상으로 활동할 때, 그의 정책 보좌관과 고문 역할도 수행했다.

37 『크로이츠차이퉁』은 "최적의 담보는 바로 혹평을 가하는 것이다"라는 원칙을 지향한 극단적 성향의 보수 신문이었다. 게를라흐 형제는 당시 프로이센의 보수세력을 주도한 핵심 인물이었다. 1849년 11월 4일자 『글다더다치』는 "아미엥의 새로운 페터와 십자군 원정 참가자(Der neue Peter von Amiens und die Kreuzfahrer)"라는 기사에서 원정 참가자 맨 앞줄에 당나귀를 탄 루트비히 게를라흐가 오른손에 철십자가를 쥐었고, 그의 오른쪽에는 보수주의 선구자인 슈탈이 출발하기 위해 서 있었다. 그리고 루트비히 게를라흐 왼쪽에는 가재 갑옷을 입은 비스마르크가 왼손에는 가계 족보, 오른손에는 채찍

1848년 9월부터 비스마르크는 궁정 세력과 접촉하면서 자신의 행동반경도 넓혀갔다. 오스트리아 빈에서 발생한 10월 소요가 정부군에 의해 진압됨에 따라 독일의 각 지역에서도 반혁명 세력이 기지개를 켰다. 이런 사정은 프로이센에서도 마찬가지였다. 프리드리히 빌헬름 4세는 1848년 9월 22일 푸엘 장군을 수상 겸 국방부 장관으로 임명했다.[38] 국왕은 푸엘 장군이 구질서 체제의 입장에서 반동 정책을 적극적으로 추진하리라고 기대했지만, 예상과 달리 그는 입헌정치를 지지했다. 공식적으로 반동 내각을 등장시키거나 군사행동을 통해 민중운동을 억압하는 방법이 있었지만, 국왕은 실제로 이행하지 않았다. 포츠담에서 푸엘이 작성한 정부 계획은 제헌 국민의회를 다른 도시로 옮긴 후 해산시킨다는 것이었다.[39]

푸엘은 취임 연설에서 입헌주의를 계승하고, 신민의 제 자유를

을 들고 서 있었다. 특히 삽화가는 그림에서 루트비히 게를라흐와 함께 맨 앞줄에 서 있던 비스마르크의 오만한 표정을 부각했는데, 이것은 당시 이교도로 묘사되던 반정부세력을 쉽게 무찌를 수 있다는 자신감의 표현에서 나온 것 같다. 또한 그림은 당시 보수 세계에서 차지하는 비스마르크의 위상도 확인하게 한다.

38 프리드리히 빌헬름 4세가 푸엘을 임명한 것은 올바른 선택이었다. 그는 강경 보수파는 아니었지만, 혁명기의 열기 및 정치적 소요를 보며 성장한 인물이었다. 젊은 시절 푸엘은 낭만주의 성향의 극작가 클라이스트(Heinrich v. Kleist)와 강렬한 동성애적 우정을 나누기도 했다. 프랑스 점령기 동안 마음속에 상처 난 애국심을 품고 외지로 나간 이주민이었던 이 인물은 슈타인과 하르덴베르크가 시도하던 개혁에 동조했다. 훔볼트(Wilhelm v. Humboldt)의 친구였던 그는 유대인 살롱에서 인기를 끌었고, 관용과 학식으로 당대 자유주의 진영으로부터 폭넓은 존경도 받았다. 하지만 중도-보수적인 푸엘도 고집 센 국왕과 다루기 어려운 제헌 국민의회 사이를 중재하지 못했다.

39 프로이센의 제헌 국민의회는 프랑크푸르트 국민의회와는 달리 구성되었다. 395명으로 구성된 제헌 국민의회에서 귀족, 성직자(51명), 관리 출신(186명)이 다수를 차지했다.

보장하며, 반동적 시도도 거부한다는 견해를 밝혔다. 그러나 정부는 프로이센이 무정부상태하에 놓이게 되는 것을 용납하지 않겠다는 선언과 더불어 과격화되던 민중운동에 대해서도 경고했다. 9월 15일 국왕은 브랑겔(Friedrich Heinrich Ernst v. Wrangel) 장군을 지역 총사령관으로 임명했는데, 이 자리는 혁명적 분위기의 베를린을 견제하기 위해 만들어진 것이었다. 곧 8만 명의 병력과 60문의 대포를 소유한 이 야전부대는 반동 세력의 보루였던 베를린을 포위하기 시작했다. 9월 17일 브랑겔은 휘하 부대에 명령을 하달했는데, 행정부가 베를린의 질서 및 안녕 유지를 제대로 지키지 못한다면 군이 즉각적으로 개입한다는 것이 명시되었다. 이로부터 정확히 4일 후인 9월 21일, 브랑겔은 3월 혁명 이후 최초로 베를린에서 군사작전을 펼쳤으며 연설을 통해 언제라도 군의 투입이 가능하다는 것을 공언했다.

푸엘이 재임하는 동안 프로이센 제헌 국민의회는 더 좌경화되었고, 그 세력 역시 절정을 맞이했다. 실제로 제헌 국민의회의 의원들은 여러 좌파 세력에 의해 움직여졌지만, 혁명 활동을 주도하지는 못했다. 일부 극좌파 의원을 제외한 대다수 의원은 국왕이나 귀족들과의 타협을 원했다. 9월 위기 중 좌파와 중도파 연합이 정부를 구성할 가능성도 엿보였다. 물론 시민 계층의 내각이었지만 중도 시민 계층을 대표하는 것이었다. 제헌 국민의회가 국왕이 임명한 푸엘 대신 그들이 내세운 인물을 내각 수상으로 임명했다면 혁명의 지속적인 전개는 가능했을 것이다. 실제로 3월 혁명 같은 상황이 일어났겠지만, 제헌 국민의회는 관철하지 못했다. 제헌 국민의회는 단지 그들의 세력 유지를 위해 왕권과 끊임없이 투쟁했을 뿐이다. 이러한 투쟁은 10월

에 시작된 헌법 문제에서 더욱 두드러졌다.[40]

일반적으로 헌법은 새로운 시민사회의 법질서를 확립하는 기능이 있기 때문에 매우 중요하다. 반동적인 제한에도 불구하고 프로이센 헌법은 시민 계층의 근본적 요구를 수렴함과 동시에 신민과 왕권 간의 타협도 모색하려고 했다. 10월 12일 제헌 국민의회는 헌법 전문(Präambel)에서 "신의 은총에 의해(von Gottes Gnaden)"라는 문구 삭제를 전체 의원의 반수가 넘는 217명의 찬성으로 통과시켰다. 이는 신성불가침한 왕권을 더는 인정하지 않겠다는 것이었다. 제헌 국민의회에서 왕권 제한법이 통과되었다는 소식을 접한 프리드리히 빌헬름 4세는 인격적으로 심한 모독을 받았다고 생각했다. 따라서 그는 제헌 국민의회에 불만을 품고 다시 귀족들이 주도하는 연합지방의회로 회귀하겠다는 의사도 밝혔다. 그런데도 10월 31일 제헌 국민의회는 200 대 153표로 귀족제 폐지도 결정했다. 이러한 결정과 더불어 의회는 귀족 칭호, 귀족과 융커의 특권을 폐지하고 시민적 평등을 달성하려고 했다. 또한 수렵법을 제정하여 대지주들이 농민들의 경작지에서 사냥하는 것도 금지했다.[41]

---

40 1848년 6월 제헌 국민의회는 정부의 헌법 초안을 거부하고 헌법 초안 제정위원회를 독자적으로 구성했다. 얼마 안 되어 자유주의적 관점이 명시된 초안이 마련되었지만, 몇 개 조항에 관한 심의 과정에서 제헌 국민의회와 국왕 사이의 견해 차이는 더욱 심화되었다.

41 같은 날 제헌 국민의회가 개최된 극장 앞에 수천 명의 베를린 시민이 모여 당시 빈에서 진행되던 10월 혁명을 지지해야 한다고 요구했다. 이에 자극받은 발트에크(Benedikt Franz Leo Waldeck)는 제헌 국민의회에서 프로이센이 활용할 수 있는 모든 수단을 동원하여 빈에서 전개된 혁명을 지원해야 한다고 발의했지만, 제헌 국민의회에서 통과되지 않았다. 또한 이 인물은 헌법 전문에 법안 통과는 원칙적으로 일치 원칙(Vereinbarungskonzept)을 준수해야 한다는 발의도 했지만, 이 역시 거부되었다.

국왕이 오랜 고심 끝에 수렵법을 인정함에 따라 비스마르크를 비롯한 대다수 융커는 크게 반발했다. 당시 제헌 국민의회는 헌법 초안과 더불어 봉건 의무제의 폐지 법안과 농촌안정법에 대해서도 심의했다. 자유주의자들은 타협에 의한 해결 방식을 원했지만, 좌파주의자들은 모든 봉건적 잔재를 철폐해야 한다는 태도를 밝혔다. 점차 융커도 자신들의 특권 소멸에 대해 불안을 느끼기 시작했다. 그런데 국왕의 측근들은 혁명 초부터 구질서 체제를 회복하려 했기 때문에 푸엘 기용이 잘못된 판단에서 나온 것이라고 주장했다.

당시 푸엘은 국왕과 제헌 국민의회를 동시에 만족시키려고 했다. 그러나 푸엘이 시민 계층에게 너무 많은 양보를 했다는 지적이 제기됨에 따라 국왕의 측근들은 새로운 수상 후보를 물색했다. 여기서 이들은 프리드리히 빌헬름 2세(Friedrich Wilhelm II, 1786~1797)의 사생아인 56세의 브란덴부르크(Friedrich Wilhelm v. Brandenburg) 백작, 즉 프리드리히 빌헬름 4세의 삼촌이 적임자라는 것도 인지했다.[42]

포츠담에서 쿠데타 음모가 무르익었으나 아직 실행에 옮겨지지는 않았다. 그러나 빈의 10월 혁명이 실패로 끝나게 됨에 따라 포츠담의 반동 세력도 쿠데타를 감행했다. 10월 31일 제헌 국민의회 건물 앞에 운집한 시위대가 쿠데타의 빌미가 되었다. 당시 프리드리히 빌헬름 4세는 푸엘에게 베를린에 계엄사태 선포(Belagerungszustand)를 요

42 브레슬라우에 주둔하던 제4군단의 전임 사령관이던 브란덴부르크 백작은 국왕 주변의 보수 인물들이 선호했다. 그는 스스로를 '프로이센의 잡종(Bastard von Preußen)'이라 자칭했다. 당시 국왕이 그를 임명한 목적은 아주 간단했는데, 레오폴트 게를라흐의 설명에 따르면 브란덴부르크 백작의 임무는 "가능한 모든 방법을 동원해 제헌 국민의회가 아니라 국왕이 이 나라를 통치한다는 것을 입증하는 것"이었다.

구했는데, 이는 공공질서 회복이 필요하다는 인식에서 나온 것이었다. 푸엘은 국왕의 이러한 요구에 동의하지 않았는데, 자신이 지향하던 제헌 국민의회와의 타협이 무산되고 당시 베를린 근처에 주둔하던 브랑겔 장군에게 정치적 권한마저 넘어갈 수 있다는 우려 때문이었다. 같은 날 푸엘은 프리드리히 빌헬름 4세에게 사임을 요청했고 국왕은 이를 받아들였다. 당시 푸엘은 국왕의 지지 없이는 자신의 정책을 효율적으로 펼칠 수 없다는 것도 인지하고 있었다. 프리드리히 빌헬름 4세는 푸엘에게 후임이 지명될 때까지 사임을 공식화하지 말 것도 명령했는데, 당시 베를린에서의 동요가 더는 확산해서는 안 된다는 인식 때문이었다.

11월 2일 아침 제헌 국민의회는 푸엘의 서신을 통해 그가 건강상 이유로 사퇴하고 브란덴부르크가 왕명에 따라 수상으로 임명되었다는 사실도 알게 되었다. 11월 9일 브란덴부르크와 내무장관 만토이펠(Otto v. Manteuffel)이 제헌 국민의회에 나타났다.[43] 이 자리에서 브란덴부르크는 무정부상태가 해소되지 않는 한 베를린에서의 의회 활동 역시 불가능하다는 왕명을 전달했다. 이에 따라 제헌 국민의회는 회의 장소를 하펠(Havel)로 옮긴 후 11월 27일까지 활동을 중지해야 했다. 대다수 의원은 이러한 결정이 불법이라고 선언한 후 베를린에서

43 비스마르크는 당시 출범한 브란덴부르크 내각의 일원으로 거론되었지만, 국왕과 게를라흐는 그를 완벽히 신뢰하지 않았다. 프리드리히 빌헬름 4세는 비스마르크를 "총검이 무제한으로 사용될 때만 필요한 인물(Nur zu gebrauchen, wenn das Bajonett schrankenlos waltet)"이라고 평가하면서 그에게 '내각 관리자' 신분으로 자유주의자들과 담판을 짓게 했다. 이에 따라 브란덴부르크는 비스마르크에게 만토이펠을 설득하여 내무장관직 수용을 받아들이도록 했다. 비스마르크는 자신에게 부여된 과제를 성실히 이행했고 그에 따라 만토이펠이 내무장관으로 취임했다.

제헌 국민의회의 활동을 속개하기로 했지만, 무력충돌만은 피하려고 했다. 당시 시민 계층은 무력항쟁이 새로운 민중봉기를 유발할 수 있다는 두려움을 가지고 있었다. 극좌파들도 무력투쟁의 전면에 나서지 못했다.

다음 날인 11월 10일 오후 브랑겔이 이끄는 1만 3천 병력이 브란덴부르크 성문을 거쳐 베를린으로 진주했다. 이들은 시의 중심부를 장악하고 제헌 국민의회가 열리고 있던 극장 건물을 포위했다. 브랑겔은 제헌 국민의회가 해산할 때까지 군대를 주둔시키겠다는 선언도 했다. 브랑겔의 군대가 베를린에 진주한 직후인 11월 11일 저녁 베를린과 그 주변 지역은 이미 계엄령이 선포된 상태였다. 이후 브랑겔은 제헌 국민의회의 해산과 더불어 정치집회 금지, 민주신문의 발간 금지, 그리고 국민군의 해산도 이행했다.[44] 국민군은 커다란 저항 없이 무기를 버렸다. 이제 프로이센의 시민 계층은 브랑겔의 대검 아래 속절없이 굴복하는 상황에 놓였다.

이후부터 프로이센 곳곳에서 국민군 해산에 대해 항의 및 시위가 펼쳐졌다. 이후 정부는 군부에 모든 저항을 진압하고 필요에 따라 계엄령 수준도 더욱 격상할 것을 명령했다. 그럼에도 에르푸르트에서 정부군과 국민군 사이에 충돌이 일어났고 노동자들은 자발적으로 국민군에 가세했다. 민중 역시 바리케이드를 설치한 후 정부군에 저항했지만, 오래가지 못했다. 군부는 계엄령을 선포했고 전투에 가담한 7명의 국민군을 즉시 처형하는 등의 강경책도 구사했다.

---

44 계엄령 선포 이후 길거리나 공공장소에서 20명 이상 모이는 모든 집회는 금지되었다.

프로이센의 반동 쿠데타는 1848년 12월 5일 강제로 제헌 국민의회가 해산되고 정부가 마련한 헌법이 공포되면서 절정을 맞이하게 되었다. 당시 프리드리히 빌헬름 4세는 3월 혁명 이후부터 고수한 국민 대표기구인 제헌 국민의회와 더불어 헌법을 제정하겠다는 의지를 포기했다. 그렇다고 해서 3월 혁명 이전의 체제로 회귀하려고 하지는 않았다. '12월 헌법'은 입헌군주적이고 시민 자유주의적인 원칙들의 근간을 내포했다. 이 헌법은 시민 계층을 무마하기 위해 자유주의적 제 원칙을 과감히 포함했는데, 이는 보수적 성향의 정치가들에게 큰 충격을 가져다주었다. 제헌 국민의회에서 비스마르크와 더불어 극단적 보수주의자로 간주되던 타텐-트리에글라프는 12월 헌법을 "아주 불필요할 정도로 물러터진 양보의 통합"이라고 혹평했다. 당시 이 인물은 제헌 국민의회에서 이슈화된 출판의 자유에 대해 동의했지만, 언론이 보도를 통해 죄를 지으면 관여한 기자들을 교수형으로 처벌해야 한다는 과격한 주장까지 펼쳤다.

프리드리히 빌헬름 4세는 향후 소집될 의회에서 정부가 공포한 헌법에 대한 수정작업도 가능하다고 했다. 또한 1849년 2월 말 의회를 소집한다는 계획도 밝혔다. 프로이센 정부가 발표한 헌법에는 3계급 선거권 제도(Dreiklassenwahlrecht)의 도입도 명시되었다. 이 제도는 1918년까지 효력을 유지했고, 프로이센의 정치적 후진성을 드러내는 상징이 되었다. 헌법에 따를 경우, 프로이센의 유권자(25세 이상의 남성)는 각자 내는 직접세, 즉 재산세 규모에 따라 3개의 계급으로 나누어졌다. 한 선거구에서 직접세의 33%를 내던 첫 번째 계급의 유권자들은 그 수와 관계없이 선거구 의회 구성원의 33%를 선출하는 선거인단을 선택할 권리를 부여받았다. 두 번째 계급은 해당 선거구에서 직접세의 그다음 33%를 내는 사람들로 구성되었다. 마지막 계급은 세수의 나머지 33%를 내는 유권자들과 직접세를 면제받은 유권자들로 구성되었다. 이러한 시스템은 극단적인 정치적 차별이었다. 극소수 유권자가 속한 첫 번째 계급, 그보다 다소 많은 유권자가 속한 두 번째 계급, 그리고 대다수 유권자가 속한 세 번째 계급이 같은 의석수로 대표되었다.[45] 이 제도의 시행으로 농촌과 도시의 부유층에 유리하게끔 정치권력이 극도로 왜곡되는 상황을 초래했다.

이러한 양보를 통해 국왕과 정부는 자유주의파를 이해시킬 수 있다고 믿었고, 실제로 자유주의자들은 이러한 양보에 만족했다. 그리고 대다수의 시민 계층 역시 그들 요구가 관철되었다고 생각했는데, 그것은 향후 구성될 양원(Zwei Kammern-Parlament)이 헌법을 수정·통과시킬 권한을 가진 데서 나온 것 같다. 실제로 자유주의자들은 나름대로 헌법 수정이 가능하다고 생각했으며 보수주의자들도 그 점에 대해 동의했다. 1849년 1월 22일과 2월 5일에 양원 선거가 시행되었는데, 개원될 의회의 최우선 과제는 1848년 12월에 상정된 헌법안을 수락하고 정부가 주도한 쿠데타를 합법화하는 일이었다.

당시 비스마르크는 국민의회 진출을 다시 모색했다. 따라서 그는 쇤하우젠이 위치한 예리초프군에서 선출될 가능성이 작아 베스트하벨란트(Westhavelland)군에 포함된 차우에-벨치크-브란덴부르크(Zauche-Belzig-Brandenburg) 지역 후보로 등록했다. 비스마르크의 상대후보는 대중적 인기가 높은 브란덴부르크(Brandenburg) 시장이었다. 비스마르크는 불같은 열정으로 선거전에 뛰어들었다. 형 베른하르트

45 마지막 계급에서 정부로부터 생계지원을 받는 자들은 선거권이 없었다.

에게 보낸 서신에서 비스마르크는 "헌법 인정, 무정부상태 저지, 법 앞의 평등, 재산에 따른 차등 세금 부과" 등을 선거공약으로 제시한 후 이행하겠다는 의지를 밝혔다. 열심히 선거운동을 펼친 덕에 비스마르크는 조금 더 많은 표로 상대 후보를 물리치고 국민의회에 입성했다. 그러나 비스마르크가 참여한 국민의회, 즉 1849년 2월에 개원한 국민의회의 활동은 매우 짧았는데 그것은 베를린에서 군 점거 상태를 해제해달라는 좌파 의원들의 주장이 의회에서 통과되었기 때문이다. 프리드리히 빌헬름 4세는 4월 27일 국민의회를 해산했다.

1849년 7월 새 국민의회가 출범했다. 이 의회 선거에서 민주주의자들의 선거 불참으로 보수세력은 기대 이상의 좋은 성과를 거두었다. 예상과 달리 비스마르크는 힘겹게 국민의회 의원으로 다시 선출되었는데, 그것은 보수주의자들마저 그를 너무 비타협적으로 행동하는 인물로 간주했기 때문이다. 새롭게 출범한 국민의회는 국왕이 강제로 승인한 헌법 개정 문제를 다루어야 했다. 12월에 상정된 개정헌법은 보수주의자들과 자유주의자들의 타협안을 토대로 하되, 일부는 이전의 상태, 즉 3월 혁명 이전 상태로 회귀한다는 내용을 담고 있었다.

7 프랑크푸르트 국민의회 소집

1848년 3월 31일 프랑크푸르트 예비 의회(Frankfurter Vorparlament)가 구성된 후, 헌법 초안 작성 임무는 예비 의회 의원들로 구성된 50인 위원회(50er-Ausschuß)가 담당했다. 예비 의회에서 선출된 후 전권을 부여받은 50인 위원회는 과도기구로서 국민의회의 개원을 준비하고, 독일 연방 회원국 정부들과 협력하여 국민의회 의원 선거를 치르기로 결의했다. 독일연방의회의 기능이 3월 혁명으로 사실상 정지된 후 활동을 개시한 예비 의회는 4월 3일까지 개최되었다. 독일 민족 전체를 대표하는 최초의 대의 가구로서 독일 전역에서 온 574명의 대표자가 이끈 예비 의회는 선출된 것이 아니라 연방 회원국 의회의 의원 중에서 선발되었다. 예비 의회는 매우 이질적으로 구성되었기 때문에 민주주의적 관점에서 강조되던 대표성은 없었는데, 그것은 남서부 독일 출신이 지나치게 많았다는 데서 확인할 수 있다.

예비 의회의 과제는 국민의회의 효율적 활동을 준비하는 것이었다. 활동 직후부터 온건파와 급진파의 갈등이 표출되었지만, 그것을 극복하는 방법은 제시되지 못했다. 수적으로 우세한 온건파는 군소국들이 오스트리아나 프로이센이 주도하는 연방국에 통합되고 이 연방국의 책임내각과 평의회(Senat) 및 국민의회(Volkshaus)에도 소속되어야 한다는 의견을 제시했다.[46] 이어 온건파는 국가의 중앙권력을 외교, 국방, 교역, 관세, 민법 및 형법 등으로 확대했지만 봉건 체제의 잔재 폐지를 위한 구체적인 조치를 마련하지는 않았다. 온건파의 이러한 통일국가 구도에 대해 과격파는 동의하지 않았다.

당시 예비 의회에서 온건파와 과격파는 두 가지 점에서 첨예하게 대립했다. 과격파를 주도하던 슈트루베(Gustav Karl Johann v. Struve)는 군주제 폐지와 독일을 연방공화국으로 통합할 것을 요구했으며 상설 국민의회를 구성할 필요성도 강조했다. 이에 반해 가게른(Heinrich v. Gagern)이 이끌던 온건파는 군주제가 유지되어야 한다는 뜻을 표명했고, 군주제 원칙에 따라 국민의회 역시 구성되어야 한다고 했다. 예비 의회 내에서 자신들의 목적이 관철될 수 없음을 인지한 급진파 의원 77명은 예비 의회를 떠났다.[47]

이후부터 온건파가 예비 의회를 주도했고 거기서 국민의회의 소집도 결정했다. 예비 의회가 1848년 4월 3일 해체된 후 예비 의회의 임무를 물려받은 50인 위원회는 1848년 4월 4일부터 5월 18일 국민의회가 개원하기 전까지 43일 동안 존치한 독일연방의회와 프랑크푸르트 국민의회 사이의 과도기구로서, 그 임무는 독일 연방을 대체할 미래의 통일 독일의 헌법제정을 논의하고, 국민의회 의원 선거를 준

---

46 예비 의회 참석자의 약 70%는 온건파로 간주되었다. 이에 반해 참석자의 30%는 민주주의 좌파이고, 이들 중 약 30%는 과격한 공화주의자로 알려졌다.

47 예비 의회를 떠난 과격파는 그들의 정치적 목표를 관철하기 위해 4월 12일 콘스탄츠(Konstanz)에서 공화국을 선포했다.

비하는 일이었다.

국민의회 선거는 1848년 4월부터 5월 초까지 시행되었고, 같은 달 18일부터 프랑크푸르트의 성 파울 교회(St. Paulkirche)에서 국민의회의 활동이 개시되었다. 그런데 프랑크푸르트 국민의회는 독일 민족 전체보다는 자유주의를 지향하던 중산계층을 대변했다. 이러한 특징은 그리 놀랄 일이 아니었는데, 예비 의회가 성년이 된 시민 모두에게 투표권을 부여했음에도 여러 영방국가가 '독립적'이라는 조건을 자의적으로 규정한 데서 나온 것 같다.[48]

국민의회는 5월 1일 개원해야 했지만, 많은 국가에서 이날 또는 더 나중에 의원 선거가 시행되었고, 결과가 나오려면 또 며칠을 기다려야 했다. 전체적인 선거 참여율은 유권자의 40~70%로 추정되었다. 5만 명당 1명의 의원을 선출한다는 원칙에 독일 연방의 명부와 옛 인구 통계를 대입하면, 총 649명의 의원이 있어야 했다. 그러나 체코인이 다수를 차지하던 보헤미아와 모라비아의 선거구들은 국민의회 의원 선거를 거부했기 때문에 결국 585명의 의원만 선출되었다. 이렇게 선출된 585명의 의원 대다수는 중산계급 출신이었다.[49] 이 중 95%가 대학 입학 자격시험인 아비투어를 보았고, 최소 81.7%가 대학을

48 13세기에 신성로마제국의 황제권이 약화하자 독일의 봉건 제후들이 지방 국가를 세웠는데, 이를 지칭하여 '영방국가'라 한다. 30년 전쟁(1618~1648)이 끝난 후 독일에는 약 2천 개의 영방국가가 있었고, 이 수는 나폴레옹이 독일을 침략할 때까지 거의 그대로 유지되었다. 나폴레옹이 점령한 독일은 40여 개의 영방국가로 정리되었고, 그러한 상태는 1871년 독일 제국이 등장할 때까지 그대로 유지되었다.

49 당시 많은 의원이 개별 영방국가의 의원직이나 정부 관료직을 겸했기 때문에 보통 프랑크푸르트에는 400~450명의 의원이 머물렀다. 중요한 표결이 있을 때는 540명의 의원이 출석하여 투표권을 행사하곤 했다.

졸업했으며, 그중 절반은 법학을 전공했다. 국민의회의 의원 상당수는 학우회(Corps) 또는 부르셴샤프트 출신이었다. 직업상으로는 국가공무원이 과반수였으며, 여기에 속하는 436명의 의원 중 49명은 대학교수, 49명은 인문계 고등학교 교사(Gymnasiallehrer), 30명은 일반교사, 110명은 판사와 검사, 152명은 고위 또는 일반 공무원과 군 지도자, 11명은 외교관 출신이었는데 이들 중 상당수는 박사학위도 취득했다.[50] 당시 보수적 또는 반동적 정치가로 각인된 비스마르크는 국민의회 의원으로 선출될 수 없다는 것을 인지했기 때문에 후보로도 등록하지 않았다.

본래 예정했던 것보다 17일이나 지난 뒤인 1848년 5월 18일 군대가 경례하는 가운데 두 개의 흑-적-금색 깃발이 내걸리고 군중의 축하 박수를 받으면서 330명의 의원이 뢰머(Römer) 광장에서 성 파울 교회까지 행렬을 지어 이동하는 축하 행사가 끝난 후, 국민의회는 프랑크푸르트 황제홀(Kaisersaal)에서 개원했다.[51] 1848년 5월 19일 의장으로 선출된 가게른은 축사에서 국민의회가 국민주권 원칙에 따라 제한 없이 헌법제정권을 행사할 것인지, 아니면 이 과제가 영방국가들과의 타협을 통해 이루어져야 하는지에 관해 논란이 될 수밖에 없

50 당시 국민의회 의원으로 활동하던 공무원들은 사임하지 않아도 되었다. 다만 이들이 국민의회 의원으로 활동할 때는 일시적으로 휴직할 수 있었는데, 이때도 이들은 정부로부터 평상시의 봉급을 받았기 때문에 경제적으로 어려움을 겪지 않았다. 그러나 자유업에 종사한 의원들은 프랑크푸르트 국민의회에서 봉급을 받지 않았기 때문에 그들의 경제 능력에 따라 국민의회 활동이 결정되기도 했다. 실제로 다수의 국민의회 의원은 국민의회의 활동이 그리 길지 않을 것이라는 예상도 하고 있었다.

51 1833년 교회 헌당식을 거행한 성 파울 교회가 국민의회의 활동 장소로 선택된 것은 이 교회가 당시 프랑크푸르트에서 가장 넓고 큰 실내 공간을 가졌기 때문이다. 이후 성 파울 교회는 국민의회가 활동하기 적합한 장소로 개축되었다.

는 핵심 사안들을 언급했다.[52] 여기서 그는 문제해결을 위한 절충적 해법도 제시했다. 당시 프랑크푸르트 국민의회 의원들은 특수 정당이나 집단적·정치적 신념에 대한 충성을 공개적으로 밝히지 않았다. 정치적 성향으로 볼 때, 절반 또는 2/3가 자유주의적이었고, 좌우 급진파는 약 15%에 불과했다.

활동을 시작한 국민의회의 최대목표는 독일 연방을 하나의 통일국가로 변형하는 것이었다. 그러나 역사적으로 형성된 개별 영방국가를 그대로 둔 채 강력한 중앙권력을 창출한다는 것은 쉬운 일이 아니었고 통합방안에 대한 의원들의 의견 역시 일치되지 않았다. 따라서 프랑크푸르트 국민의회는 독일 통합방안을 구체화하기 위해 당시 독일권에서 결정적 영향력을 행사하던 프로이센과 오스트리아의 동의를 얻어 중앙정부를 구성하려고 했다. 그러나 이들 국가와의 협상이 교착상태에 빠짐에 따라 국민의회는 당시 의장이던 가게른의 강력한 요구로 독자적인 활동을 개시했고 제국 섭정(Reichsverweser)을 선출하는 작업에도 착수했다.

그런데 프랑크푸르트 국민의회를 이끌 의장의 임기는 1개월에 불과했기 때문에 이것은 의회의 효율적 운영에 걸림돌이 되었다. 이러한 제도적 문제점에도 불구하고 가게른은 7회 연속 의장에 선출되

---

52 의장으로 선출된 가게른은 5월 29일 국민의회 총회에서 의사규칙도 통과시켰다. 이에 따라 같은 날 한 명의 의장과 두 명의 부의장이 선출되었다. 의사규칙에는 4주마다 선출된 의장과 부의장에 대한 재선거가 명시되었는데, 이는 몰이 고안한 방안이었고, 의장석은 누구에게나 개방되었다. 의장은 원내 규칙을 올바르게 유지하고, 의사진행 절차에 따라 의회를 이끌어야 했다. 6월 29일 재선출된 가게른은 1848년 12월 16일까지 의장직을 수행했다. 의장으로 선출된 직후, 즉 5월 31일 가게른은 헤센 정부의 장관직을 사임했는데 이는 국민의회 의장직에 전념하려는 그의 의지였다.

었기 때문에 국민의회는 비교적 원활히 운영되었다.

국민의회는 6월 28일 450 대 100의 찬성으로 '독일 임시 중앙권력 도입에 관한 제국 법(Reichsgesetz über die Einführung einer provisorischen Zentralgewalt für Deutschland)'을 가결했다. 이 법에 따라 국민의회 의원 중 한 명이 새롭게 구성된 임시 제국 정부 대표, 즉 제국 섭정으로 선출되어야 했다. 다음 날 페르디난트 2세(Ferdinand II, 1835~1848)의 동생인 요한(Erzherzog v. Johann) 대공이 제국 섭정 후보로 지명되었고, 6월 28일 시행된 선출투표에서 436명의 지지로 제국 섭정으로 선출되었다.[53]

53 1559년 공사가 중단된 쾰른(Köln) 대성당의 완공을 경축하기 위해 1842년 9월 축제가 열렸는데, 여기에는 프리드리히 빌헬름 4세, 메테르니히, 그리고 요한 대공이 참여했다. 이 자리에서 요한 대공은 "프로이센, 오스트리아, 그리고 독일어를 사용하는 그 밖의 지역이 하나가 된다면 이 국가는 산의 돌처럼 강해질 것이다"라는 연설을 했다. 그런데 이 발언은 언론에 "더는 프로이센과 오스트리아는 없다. 산처럼 강한 독일만이 있을 뿐이다"라고 보도되었고, 그 덕분에 요한 대공이 제국 섭정으로 선출되었다는 주장이 제기되기도 했다.

8 대독일주의와 소독일주의

당시 독일인은 유럽 열강의 동의 없이는 독일 통일 역시 불가능하다는 사실을 인지하고 있었다. 이후의 역사에서 확인되듯이, 독일 통일은 유럽 열강 간의 합의 또는 힘의 공백기에나 가능했다. 그런데도 국민의회는 국제적 상황을 고려하지 않은 채 통일 독일국가의 기본 체제를 심의하기 시작했다. 통일방안을 논의하는 과정에서 의견을 달리하는 집단이 형성되었는데, 소독일주의파(Kleindeutsch)와 대독일주의파(Großdeutsch)가 바로 그것이었다. 그런데 통일 논의에서 대독일주의가 소독일주의보다 먼저 거론되었다.

이렇게 시기적으로 먼저 제시된 대독일주의는 3월 혁명 이전부터 통일방안으로 거론되었는데, 당시 이 주의는 중부 유럽 여러 민족이 지향한 통일방안과 비교할 때 비교적 유리한 조건을 갖추고 있었다. 왜냐하면 기존의 연방 체제를 연방국으로 변형시킨다면 그것은 당시 국제법에서 허용된 테두리 내에서도 가능했기 때문이다. 실제로 독일 연방에 속한 오스트리아 제국의 보헤미아, 모라비아, 아우슈비츠(Auschwitz), 차토르(Zator) 그리고 슐레지엔 지방을 대독일주의

원칙에 따라 통합 독일에 편입하는 것은 당시 강조되던 '정통성의 원칙'에도 크게 위배되지 않았다.[54] 따라서 그에 대한 외부로부터의 개입 역시 없으리라는 것이 독일권에 널리 퍼져 있던 일반적 견해였다. 이러한 시점에서 대독일주의를 선도했던 프라일리그라트(Ferdinand Freiligrath)와 그의 추종자들은 오스트리아, 프로이센, 그리고 대표적 중소국가들의 위정자가 독일 통일에 적극적으로 나서야 한다는 견해를 밝혔다.

당시 대독일주의 추종자들은 독일 민족, 이탈리아 민족, 폴란드 민족, 그리고 헝가리 민족만이 민족국가를 형성할 수 있다는 주장을 펼쳤다. 이론적 단계에서 살펴볼 때 이러한 구상은 당시 널리 확산된 민족주의 개념에서 비롯되었다는 것과 한 영토의 소유는 그곳에 사는 민족에게 있다는 원칙론에서 출발했음을 확인할 수 있다. 따라서 대독일주의 추종자들은 독일 연방 내 슬라브 민족에게 민족적 충성을 요구했는데, 그것은 이들이 독일 민족과 체코 민족, 슬로베니아 민족 그리고 우크라이나 민족과의 관계를 프랑스 민족과 프랑스에 살던 브르타뉴인, 프로방스(Provence)인, 그리고 알자스(Alsace)인과의 관계와 동일시한 데서 나온 것 같다. 아울러 이들은 체코 민족, 슬로베니아 민족, 그리고 우크라이나 민족을 하나의 민족 단위체로 인정하지 않고 혈연 집단으로 간주했는데, 그것은 이들 민족이 독일 민족이나 폴란드 민족의 지배하에서도 자신들의 혈연적·언어적 특성을 충분히 보존할 수 있다고 판단했기 때문이다. 아울러 대독일주의 추종자들은 독일 통일의 장애 요소로 간주한 오스트리아 제국 및 그 통치

54 차토르 대공국은 1445년 아우슈비츠 대공국으로부터 분리되었다.

체제에서 비롯되는 문제점들도 부각했는데 그것은 아마도 이들이 오스트리아 제국 내에서, 특히 보헤미아 지방에서 자신들의 동조 세력을 확보하려는 저의에서 나온 것 같다.

지금까지 거론된 대독일주의적 주장들을 종합·분석할 때 이 주의를 추종한 인물들은 자신들의 주장에 따른 통일 과정에서 야기될 수 있는 민족문제에 대해 전혀 관심을 가지지 않았다는 것과 거기서 발생할 수 있는 문제의 심각성에 대해서도 고려하지 않았음을 확인할 수 있다. 실제로 프랑크푸르트 국민의회에서 대독일주의가 통일방안으로 제시된 후 통일 독일의 구체적 영역이 결정되지 못함에 따라 의원들은 새로운 대안을 찾기 시작했다. 당시 대독일주의를 추종하던 세력은 독일 연방을 토대로 통합국가를 구축해야 한다는 태도였는데, 이에 대해 오스트리아 출신 의원들은 동의하지 않았다.

1848년 10월 26일 프랑크푸르트 국민의회에서 소독일주의 원칙에 따른 독일 통일안이 공식적으로 제시되었는데, 거기서는 오스트리아가 기존의 영토를 견지하는 대신 통일국가에 참여해서는 안 된다는 것이 강조되었다. 당시 소독일주의를 지향하던 세력은 프로이센 주도로 독일을 통일해야 한다는 견해도 제시했다. 나아가 이들은 오스트리아의 역할을 인정하지 않으려고 했을 뿐만 아니라 독일권에서도 축출하려고 했다.

9 에르푸르트 연합의회

프리드리히 빌헬름 4세는 1849년 4월 3일 프랑크푸르트 국민의회가 자신에게 수여한 독일 황제관을 거절했지만, 여전히 동료 군주들이 동의할 수 있는 독일 통일을 바라고 있었다.[55] 오스트리아가 이탈리아 북부 및 중부 유럽에서 세력을 확장함에 따라 프로이센이 독일권에서 주도권을 장악할 수도 있다는 견해가 일부 정치가들로부터 제기되기 시작했다.[56] 이러한 관점을 주도한 인물이 바로 라도비츠(Joseph v. Radowitz)였는데, 이 인물은 헝가리계의 가톨릭 귀족으로서 프리드리히 빌헬름 4세가 왕세자였던 시절의 가까운 친구이기도 했다.

---

55 당시 비스마르크는 프랑크푸르트 국민의회가 프로이센 국왕에게 수여한 황제관을 혁명의 썩은 냄새가 풍기는 더러운 황제관으로 간주했다. 이어 그는 프랑크푸르트 국민의회의 위선을 더는 허용하지 않을 것이며, 제국 헌법을 주장하는 프랑크푸르트 국민의회의 속임수 역시 만천하에 드러났다고 주장했다. 부인 요하나에게 보낸 서신에서 비스마르크는 독일 통일은 외교와 전쟁으로 결정될 사안이기 때문에 프랑크푸르트 의원들이 지껄이고 제멋대로 결정한다고 하더라도 그것은 공중누각에 불과하다고 평가하기도 했다.

56 실제로 빈 정부는 7천만 명의 제국(Siebzigmilionenreich) 건설에 관해서만 관심을 보였다.

라도비츠

라도비츠는 11세에 샤를루아(Charleroi) 군사학교에 입학한 후, 파리에서 다양한 기술을 배웠다.[57] 1813년, 16세 때 베스트팔렌(Westfalen)에 있는 포병부대 소위로 근무하면서 해방전쟁에 참여하는 등 군 작전 경험이 많았고, 쿠어헤센을 거쳐 1823년부터 프로이센 관료로 활동하기 시작했다. 1830년 프로이센 포병부대 총사령관으로 임명되었고, 1836년부터 프로이센 육군의 전권을 장악했다. 당시 이 인물은 프리드리히 빌헬름 왕세자와 더불어 초감각성과 낭만주의에 심취했고, 미완적 사상에 대해 열광적 자세를 보이기도 했다. 그러나 라도비츠는 정치의 냉혹성에 대해서는 불충분한 판단력을 가지고 있

57 샤를루아는 벨기에 왈롱 에노(Wallonie Hainaut)주에 있는 도시다.

었다. 그런데도 프랑크푸르트 국민의회에서 활동했을 뿐만 아니라 프랑크푸르트에서 프로이센군 전권 위임자(Militärbevollmächtigter)로서의 역할도 수행했다.[58]

프리드리히 빌헬름 4세의 요청에 따라 베를린에 온 라도비츠는 외무장관직을 수행하면서 평소 신념에 따라 오스트리아를 독일 통일 과정에서 배제한 가게른의 소독일주의적 연방국 안을 활성화하는 데 주력했다.[59] 그러나 그는 가게른 안이 공통의 외교·통상 정책에 기초를 둔 다소 느슨한 연합체라는 평가를 했기 때문에 보완책 마련에도 신경을 썼다. 당시 이 인물은 프로이센이 보수적인 오스트리아와 협력관계를 구축한다면 적지 않은 이익도 챙길 수 있다고 확신했지만, 이것은 그가 빈 정부 정책을 너무 안이하게 평가한 데서 나온 것 같다.

실제로 프로이센의 외교 정책을 총괄한 라도비츠는 1849년 5월, 오스트리아가 가게른의 계획을 수용한다면 헝가리 폭동진압에 프로이센도 동참해야 한다는 것을 프리드리히 빌헬름 4세에게 진언했다. 아울러 그는 프로이센이 요한 대공으로부터 제국 섭정의 직책도 잠정적으로 인수해야 한다는 견해도 제시했다. 그러나 당시 빈 정부의

58 당시 레오폴트 게를라흐는 프리드리히 빌헬름 4세에 대한 라도비츠의 지나친 영향력에 대해 우려를 표명했다. 그에 따르면, 라도비츠는 국왕보다 훨씬 빈약한 사고력을 가졌기 때문에 국왕과의 대화에서 국왕의 관점을 제대로 파악하지 못하고 국가의 존속을 위태롭게 하거나 다른 사람의 생명까지 앗아갈 국왕의 결정에 대해 올바른 조언도 하지 않는다는 것이다. 그리고 국가에 불이익을 가져다줄 수 있는 이러한 국왕의 관점에 라도비츠가 국왕이 가지지 못한 수학과 논리로 합리화시키는 데만 주력한다는 것이다.

59 가게른은 프랑크푸르트 국민의회에서 이중동맹안(Vorschlag zum Zweibund)을 제시했다. 거기서는 프로이센 주도로 제후들과 의회 합의를 통해 소독일주의적 연방을 창출한다는 것이 언급되었다. 그리고 이 연방은 오스트리아와 동맹체제를 구축하고 교역, 관세, 그리고 외교정책을 공동으로 추진한다는 것이다.

실세였던 슈바르첸베르크(Felix Fürst zu Schwarzenberg)는 베를린 정부의 지원과 그에 따른 요구 조건을 단호히 거부했다. 왜냐하면 그는 헝가리 반란을 진압하는 과정에서 러시아의 지원이 있으면, 프로이센의 압력에 굴복할 필요도 없다고 생각했다.[60]

오스트리아의 거부에도 불구하고 라도비츠는 소독일주의 원칙에 따른 독일 통일을 위해 1849년 5월 26일 작센, 하노버와 더불어 3왕 동맹체제(Dreikönigsbündnis)를 결성했다.[61] 여기서는 특히 프로이센 주도로 독일권을 연방국 체제로 변형시킨다는 것이 강조되었다. 그러나 이 동맹체제는 실제로 아무런 힘도 발휘하지 못했는데, 우선 작센이 바이에른 가입을 전제로 동맹에 참여한 것과 하노버 역시 오스트리아를 연방국에 포함한다는 약속 이행을 믿고 동맹체제의 일원이 되었기 때문이다. 그러나 라도비츠는 작센과 하노버의 요구 조건을 수렴할 생각이 없었기 때문에 동맹국 사이의 의견 조율은 거의 불가능했다. 그런데도 이 동맹체제에 17개의 국가가 자발적으로 참여했는데, 그것은 오스트리아가 배제된 상황에서 프로이센의 영향력이 독일권에서 상대적으로 확대되었기 때문이다.[62] 실제로 1849년 여름 프로이센군은 바덴을 비롯한 몇몇 영방국가에서 일어난 소요를 진압하는

60 훗날 비스마르크가 자신과 대적할 유일한 오스트리아 정치가로 지목한 슈바르첸베르크는 실제로 정치적 사안을 올바르게 판단하고 그에 효율적으로 대응할 능력도 갖췄다.

61 1849년 5월 17일 라도비츠는 하노버, 뷔르템베르크, 바이에른, 작센 왕국의 대표를 베를린으로 초청하여 자신의 구상을 설명했다. 그러나 바이에른과 뷔르템베르크의 대표는 그의 구상에 대해 동의하지 않았다.

62 에르푸르트 동맹체제에 가입한 국가는 모두 28개국이었다. 그러나 오스트리아, 바이에른, 그리고 뷔르템베르크 왕국은 에르푸르트 연합의회에 참석하지 않았다.

데 결정적인 역할을 했다.

1849년 6월 26일 프랑크푸르트 국민의회 내에서 우파나 중도파로 간주되던 150여 명의 의원이 독일권에서 프로이센의 주도권을 논의하기 위해 튀링겐의 고타(Gotha)에 모였다.[63] 이 중 130명은 프랑크푸르트 국민의회에서 제정된 헌법을 더는 시행할 수 없으므로 모든 영방국가는 3왕 동맹체제가 지지하는 헌법, 즉 에르푸르트 제국헌법(Erfurter Reichsverfassung)을 채택한다는 문서에도 서명했다. 새로이 제정된 헌법에서는 프로이센과 밀접한 관계를 맺을 제국집행부(Reichsvorstand)와 절대적 거부권을 보유하고 양원제 의회와 입법권을 나누어 가지게 될 제후의회 등을 설치하도록 규정했다. 특히 하원의 권한은 크게 제한되었고, 의원 선출은 보통선거가 아닌 재산 유무에 따라 3계급 선거제에 따르도록 했다. 이에 따라 하원 의석의 3분의 1은 세금을 가장 많이 내는 4.7%의 신민에게 배당되었고, 3분의 1은 그다음으로 세금을 많이 내는 12.6%의 신민에게 부여되었으며, 나머지 3분의 1은 82.7%의 신민에게 할당되었다.[64]

1849년 8월 헝가리 문제가 해결됨에 따라 빈 정부는 그들의 관심을 독일권으로 다시 돌렸다.[65] 당시 슈바르첸베르크의 최우선 목표는

63 6월 26일부터 9월 28일까지 열린 이 회의에는 바서만, 달만, 가게른 형제, 하임(Friedrich Heim) 등이 참석했는데, 이들은 세습 황제파의 핵심 인물이었다.

64 1918년까지 지속된 이러한 비민주주의적인 선거제도는 보수적 기득 계층의 세력 기반을 유지하기 위한 것이었다.

65 부다페스트 정부는 1848년 12월 2일 오스트리아 황제로 등극한 프란츠 요제프 1세의 헝가리 국왕 즉위에 대해 동의하지 않았다. 이에 따라 12월 16일 빈 정부는 10만 명에 달하는 군사를 동원하여 헝가리에 대한 공세를 다시 시작했다. 외덴부르크(Ödenburg)와 프레스부르크(Preßburg)를 점령한 오스트리아군은 1849년 1월 5일 부다

프로이센이 구상한 계획을 즉각적으로 폐기하는 것이었다. 그러나 같은 해 9월 슈바르첸베르크는 오스트리아와 프로이센 사이의 분쟁을

페스트를 함락하는 성과를 거두었으나, 헝가리 혁명군 역시 10월 소요에 참여한 폴란드 출신 벰 장군의 지휘로 전열을 정비해 역공을 감행했다.

다음 해 3월 헝가리군은 헝가리 대평원지역을 회복했다. 같은 달 4일에 공포된 신헌법이 크렘지어 헌법(Verfassung von Kremsier)의 제 내용을 무효화함에 따라 헝가리 혁명 세력 내에서 급진파가 득세하게 되었고, 이는 오스트리아와의 타협 가능성을 완전히 배제하는 요인도 되었다. 그런데 혁명 세력 내에 급진파의 득세를 유발한 신헌법은 지금까지 헝가리 왕국에 소속된 크로아티아 왕국과 슬라보니아(Slavonia)를 헝가리에서 분리해 독립적인 크론란트(Kronland)로 격상시킨다는 내용을 포함했기 때문에 헝가리 혁명 세력은 이 신헌법이 1년 전, 즉 1848년 4월 19일 헝가리-크로아티아 동맹의 무효화를 선언한 옐라치치(Joseph Freiherr v. Jellačic de Bužim)의 슬라브 민족주의 노선과도 일치한다고 인식하게 되었다. 빈디쉬그래츠는 헝가리 혁명군을 진압하기 위해 7만 명의 오스트리아군을 동원했지만, 혁명군의 저항으로 1849년 4월 10일 철수해야 했다.

코슈트는 같은 달 14일 헝가리 공화국을 선포하고, 오스트리아의 접근이 상대적으로 어려운 헝가리 동쪽 끝, 루마니아 국경 지역에 있는 데브레첸(Debrecen)을 혁명정부의 임시수도로 결정했다. 데브레첸의 대개혁교회에서 개원한 헝가리 혁명의회는 헝가리 국왕 프란츠 요제프 1세의 폐위를 선언하고, 민족주의자 코슈트를 국가원수로 선출했다. 코슈트는 국가원수 자격으로 합스부르크 가문의 헝가리 국왕 계승권을 무효화시켰고, 오스트리아 제국의 황제가 겸임하던 헝가리 왕권도 회수했다. 그러나 점차 3월 혁명의 영향에서 벗어나기 시작한 유럽은 헝가리 혁명을 그대로 좌시하지 않았다. 5월 21일 프란츠 요제프 1세와 러시아의 니콜라이 1세가 바르샤바에서 회동했고 거기서 니콜라이 1세는 군사적 지원을 약속했다. 당시 니콜라이 1세는 폴란드 국왕의 역할도 수행했다. 이에 따라 러시아는 2만 명의 대군을 헝가리에 파병했다. 이렇게 러시아군이 개입하자, 코슈트는 1849년 8월 11일 헝가리 혁명정부의 전권을 괴르게이(Arthur Görgei) 장군에게 이양하는 선언문을 채택한 후, 헝가리 국가원수 직에서 물러났다. 이틀 후인 8월 13일 헝가리 혁명군 사령부 어러드(Arad) 요새가 러시아군에 의해 점령되었고, 괴르게이 장군이 헝가리 혁명군 사령관직을 인수한 지 이틀 만에 아라드 근처인 빌라고스(Vilagos)에서 헝가리 혁명군이 러시아군에 항복함에 따라 혁명군의 지휘권을 러시아군에 넘겨야 했다. 러시아군에 항복한 괴르게이 장군과 그의 측근들은 러시아가 혁명군을 오스트리아군으로부터 보호한 후 자신들을 러시아군에 편입시킬 것이라는 희망을 품었지만, 이는 실현되지 않았다. 혁명군이 항복한 후 니콜라이 1세는 괴르게이만 사면했고, 나머지 장군들은 오스트리아군에 넘겼다.

평화적으로 해결하려던 오스트리아 황제와 러시아 차르의 견해에 따라 프로이센과 잠정적 협정을 체결했다. 이른바 '가협정(Die vorläufige Vereinbarung)'에서 오스트리아와 프로이센은 독일을 1850년 5월까지 공동으로 통제하기로 했다. 그러나 슈바르첸베르크는 가협정을 단순한 지연전술로 간주했는데, 그것은 그가 강력한 노선을 취하는 데 필요한 모든 여건을 조성한 후 가협정을 즉시 파기한다는 언급에서 확인할 수 있다. 그러나 라도비츠는 가협정 조인으로 프로이센의 지위가 독일권에서 크게 약화한다는 사실을 파악하지 못한 채 오스트리아의 성실한 협력만 기대했다.

오스트리아가 독일권에 대해 다시 관심을 보임에 따라 바이에른과 뷔르템베르크는 에르푸르트 연합에서 탈퇴하기로 했다. 1850년 2월 21일에는 하노버와 작센 역시 탈퇴를 감행했는데, 이는 연합 세력의 압박과 자신들의 주권을 위협하는 모든 독일 문제에 대해 오스트리아가 적극적으로 지원해주리라는 확신에서 나온 것이었다.

2월 27일 하노버와 작센은 바이에른·뷔르템베르크와 더불어 4왕 동맹체제(Vierkönigsbündnis)를 결성하면서 독일 통일은 이전의 독일 연방 체제하에서 이루어져야 한다는 의견을 밝혔는데, 이는 1849년 3월에 제시된 슈바르첸베르크의 구상과도 일치했다. 이러한 사태로 인해 오스트리아와 러시아의 우호 관계가 사회질서 체제 유지에 필요하다고 생각하던 프로이센의 보수주의자들이 라도비츠를 공격했다. 이러한 보수주의자들의 관점 표명으로 프리드리히 빌헬름 4세 역시 동요하기 시작했고, 그 결과 고타파마저 급격히 세력이 약해졌다.

1850년 3월 20일부터 4월 29일까지 41일간의 회기로 작센의 프로이센령에 있는 에르푸르트의 아우구스티너키르헤(Augustinerkirche)

에서 연합의회(Unionsparlament)가 개최되었다.[66] 연합의회는 각국 정부와 의회를 대표하는 상원과 프로이센 왕국의 '3등급 선거법'에 따라 선출한 하원으로 구성되었는데, 약 100명의 전 프랑크푸르트 국민의회 의원들이 하원 의석의 다수를 차지했으며 이들은 주로 세습 황제파를 중심으로 활동했다. 당시 이들은 라도비츠가 구상한 연합정책을 지지했는데, 이들 중에는 프랑크푸르트 국민의회 제2대 의장을 역임한 가게른과 제3대 의장을 지낸 지몬을 비롯하여 바서만, 캄프하우젠, 달만(Friedrich Christoph Dahlmann), 가게른의 동생인 막시밀리안 폰 가게른(Maximillian v. Gagern), 그리고 마티(Karl Mathy) 등의 거물급 정치인들도 포함되었다. 세습 황제파에 맞선 우파는 에르푸르트 연합의회의 소수파로서 비스마르크, 슈탈(Friedrich Julius Stahl), 게를라흐, 클라이스트-레초(Hans Hugo v. Kleist-Retzow), 라이헨스페르거(Rheihensperger) 형제, 그리고 부스 등 약 40명이 참여했는데 이 수는 세습 황제파보다 훨씬 적은 수였다.

다소간의 견해차에도 불구하고 이들 우파는 프로이센의 민족주의와 입헌제에 반대 견해를 고수했지만, 프로이센 주도의 통일정책과 장차 통일 독일에서 오스트리아를 배제하는 정책에 대해서는 출신 제후국에 따라 입장을 달리했다. 예를 들면 바이에른 출신의 슈탈과 바덴 대공국 출신의 부스 등은 오스트리아를 제외한 소독일주의적 통일에 반대했다. 비스마르크 역시 라도비츠와 프리드리히 빌헬름 4세의 연합정책, 즉 소독일주의적 통일정책이 비현실적이라 판단했

66 1850년 1월 31일 실시된 연맹의회 선거에서 130명에 달하는 보수 정치가들이 당선되었다. 그러나 민주주의자들은 이 선거에 참여하지 않았다.

지만, 에르푸르트 연합의회에서 기록 담당 의원 역할을 했으며, 올뮈츠 조약이 체결된 후에는 프로이센 의회에서 올뮈츠 조약을 옹호하는 어려운 임무도 수행해야 했다.[67]

에르푸르트 연합의회에 제출한 라도비츠의 연방헌법 초안은 그 내용이 프랑크푸르트 국민의회 헌법과 유사했는데, 자유주의자들은 이를 통과시키려 했지만 우파는 프로이센의 왕정 원칙에 벗어나며 프로이센 왕권 역시 침해하는 것으로 판단하여 연방헌법 초안 통과를 거부했다. 결국 왕정 원칙에 부합하는 방향으로 수정된 연방헌법 초안이 연합의회 양원에서 통과되었지만, 이 역시 올뮈츠 조약 체결로 실행에 옮겨지지 못했다.

1850년 5월 '가협정' 시효가 종료됨에 따라 슈바르첸베르크는 오

---

67 당시 비스마르크는 라도비츠의 특별한 말재주와 설득력을 인정했다. 그러나 그는 라도비츠가 추진한 정책에서 확인되는 근거의 희박성과 미완적 요소들에 대해서는 동의하지 않았다. 그는 라도비츠의 공상적 낭만주의(schwärmerische Romantik)와 궤변적 실용주의(dialektischer Rationalismus)의 특이한 조합을 신랄히 비판하면서, 라도비츠에 대해 바보가 아니면 야바위꾼에 불과하다는 평가도 했다.

비스마르크는 라도비츠가 제시한 연합정책안을 '죽어서 태어난 아기(ein totgeborenes Kind)'와 같다고 했다. 연합정책안에 따르면, 프로이센은 군사 및 재정 분야의 자유로운 활용을 포기하고 국가가 활용할 수 있는 모든 자산을 독일의 나머지 국가의 파산을 막기 위해 보상 없이 투입해야 하는 의무도 지게 된다는 것이다. 따라서 비스마르크는 라도비츠의 연합정책안을 셰익스피어의 '한여름 밤의 꿈(Ein Sommernachttraum)'에 불과하다는 혹평도 가했다. 얼마 후 비스마르크는 라도비츠의 연방헌법 초안을 조목조목 비판하기도 했다. 특히 제후평의회(Fürstenrat)의 의석 분배에 대해 혹평했는데, 그에 따를 때 프로이센은 의결권의 17% 정도만 차지하게 된다는 것이다. 300만 명의 신민을 가진 16개국을 위해 1,600만 명의 인구를 가진 프로이센 국왕이 자신이나 국가의 관점을 포기하고 제후평의회의 결의에 동조하고 이행하는 상황이 초래할 수 있다는 것이 비스마르크의 분석이었다. 비스마르크에 따르면, 이는 독일 연방 내에서 강력한 국가인 프로이센이 무조건 외부 의지에 따라 자국에서 정책을 시행해야 하는 것으로 간주할 수 있다는 것이다.

스트리아 주도로 옛 연방의회를 부활시키고 옛 연방 체제 개편과 독일 중앙정부 설립 등을 구체적으로 논의하기 위해 영방국가들에 공문을 보냈다. 9월 1일부터 프랑크푸르트에서 활동을 펼친 옛 연방의회에는 10개국이 참여했으나 프로이센을 비롯한 에르푸르트 연합의회에 참가한 국가들은 불참했다. 이로써 타협을 위한 모든 시도 역시 실패로 끝나게 되었다. 이렇게 프로이센이 에르푸르트 연합의회에 집착함에 따라 프로이센과 오스트리아의 전쟁 가능성도 표출되기 시작했다.[68]

그런데 슐레스비히-홀슈타인 문제는 당시 제기된 긴장을 한층 더 고조시키는 계기가 되었다. 1848년 1월 20일 덴마크 국왕 프레데리크 7세(Frederick VII, 1848~1863)는 공개서한에서 덴마크의 통합헌법을 반포할 예정이며 슐레스비히를 덴마크에 편입하겠다는 의사도 밝혔다. 이 문제로 인해 국경을 맞댄 덴마크와 프로이센에서는 논란이 증폭되었고, 그에 따라 결국 양국 사이에 전쟁이 벌어졌다.

같은 해 8월 28일 스웨덴 말뫼(Malmö)에서 덴마크와 프로이센 사이의 평화협정이 체결되었지만, 다음 해 4월 3일 홀슈타인 문제로 덴마크와 프로이센 간의 전쟁이 재차 발발했다. 이에 영국과 러시아가 이 문제에 개입했고 이들 양국의 강한 압박으로 프로이센은 1849년 7월 10일 덴마크와 휴전협정을 체결했다. 거기서 프로이센은 슐레스비히와 홀슈타인 지방의 단일화를 포기해야 했다. 이제 슐레스비히는

---

68 당시 슈바르첸베르크는 '프로이센을 약화시킨 후 제거한다(il faut avili la Prusse, et puis la démolir)'는 구상을 했고, 이를 실천하기 위해 오스트리아에 선호적인 자세를 보이던 프로이센의 구보수주의자들을 베를린 정계의 전면에 배치하는 방법도 모색했다.

프로이센-덴마크 통합 지방 정부의 통치를 받게 되었고, 홀슈타인은 연방의회에서 파견된 독일 총독이 다스리게 되었다.

1850년 7월 2일 프로이센과 덴마크 사이에 평화조약이 체결되었다. 이 조약에서는 우선 프로이센 장교들이 슐레스비히-홀슈타인군 조직에서 제외된다는 것이 거론되었다. 이어 덴마크 국왕이 독일인 반란 세력의 도피처였던 홀슈타인의 질서 회복을 위해 연방에 지원을 요청할 권한도 가진다는 것이 명시되었다. 그리고 바로 이것이 프로이센의 치명적 약점임을 간파한 슈바르첸베르크는 덴마크 국왕에게 새로이 활동을 재개한 연방의회 소위원회에 연방 집행(Bundesexekution)을 요구한다면 지지하겠다는 약속도 했다. 이로써 전쟁 위험성은 더욱 증대되었다. 왜냐하면 프로이센이 결정적 이해관계를 갖는 지역에서 오스트리아군 주도로 연방 집행이 이루어진다면, 더는 교전을 피할 수 없었기 때문이다.

여기서 헤센 문제가 최종적인 위기를 조장했다. 당시 헤센 대공 프리드리히 빌헬름 1세(Friedrich Wilhelm I)는 대공국 신민과의 관계 개선을 제대로 하지 못한 상태였다. 빌헬름 1세는 1850년 2월 자유주의적 성향의 장관들을 해임하고 극단적 성향의 보수주의자 하센플루크(Ludwig Hassenpflug)를 수상으로 임명했다. 이에 헤센 대공국 의회가 1831년 헌법에 따라 정부의 예산안 승인을 거부하자, 프리드리히 빌헬름 1세는 세입 확보를 위해 긴급조치를 발동했다. 이렇게 상황이 악화함에 따라 프리드리히 빌헬름 1세의 반동 정책에 대한 신민의 반발 강도 역시 이전보다 심화되었다. 헤센 최고법원은 프리드리히 빌헬름 1세의 긴급조치를 위헌으로 간주했고, 군부 역시 의회와 법원 판결에 동조하여 실력행사에 들어갔다. 이에 따라 1850년 9월 7일 헤센 대공국에 계엄령이 선포되었고 의회 역시 강제로 해산되었다. 이후 관리들은 세금 징수를 거부하고 군대 역시 신민에 대한 무력 사용을 거부했다. 이렇게 상황이 더욱 악화함에 따라 에르푸르트 연합에 참여했던 대공은 프랑크푸르트로 피신하여 연방의회에 도움을 요청했다. 이에 슈바르첸베르크는 헤센에 대해 연방집행을 할 수 있게끔 연방의회를 설득했다.

곧 오스트리아·바이에른·뷔르템베르크 사이에 군사 동맹체제, 즉 브레겐츠(Bregenz) 조약이 1850년 10월 12일 체결되었고, 바이에른과 뷔르템베르크의 병력지원을 받은 오스트리아군이 북으로 진격했다.[69] 이는 프로이센에 대한 직접적인 도발이었다. 왜냐하면 라인란트와 브란덴부르크를 연결하는 전략적으로 중요한 도로가 이 조그만 대공국의 영토를 지나고 있었기 때문에 프로이센은 오스트리아군의 헤센 대공국 점령을 절대 허용할 수 없었다. 바로 이러한 중대한 시기에 프로이센의 정책은 다시금 동요했다. 1850년 9월 26일부터 외무장관으로 활동하던 라도비츠는 각료회의에서 군대 동원을 요구했지만 실패했다. 당시 각료의 대다수는 오스트리아 제국과의 전쟁을 반대했는데, 그 이유는 러시아의 영향력을 감지했기 때문이다.

1850년 10월 25일 러시아의 니콜라이 1세는 프로이센이 헤센 대공국에서 연방 집행을 반대한다면, 오스트리아에 도덕적 지원을 하겠다는 약속도 했다. 동시에 그는 홀슈타인에서 연방 집행이 방해받는다면, 러시아는 그것을 개전 사유로 삼으리라는 것을 프로이센에 통

69 오스트리아가 헤센 문제에 개입한 것은 독일 연방을 무력화시키고, 독일연합을 창립하여 독일권에서 주도권을 노리던 프로이센의 계획을 좌절시키고 독일 연방을 복원하는 데 있었다.

보했다. 이로부터 3일이 지난 10월 28일 니콜라이 1세와 프리드리히 빌헬름 4세가 바르샤바에서 만났고 거기서 '바르샤바 합의'를 이끌어냈다. 이 합의에서 프리드리히 빌헬름 4세는 니콜라이 1세에게 프로이센의 헤센 대공국 문제 불개입과 프로이센군 철수를 약속했고, 헤센 대공국의 법질서 회복을 위해 독일 연방이 카셀에 연방 감독관을 파견하는 데도 동의했다. 그러나 브레겐츠 조약 서명국들이 1850년 11월 1일 헤센 대공국 위기를 종식한다는 명목으로 2만 5천 명의 바이에른군을 독일 연방군의 이름으로 헤센 대공국의 하나우에 진주시켰을 때, 군대 철수를 약속한 프리드리히 빌헬름 4세는 신민이 도전적 태도를 바란다는 관점에서 2개 사단을 1850년 11월 2일 북부 헤센으로 출동시켜 브레겐츠 동맹군을 대응하게 했다. 그런데 프로이센군의 헤센 대공국 침공은 '바르샤바 합의' 위반이었기 때문에 오스트리아는 프로이센군의 즉각적인 철수를 요구했다.[70]

오스트리아-바이에른-뷔르템베르크군으로 구성된 브레겐츠 연합군 선발대가 11월 8일 헤센의 전략로를 방어하던 프로이센군과 충돌하면서 풀다-브론첼(Fulda-Bronzell)에서 소규모 전투가 벌어졌다. 여기에서 수명의 오스트리아군과 한 필의 프로이센 군마가 부상했다. 프리드리히 빌헬름 4세는 그 순간 후퇴를 명했는데, 에르푸르트 연합 때문에 오스트리아와 전쟁을 벌여야 한다는 것을 절대로 생각하지 않았기 때문이다. 결국 프로이센 국왕은 48시간 이내에 연합군의 헤센 점령을 승인하라는 오스트리아의 최후통첩에 굴복하고 말았다.

70 라도비츠는 1850년 11월 2일 외무장관직을 사임했다.

10 올뮈츠 굴욕

1849년 11월 29일 프리드리히 빌헬름 4세는 라도비츠를 해임하고 그 후임으로 만토이펠(Otto Theodor Freiherr v. Manteuffel)을 외무장관으로 임명했다.[71] 신임 외무장관 만토이펠은 11월 29일 모라비아의 올뮈츠(Olmütz)에서 슈바르첸베르크와 협정을 체결했는데, 러시아의 니콜라이 1세가 중재 역할을 담당했다. 프로이센은 소위 올뮈츠 굴욕(Schande von Olmütz) 협정에서 에르푸르트 연합을 포기하고, 독일 연방 부활에도 동의했다. 또한 양국은 프로이센이 먼저 그리고 전적으로, 오스트리아가 후에 그리고 부분적으로 동원을 해제하기로 약정했다. 그리고 헤센-카셀 및 홀슈타인 문제의 최종적인 해결을 연방에 위임했는데, 사실상 이는 프로이센이 두 지역에서의 연방 집행을 인

---

71 내무장관직을 수행하던 만토이펠은 1850년 11월 초 수상 브란덴부르크가 갑자기 사망함에 따라 그 후임으로 지명되었다. 이런 상황에서 라도비츠마저 사임함에 따라 만토이펠은 외무장관직까지 수행하게 되었다. 이 인물은 외교 정책에 거의 문외한이었기 때문에 가능한 한 어려운 외교 문제에 개입하려고 하지 않았다. 그런데도 그는 오스트리아의 일방적 요구를 그대로 수용하지 않으려고 했는데, 그것은 아마도 프로이센인이라는 자긍심에서 나온 것 같다.

정한 것이었다.

독일연방의회 대신 독일연합의회를 대안으로 제시해 독일에서 주도권을 장악하려던 프로이센의 시도는 러시아 개입으로 중단되었다. 독일연방의회의 개혁을 통해 해결하려던 독일 문제는 오스트리아 주도로 드레스덴에서 개최된 독일 연방 외무장관회의에서 최종적으로 조정되었다.

올뮈츠 협정에 따라 1850년 12월 23일부터 다음 해 5월 15일까지 약 5개월간 작센 왕국의 수도에서 개최된 회의에는 3월 혁명 이후 기능이 중지된 독일연방 개혁을 논의하기 위해 독일연방 소속 모든 회원국의 수석장관이 참가했다. 프로이센은 국내적으로 보수우파의 압력, 국제적으로는 오스트리아와 공조한 러시아의 압력으로 자신들의 연합정책을 최종적으로 포기하고, 독일연방의 복원과 오스트리아의 독일연방 주도권을 재확인해야 했다. 프로이센의 양보에 부응하여 오스트리아 역시 4왕 동맹체제, 즉 작센, 하노버, 뷔르템베르크 그리고 바이에른이 구성한 동맹에서 결의한, 합스부르크 제국 전체가 독일연방에 가입한다는 계획을 포기했다. 독일연방 개혁이 주제였던 드레스덴 회의는 결과적으로 1848년 이전의 독일연방 부활을 결의한 회의로 끝났다.[72]

---

72 올뮈츠 협약을 통해 오스트리아 역시 얻은 것이 별로 없었다. 실제로 독일권의 주도권 문제는 여전히 해결되지 않았고, 오스트리아도 프로이센을 완전히 굴복시킬 절호의 기회를 놓쳐버렸다. 1851년 5월 독일 연방 개혁을 위한 논의가 프랑크푸르트에서 속개되었다. 여기서 프로이센은 오스트리아에 의장국 교환을 제의했지만, 오스트리아는 그에 대해 동의하지 않았다. 당시 슈바르첸베르크는 프로이센을 자신의 야심 찬 계획을 방해하는 경쟁자라고 인식했다. 따라서 그는 필요하다면 무력으로 프로이센을 제압해야 한다는 생각도 하게 되었다.

독일에 대한 주도권을 장악하기 위한 오스트리아와 프로이센 사이의 대립과 갈등이 오히려 독일 문제 해결을 어렵게 한 만큼 독일 문제 해결을 앞당겼다는 이중가치적 주장 역시 부정할 수 없는 진실이었다. 메테르니히 시대와 반대로 3월 혁명 이후 오스트리아와 프로이센은 혁명 세력에 대응하는 과정에서 얻은 학습효과로 권력의지가 괄목할 만큼 성장했다. 이에 따라 양강의 갈등은 점점 더 심화되었고, 급기야 혁명 이전의 상황으로 회귀하려 한 연방의회의 실제적 과제를 불가능하게 했다. 오스트리아는 연방의회 내에서의 주도권 행사를 혁명 이전 시기처럼 당연시했고, 프로이센은 현 상황 타개를 소독일주의 원칙에 따른 제국건설을 위해 거쳐야 할 1차 관문으로 생각했다. 메테르니히가 더는 연방의회의 의장이 아닌 현실에서 혁명 이전 같은 오스트리아와 프로이센 간의 밀월관계는 기대할 수 없게 되었다.

에르푸르트 연합의회에서 프로이센 대사로 활동하던 비스마르크는 올뮈츠 굴욕 사건과 관련하여 정계에 발을 들여놓은 후 처음으로 오스트리아는 물론 주변 강대국인 러시아를 예의주시해야 할 위치에 있었다. 당시 프리드리히 빌헬름 4세는 프로이센과 자신에 대한 비스마르크의 충성만은 확고하다고 믿었지만, 비스마르크는 처음부터 국왕과 라도비츠의 독일연합에 대해 부정적 견해를 밝힘으로써 국왕의 기대를 저버렸다. 프로이센 주도로 밀고 나가려던 프리드리히 빌헬름 4세의 통합계획을 정면으로 반대한 그는 오히려 오스트리아와 동행하려던 보수세력과 뜻을 같이했다. 보수주의자들이 혁명을 원치 않듯 그 역시 연합정책 또한 혁명과 다를 바 없다고 판단했기 때문이다.

1850년 12월 3일 개원된 하원에서 비스마르크는 독무대를 차지했고, 거기서 그의 출셋길 역시 구축되었다. 비스마르크는 연설에서 정부를 변호했고 그 과정에서 외교관이자 정치가라는 이중 방식으로 자신의 출세를 다지는 영민함도 보였다. 연설에서 비스마르크는 '왜 강대국들은 전쟁을 일삼을까?'라는 의문을 던지고 스스로 해결책도 제시했다. 즉, 그는 대국을 떠받들면서 소국과 본질적 차이를 보이는 유일한 기초는 국가의 이기주의이지 낭만주의가 아니라고 했다. 이어 그는 대국의 이해관계와 상관없는 문제를 가지고 다투는 것은 대국의 품위와도 맞지 않기 때문에 의회가 전쟁의 합당한 목표가 무엇인지를 제시해야 한다고 했다. 이어 그는 연설에서 "전쟁 나팔을 불며 천둥 같은 허세가 가득한 언급을 하기는 쉽지만, 눈밭에서 피를 흘리는 보병에게 국가라는 체계의 성공과 명예를 떠맡기는 것이 과연 온당한 것일까?"라는 질문도 던졌다. 계속하여 그는 "왜 이 시기에 전쟁해야 하는지 근거도 제대로 살피지 않고, 전쟁 이후를 변명할 근거만 찾는 정치 지도자의 행동처럼 쉬운 일이 있을까?"라고 언급하면서 그 자체가 참으로 가슴 아픈 일이라는 관점도 피력했다.[73]

비스마르크의 연설은 당시 오스트리아와 전쟁해야 한다는 관점을 가진 다수의 의원과 달리 전쟁의 원인을 냉철히 분석하고 거부하려는 의지도 밝혔는데, 이는 비스마르크의 또 다른 모습이라 하겠다. 비스마르크의 이러한 자세는 이미 교조적 보수주의, 게를라흐를 중심으로 한 극단적 보수주의자들의 정치로부터 확연히 거리를 둔 것으로 볼 수 있다. 그런데도 극단적 보수주의자들은 비스마르크의 이

73 비스마르크의 의회 연설문은 2만 부 이상 인쇄되어 프로이센의 보수주의자들에게 배포되었는데, 이를 통해 그에 대한 보수주의 세계의 관심이 매우 높았음을 확인할 수 있다.

러한 섬세한 변화를 인지하지 못하고 오로지 비스마르크의 성공적인 연설만 자축했다.

비스마르크의 연설은 그의 인생에서 가장 중요한 이정표를 찍은 사건이었다. 비스마르크는 국왕과 정부 각료들이 처한 난감한 상황, 즉 올뮈츠 굴욕에서 벗어나는 데 이바지했고 그것을 통해 더 높은 정치 과제를 부여받아도 손색이 없다는 것이 입증되었다. 물론 실제로 중책을 맡기까지는 몇 달이 더 걸렸다. 1851년 초의 몇 주 동안 비스마르크는 매우 바쁘게 지냈다. 세간의 이목을 받은 의회 연설을 했고, 숱한 회의를 무난하게 소화했으며, 궁정 무도회에 참석할 때마다 프리드리히 빌헬름 4세와 이야기를 나누며 주요 관직의 인선에도 자신의 의견을 개진하곤 했다.

11 프랑크푸르트 연방의회 대사

1851년 봄 프랑크푸르트 연방의회로 프로이센 대표를 다시 파견하는 일이 시급해지자, 베를린 정부는 오스트리아와 폭넓은 협력을 추구할 수 있는 후보자를 찾게 되었고 거기서 비스마르크도 후보 명단에 올랐다. 그런데 베를린 정부가 외교 정책에 문외한이었던 비스마르크를 유력한 후보 중의 하나로 선정한 것은 매우 이례적 결정이라 할 수 있다. 사실 비스마르크를 연방의회 대사로 임명해야 한다는 것은 1851년 4월 말 레오폴트 게를라흐가 제안한 것이었다. 그는 프리드리히 빌헬름 4세에게 비스마르크 등용을 적극적으로 추천했는데, 그것은 비스마르크만이 독일권에서 프로이센의 위상을 증대시킬 수 있다는 판단에서 나온 것 같다. 프리드리히 빌헬름 4세 역시 비스마르크의 정치적 성향 및 역량을 파악했기 때문에 레오폴트 게를라흐의 제청을 수용하는 데 주저하지 않았다.

4월 말 프리드리히 빌헬름 4세는 오랜 숙고 끝에 외교 업무의 초심자인 비스마르크를 일단 제1차관으로 프랑크푸르트로 보내 두 달 동안 업무를 익히게 한 후, 정식 대표로 임명한다는 내부 조율을 마쳤다. 5월 초 이러한 인사 문제의 윤곽이 공개됐을 때, 베를린 정계의 놀라움은 컸다. 프로이센 외교의 가장 중요한 자리에 경력이 풍부한 외교관도, 정상급 정치가도 아니며, 오로지 의회에서 국왕과 정부의 환심만 산 인물이 임명된 것에 대해 사람들은 놀란 입을 다물지 못했다.

익살스러운 정치 논평을 주로 게재해온 주간지 『클라더다치(Kladderdatsch)』는 이 인선을 두고 "비스마르크 쇤하우젠 씨가 연방의회로 파견된다. 그가 정말 솜씨를 보인다면, 그곳에서 폰 비스마르크 씨는 '쇤'하게 '하우젠' 하리라(Herr von Bismarck-Schönhausen an den Bundestag geschickt. Sofern er wirklich geschickt ist, wird dort Herr von Bismarck schön hasen)"는 부정적 논평을 하기도 했다. 이것은 이 주간지가 연방의회에서 제대로 활동하지 못할 비스마르크의 미래를 우회적으로 비아냥한 것이라 하겠다.[74] 그런데도 1851년 5월 15일 비스마르크는 비밀 참사관 겸 프랑크푸르트 연방의회 대사로 임명되었다. 그 자신이 나중에 인정했듯이 대사직은 한 국가의 외교를 담당하는 중요한 관직이었다. 당시 비스마르크는 자신에게 중요한 직책이 맡겨진다는 사실에 매우 놀랐지만, 직분에 따른 경륜 부족으로 웃음거리가 되지 않겠느냐는 걱정도 했다.

비스마르크를 발탁한 것은 말 그대로 뜻밖이었다. 대학 시절부터 간절히 원했던 꿈이 갑자기 실현된 것이다. 그러나 비스마르크의 임명을 두고 언론이나 왕실을 비롯한 여러 곳에서 비난이 끊이지 않았다. 왕세제빈 아우구스타의 영향도 작용했겠지만, 왕위계승자인 빌헬

74 클라더다치는 의성어로 물건이 떨어져 부서지는 '쿠당탕' 소리를 뜻한다. 1844년에 창간되어 1944년까지 발간된 이 주간지는 매일 벌어지는 정계의 소동을 익살로 촌평하며 큰 인기를 끌었다.

름 왕세제 역시 프리드리히 빌헬름 4세가 '예비역 소위'에게 중책을 맡겼다며 비난에 가세했다. 고위 관료들도 정규적인 관료 교육을 제대로 받지 못한 그를 인사 규정에서 벗어나면서까지 책임이 막중한 자리에 임명한 사실 자체를 인정하지 않으려고 했다. 비스마르크의 전적을 꼬집는 듯 '술고래 학생', '포메른에서 돼지사육을 하던 인물' 등 야유의 목소리들이 정치 초보자인 비스마르크를 향해 쏟아졌다.

당시 비스마르크의 고문 역할을 하던 루트비히 게를라흐조차 대사 겸 참사관이라는 이중 관직까지는 생각하지 못한 듯 상당히 당혹스러워했다. 실제로 루트비히 게를라흐는 "정부의 부패한 사법관 시보가 프로이센 외교에서 가장 중요한 직책을 차지한다면 올바른 정당주의에 대한 보호로서는 지나친 처사가 아니겠는가?"라는 반문을 제시하기도 했다. 당시 비스마르크 역시 주변의 강한 반대 목소리를 이해한다고 했는데, 이는 4월 28일 부인 요하나에게 보낸 서신에서 언급되었다. 프랑크푸르트 연방의회 주재 프로이센 대사로 임명된 비스마르크는 사령장을 받는 자리에서 프리드리히 빌헬름 4세의 수락 여부를 질문받자 바로 "예!"라고 간단명료하게 답했다. 주변의 강한 비난에도 불구하고 36세에 정치의 뜻을 펼칠 좋은 기회를 앞두고 반대 목소리에 떠밀려 주어진 기회를 포기할 그가 아니었다.

프로이센 외교의 막중한 책임을 생각해볼 겨를도 없이 비스마르크는 1851년 7월 중순부터 프랑크푸르트 독일연방 대사로서 본격적인 임무에 들어갔다.[75] 외교 업무에 뛰어든 이후로 공문서부터 개인

---

75 당시 프리드리히 빌헬름 4세는 비스마르크가 당분간 실습 시간이 필요하다는 것을 알았기 때문에 70세 고령으로 러시아에서 대사로 활동하던 로코(Theodor Heinrich Rochus v. Rochow)가 7월 중순 상트페테르부르크로 돌아갈 때까지 프랑크푸르트 연방

프랑크푸르트 연방의회 대사 비스마르크(1855)

서신에 이르기까지 비스마르크의 왕성한 보고 활동은 광범위하고 끝이 없었다. 프랑크푸르트에서 2주를 보낸 7월 말, 비스마르크는 벌써 그곳에 주재하던 동료 외교관들을 상세히 파악한 보고서를 레오폴트 게를라흐에게 보냈다. 거기서 그는 유일하게 마음에 드는 하노버 대사 셸렌부르크(Eduard v. Schele zu Schelenburg)를 제외한 나머지 인물들에 대한 성격묘사나 정신적 가치를 놓치지 않고 기록했다. 또한 보고서에는 독일 연방과 프로이센의 상황을 자세히 비교하거나, 독일과 유럽 강대국 간의 이해관계, 심지어 그 중심인물들에 대한 새로운 내용도 하나둘씩 추가되었다. 그런데 보고서에 담긴 비스마르크의 판단은 대체로 직설적이며 독단적이었다. 그 일례로 바덴 출신의 비버슈타인(August Marschall v. Biberstein)은 유능하고 친프로이센 성향으로 남

의회 대사 대리 임무를 맡게 했다.

1850년대의 메테르니히

부와 서부 독일 출신 가운데 괜찮은 인물이긴 하지만, 프로이센을 배반할 수도 있는 인물이라고 지적했다. 셀렌부르크와 외르첸(Henriette v. Oertzen) 두 사람은 신사적이고 최선의 임무를 수행하며 자국 국왕에게 충성하는 인물들이지만, 정치가들에게 지나치게 깐깐하며 좁은 시야를 지녔다고 평가했다.[76] 1851년 8월 비스마르크는 영국에서의 망명 생활을 끝내고 오스트리아로 돌아가는 길에 라인강 변의 요하니스베르크(Johannisberg)에 머물던 메테르니히를 방문했다. 유럽 외교의 과거와 미래 주인공인 두 정치가의 화제는 유럽 문제였다. 유럽의

76 1851년 10월 요하나는 아이들과 함께 프랑크푸르트로 이주했다. 1852년 8월 1일에 태어난 둘째 아들 빌헬름의 세례를 위해 프로이센 왕세제 빌헬름과 수상 만토이펠이 대부 노릇을 했다. 당시 비스마르크 가문은 단출함, 자유분방함, 그리고 적절한 처세술이 어우러진 유례를 찾아볼 수 없는 분위기도 자랑했다.

평화가 지속되기 위해 어떤 조치들이 취해져야 하는지를 두고 대화가 이어졌다. 비스마르크는 말하기를 좋아하는 메테르니히의 이야기를 주로 들어주었다. 비스마르크는 이따금 장단을 맞춰가며 이야기를 이어나갔다.

이 두 사람은 프로이센이 강해져야 한다는 데 의견 일치를 보았다. 이들은 서쪽으로 프랑스, 동쪽으로 러시아를 견제하면서 유럽의 세력균형을 유지하기 위해서는 프로이센이 좀 더 커져야 한다고 생각했다. 78세의 메테르니히는 비스마르크와 대화하면서 이 인물이 앞으로 프로이센을 이끌 인물이라는 것을 감지했다. 메테르니히는 비스마르크에게 직접 말하지 않았지만, 프랑크푸르트 주재 오스트리아 대사 툰-호엔슈타인(Friedrich v. Thun-Hohenstein)과의 독대 과정에서 "비스마르크와의 관계를 잘 유지해야 한다"는 충고도 했다.

프랑크푸르트 시절 초기에 보인 비스마르크의 직설적이고 독단적인 평가는 시간이 지나면서 바뀌는데, 그것은 1853년 5월 만토이펠에게 보낸 보고서에서 확인되었다. 무엇보다 동료 대사들에 대한 평가에서 예전과 달리 그들의 능력을 극찬하면서 "지난날의 내 판단이 참으로 경솔하기 짝이 없었다"라는 용기 있는 고백도 했다. 여하튼 비스마르크는 직무에 충실했으며 견해 표명에서 시종일관 분명한 자세를 취했다. 그는 고위급 인사들에 대한 조건 없는 존경심을 재빨리 포기했는데, 시간이 흐를수록 외교 업무에 능숙해지면서 그들의 허와 실을 간파했기 때문이다.

비스마르크가 연방의회 내 각국 간의 이해관계를 파악하는 데, 달리 말해 자신의 정치적 기대치와 완전히 다른 오스트리아의 속내를 파악하는 데 더 이상의 긴 시간은 필요치 않았다. 그런 의미에서 프랑크푸르트 연방의회에서 보낸 8년간의 긴 세월은 1862년 프로이센의 수상으로 활동할 그에게 정치 전반에 대한 탐색기인 동시에 향후 정치 방향을 결정짓는 밑거름이 될 만한 기간이었다.

비스마르크는 프랑크푸르트에서 오스트리아에 대한 자신의 태도를 먼저 정리해야 했다. 당시 오스트리아는 프로이센이 자국과 대등한 국가가 아니며 앞으로도 그렇게 될 수 없다는 뜻을 피력하고 있었고, 비스마르크 역시 그것을 인지하고 있었다. 실제로 오스트리아의 속내는 새로운 유형의 패권정치, 즉 중부 유럽에서 주도권을 장악하는 정치를 지향하고 있었다. 따라서 오스트리아의 관점에서 독일 연방은 그들의 정책 실현에 필요한 도구에 불과했다. 구체적으로 오스트리아는 의장단의 권한을 대폭 확대하고, 연방이 회원국을 압도하는 지위를 가지며, 만장일치로 의결해야 하는 의제를 축소하려고 했다. 당시 오스트리아는 독일 대다수의 중소 국가가 큰 저항 없이 따를 것으로 확신하고, 프로이센을 투표로 눌러 종속된 파트너 임무를 수행하게 할 생각이었다. 연방 내에서 두 번째로 큰 권력을 가진 프로이센에 부여하던, 1848년 이전에는 실제로 행사할 수 있었던 거부권은 전혀 언급되지 않았다.

당시 오스트리아의 속내를 정확히 파악한 비스마르크는 1851년 여름 오스트리아의 기만적 태도에 불만을 토로했다. 그는 자유분방하고 순박한 가면을 쓴 오스트리아인이 실제로는 음험하기 짝이 없다고 말했다. 이어 그는 거짓말을 일삼고, 법을 도둑질하듯 주무르며, 놀기 좋아하고, 간음이나 일삼으면서 사소한 형식적 절차를 가지고도 기만하는 인간들이 바로 오스트리아인이라고 했다. 따라서 이들은 예나 지금이나 신뢰하기 어려운 집단이며, 그 터무니없는 야심에 정의

라고는 모르는 국내 정치 탓에 올바른 동맹도 절대 맺을 수 없는 상대라고 평가절하하기도 했다.

당시 비스마르크는 오스트리아가 프로이센을 자신들의 파트너로 간주하되 동등한 관계가 아닌 2인자 자리만 허용하려는 의도 또는 태도에 대해 동의하지 않았다. 1853년 비스마르크는 레오폴트 게를라흐에게 서신을 보냈는데, 거기서 다시금 오스트리아의 의중을 정확히 거론했다. 서신에서 비스마르크는 오스트리아가 독일 연방을 악용하려 할 뿐이며, 프로이센이 독일에 미치는 영향력을 무력화 또는 위축시키는 정책만 추구한다고 했다.

비스마르크는 연방의회에서 프로이센의 위상증대에 필요한 방안도 마련해야 했는데, 그 과정에서 종종 외교적인 결례를 범하기도 했다. 당시 프랑크푸르트 주재 오스트리아 대사였던 툰-호엔슈타인 백작은 비스마르크의 이러한 시도에 대해 부정적인 시각을 주저 없이 드러냈다.[77] 툰-호엔슈타인은 14년의 외교관 경력을 갖추었다는 점에서나 단 한 번도 파벌 싸움에 휘말려본 적이 없다는 면에서 비스마르크와는 완전히 차원이 다른 인물이었다. 특히 빈 정부를 주도하던 인물이 강할수록 철저하게 추종하고, 황제의 의중을 대변함으로써 누구보다 성공한 외교관이었다. 그러나 프로이센을 무시하는 툰-호엔슈타인의 오만한 눈빛은 늘 비스마르크를 자극했다. 그는 "프로이센이 복권에 당첨된 적이 있고 앞으로도 그러한 행운이 계속 반복되기만을 바라는 것 같다"는 우회적인 표현을 통해 비스마르크의 시도가

---

77 비스마르크보다 다섯 살 연상이었던 툰-호엔슈타인은 비스마르크와 달리 정통 외교관이었다.

비현실적이라는 것을 부각하는 데 주력했다.[78] 그러나 비스마르크는 "프리드리히 2세의 유산을 단념하기 전에 프로이센은 다시금 복권에 당첨될 것입니다"라고 맞대응했고, 거기서 두 사람은 험담에 가까운 논쟁을 벌였다. 이후부터 비스마르크는 툰-호엔슈타인과 부딪힐 때마다 프로이센인으로서 자신의 의지를 부각했다. 그러나 마치 타는 불에 기름을 부은 듯, 두 사람의 싸움은 양국의 정치적 관계와 직결되어 진정될 기미를 보이지 않았다.

툰-호엔슈타인에 이어 부임한 프로케쉬-오스텐(Anton v. Prokesch-Osten) 남작과 레히베르크-로텐뢰벤(Johann Bernhard v. Rechberg-Rotenlöwen) 백작 역시 전임자와 마찬가지로 비스마르크와 대립각을 세웠다. 당시 툰-호엔슈타인은 비스마르크가 프로이센의 관심에만 지나치게 집착한다고 평가했고, 그의 후임이었던 프로케쉬-오스텐 남작 역시 "비스마르크는 법의식이 없고 게으를 뿐만 아니라 충분한 지식도 없고, 자만과 교만으로 가득한 매우 불쾌한 인물이다. 또한 이 인물은 사소하고도 부정한 방법을 사용하는 소피스트적 궤변론자이고 말을 노련하게 곡해하는 인물이며, 오스트리아를 적대시하고 질투와 증오로 가득한, 그래서 의장 권한에 맞서 끊임없이 투쟁하는 정치가에 불과하다"는 혹평을 가했다.

연방의회의 다수가 의장단 편에 선 탓에 비스마르크는 연방의회의 일정을 방해할 방법을 찾는 데 주력했다. 따라서 그의 정치는 드물지 않게 봉쇄의 기조를 띨 수밖에 없었다. 비스마르크는 중요한 의제

78 당시 프랑크푸르트 독일 연방에 상주하던 각국의 대사도 비스마르크가 학생처럼 행동하는 데 우려를 표명했다. 아울러 이들은 비스마르크의 세련되지 못한 행동이 정식 외교관 교육을 제대로 받지 못한 데서 나온 것이라고 비하하기도 했다.

나 사소한 회의록 문구 조정에 이르기까지 조금이라도 더 운신 폭을 확보하기 위해 끊임없이 자잘한 신경전을 벌여야 했다. 그 일례로 연방의회 회의 중 흡연권에 대해 비스마르크가 이의를 제기한 것을 들 수 있다. 당시 관례에 따라 오스트리아 출신 의장만이 연방의회 회의 중 담배를 피울 수 있었다. 이러한 관례는 나폴레옹 몰락 이후 담배가 많이 재배되던 이탈리아 롬바르디아 지방의 담배 유통권을 오스트리아가 독점하면서 만들어졌다. 따라서 오스트리아 귀족들은 흡연을 하나의 특권으로 인식했다. 애연가였던 비스마르크는 오스트리아 대사의 특별 흡연권을 인정하지 않고 회의 중에 담배를 피웠는데, 눈치를 보던 다른 국가의 대사들도 하나씩 따라 피웠다. 그런데 그때까지 프랑크푸르트 독일 연방 대사로 임명된 프로이센의 고위 외교관들은 이전 전통에 따라 담배를 피우지 않았다. 이에 반해 비스마르크는 대학 시절, 일시적으로 부르셴샤프트에서 활동하던 때부터 흡연하기 시작했고 매일 적지 않은 담배를 피웠다. 바이에른 대사 슈렌크가 비스마르크를 따라 담배를 꺼내 피웠고, 그다음으로 하노버 대사도 회의 중 흡연에 참여했다. 이렇게 되자 흡연하지 않으면 국가 위신 역시 떨어지는 것처럼 인식되었고, 그로 인해 흡연에서 독일 연방국들 사이에 평등이 구현되었다.

당시 비스마르크는 연방의회에서 가능하면 참여 회원국 사이의 분쟁을 최소화해야 한다는 메테르니히의 관점에 동의했지만, 실제로는 모든 안건에 대해 시비를 걸곤 했다. 그의 이런 활동은 엄청난 에너지를 요구했으며, 지칠 줄 모르는 집요함으로 감당할 수 있었다. 그런데도 비스마르크는 헌법과 연방의회 법령이 허용하는 모든 수단을 신속하게 다루는 대가의 경지도 보여주었다. 루트비히 게를라흐가 비스마르크의 지친 모습을 보고 한때 놀리듯 불렀던 '망가진 정부 시보'가 법 해석과 추론에서 사람들이 혀를 내두를 정도로 뛰어난 실력을 자랑하는 노련한 법률가임을 입증한 것이다.

비스마르크는 연방의회와 독일 연방 내에서 프로이센의 입지 향상을 위해 온갖 노력을 기울였다. 하지만 연방의회에서 오스트리아의 우위를 확실하게 흔들며, 독일 연방 내에서 프로이센의 동등한 위치를 얻어내는 데는 성공하지 못했다. 그래도 오스트리아의 권위에 몇 차례 흠집을 낼 수 있었다. 우선 오스트리아 측이 희망한 연방의 통일된 언론 관련 법안, 1848년 창설된 독일함대의 해체를 둘러싼 갈등이 오랜 줄다리기 끝에 프로이센의 승리로 끝났다. 그리고 독일함대 해체보다 더 중요하고 후폭풍 역시 강력했던 사건은 독일 교역 정책에서 누가 선도적 위치를 점하는가 하는 문제를 둘러싼 갈등이었다.

1819년 4월 프랑크푸르트의 상품박람회에서 '독일 상공업동맹(Deutscher Handels-Gewerbverein)'이 결성되었다. 이 단체를 대표해 경제학자 리스트(Friedrich List)가 독일연방의회에 청원서를 제출했는데, 거기서 관세동맹의 필요성이 강하게 제기되었다. 그에 따르면, 독일의 복잡한 관세 제도가 원활한 경제 활동을 마비시키고 있다는 것이다. 그것은 한 사람의 손과 발을 각각 따로 묶어서 손과 발 사이에 피를 통하지 못하게 하는 것과 같다는 것이다. 따라서 리스트는 국내 관세를 철폐해야 완전한 연방 통일 세제를 구축할 수 있다는 주장을 펼쳤고, 그렇게 해야만 국가 무역과 민족 산업 역시 활성화할 수 있다고 했다. 계속하여 그는 같은 맥락의 주장을 언론에서 거론하는 등의 적극성도 보였다. 또한 그는 독일 각 영방 신민 간의 자유로운 왕래를 보장하지 않는다면 통합독일은 실현될 수 없다는 주장을 펼쳤다. 아

울러 그는 공통의 중상주의 제도를 시행하지 않는다면, 통일독일 역시 있을 수 없다고 했다.[79]

이후부터 리스트와 상공업동맹 회원들은 각 영방국을 돌아다니며 관세동맹의 체결 필요성을 호소했다. 하지만 상공업동맹이 제출한 청원서에 대한 답은 무시와 질책으로 되돌아왔을 뿐이다. 당시 연방의회는 자신들이 '독일'이라는 단어를 쓰는 것조차 탐탁해하지 않았다. 따라서 독일에서는 독일 상인보다 바이에른, 작센, 그리고 기타 지방의 상인들만이 있었을 뿐이다. 당시 메테르니히는 관세동맹을 주장하던 리스트에게 강한 우려감을 표시했다. 따라서 그는 리스트를 '가장 위험한 선동자'로 규정하고, 특수전담팀을 구성해 그를 감시하게 했으며, 사사건건 그를 공격하기도 했다. 그러나 메테르니히를 비롯한 빈의 위정자들은 자신들의 낮은 안목 때문에 독일 전체에 대한 통치권 장악과 통일이라는 역사적 대업 기회를 너무나도 쉽게 프로

79 당시 리스트는 자유무역정책이 안고 있는 문제점도 직시했다. 영국의 경제학자 스미스(Adam Smith)가 자유무역정책을 지향한 것은 산업혁명의 선발 국가로 얻을 수 있는 이점을 고려했기 때문이다. 이에 반해 독일은 경제적으로 후발 주자의 위치에 있었기 때문에 자유무역보다는 보호무역을 펼쳐야 했다. 만일 독일이 열강의 강요에 따라 자유무역을 지향한다면 결국 영국의 희생양이 될 수밖에 없다는 것은 자명한 사실이었다. 따라서 리스트는 1841년 출간된 자신의 저서 『정치경제학의 국민적 체계(Das nationales System der politischen Ökonomie)』에서 유치산업 보호론을 발표했다. 그에 따르면, 산업화를 향한 첫 단계에서 산업의 후발 주자들은 자유무역정책을 채택함으로써 선발 주자의 생산력을 흡수해야 한다는 것이다. 에스파냐와 포르투갈이 선진국을 상대로 자유무역을 채택함으로써 선진국의 노하우를 흡수하고 미개방의 상태에서 벗어날 수 있었다는 것이 리스트의 견해였다. 후발 주자들이 선발 주자들의 뒤를 쫓는 산업화의 두 번째 단계에서는 미국과 프랑스처럼 보호주의정책을 시행하면서 본국의 산업을 보호해야 한다는 것이다. 마지막으로 영국처럼 경제가 일정 수준에 도달한 선발 국가들은 점차 자유무역의 제 원칙을 수용하면서 국내외 시장에서 무한경쟁을 펼쳐야 한다는 것이 리스트의 관점이었다.

이센에 넘겨주고 있다는 사실을 간과했다.

메테르니히의 부정적 시각에도 불구하고 리스트의 노력은 헛되지 않았는데, 그것은 몇몇 국가 통치자가 그의 제안에 관심을 보였기 때문이다. 그중에서 가장 중요한 연방국은 프로이센이었다. 당시 상당수의 프로이센 정치가는 독일 전체가 관세동맹에 참가해 통일독일의 기초를 마련해야 한다는 의견에 동의했다. 이에 따라 1828년 프로이센의 재무장관 모츠(Friedrich v. Motz)는 관세동맹 결성에 필요한 절차를 밟기 시작했는데, 당시 그는 이러한 동맹이 독일 통일의 도구로 활용할 수 있다는 예견도 했다.

같은 해 모츠의 주도로 프로이센과 헤센-다름슈타트 사이에 관세협약이 체결되었고, 바이에른과 뷔르템베르크 사이에도 관세협약이 체결되었다. 이후 4국 사이에 관세동맹 체제가 구축되었다. 이에 하노버, 작센, 쿠어헤센(Kurhessen) 나사우, 올덴부르크(Oldenburg), 프랑크푸르트 자유시, 튀링겐의 공국들과 후작국들이 중부 독일 교역단체(Mitteldeutscher Handelsverein)를 결성하여 프로이센과 바이에른에 대항했다. 다음 해인 1829년 프로이센과 남부 독일국가들 사이에 통상조약이 체결되었다. 1830년에는 하노버, 쿠어헤센, 올덴부르크, 브라운슈바이크가 북독일 관세동맹에 가입했다. 모츠에 이어 재무장관으로 기용된 마아센(Karl Georg Maaßen)은 1834년 1월 1일 독일관세동맹(Deutscher Zollverein)이 정식으로 출범하는 데 결정적 역할을 했다.

이렇게 출범한 독일관세동맹에는 2,300만 명의 인구를 가진 18개국이 참여했고, 그 면적도 42만 5,023km²나 되었다. 당시 독일의 수입 관세는 대부분의 서유럽 국가보다 낮았기 때문에 관세동맹 체결로 교역량이 크게 증대되었다. 회원국들의 재정 상황이 크게 호전되자 다른 국가들도 관세동맹에 가입하기 시작했다. 이에 따라 바덴과 나사우는 1835년, 프랑크푸르트는 1836년, 룩셈부르크는 1842년, 브라운슈바이크는 1844년, 하노버는 1851년, 그리고 올덴부르크는 1852년 각각 관세동맹에 가입했다. 관세동맹의 최고 의결기관으로 관세동맹협의회(Zollvereinkonferenz von Bevollmächtigen der einzelnen Mitgliedstaaten)가 구성되었고, 그 운영에서 만장일치제가 채택되었다. 그리고 어떠한 결정이 관세동맹협의회에서 통과된다고 하더라도 그 시행에 앞서 각국의 비준이 요구되었는데, 그 이유는 관세동맹에 참여한 국가들의 경제적 이익을 위배하지 않기 위해서였다.

관세동맹 체결로 독일권은 경제적 단일화(Schaffung eines einheitlichen deutschen Wirtschaftsgebiets)를 구축할 수 있게 되었다. 또한 당시 관세동맹에 참가한 국가들은 공동이익을 위해 자신들의 주권마저 자발적으로 제한했는데, 이는 연방 역사상 전례 없는 행동이었다. 당시 시인으로 활동하던 팔러슬레벤(August Heinrich Hoffmann v. Fallersleben) 역시 관세동맹의 역할을 긍정적으로 평가했다. 그에 따르면 관세동맹은 독일권을 하나로 묶었고, 그것은 독일인의 마음을 하나로 만드는 데도 이바지했다는 것이다. 아울러 이 인물은 독일 통일이 관세동맹에 가입한 국가들을 토대로 이루어져야 한다는 견해도 밝혔는데, 이는 향후 독일 통일에서 언급된 소독일주의와 맥을 같이 한다고 하겠다.

1852년부터 슈바르첸베르크는 프로이센이 주도하던 관세동맹에 오스트리아 전역을 가입시킨 후 유럽 중부를 장악할 관세연합(Zollunion)을 출범시킨다는 계획을 강력히 추진했다. 실제로 그는 독일연방의회에서 오스트리아와 헝가리를 독일관세동맹에 가입시키려

했다. 오스트리아 통상장관인 브루크의 경제정책에 의지한 슈바르첸베르크는 프로이센이 독일관세동맹이라는 수단을 가지고 독일 연방 내에서 행사하던 경제정책의 주도권을 무너뜨림으로써 프로이센이 바이에른, 뷔르템베르크 등 친오스트리아 성향의 남독일 국가들에 행사할 수 있는 가장 강력한 무기를 빼앗으려고 시도했다. 오스트리아와 헝가리의 독일관세동맹 동시 가입으로 기대할 수 있는 경제적 국익과 독일관세동맹에서 견지된 프로이센의 우월적 지위 사이에서 갈등을 느낀 남부 독일국가들이 연방의회 표결 때 결국 오스트리아와 헝가리의 독일관세동맹 동반 가입에 반대표를 던졌고 현 상태로, 다시 말해 소독일 관세동맹체제를 계속 유지하는 쪽으로 의견을 모았다. 비스마르크는 오스트리아의 이러한 계획을 방어하는 데 온갖 노력을 기울였고, 결국 슈바르첸베르크의 계획을 좌절시켰다.

이러한 비스마르크의 노력으로 독일 연방의 제2 강국 프로이센은 정치적 위기에서 벗어났고, 독일관세동맹 회원국들의 경제적 이익 역시 보존되었다. 오스트리아가 추진한 관세 연합정책은 패배로 귀결되었다. 이에 반해 프로이센은 오스트리아에 맞서 자국의 정책을 견지함으로써 관세동맹의 존재 이유를 부각할 수 있었다. 게다가 프로이센은 오스트리아와 남부 독일국가 간의 정치적 화합도 저지할 수 있다는 자신감마저 가지게 되었다.

12 크림전쟁

1854년 3월 크림전쟁이 본격적으로 시작됨에 따라 독일 연방은 그 결속을 입증해야 하는 시련을 맞았다. 크림전쟁은 빈 회의 이후 유럽에서 발발한 첫 전쟁으로 50만 명 이상의 사상자가 발생했는데, 1815년부터 1914년까지 유럽에서 발생한 전쟁 중 가장 인명 손실이 컸다. 전쟁은 러시아와 오스만튀르크의 충돌로 발발했다. 당시 러시아는 발칸반도에 대한 자국의 영향력을 확대하고, 흑해 함대의 지중해 진출을 모색했다. 이 두 가지 목표를 달성하기 위해서는 우선 오스만튀르크가 관할하던 보스포루스(Bosporus)해협이라는 1차 관문을 통과해야 했다.

오스만튀르크는 1683년 합스부르크 제국의 수도 빈을 포위 공격하면서 그 세력이 절정에 달했으나, 1699년 1월 26일 카를로비츠(Karlowitz) 평화조약 체결 이후 패전을 거듭하다가 1850년대에 접어들면서 제국의 와해를 눈앞에 두고 있었다. 한때 유럽대륙을 전쟁의 도가니 속으로 몰아넣었던 공포의 술탄은 이제 '보스포루스해협의 중환자'로 바뀌었다.

당시 러시아가 해상루트를 통해 유럽에 영향력을 행사하려면 반드시 지중해를 거쳐야 했다. 러시아 선단이 흑해에서 출발하여 지중해에 도달하려면, 우선 보스포루스해협을 통과하여 마르마라(Marmara)해에 도달한 후, 다시 다르다넬스(Dardanelles)해협을 통과해야만 지중해와 연결된 에게해에 도달할 수 있었다. 반대로 러시아의 지중해 진출을 우려하던 영국과 프랑스 해군이 흑해에 도달하려면, 러시아의 지중해 진출 경로의 역방향, 즉 지중해, 에게해, 다르다넬스해협, 마르마라해, 그리고 마지막으로 보스포루스해협을 통과해야 했다. 러시아 선단이 지중해로 진출하건, 영국 또는 프랑스 해군이 흑해로 침투하건 간에 반드시 통과해야 할 보스포루스해협과 다르다넬스해협은 오스만튀르크의 관할구역이었기 때문에 지중해 제해권을 노리던 영국과 러시아, 프랑스와 러시아 간 또는 영국·프랑스동맹과 러시아 간에 전쟁이 발생한다면, 오스만튀르크가 어느 쪽과 동맹관계를 유지하느냐가 승패의 관건이었다.

역사적으로 오스만튀르크는 영국이나 프랑스와 국가 대 국가로 전쟁을 벌인 적이 없었다. 오스만튀르크가 가장 오랫동안 전쟁을 벌인 국가는 러시아였다. 크림전쟁의 원인을 제공한 1853년 11월 1일 시작된 러시아-오스만튀르크 전쟁은 양국 간의 열 번째 전쟁이었다. 러시아 함대가 보스포루스해협을 통과하기 위해서는 이 해협 양안에 걸쳐 도시가 형성되어 있는 오스만튀르크의 수도 콘스탄티노플(Costantinople)을 먼저 장악해야 했다. 러시아 차르 니콜라이 1세는 오스만튀르크의 현 상황이 콘스탄티노플을 수중에 넣어 지중해로 진출할 수 있는 절호의 기회라고 판단했다. 따라서 그는 오스만튀르크 관할구역에 거주하는 그리스 정교도들에 대한 보호권 인정을 요구했다. 술탄이 차르의 이러한 요구가 부당하다는 견해를 밝힘에 따라 러시아군은 1853년 7월 3일 전쟁 선포도 없이 도나우 공국을 점령했다. 이에 술탄 압뒬메지트 1세(Abdülmecit I, 1839~1861)는 같은 해 10월 16일 러시아에 전쟁을 선포했다. 11월 30일 시노페(Sinope) 항구 앞바다에서 벌어진 해전에서 러시아의 흑해 함대가 오스만 제국 함대를 격파했다. 영국과 프랑스가 러시아를 견제하기 위해 오스만튀르크를 지원하기로 결정한 것은 시노페 해전에서 이 제국의 해군이 참패한 이후였다.[80]

1853년 발발한 러시아와 오스만튀르크 사이의 전쟁은 1854년 3월 프랑스와 영국이 러시아에 선전포고한 후 '크림전쟁'이라 명명되었다. 1854년 1월 영국과 프랑스가 전투함대를 다르다넬스해협과 보스포루스해협을 통해 흑해로 파견했는데, 이는 1841년 체결된 런던해협협약을 위배하는 행위였다. 1854년 3월 27일과 28일 영국과 프랑스는 각각 러시아에 전쟁을 선포했고, 크림반도의 세바스토폴(Sevastopol) 요새는 피바다를 이루며 전투의 주요 장소가 되었다.[81]

이제 오스트리아와 프로이센, 독일 연방은 이러한 국제적 갈등에

80 이렇게 영국과 프랑스가 크림전쟁에 개입함에 따라 그동안 어느 정도 유지되던 유럽 제국 간의 협력관계는 무너졌다. 인도로 가는 해상통로를 확보해야 했던 영국은 러시아가 유럽의 균형을 심각하게 훼손할지도 모른다는 우려 때문에 오스만튀르크의 현 상태를 유지해야 할 당위성을 느꼈고, 나폴레옹 3세는 영국과 러시아 간에 조성되던 갈등 관계를 역이용하여 프랑스를 국제적 고립으로부터 구해내고 유럽의 헤게모니도 다시 장악할 기회를 찾으려고 했다. 이렇게 이해관계가 일치한 영국과 프랑스는 동맹을 체결한 후 각각 러시아에 전쟁을 선포했다.

81 1854년 가을부터 시작된 세바스토폴 요새에 대한 포위공격은 거의 1년간(349일) 지속되었고, 역사상 최초로 현지에서의 전투 장면이 신문에 실리기도 했다. 세바스토폴 포위전은 처참한 참호전에 콜레라까지 발생해 엄청난 사상자도 발생했다.

어떻게 대응해야 할지 결정해야 했다. 오스트리아는 물론이고 프로이센의 정치가들 사이에서도 격론이 벌어졌다. 오스트리아는 서유럽 강대국들에 보조를 맞춰야 한다는 외무장관 부올-사우엔슈타인(Karl Ferdinand Graf v. Boul-Schauenstein) 백작을 중심으로 한 강경파가 주도했다.[82] 반면 프로이센에서는 단일 노선이 형성되지 못했다. 보수를 표방하며 서로 경쟁하던 두 정파, 즉 강경 보수파와 온건 보수파는 마음을 정하지 못하고 흔들리던 국왕을 자기 편으로 끌어오려 안간힘을 썼다. 레오폴트 게를라흐를 중심으로 한 강경 보수파, 이른바 철십자신문 정당은 러시아를 지원해야 한다는 태도를 밝혔다. 반면 1851년 창간한 『프로이센 주간지(Preussisches Wochenblatt)』를 당 기관지로 천명한 온건 보수파는 서유럽 강대국들에 보조를 맞춰 러시아에 대응하는 동맹 참여를 지향했다. 오랜 논란으로 지그재그 노선을 걸은 끝에 결국 수상 만토이펠과 비스마르크가 옹호한 조건 없는 중립 노선이 관철되었다.

비스마르크는 갈등 초기부터 중립을 주장했는데, 그것은 프로이센이 전쟁에서 얻을 게 하나도 없다는 판단 때문이었다. 당시 그는 러시아 편이냐, 아니면 서유럽 강대국 편이냐는 질문을 받았을 때 "프로

82 이에 앞서 차르 니콜라우스 1세는 1853년 9월 올뮈츠에서 프란츠 요제프 1세와 독대했다. 여기서 러시아 황제는 오스트리아를 자국의 동맹국으로 간주하려고 했는데, 이는 러시아가 1848년 혁명 기간 중 오스트리아의 헝가리 폭동진압에 큰 도움을 준 데 대한 반대급부를 원했기 때문인 것 같다. 그러나 프란츠 요제프 1세는 차르의 요청을 거절했다. 갑자기 사망한 슈바르첸베르크에 이어 오스트리아 외교정책을 이끈 부올-사우엔슈타인은 러시아에 대해 강경한 태도를 보였다. 이 인물은 이전에 카를스루에, 슈투트가르트, 토리노, 페테르부르크, 그리고 런던 주재 오스트리아 영사로 활동한 정통 외교관 출신이었다.

이센 편"이라고 대답했다. 따라서 그는 빈 정치의 줄다리기에 말려들어서는 안 된다고 엄중히 경고했다. 1854년 2월 수상 만토이펠에게 보낸 서신에서도 비스마르크는 이 점을 강조했다. 당시 비스마르크는 상황이 러시아에 유리하게 전개될 경우도 생각했다. 그러한 상황이 초래된다면 프로이센은 러시아에 경고성 행동, 즉 슐레지엔 지방에 20만 명에 달하는 프로이센군을 파병해야 한다는 것을 프리드리히 빌헬름 4세에게 제안했다. 그뿐만 아니라 비스마르크는 이러한 군사행동 후 베를린 정부가 바로 독일에서의 주도권 장악에 필요한 정책도 시행해야 한다는 견해를 제시했다.

오스트리아는 프로이센과 독일 연방이 서유럽 강대국들과 연합하는 노선이 매력적으로 보이게끔 노력했다. 1854년 4월 20일 오스트리아와 프로이센은 양국의 보호와 방어를 위해 노력한다는 협약을 체결했다. 그러나 양국은 서로 정반대 목표를 추구했다. 프로이센은 이 협약을 중립성 강화 수단으로 보았지만, 오스트리아에 이 협약은 오로지 전쟁 개입을 위한 정책 수단이었다. 당시 프리드리히 빌헬름 4세는 오스트리아가 프로이센과 더불어 전쟁에 참여하지 않으리라고 판단했다.

오스트리아는 1854년 6월 러시아에 도나우 공국, 즉 몰다우(Moldau)와 왈라키아(Walachei) 공국에 주둔하던 러시아군을 즉시 철수하라는 최후통첩성 요구를 했다. 러시아가 이러한 독촉을 수용함에 따라 오스트리아는 9월 도나우 공국에 군대를 파견했다. 형식적으로는 중립을 취하면서도 오스트리아는 서유럽 강대국들과 손을 잡았으며, 러시아와의 평화협정을 위한 조건이 제시된 각서교환에도 합의했다. 12월 2일 오스트리아는 프로이센과 사전 협의 없이 서유럽 강대국들과 형식적 동맹 협약, 즉 12월 동맹을 체결했다. 빈 정부는 이른바 영국, 프랑스, 그리고 오스트리아가 참여한 삼국동맹에 프로이센이 가입할 것과 프로이센군의 파병도 요구했지만, 베를린 정부는 거부했다. 이에 오스트리아가 연방의회에서 러시아에 대적할 연방군에 프로이센 참여를 요구하는 안건을 상정하자, 비스마르크는 행동에 나섰다. 그는 불굴의 집요함과 섬세한 수완으로 1855년 1월 과반수로 오스트리아가 상정한 안건, 즉 오스트리아의 반러시아 정책을 지원하기 위한 군대 동원을 부결시켰다. 이어 연방의회는 러시아를 상대로 군대 동원을 요청하는 오스트리아 안 대신, 러시아든 서유럽 강대국이든 연방을 위협할 때 전쟁을 벌일 각오가 되어 있다는 결의안을 채택했다. 오스트리아에는 아무런 쓸모없는 결의안이 연방의회에서 통과된 것이다. 군대 지원을 요구한 오스트리아의 안건이 부결된 것은 비스마르크에게는 의미심장한 성공이었는데, 그것은 지금까지 프로이센이 연방의회에서 오스트리아를 표결로 누른 적이 거의 없었기 때문이다.

크림전쟁은 프로이센이 가담하지 않은 상태에서 지속되었다.[83] 1855년 9월 18일 세바스토폴 요새가 함락됨에 따라 러시아는 평화협상에 나설 용의가 있음을 천명했다. 1856년 1월 러시아는 오스트리아의 최후통첩에 굴복했다. 다음 달인 2월부터 파리에서 평화 회담이 개최되었고, 프로이센은 몇 주가 지난 뒤에야 협상 과정에 초대받았다. 같은 해 3월 30일 체결된 파리조약, 즉 빈 회의 이후 유럽 공법

83 이 전쟁은 1815년부터 1914년까지 유럽의 5대 강국, 즉 프랑스, 영국, 러시아, 오스트리아, 그리고 프로이센이 직접적 또는 간접적으로 참여한 유일한 전쟁이었다.

의 가장 중요한 문서인 파리조약은 러시아에 가혹한 조건을 요구했다. 이 조약으로 러시아는 베사라비아(Bessarabia) 지역 일부를 잃었다. 그리고 패전국인 러시아는 도나우강에서 자유로운 선박 운행도 인정해야 했다. 또한 러시아는 흑해 연안 지역에 요새를 구축해서는 안 되며 흑해에서 함대 운영 역시 할 수 없다는 것도 명시되었다. 오스만튀르크 역시 선박 수를 초과하지 않는 제한된 수의 소형 전함들을 흑해에 배치할 수 있었지만, 무기고 및 요새 시설은 유지할 수 없게 되었다. 또한 이 조약에서는 오스만튀르크가 유럽의 행정 체제를 도입한다는 것도 명시되었다.

크림전쟁이 가지는 의미는 매우 컸다. 1815년 이후 그리고 혁명의 해인 1848~1849년을 넘어서도 건재했던 유럽 강대국들의 조화는 이 전쟁으로 혼란에 빠졌고, 거기서 러시아, 오스트리아 그리고 프로이센이 구축한 신성동맹체제(Die Heilige Allianz) 역시 붕괴했다. 이제 오스트리아는 몇십 년간 러시아와 맺어온 결속의 끈을 끊어버렸다. 프랑스와 영국을 신뢰할 만한 동맹으로 확보하지 못한 상태에서 단행된 단절은 그동안의 모든 권력 구도를 뒤흔들어 유동적으로 만들었다. 그러나 러시아와 오스트리아의 첨예한 대립은 유럽 권력 구도에서 프로이센에 유리한 기회를 제공했다.

프랑스는 크림전쟁으로 이전보다 국가의 위상을 크게 증대시켰다. 전쟁이 끝난 후 나폴레옹 3세(Napoleon III, 1852~1870)는 유럽의 권력 지형을 바꾸려 영향력을 행사하는 데 주저하지 않았다.[84] 따라서

84 1848년 2월 혁명으로 프랑스에서는 공화정 체제가 도입되었고, 그에 따라 1848년 12월 10일 대통령 선거가 시행되었다. 1848년 혁명 시절 망명과 함께 감옥생활을 하던 루이 나폴레옹은 나폴레옹 1세의 조카로서 보나파르트 왕조 제1순위의 황위 계

프로이센은 나폴레옹 3세의 프랑스와 어떤 관계를 유지해야 하는지에 관해 관심을 보였고, 그 과정에서 게를라흐 형제와 비스마르크는 의견 대립을 보였다. 당시 해방전쟁을 직접 경험한 게를라흐 형제는 나폴레옹이라는 이름에 혐오적 태도를 보였고, 나폴레옹 3세 역시 같은 부류로 간주했다. 이들은 1851년 12월에 벌어진 프랑스 쿠데타로 루이 보나파르트가 나폴레옹 3세로 즉위하자, 범죄적 행위로 프랑스의 권좌를 차지한 인물이라는 악평을 가하기도 했다. 그러나 비스마르크는 게를라흐 형제와 달리 냉철함을 잃지 않았다. 그는 오래전부터 정부의 반프랑스 정책에 동조하지 않았고, 궁정파 인물들의 무조건적인 보나파르트 증오에도 동의하지 않았다. 이런 태도로 비스마르크는 '보나파르트주의자(Bonapartist)'라는 험담에 시달려야 했다.

보나파르트주의자는 당시 프랑스와의 연합에 찬성하던 인물들을 겨냥한 빈정거림에서 나온 단어였다.[85] 하지만 비스마르크는 친프랑스적 태도를 보인 적이 없었다. 다만 그는 프랑스와의 관계를 악화시키는 것이 정치적으로 현명한 선택이 아니라고 보았을 뿐이다. 1853

승자로 자처하고 선거운동에 참여했다. 결국 이 인물은 혁명을 주도한 공화파 지도자들을 제치고 압도적인 승리를 거두며 집권에도 성공했다. 이후부터 이 인물은 보수세력을 이용하여 시민 계층을 축출하고, 다시 그들마저 탄압하는 강경노선을 취했다. 루이 나폴레옹은 1851년 12월 쿠데타를 통해 자신의 반대 세력을 제압한 후 헌법개정도 단행하여 대통령의 임기를 10년으로 연장했다. 1852년 11월에 실시된 국민투표에서 이 인물은 압도적 지지를 받아 황제로 즉위했다. 이로써 1848년 2월 혁명의 결실인 제2공화정이 막을 내리고, 제2제정이 시작되었다.

85 당시 레오폴트 게를라흐의 영향을 받던 프리드리히 빌헬름 4세 역시 동맹체제 구축에서 정통성의 원칙을 중요시했다. 따라서 그는 러시아와의 동맹체제 결성을 선호했지만, 나폴레옹 3세의 프랑스와의 동맹체제 결성은 영혼까지 구제받지 못할 죄악(Todsünde)이라고 간주했다.

년 1월 비스마르크는 나폴레옹 3세와 몬티조(Euénie de Montijo)의 임박한 결혼을 앞두고 『철십자신문』이 악의적 비방 기사를 쓴 데 대해 이의를 제기했다. 그뿐만 아니라 기사 게재에 결정적 역할을 한 레오폴트 게를라흐에게 항의하면서 프랑스를 상대로 불필요한 도발을 하면 프로이센이 필요 이상으로 오스트리아에 의존할 수밖에 없다는 것을 지적했다. 이어 그는 오스트리아가 이런 상황을 먹잇감으로 삼지 않을 만큼 양심적이지 않다는 것과 프랑스 쪽으로 기우는 것보다 더 큰 불행은 없겠지만, 중간에서 균형을 잡아야 하는 속내를 왜 만천하에 드러내야 하는지 모르겠다고도 언급했다. 이는 상대가 싫다고 그것을 공개적으로 언급해서는 안 된다는 관점에서 나온 것이라 하겠다.

실제로 당시 비스마르크는 외국 및 외국 위정자에 대한 혐오 또는 편애적 느낌에서 벗어나 자유롭게 외교정책을 펼쳐야 한다는 관점을 가지고 있었다. 또한 그는 외교정책의 독립성도 강조했다. 비스마르크는 같은 맥락의 서신을 수상 만토이펠에게도 보냈는데, 프로이센이 공개적으로 프랑스를 적으로 언급하는 것은 돌이킬 수 없는 실수라고 했다.

비스마르크는 크림전쟁에서 군사적 결판이 종료되기 전에 세계박람회 관람 구실로 파리를 방문했다. 이때 그는 파리 주재 프로이센 대사 하츠펠트(Paul v. Hatzfeld) 주선으로 나폴레옹 3세를 만날 기회도 얻었다. 나폴레옹 3세를 처음으로 대면하는 자리에서 비스마르크는 황제의 재치 있는 용모가 쥐를 닮았다고 여길 정도로 나폴레옹 3세의 요모조모를 탐색했다. 군대와 경찰력을 동원하여 자유주의 세력을 철저하게 탄압하는 독재정치를 펼치면서도 선거를 통해 민주주의적 면모까지 드러낸 프랑스 황제의 과감하면서도 다각적인 통치 방법에 매료되기도 했다. 그러면서도 자신이 생각한 이상으로 강점보다는 약점을 많이 가진 인물이라는 결론을 내렸다.

비스마르크는 베를린의 궁정당 세력이 자신의 파리 여행을 몹시 못마땅하게 여긴 탓에 레오폴트 게를라흐에게 자신의 태도를 직접 변호해야 했다. 1857년 5월 30일 레오폴트 게를라흐에게 보낸 서신에서 "제가 바빌론에 다녀왔다고 꾸짖으시면 달게 받겠습니다. 그러나 배우고자 하는 열의에 불타는 외교관에게 정치적 순결을 요구하실 수는 없습니다. 그런 순결은 군인이나 이것저것 눈치 볼일 없는 융커에게나 어울립니다. 저는 제가 운신해야 하는 환경을 직접 두 눈으로 보고 배워야 합니다. 기회가 주어질 때마다 보고 배워야 외교를 감당할 수 있지 않겠습니까? 제 정치적 건강함은 의심하지 않으셔도 됩니다"라는 내용으로 자신을 변호했다. 1857년 초 비스마르크는 다시 한번 파리를 찾았으며, 이때 나폴레옹 3세와 정치적 대화를 다시 나누기도 했다.

13 프로이센의 정세 변화

프로이센은 1857~1858년 중대한 변화에 직면했다. 이 변화는 비스마르크의 향후 경력에도 결정적인 영향을 주었다. 1857년에 접어들면서 프리드리히 빌헬름 4세는 불치의 뇌졸중에 걸려 국가를 통치할 수 없는 상황에 놓이게 되었다. 이에 따라 그는 같은 해 10월 23일 내각에 전권을 위임했다. 내각은 동생 빌헬름에게 석 달 동안 왕위를 대행하게 하면서, 지금까지의 기조대로 정부를 이끌 의무를 지켜야 한다는 조건을 달았다. 이 결정은 세 번에 걸쳐 각기 1분기씩 연장됐다. 1848년 혁명 시위대에 발포를 명령해 '포탄 왕세제'라는 별명을 얻었던 왕세제 빌헬름은 그동안 아내의 영향을 받아 '주간지 정당(Wochenblattpartei)'을 중심으로 한 온건 보수세력의 핵심 인물로 변모했다.

크림전쟁 동안 프리드리히 빌헬름 4세와 견해 차이로 어려움을 겪었던 빌헬름은 비스마르크도 차갑게 대했다. 이에 비스마르크는 변화한 상황에 맞춰 왕세제와의 관계를 복원하려고 했다. 1858년 3월 비스마르크는 빌헬름 왕세제에게 자신의 정치적 관점을 정리한 100

쪽에 가까운 정세보고서를 제출했는데, 우선 연방의회에서 자신의 경험을 꼼꼼하게 상술했다. 이어 베를린 정부가 빈 정부를 의식하지 말고 자기중심적인 정책, 즉 독자적 정책을 펼쳐야만 독일권에서 프로이센의 위상을 증대할 수 있다는 견해도 피력했다. 이러한 그의 주장 이면에는 프로이센의 국익을 위해서는 오스트리아와의 충돌도 배제할 수 없다는 관점이 내포되어 있었다.

그러나 빈 정부와 우호적 관계를 지향하던 빌헬름 왕세제는 비스마르크의 이러한 구상에 대해 별 관심을 보이지 않았다. 따라서 이후부터 비스마르크의 입지는 크게 위축되었고 베를린에서도 그를 배척하려는 분위기가 조성되기 시작했다. 특히 빈 정부는 비스마르크를 해임해야만 독일권에서 자신들의 위상을 지킬 수 있다고 판단했기 때문에 외교적 역량을 총동원하여 비스마르크를 해임하려고 했고, 그러한 시도는 결국 성공을 거두었다.

당시 비스마르크는 프리드리히 빌헬름 4세와 그의 동생 빌헬름을 비교·평가했다. 그에 따르면, 빌헬름은 그의 형 프리드리히 빌헬름 4세보다 단순하고 덜 똑똑하다는 것이다. 아울러 이 인물은 행정 분야보다 군사 부분에 대한 이해력이 높다는 것이 비스마르크의 분석이었다. 프리드리히 빌헬름 4세 역시 동생의 능력을 그리 높게 평가하지 않았다. 즉 그는 자기 형제가 하층 관료의 아들로 태어났다면, 자신은 건축가가 되었을 것이고 빌헬름은 부사관으로 활동하다가 생을 마감할 것이라는 예측도 했다.

1858년 10월 9일 왕세제 빌헬름은 정부 결정 및 의회의 동의를 얻어 섭정 신분으로 프로이센을 통치하게 되었다.[86] 이후 호엔촐레른(Karl Anton Joachim Zephyrius Friedrich Meinrad v. Hohenzollern)의 신내각이 구성되었고 여기에는 주로 '주간지 정당'의 정치가들이 각료로 취임했는데, 이들은 온건 자유주의 노선을 지향했다. 외무장관으로 취임한 슐라이니츠(Alexander v. Schleinitz)는 비스마르크와 가까운 사이가 아니었다.[87]

섭정은 즉위하자마자 신내각에 보내는 인사말을 발표하면서 '주간지 정당'이 표방하던 정책 노선을 토대로 한 '새로운 시대' 구상을 밝혔다. 빌헬름은 정부가 시대의 정당한 요구와 필요를 세심하게 검토하여 개선하겠다는 의지를 밝히면서, 프로이센이 독일에서 도덕적 우위를 차지하는 정책을 추구하고, 군대를 쇄신하는 방법도 모색하겠다고 선포했다. 당시 비스마르크 역시 정적들에 의해 자신이 프랑크푸르트 연방의회로부터 추방되리라는 사실을 인지하고 있었다.

1859년 1월 23일 베를린에서 비스마르크를 상트페테르부르크로 파견한다는 결정이 내려졌을 때, 오스트리아 대표는 이 사실을 알고

---

86 당시 프리드리히 빌헬름 4세는 정신착란증이라는 불치병을 앓고 있었고 그것으로 인해 뇌의 일부분에 혈액을 공급하는 혈관이 막히거나 터지는 현상까지 나타나 뇌의 일부가 손상되는 뇌졸중 증세까지 보임에 따라 더는 왕국을 통치할 수 없었다.

87 빌헬름은 보수적인 베스트팔렌(Ferdinand v. Westphalen)을 대신하여 플로트벨(Eduard v. Flottwell)을 내무장관으로 임명했는데, 이는 귀족 출신의 온건한 자유주의자들을 대거 기용하는 과정에서 비롯되었다. 호엔촐레른 신내각에는 아우어스발트(Rudolf v. Auerswald)가 정무장관(Minister ohne Geschäftsbereich), 보닌(Eduard v. Bonin)이 전쟁부 장관, 파토(Robert v. Patow)가 재무부 장관, 퓌클러(Graf v. Pükler)가 농림부 장관, 베스만-홀베크(Moritz August v. Bethmann-Hollweg)가 문화부 장관, 하이드트(August v. der Heydt)가 교역장관, 시몬즈(Ludwig Simons)가 법무부 장관으로 참여했다. 그런데 하이드트와 시몬즈는 이전 정부에서도 같은 부서에서 장관으로 활동했다.

비스마르크 앞에서 회심의 미소를 지었다. 비스마르크는 이러한 일련의 과정으로 자존심에 적잖은 상처를 입고 힘들어했다. 이러한 상심은 독감, 혈로 그리고 담즙열로 나타났으며 마음의 상처를 입을 때면 항상 나타났다. 하지만 며칠 후 그는 새롭게 임명된 자리를 긍정적으로 보려 노력했다. 1859년 2월 말 비스마르크는 관례적인 고별사를 거부했고, 오스트리아 출신 의장 역시 비스마르크를 위한 자신의 답례사를 생략했다.

14 러시아와 프랑스에서의 대사 활동

프랑크푸르트를 떠난 비스마르크는 베를린에 잠시 머무르며 빌헬름 섭정을 알현했다. 3월 24일 비스마르크는 러시아 주재 프로이센 대사로 임명되었다. 이로부터 5일 후인 3월 29일 러시아의 수도로 가는 여행길에 올랐다. 한겨울에 떠나는 이 여행은 결코 쉬운 일이 아니었다. 철도를 이용해 쾨니히스베르크까지 간 다음, 러시아 철도 노선이 시작되는 프스코프(Pskov)에서 열차를 갈아타야 했다. 프스코프까지 가는 구간의 4분의 3은 말 8필이 끄는 여행마차를 이용해야 했고 이 마차는 나흘이나 꼬박 달렸다.[88]

상트페테르부르크에 도착한 비스마르크는 4월 1일 빌헬름 왕세제의 조카인 차르 알렉산드르 2세(Aleksandr II, 1855~1881)에게 신임장을 제출했다. 첫 알현은 대단히 이례적으로 2시간이나 걸렸다.[89] 이

---

88 일반적으로 베를린에서 상트페테르부르크까지는 5일 정도 걸렸다.

89 알렉산드르 2세는 즉위한 이후부터 동아시아로의 진출을 모색했고 러시아 영토를 태평양 연안까지 확대했다. 1860년에는 블라디보스토크(Wladiwostok)를 건설했다. 국내적으로는 농노제 폐지, 의무교육제도 도입, 보건 및 위생과 사법 분야에 대한 개

후 비스마르크는 러시아 황궁과 정부로부터 큰 환대를 받았지만, 자신이 베를린에서 멀리 떨어진 상트페테르부르크에서 근무한다는 사실에 대해 소외감을 느꼈고 '네바강에 던져진 찬밥 신세(Es ist wie ein kalter Reis, ser in den Neva Fluss geworfen wird)'라는 느낌도 지울 수 없었다. 그런데도 비스마르크는 러시아 외무장관 고르차코프(Aleksandor Mikhailovich Gorcakov)와 거의 매일 대화를 나누며 서로의 생각을 나누었다. 이 과정에서 그는 고르차코프로부터 외교정책에 대한 다양한 지식도 얻었다. 실제로 비스마르크는 상트페테르부르크에서 거의 매일 열일곱 살 위인 고르차코프를 만나 손바닥으로 신발 밑창·무릎·바지를 번갈아 가며 때리는 민속춤(Plätteln)을 추거나 맥주와 샴페인을 섞은 '블랙 벨벳(Black Velvet)'을 마시면서, 쿠바산 여송연(Havannazigarre)도 연신 뻑뻑 피웠다. 당시 러시아에서는 거리 흡연이 금지되었는데, 공공장소에서의 흡연 자체를 혁명적 움직임에 동조하는 것으로 인식했기 때문이다.

1856년부터 러시아 외무장관으로 활동하던 고르차코프는 당시 비스마르크와 자신의 관계를 '손과 장갑(die Hand und der Handschuh)'으로 표현했는데, 그것은 두 사람의 관계가 매우 긴밀했음을 말해주는 것이라 하겠다. 또한 고르차코프는 비스마르크가 자신의 외교적 문하생이었다는 것도 언급했는데, 그것 역시 그와 비스마르크 사이의 관계를 예측하게 하는 또 하나의 일례라 하겠다. 이제 비스마르크는 고르차코프를 통해 유럽의 전반적 정황을 객관적으로 파악할 수 있는 능력마저 갖추게 되었다. 당시 비스마르크는 개인적으로 알렉산드르

혁도 본격적으로 착수했다.

2세와 두터운 친분을 맺음으로써 러시아와 프로이센 사이의 우호적 관계 정립에도 크게 이바지했다. 당시 알렉산드르 2세는 비스마르크에게 러시아 귀화를 권유했고, 그 과정에서 고위 외교관직을 제의하기도 했다. 그러나 비스마르크는 이러한 제의를 정중하게 거절했다.

부인 요하나에게 보낸 서신에서 비스마르크는 차르를 비롯한 러시아의 핵심 정치가들이 오스트리아에 반감을 품었다는 것과 오스트리아의 숨통을 끊어놓을 방법만 강구하고 있다는 것을 언급했다. 특히 후자의 경우는 당시 유럽의 외교 상황과 관련한 것이었다.

오스트리아와 사르데냐-피에몬테 사이의 긴장은 1859년 초부터 노골적인 갈등으로 비화했다. 사르데냐-피에몬테 정부가 이탈리아 북부에서 오스트리아인을 추방하기로 하면서, 수상 카보우르(Camillo Cavour)는 나폴레옹 3세의 지원을 확신했다. 1852년 사르데냐-피에몬테 왕국의 수상으로 임명된 카보우르는 군대, 사법제도, 재정 시스템, 관료 체제 등을 개혁하고 산업 발전을 촉진해 공장과 철도를 광범위하게 건설하여 사르데냐-피에몬테 왕국을 유럽에서 가장 현대적인 국가로 발전시켰다.

1858년 7월 21일 카보우르는 로렌의 휴양지 플롱비에르레뱅(Plombieres-les-Bains)에서 나폴레옹 3세를 만났고, 사르데냐-피에몬테 왕국이 오스트리아의 침공을 받는다면 20만 명의 프랑스군이 자동 개입한다는 내용의 비밀 조약도 체결했다. 이탈리아 통일의 첫 단계로 오스트리아 지배하에 있던 롬바르디아와 베네치아를 사르데냐-피에몬테 왕국에 합병시키는 것을 1차적 목표로 설정한 카보우르는 전후 창건될 통일 이탈리아의 국체 형식을 연방국으로 제안한 나폴레옹 3세의 구상에 동의했다. 프랑스 지원에 대한 반대급부로 사르데

카보우르

냐-피에몬테는 왕국의 핵심 지역인 사부아 공국과 니스 백작령을 프랑스에 할양하는 데 동의했다.[90] 또한 카보우르는 러시아와의 접촉에서 우호적인 중립 약속도 받아냈다.

빈 정부는 4월 19일 사르데냐-피에몬테 정부에 3일 이내에 군대 규모를 축소하고 자원 입대자들도 귀향시키라는 최후통첩을 보냈

90 당시 카보우르는 만족할 줄 모르는 성애주의자로 알려진 나폴레옹 3세의 약점을 잘 알고 있었다. 따라서 그는 미인계를 활용하여 자신의 아름다운 조카딸 카스틸리오니(Castiglioni) 백작녀를 나폴레옹 3세에게 소개했고, 이것은 분명히 비밀 조약 체결에 결정적으로 기여했다. 사르데냐-피에몬테 왕국과 프랑스 간의 동맹을 결혼동맹으로 바꾸기 위해 사르데냐-피에몬테 왕국의 비토리오 에마누엘레 2세의 장녀 마리아 클로틸드(Maria Clotilde)와 나폴레옹 3세의 사촌 동생 나폴레옹 조제프 샤를 폴 보나파르트(Napoléon Joseph Charles Paul Bonaparte)의 결혼도 1858년 비밀회동에서 확정되었다.

지만, 사르데냐-피에몬테 정부는 수용을 거부했다.[91] 이에 따라 줄로이 백작이 이끄는 22만 명의 오스트리아군이 1859년 4월 29일 사르데냐-피에몬테 왕국으로 진격했다.[92] 프랑스는 친위대를 포함해 총 5개 군단을 동원하여 사르데냐-피에몬테 왕국군을 지원했는데, 당시 프랑스군의 최고사령관은 나폴레옹 3세였다. 사르데냐-피에몬테 왕국군을 이끈 인물은 비토리오 에마누엘레 2세와 통일 이탈리아 왕국의 총리를 역임한 마르모라(Alfonso Ferrero La Marmora) 장군이었다.

이때 비스마르크는 빌헬름 왕세제와 그의 측근들이 지향한 오스트리아 지원에 부정적이었다. 5월 5일 외무부에 보낸 서신에서 비스마르크는 현재 상황이 프로이센에 다시금 복권에 당첨될 확률을 높여주고 있음을 언급했다. 오스트리아와 프랑스-사르데냐-피에몬테

---

91 프랑스가 사르데냐-피에몬테와 동맹체제를 결성한 후, 오스트리아와 전쟁을 벌이는 것에 대해 당시 독일인의 감정은 나폴레옹에 대한 해방전쟁으로 거슬러 올라갔다. 여기서 많은 독일인은 현재의 전쟁과 나폴레옹의 이탈리아 원정에서 유사성도 찾아냈는데, 그것은 나폴레옹의 독일 정복 방식이 채택되었다는 것이다. 1813년 16세의 어린 나이로 해방전쟁에 참여한 왕세제 빌헬름은 나폴레옹 3세의 다음 침략 대상국이 독일이라는 것을 예측했고, 프로이센의 총참모장 몰트케(Moltke) 역시 이탈리아에서 전쟁을 종료한 후 프랑스의 다음 침략 대상은 1805년에 이어 진행된 1806년의 원정에서와 같이 프로이센이라는 주장을 펼쳤다.

전쟁 발발 직전, 프로이센 외무장관 슐라이니츠는 오스트리아 특사와 독대했다. 여기서 프로이센 외무장관은 오스트리아에 군사 지원 대가를 요구했고, 오스트리아 특사는 알자스와 로렌을 프로이센에 넘겨주겠다는 제안을 했다. 또한 슐라이니츠는 프로이센군이 최소한 북부 독일에서 연방군을 지휘할 권한을 가져야 한다는 것과 연방의회에서 프로이센의 지위를 오스트리아와 동등하게 해줄 것도 요구했는데, 이것은 왕세제 빌헬름의 주장에서 나왔다. 그러나 전쟁이 발생한 후 오스트리아군이 쉽게 패배함에 따라 오스트리아와 프로이센 사이에 체결된 내용은 이행되지 않았다.

92 이렇게 전쟁이 개시됨에 따라 오스트리아의 화폐 가치는 급락했는데, 이는 전쟁 후 오스트리아에서 발생할 경제적 위기 상황을 미리 반영한 것이라고 하겠다.

사이의 전쟁에 프로이센이 자국의 이익을 위해 날카롭게 파고들고 프로이센의 모든 가용 병력을 남쪽으로 이동시키면서 배낭에 경계석도 넣어가게 해야 한다고 했다. 그리고 비스마르크는 경계석을 보덴제(Bodensee) 또는 신교도의 우위가 끝나는 지역에 박아 넣으면 바로 복권 당첨 같은 효과도 얻을 수 있다는 견해를 제시했다.

오스트리아와 프랑스-사르데냐-피에몬테 동맹군의 전투는 5월부터 본격화되었다. 오스트리아는 6월 4일 프랑스와 사르데냐-피에몬테 연합군을 상대로 벌인 마젠타(Magenta) 전투와 6월 24일의 솔페리노(Solferino)와 산마르티노(San Martino) 전투에서 대패했다.[93] 당시 프랑스는 승전했음에도 막대한 인적·물적 손해를 입었기 때문에 나폴레옹 3세는 오스트리아와 예비 평화 회담을 체결하여 전쟁에서 발을 빼기로 했다. 실제로 마젠타 전투와 솔페리노 전투에서 프랑스와 사르데냐-피에몬테 동맹군의 인명 손실은 전사, 실종, 포로, 부상자를 모두 합쳐서 약 2만 2천 명 이상이었고, 오스트리아의 인명 손실은 이보다 많은 3만 2천 명이었다. 당시 나폴레옹 3세가 오스트리아가 자랑하던 '북이탈리아의 4각 요새'로 불린 만토바(Mantova), 페스키에라 델 가르다(Peschiera del Garda), 레냐고(Legnago) 및 베르나(Verna)를 4각형으로 연결하는 방진 요새를 점령하려고 했다면, 프랑스와 사르데냐-피에몬테의 인명 손실은 훨씬 더 컸을 것이다.

프란츠 요제프 1세는 7월 11일 베로나에서 남쪽으로 20킬로미터 떨어진 빌라프란카(Villafranca)에서 나폴레옹 3세와 회동했고, 이 자리

93 마젠타는 노바라(Novara) 지방에 있고, 솔페리노와 산마르티노는 만토바 지방에 있다.

에서 롬바르디아를 프랑스에 할애하는 예비 평화조약을 체결했다. 이렇게 나폴레옹 3세가 예비 평화조약 체결에 적극성을 보인 것은 라인강 상류 지역에 집결한 프로이센군이 프랑스 본토 공격 준비를 완료했다는 보고를 접했고, 전쟁이 지속되어 사르데냐-피에몬테 왕국이 오스트리아령 이탈리아 영토 모두를 탈환하여 갑자기 강대국으로 성장하는 것 역시 견제해야 했기 때문이다.[94] 실제로 당시 나폴레옹 3세는 프로이센의 군사동원령에 두려움을 품고 있었다.

예비 평화조약에서 오스트리아는 만토바와 페스키에라 요새를 제외한 오스트리아령 롬바르디아를 프랑스에 할양했고, 프랑스는 이 지방을 다시 피에몬테-사르데냐에 양도한다는 데 동의했으며, 오스트리아의 베네치아 계속 보유도 허용했다. 또한 프란츠 요제프 1세와 나폴레옹 3세는 예비 평화조약에서 교황 주도로 이탈리아 연방이 창설된다면 오스트리아 황제는 베네치아 국왕 자격으로 이탈리아 연방에 가입한다는 데도 합의했다. 아울러 민족주의 세력에 의해 폐위된 토스카나 대공과 모데나 공작, 그리고 파르마 공작을 복위시키고, 교황령을 개혁한다는 것도 예비 평화조약에 명시되었다. 정전협정은 물론이고, 예비 평화조약 체결 과정에서도 사르데냐-피에몬테 국왕의 역할은 없었다.

---

94 프랑스의 퇴역외교관 부르크네(Alphonse de Bourqueney)는 1859년 프랑스가 오스트리아와 사르데냐-피에몬테 간의 전쟁에 개입함으로써 중부유럽에서 '판도라의 상자(pandora alla: 아무리 구미가 당겨도 관여하지 않는 것이 좋으며, 한번 저지르면 돌이킬 수 없는 것들을 지칭함)'가 열리게 되었다는 것을 언급했다. 그에 따르면, 전쟁 이후부터 사람들은 민족주의의 과장되고 공허한 발언을 하는 데 주저하지 않게 되었다는 것이다. 그 과정에서 프랑스에 대한 독일인의 혐오가 크게 증대한 것에 우려를 표명했는데, 이에 대해 프랑스 정부가 전혀 관심도 보이지 않았다고 했다.

전쟁이 조금만 더 오래 진행되었어도 수복할 수 있는 베네치아의 오스트리아 보유를 계속 인정하고, 사르데냐-피에몬테 왕국군이 점령한 토스카나 대공국, 파르마 공국, 그리고 모데나 공국을 합스부르크 가문 출신의 원소유자에게 반환한다는 빌라프란카 예비 평화조약 타협안에 대해 비토리오 에마누엘레 2세와 카보우르 총리는 동의하지 않았다. 그러나 나폴레옹 3세의 종용으로 이들은 빌라프란카 예비 평화조약의 제 규정을 모두 수용해야 했다. 빌라프란카 예비 평화조약은 부분적으로 수정되어 4개월 후 취리히 평화조약으로 대체되었다.

1859년 11월 10일 체결된 취리히(Zürich) 평화조약은 빌라프란카 예비 평화조약에 따라 오스트리아와 프랑스, 프랑스와 사르데냐-피에몬테, 그리고 프랑스, 오스트리아 및 사르데냐-피에몬테 간에 체결된 3개 평화조약으로 구성된 국제조약이었다. 이 조약 체결로 1859년의 이탈리아 전쟁은 공식적으로 종료되었다. 취리히 평화조약에서 오스트리아는 롬바르디아와 베네치아 사이의 경계 하천인 민치오 강변에 위치한 페스키에라 델 가르다 요새와 만토바 요새를 제외한 롬바르디아에 대한 영유권을 프랑스에 넘겼다. 나폴레옹 3세는 프랑스와 사르데냐-피에몬테 사이에 체결된 평화조약에서 롬바르디아를 다시 비토리오 에마누엘레 2세에게 양도했다. 그리고 프랑스는 사르데냐-피에몬테 왕국이 롬바르디아 양도에 대한 반대급부로 오스트리아에 지급할 보상금도 대납하기로 했다. 이로써 빈 회의(1815) 결정에 따라 오스트리아에 귀속된 롬바르디아-베네치아 중에서 롬바르디아는 1859년 프랑스를 거쳐 사르데냐-피에몬테로 양도되었지만,

베네치아 지방은 1866년까지 오스트리아의 지배를 받았다.[95]

사르데냐-피에몬테와 프랑스 사이의 전쟁에서 패한 오스트리아는 경제적으로 가장 활성화된 롬바르디아 지방을 잃게 되었고, 이로 인해 빈 정부는 난국에 대처할 타개책을 세웠다. 빈 정부는 무엇보다 제국 내 제 민족의 협조와 동의가 필요하다는 인식을 하게 되었고 그것을 가시화하는 작업에도 착수했다.

그러한 작업의 하나로 1860년 10월 20일 '10월 칙령(Oktoberdiplom)'이 발표되었다. 10월 칙령은 전쟁이 끝난 직후 프란츠 요제프 1세의 지시에 따라 당시 내무장관이던 고루호보-고루호브스키(Goluchowo-Goluchowski)가 결성한 '59인 헌법 준비위원회'에서 준비·작성된 문서였다. 그런데 이 칙령에는 빈으로 귀환한 후 메테르니히가 여러 번에 걸쳐 프란츠 요제프 1세에게 간언한 연방주의적인 요소들도 많이 들어 있었다. 그중에서 중요한 것들을 열거하면 다음과 같다. 첫째, 지방군 편성에서 역사적 요인 등을 고려한다. 둘째, 각 지방의회의 활성화를 통해 지방민의 절실한 요구를 가능한 한 빨리 국정에 반영한다. 셋째, 향후 법률제정에서 지방의회와 제국의회는 동등한 입장에서 상호 보완·협력한다. 넷째, 제국의 단일화 유지에 부담이 되지 않는 범위 내에서 각 지방의 특성과 필요에 맞는 자치권을 부여한다. 다섯째, 빈 중앙정부는 향후 외교, 재정, 관세, 체신, 교통 그리고 국방을 전담한다. 여섯째, 헝가리는 오스트리아 제국의 일부다. 따라서 이 지방이 그동안 누렸던 특별권한(Sonderrechte)은 이전보다

95 1861년 3월 17일 이탈리아 왕국이 출범했다. 이 왕국의 수도는 토리노(Torino)였고, 비토리오 에마누엘레 2세가 초대 국왕으로 등극했다.

축소한다.

빈 정부의 이러한 조치는 제국 내 비독일계 정치가들에게 민족적 희망을 불러일으켰을 뿐만 아니라 정치활동 재개에 관해서도 관심을 가지게 했다. 그런데도 제국 내 슬라브 정치가들은 빈 정부의 이러한 획기적인 조치에 대해 의구심을 제기하는 신중성을 보였지만, 일단 10월 칙령을 긍정적으로 평가했다. 이에 반해 기득 계층이었던 독일 정치가들은 수용을 거부했고, 이는 제국 내 민족문제를 더욱 심화시키는 요인으로 작용했다. 다음 해 2월 21일 발표된 '2월 칙령(Februarpatent)'은 독일 정치가들의 이러한 반발을 무마하기 위해 제정된 헌법인데, 거기서는 연방체제 대신에 중앙집권체제를 다소 완화한 형태가 지향되었다. 2월 칙령의 초안은 1860년 12월 13일 고루호브스키(Graf Agenor Maria Adam Goluchowski) 백작의 후임으로 빈 정부 수상으로 임명된 슈메를링(Anton Ritter v. Schmerling)의 법률 보좌관이었던 페르탈러(Perthaler)가 작성했다.[96] 페르탈러는 초안에서 10월 칙령이 보장한 지방의회의 중요한 권한들을 백지화시켰다.

비스마르크는 격화하는 국제적 갈등, 독일 연방이 중요한 역할을 행사해야 하는 갈등 국면에서 독일을 떠나게 된 것에 대해 몹시 안타까워했다. 이제 그는 상트페테르부르크라는 멀리 떨어진 곳에서 사태

---

96 오스트리아 귀족 출신인 슈메를링은 대독일주의를 지향했다. 1829년부터 오스트리아 공무원으로 활동하기 시작한 이 인물은 출중한 능력으로 빠른 승진도 할 수 있었다. 1842년 법원사무관으로 임명된 슈메를링은 4년 후인 1846년 항소법원 사무관(Appellationsrat)으로 임명되었다. 당시 이 인물은 메테르니히의 반동 정책에 대해 동의하지 않았다. 3월 혁명 이후 슈메를링은 자유주의적 개혁에 대해 긍정적이었는데, 이는 가게른의 정치적 노선과도 맥을 같이한다고 하겠다. 1848년 5월부터 7월까지 프랑크푸르트 국민의회 의원 겸 연방의회에서 오스트리아 사절단 대표로도 활동했다.

추이를 관망할 수밖에 없었다. 전쟁 발발에서 휴전협정 체결까지 독일에서는 친오스트리아와 반프랑스 감정이 들끓었다. 1859년 5월 비실명 인물이 쓴 『이탈리아 전쟁과 프로이센의 과제(Der italienische Krieg und die Augabe Preußens)』가 호외로 발간되었는데, 거기서 저자는 프로이센 국왕 주도로 독일 제국을 탄생시켜야 하며, 그 과정에서 오스트리아 제국을 분할해야 한다고 했다. 그리고 신생 독일 제국에는 오스트리아 제국 내 오스트리아인도 포함해야 한다고 했다.

당시 비스마르크가 할 수 있었던 것은 오스트리아와 사르데냐-피에몬테 전쟁에서 프로이센이 어떤 태도를 보여야 하는가에 대한 자신의 관점을 알리는 것이었다. 이 과정에서 비스마르크는 보수파가 지향하던 오스트리아와의 연대와 반보나파르트 감정 확산에 반대 견해를 명확히 했다. 그는 크림전쟁에서 그랬듯, 프로이센이 무조건 오스트리아 측을 지지하는 것보다 엄격한 중립을 견지해야 한다고 강조했다. 오스트리아를 지원한다면, 프로이센이 독일에서 오스트리아에 많은 양보를 하는 것으로 볼 수 있다는 것이 비스마르크의 견해였다. 비스마르크는 외무장관 슐라이니츠에게 보낸 서신에서 다시금 자신의 관점을 요약했다.[97] 비스마르크는 참전이 프로이센과 독일 연방의 관계에 도움이 되지 않는다면 피해야 한다고 했다.[98] 이어 그는 오

97 비스마르크는 당시 왕비 아우구스타의 신임을 받던 슐라이니츠를 '규방 장관(Haremsminister)' 또는 '왕비의 애인(Mignon der Prinzessin)'이라고 비하했다.

98 전쟁 패배의 책임과 관련하여 프로이센과 오스트리아 사이에 법적 문제까지 제기되었다. 당시 오스트리아는 빈 의정서 제47항을 주장했지만, 프로이센은 제46항을 고집했다. 제46항은 연방 영토가 직접적으로 위협받지 않을 때 연방은 전쟁에 참여하지 않는다는 것을 명시했다. 이에 반해 제47항은 연방의회에서 반수 이상의 지지를 확보하면, 공격받는 연방 이외의 영토도 지원해야 한다는 내용을 담고 있다.

스트리아가 프랑스를 누르고 승리하는 것을 허용해서도 안 되고, 프랑스가 독일 영토를 침해하는 것 역시 막아야 한다고 했다. 비스마르크는 현재 상황에서 전쟁을 국지전으로 제한하고 러시아의 지원, 그리고 가능하다면 영국의 지원까지 얻어내 프랑스가 독일 국경을 침해하지 않게 하는 것이 최선이라는 것도 명시했다.

당시 독일의 자유주의자들, 즉 바움가르텐(Hermann Baumgarten), 둔커(Max Wolfgang Duncker), 드로이젠(Johann Gustav Droysen) 그리고 한제만 등은 사르데냐-피에몬테 왕국이 추진하던 이탈리아 통일에 대해 긍정적이었다. 이에 따라 이들은 프로이센에 대한 자신들의 부정적 태도를 완화하고 프로이센이 오스트리아를 제외한 독일 통일에서 선도적 역할을 담당해야 한다는 견해도 표명했다.

7월 오스트리아와 사르데냐-피에몬테 사이에 벌어진 전쟁이 끝난 뒤 가족을 데리러 독일로 떠나기 직전, 비스마르크는 심한 병에 걸렸다. 신경을 곤두세운 끝에 류머티즘이 도진 데다가 오랫동안 방치했던 다리 부상은 무능한 의사들의 잘못된 치료로 대단히 심각해졌다. 이에 대해 비스마르크는 오스트리아가 보낸 자객의 농간 때문이었다는 확신도 했다. 출발할 때 비스마르크는 들것에 실려야 할 만큼 열악한 상태였다. 바다를 건너 슈테틴에 도착한 비스마르크는 육로로 베를린에 도착했다. 수도의 병원에서 치료받은 후 비스바덴과 바트나우하임(Bad Nauheim)에서 요양했다. 여전히 휴식이 필요한 상태였지만 9월 섭정 빌헬름의 요청으로 바덴바덴에서 열린 회의에 참석했으며, 이후 며칠 동안 베를린에 머무르며 자유주의 진영의 대표적 인물들과 자주 만났다. 이 중 운루(Viktor v. Unruh)는 많은 자유주의자가 비스마르크에게 희망을 걸고 있거나 또는 외무장관이 된 비스마르크

모습을 보고 싶다는 속내도 드러냈다.

비스마르크가 참여한 러시아 황제와 섭정 빌헬름의 바르샤바 회동 이후 비스마르크 가족은 라인펠트에서 상트페테르부르크로 이주할 준비를 했고 이사는 11월부터 시작되었다. 그러나 친구 벨로프(Alexander v. Below)의 영지인 엘빙 강가의 호엔도르프(Hohendorf bei Elbing)에 잠시 머물던 비스마르크는 다시금 병으로 쓰러졌다. 가슴, 등, 심장 부위, 어깨의 강한 통증을 유발하는 심각한 폐렴이 그를 괴롭혔다. 실낱같은 회복 희망에 매달릴 정도로 위중한 상태여서 유언장까지 작성한 비스마르크는 푸른 초원을 다시 볼 수 있으리라고 생각하지 않았다. 나흘째 접어들며 생명이 위독한 상태에서 벗어났지만, 완전히 쾌유하기까지는 몇 달이 걸렸다.

1860년 3월, 비로소 비스마르크는 호엔도르프의 친구 저택을 떠나 상트페테르부르크로 복귀하는 것을 생각할 수 있었다. 한편 섭정 빌헬름은 비스마르크를 베를린으로 불러들이려 했다. 개각을 구상하던 차에 다수의 보좌관이 비스마르크를 꼭 필요한 인물로 천거했기 때문이다. 그러나 섭정 빌헬름은 비스마르크를 내각에 들이지 않기로 했다. 모든 것을 뒤엎고 섭정이 신내각을 이끌 인물을 선택할 것이라는 예상은 보기 좋게 빗나갔다.

1860년 6월 초 비스마르크는 다시 상트페테르부르크에 도착했는데, 정확히 11개월 만의 귀환이었다. 비스마르크와 그의 가족은 네바강 전망이 환히 보이는 슈텐보크(Stenbock) 공작의 저택에 입주했다. 비스마르크는 중병을 앓은 경험을 인생의 전환점으로 받아들였다. 당시 그가 쓴 서신에서는 이런 전환을 맞이하는 감회가 많이 확인되었다. 그 일례로 1860년 7월 형 베른하르트에게 보낸 서신에서 비스마르크는 병을 앓고 난 이후부터 생의 끝이 얼마 남지 않았다는 감정에서 벗어날 수 없으며, 모든 문제에서 말수가 줄어들며 더욱 심드렁해졌다고 털어놓았다. 그런데도 비스마르크는 직무를 소홀히 하지 않았다. 차르를 비롯한 러시아 지도자들과 나눈 대화 내용과 러시아의 내정 상황을 다룬 상세한 보고서를 꾸준히 올렸다. 영사 신분이었기 때문에 비스마르크는 러시아에 거주하던 약 4만 명의 프로이센인을 돌보았고 러시아인의 생활도 정확히 파악할 수 있었다. 또한 그는 독일 내 정세와 국제 관계를 외국이라는 중립적 위치에서 자세히 관찰할 기회도 얻게 되었다.

1861년 독일에서 여름을 보내던 비스마르크는 1861년 1월 2일 바덴바덴(Baden-Baden)에서 사망한 프리드리히 빌헬름 4세 이후 섭정 신분으로 프로이센을 통치하다가 국왕으로 즉위한 빌헬름 1세를 수행하라는 명령을 받았다. 바덴바덴에서 비스마르크는 국왕이 지켜보는 앞에서 강연한 뒤, 국왕의 부탁으로 강연원고를 세심히 다듬어 독일 통일 문제를 다룬 글도 썼다. 여기서 비스마르크는 기존의 연방헌법은 열악한 상태의 통일문제를 개선할 수 없으므로 독일 민족을 국가적 차원에서 통치할 연방 중앙관청 설립이 필요하다고 했다. 그리고 이러한 중앙관청은 독일 연방 내 각 국가의 다른 노선에 중심을 잡아줄 연결 고리도 될 수 있다는 주장을 펼쳤다.

다시금 비스마르크를 장관으로 임명해야 한다는 주장이 제기되었지만, 1861년 여름 국왕을 위한 전략적 자문 역할은 그저 일화로만 남게 되었다. 비스마르크는 1861년 10월 18일 쾨니히스베르크에서 열린 대관식에 참석한 뒤 상트페테르부르크로 돌아왔다.[99] 그가 본국으로부터 소환 명령을 받은 것은 1862년 3월이었다. 그러나 비스마르크는 어떤 직을 맡게 될지 아무런 이야기도 듣지 못했다. 4월 말 작별을 고하기 위해 러시아 황제 부부를 알현하는 자리에서도 비스마르크는 자신의 미래를 전혀 가늠할 수 없었다. 5월 10일 비스마르크가 베를린에 도착했을 때도 불확실한 상황은 지속되었다. 더욱이 국내의 정치 상황은 까다롭기만 했다. 나흘 전 실시된 의회 선거에서 국왕과 정치적 관점을 달리하던 자유주의자들이 전체 353석 중에서 292석을 차지하는 압도적 승리를 거두었다. 이로써 국왕 빌헬름이 최우선 과제로 삼았던 군제 개혁은 위기에 처하게 되었다.

다시금 비스마르크가 내각의 수장이 되리라는 소문이 떠돌았다. 사람들은 말 그대로 "비스마르크 안테 포르타스(Bismarck Ante Portas)"라고 떠들었고, 이러한 소문은 더욱 확산했다.[100] 비스마르크는 상트

99 1701년 1월 15일 프리드리히 3세는 프로이센 대공국을 왕국으로 승격시켰고 프리드리히 1세(Friedrich I, 1701~1713)라 자칭했다. 이렇게 프리드리히 1세가 프로이센 국왕으로 등극했지만, 이 칭호는 동프로이센(Ostpreußen) 내에서만 사용할 수 있었다. 즉, 프리드리히 1세는 국왕 명칭을 브란덴부르크에서 사용할 수 없었고 여기서는 국왕 대신 선제후 직을 그대로 사용해야 했다. 실제로 당시 신성로마제국 제후들은 국왕 칭호를 사용할 수 없었다. 이러한 암묵적인 규제로 프리드리히 1세는 베를린이 아닌 동프로이센의 쾨니히스베르크에서 스스로 대관했는데, 이것은 신성로마제국 영역에서의 대관이 불허되었기 때문이다. 1701년 1월 18일 아침 쾨니히스베르크 성내 선제후 알현실에서 거행된 대관식에서 프리드리히 1세는 237개의 보석으로 장식된 묵직한 금관을 스스로 자기 가발 위에 얹었고, 왕비 조피 샤를로테(Sophie Charlotte)에게도 직접 왕비관을 씌어주었다. 이것은 문자 그대로 성직자의 손을 거치지 않고 스스로 왕관을 머리에 썼다는 것을 의미한다. 이후부터 프로이센의 신임 국왕은 쾨니히스베르크에서 대관식을 거행했고, 이러한 예식은 프로이센의 마지막 국왕인 빌헬름 1세 때까지 유지되었다.

100 '안테 포르타스'는 로마 시대 문인, 철학자, 변론가 그리고 정치가로 활동한 키케로(Marcus Tullius Cicero)가 쓴 표현으로 원래는 "한니발 안테 포르타스", 곧 한니발

페테르부르크에서 같이 근무했던 슐뢰처에게 5월 15일 서신을 보냈는데, "런던인지 파리인지 결정된 게 없어. 확률상 베를린, 파리, 런던 순이 될 것 같아. 하지만 며칠 뒤에 어떻게 바뀔지는 나도 모르지"라고 했다. 실제로 당시 수상 카를 안톤(Karl Anton)과 그의 후계자로 지명된 호엔로에-인겔핀겐(Adolf Prinz zu Hohenlohe-Ingelfingen) 등은 빌헬름 1세에게 비스마르크의 내각 영입을 추천했다.[101] 그러나 빌헬름 1세는 회의적인 반응을 보였는데, 호엔로에-인겔핀겐과의 독대 과정에서 비스마르크의 튀는 성격이 강조된 데서 연유했다. 국왕의 이런 대응에 결정적 원인을 제공한 사람은 비스마르크를 장관이나 수상으로 결코 보고 싶어 하지 않던 아우구스타 왕비였다. 실제로 아우구스타는 18쪽에 달하는 회고문을 작성하여 국왕에게 전달했는데 비스마르크의 과거 행적, 특히 전과기록을 상세히 나열했다. 빌헬름 1세는 여러 신문에서 거론한 호엔로에-인겔핀겐 수상 후임으로 비스마르크가 임명될 것이라는 기사에 대해서는 진위를 언급하지 않았고, 호엔로에-인겔핀겐이 비스마르크를 차기 수상으로 추천한 것 역시 함구했다. 당시 빌헬름 1세는 비스마르크를 최악의 상황, 즉 호엔로에-인겔핀겐 내각이 헌법 위반의 '다모클레스의 칼(Damoklesschwert)'에 구부러져 꺾이고 하원과의 헌법 협상이 좌절되면 활용할 생각을 하고 있었다.[102]

비스마르크의 다음 임지를 둘러싼 인사 문제는 예상보다 시간을

이 성문을 향해 진격 중이라는 뜻이다.

101 호엔촐레른-인겔핀겐은 1858년 11월 5일 수상으로 임명되었다.

102 '다모클레스의 칼'은 환락 중에서도 늘 존재하는 위험에 대한 비유다.

나폴레옹 3세

끌었다. 5월 23일 비스마르크는 자신의 근무 후임지를 알려주거나 해임할 것을 요청했고, 이로부터 정확히 3시간 뒤 파리 주재 프로이센 외교사절로 임명한다는 소식을 전달받았다. 그러나 임지로 떠나기 전인 5월 26일 빌헬름 1세는 "파리에서 '확실하게 자리를 잡지 말고(au qui vive)' 기다려달라"는 여운성 발언도 했다. 비스마르크는 바로 파리로 출발했다. 프랑스 주재 프로이센 대사로 근무한 지 채 1년도 안 되었지만, 이 시기에 그는 나폴레옹 3세의 보나파르트 정책에 대해 깊은 관심을 보였다. 여기서 그는 외교적 업적을 통해 국내 문제를 해결하려는 보나파르트 정책의 운용 과정을 세밀히 관찰해 그것을 향후 자신의 정책에 활용하겠다는 생각도 하게 되었다.[103] 파리에서는 예전과 달리 행복하지 않았는데, 그 이유는 여러 가지였다. 우선 대사관 건물이 편안하지 않았고, 가족과 다시 떨어진 것이 몹시 힘들었으며, 좋아하던 밤색 암말을 탈 수도 없었다. 또한 파리가 여름휴가 시즌이라 비스마르크는 사람들과 만날 기회조차 거의 없었다. 그렇지만 황궁의 환대는 바랄 게 없을 정도로 융숭했으며, 나폴레옹 3세는 그를 여러 차례 접견했다. 비스마르크는 나폴레옹과 대화를 나누면서 마치 자신이 이집트 관리 보디발(Potiphar)의 아내로부터 유혹받는 요셉(Joseph)의 처지가 된 것 같다고 외무장관 베른스도르프(Albrecht v. Bernsdorff)에게 보낸 서신에서 밝혔다.[104]

당시 비스마르크는 나폴레옹과의 독대에서 프랑스 황제가 프로이센의 관심에 대변할 준비가 되었는지를 먼저 확인하고자 했다. 비스마르크에 따르면, 나폴레옹 3세는 음흉한 동맹 구상을 밝히면서 그것에 대해 관심을 보이면 좀 더 구체적으로 자신의 구상도 언급한다는 것이다. 실제로 나폴레옹 3세는 오스트리아가 관여하지 않는 소독일주의 원칙에 따른 통일을 지지했다. 그리고 나폴레옹 3세는 프로이센이 오스트리아와 충돌한다면 빌헬름 1세를 적극적으로 지지할 것이라는 발언도 했고, 오스트리아 전체가 통합 독일에 참여하는 것을

103 실제로 비스마르크는 1870년대 후반부터 보나파르트 정책을 활용하기 시작했다. 즉 그는 외교정책, 특히 식민정책을 적극적으로 펼쳐 국내에서 발생한 문제를 해결하려고 했는데, 이를 지칭하여 '사회제국주의(Sozialimperialismus)'라 한다.

104 나폴레옹 3세는 혼자서 파리에서 생활하던 비스마르크에게 한 여성을 소개했지만, 비스마르크는 "이미 결혼했습니다"라며 정중하게 거절했다. 이에 프랑스 황제는 "아내와 함께 있는 게 아니지 않소?"라며 재차 권했지만, 비스마르크는 거절 의사를 다시금 분명히 했다.

배제한 모든 방법의 통일을 지지한다고 했다. 그의 관점에 따르면 오스트리아 전체가 참여한 독일 통일은 유럽 내 세력균형에 위협을 줄 수 있다는 것이다.

프랑스 황제와의 대화 또는 독대 과정에서 비스마르크는 이 인물이 프로이센에 오스트리아와 전쟁을 하게끔 유도하고, 자국의 중립 대가로 라인강 좌안 지역을 확보하려 한다는 것도 알게 되었다. 그뿐만 아니라 비스마르크는 프로이센이 자국의 안전을 견지하려면 독일 내에서 주도적 역할을 해야 한다는 것 역시 인지했다. 즉, 그는 프로이센이 생존하려면 개혁된 독일 연방 내에서 주도권을 장악하거나 병합을 통해 쟁취해야 한다는 관점을 가졌다. 당시 비스마르크는 통일 독일의 국경선도 제시했는데 그에 따르면 북쪽으로는 동해와 북해의 해안까지, 서쪽으로는 라인 지방까지, 그리고 남쪽으로는 알프스산맥과 보덴제까지를 자연적 국경으로 간주했다.[105]

비스마르크는 파리에 온 지 3주 만인 6월 말, 런던 세계박람회 참관을 위해 7일간의 휴가를 신청했다. 런던에서 비스마르크는 예상과는 달리 주요 정치가들과 자주 만났다. 총리인 파머스톤(Henry John Temple, 3rd Vicount Parmerston), 외무장관 러셀(John Russel), 그리고 야당 당수인 디즈레일리(Benjamin Disraeli) 등과 회동했다.[106] 런던에서 파리

105 보덴제는 오늘날 독일과 스위스 경계에 있는 호수다.

106 파머스톤은 1859년 6월 12일부터 총리로 활동했다. 비스마르크는 디즈레일리와의 면담에서 "앞으로 저는 오스트리아에 전쟁을 선포할 것이며, 독일 연방도 해체하고, 독일 내 중·소 국가들도 굴복시킨 후 프로이센 주도로 독일을 통일시킬 것입니다"라는 언급도 했는데, 이것은 향후 자신이 프로이센의 실세로 등장하리라는 확신에서 나온 것 같다. 아울러 비스마르크는 실세로 등장한 후 추진할 정책의 목표에 대해서도 선제적으로 거론했다.

로 돌아온 그는 건강을 보전할 필요가 있다는 구실로 프랑스에서 더 욱 긴 휴가를 보낼 수 있도록 간청했다.

이후 비스마르크는 블루아(Blois), 보르도(Bordeaux), 바욘(Bayonne), 산세바스티안(San Sebastian)을 걸쳐 비아리츠(Biarritz)까지 갔다. 비아리츠에서 보낸 8월은 정치 세계와는 거리가 먼 평화롭고 아름다운 풍광을 누리게 해주었다. 비스마르크는 매일 2시간 정도 해수욕했고, 브뤼셀의 러시아 외교관 오를로프(Nikolai Orlow) 부부와 어울렸다. 오를로프는 크림전쟁 중에 한눈을 잃어 그 이후부터 외교관으로 활동했다. 그의 아내 카타리나는 매력적인 미모를 자랑했다.[107]

타고난 우아함에 재기발랄한 25세의 카타리나는 비스마르크를 '아저씨'라 불렀고, 이러한 친밀감으로 47세의 비스마르크는 설레는 감정도 느꼈다. 당시 비스마르크는 카타리나를 보면서 마치 마리 타텐-트리에클라프가 다시 태어난 것 같은 느낌도 들곤 했다.

거의 매일 아내에게 편지로 일과 및 아름다운 풍광을 두 눈으로 보는 것처럼 알려주던 비스마르크는 자신의 이런 감정을 솔직하게 털어놓았다. 이제 요하나도 남편이 카타리나를 좋아하고 있다는 사실을 알게 되었다. 그녀는 한 친구에게 보낸 서신에서 자신의 감정을 솔직히 토로했다. 서신에서 요하나는 자신이 질투와 시기 같은 성향을 지녔다면 아마도 격정의 가장 깊은 절벽까지 빠졌을 것이라고 했다.

107 트루베츠코이(Trubetskoy) 가문 출신의 카타리나는 1858년 오를로프와 결혼했다. 카타리나는 여행을 끝내면서 비스마르크에게 사진을 시곗줄 따위에 다는 장신구인 얼룩 마노 펜던트(Onyxmedaillon)를 선물했는데, 비스마르크는 죽을 때까지 시곗줄에 달고 다녔다. 비스마르크는 휴가가 끝난 후에도 카타리나에게 은밀하게 연서를 보냈고, 그녀로부터 답장도 받았다. 1875년 8월 4일 비스마르크는 자기 삶에 신선한 활력을 준 카타리나의 죽음 앞에서 다시 한번 깊은 슬픔에 잠겼다.

이어 그녀는 자신의 정서에는 그러한 성향이 없으므로 사랑하는 남편이 휴양지에서 매력적인 여성을 발견하고 만나는 것에 대해 오히려 끊임없이 기뻐할 뿐이라는 심정도 밝혔다. 그뿐만 아니라 요하나는 사랑하는 남편이 오랫동안 사교생활을 하면서 한 점의 오점도 남기지 않은 것을 부각하면서 무엇보다 남편의 건강이 이전보다 훨씬 나아진 것에 안도한다는 것 역시 밝혔다. 이러한 서신을 통해 요하나는 남편 비스마르크의 도덕성, 정직성 그리고 성실성을 믿었기 때문에 젊은 여인과의 친밀한 관계에 대해서도 대수롭지 않게 여겼다는 것이 밝혀졌다.

그러나 비스마르크는 카타리나에게서 마치 마리 타텐-트리에클라프를 보는 것만 같은 느낌을 받았다. 비스마르크와 오를로프 부부는 초원과 숲을 함께 누볐으며, 파도에 몸을 던지는가 하면, 탁 트인 평원에서 승마하고 달빛이 비치는 저녁에 음악을 즐기기도 하면서 세상사를 깨끗이 잊어버린 낭만적인 나날을 보냈다. 당시 비스마르크는 자신의 피부가 1년 전으로 돌아간 것 같다고 언급하면서 학창 시절의 휴가 같은 기분도 난다고 했다.

어느 정도 몸과 마음의 건강을 되찾은 비스마르크는 비아리츠를 떠나 오를로프 부부와 함께 며칠 더 피레네산맥 지역을 돌며 지내다가 9월 12일 툴루즈에서 베른스토르프와 룬에게 자신의 불확실한 상황을 토로하는 서신도 보냈다.

Bismarck und die deutsche Einigung

제3장 베를린 실세로 등장

1 빌헬름 1세의 군제 개혁과 의회의 반발

1861년 호엔촐레른 가문의 새로운 지배자로 등장한 빌헬름 1세(Wilhelm I, 1861~1888)는 섭정 신분으로 룬[1]과 몰트케(Helmuth Graf v. Moltke)를 각각 국방부 장관(Kriegminister)과 육군 참모총장으로 임명하고 이들에게 프로이센군 증강과 효율적 운용에 필요한 방안 마련을 지시했다.[2] 그런데 빌헬름 1세의 이러한 지시는 주변 국가들의 병력이 대폭 증강된 데서 나온 우려의 표시였다.[3] 프로이센 인구는 1820년 1천만 명 정도였지만, 1850년대 말에는 거의 2배인 1,800만

---

1 육군 중장 룬은 포메른 지방의 가난한 귀족 출신이었고, 그의 조카는 비스마르크의 학창 시절 친구였던 블랑켄부르크였다. 이미 1849년 바덴 봉기를 진압할 때부터 줄곧 프로이센군 편제에서 확인되는 문제점을 지적한 이 인물은 1859년 12월 보닌(Eduard v. Bonin)이 국방부 장관에서 물러난 후 그 후임으로 임명되었다. 그 이후부터 룬은 군제개혁의 필요성을 부각하는 데 주력했다.

2 빌헬름 1세는 평상시의 군대 규모를 14만 명에서 20만 명으로 증강하려고 했다.

3 실제로 프로이센은 1813년 이후, 즉 해방전쟁 이후 14만 명의 병력을 그대로 유지했지만, 인접 국가 중 특히 프랑스 병력은 17만 명에서 40만 명으로 대폭 증강되었다. 오스트리아 역시 프로이센 군사력을 훨씬 능가하는 31만 명의 병력을 보유했고, 러시아는 프랑스나 오스트리아보다 훨씬 많은 50만 명의 병력을 운용했다.

명으로 늘어났다. 그런데도 경제적 이유로 연간 징집 숫자는 4만 명으로 고정되었고, 그로 인해 매년 14만 명의 프로이센 청년이 군 복무를 면제받았다.[4]

이러한 문제점을 없애고 국민개병제를 현실화하기 위해 룬은 연간 징집 인원을 6만 5천 명으로 늘릴 것을 제의했다. 이렇게 징집 인원을 늘린다면 프로이센은 약 20만 명의 병력을 보유하게 되리라는 것이 룬의 계산이었다. 당시 병사들은 일선 연대에서 3년간의 복무 의무에도 불구하고 실제로는 2년 반 만에 제대하는 경우가 많았다. 이후 2년간은 예비군(Reserve der Linie)으로, 이어 7년간을 제1 후비군(Landwehr) 신분으로 지방군에서 복무한 후 나머지 7년을 제2 후비군으로 복무했다.[5] 이러한 배치는 만족스럽지 못했는데, 그 이유는 후비군이 고령이고, 반수 이상 가족까지 부양해야 할 형편이었고 전투에도 부적합했기 때문이다.[6] 따라서 룬은 병사들이 일선 연대에서 3년

---

4 병역 의무 나이에 도달한 프로이센 청년의 67%가 우연(Zufall) 또는 자유재량에 따른 추첨방식을 통해 병역 의무에서 면제되었다. 이러한 과정에서 병역 의무를 제대로 수행할 능력이 있는지에 대한 조사는 생략되는 경우가 많았다.

5 실제로 당시 프로이센 청년들은 2년간 병역 의무를 수행했지만, 프랑스 청년들은 4~7년, 오스트리아 청년들은 3~5년, 그리고 러시아 청년들은 12년 동안 병역 의무를 이행해야 했다. 이렇게 프로이센 주변 국가들의 병역 의무가 장기화되면서 전투 경험을 가진 군사력을 갖추게 되었다. 당시 프로이센의 제1 후비군은 비상시 전방에 배치되었다.

6 후비군은 전쟁이 벌어지면 정규군과 더불어 공격의 한 축이 되어야 했다. 따라서 이들은 40세까지 일요일이나 축제 기간 중에도 야전 근무 훈련을 받아야 하지만, 실제로는 1년에 한 번 정도 군사훈련을 받는 경우가 많았다. 그리고 이마저 제대로 시행되지 못했는데, 그것은 후비군의 상당수가 사회생활을 했기 때문에 군사훈련 장소에서 멀리 떨어져 있는 경우가 많았다. 따라서 많은 후비군은 군사훈련에 참여하지 못했고 이들에 대한 제재 역시 불가능했다. 당시 후비군의 전투 능력(Kampfwert)을 크게 의심하던

간 복무한 후 예비군에서 4년간, 그 이후 지방군에서 7년간 복무하게끔 제도를 수정하기로 했다. 처음 7년간의 강도 높은 훈련 후 지방군에 편입된 병사들은 전방 복무를 요구받지 않을 것이고, 장차 후방부대나 수비대로서의 부차적인 역할만 수행하면 되었다. 이렇게 늘어난 병력을 수용하기 위해 39개의 보병연대와 10개의 기병연대를 새로 창설하는 것도 개혁안에 포함되었다.

이러한 제안을 구체화한 법안이 1860년 2월 10일 하원에 제출되었다. 그 내용은 1817년 이후 매년 4만 명으로 고정된 신규 징병 규모를 6만 5천 명으로 늘리고 일반 병사들을 일선 부대에서 3년간 복무시킨 후 예비군에서 4년간, 그리고 지방군에서 7년간 복무하게끔 제도를 고친다는 것이었다. 이러한 제도 개편으로 프로이센은 20만 명의 병력을 보유하게 되는데, 이를 재정적으로 뒷받침하기 위해서는 매년 추가 국방비 명목으로 950만 탈러(thaler)를 지원해야 한다는 것도 법안에 명시되었다.[7] 당시 자유주의자들은 1857년 위기 이후 급증한 군사비에 대해 비판적이었다. 그러나 더욱 근본적인 문제는 그들이 후비군 격하에 반대한 것이다. 샤른호르스트(Gerhard Johann v. Scharnhorst)와 그나이제나우(August Wilhelm Anton Neidhardt Graf v. Gneisenau) 시대 이후부터 자유주의자들은 지방군에 커다란 의미를 부여하고 있었다. 귀족 출신이 아닌 중산계층 출신의 장교 휘하에서 후비군은 무장한 신민의 상징이 되었고, 계몽적 영향력의 산물로 간주하기도 했다. 그런데 당시 룬은 프로이센 병사는 생각하지 말고 무조

직업 장교들 역시 후비군의 개편 필요성을 강력히 제기했다.

7 추가 국방비 충당을 위해 25%의 세금 인상이 필요했다.

건 명령에 복종해야 한다고 했다.

자유주의자들은 룬의 제안 배후에 정치적 의도가 있음을 정확히 간파했다. 실제로 당시 빌헬름 1세와 룬은 지방군이 가졌던 자유주의적 중간계급 성격을 우려했는데, 그것은 이들이 그 속에서 강력한 군주 제도를 저해하는 요소도 보았기 때문이다. 그렇다고 해서 당시 자유주의자들이 평화주의자였던 것은 아니다. 반대로 이들은 프로이센이 오스트리아를 배제한 소독일주의 원칙에 따라 독일을 통일하려면 반드시 강력한 군대를 확보해야 한다는 점도 잘 알고 있었다. 따라서 이들은 현역병 증강에 대해서는 기꺼이 동의했다. 그러나 이들은 후비군에 관한 제안을 거부했고, 또 재정 절감을 위해 현역 복무기간을 3년에서 2년으로 단축할 것도 요구했다. 이에 정부는 갑자기 법안을 철회했고 이것은 자유주의자들을 매우 당혹하게 했다. 룬은 1814~1815년의 군사 법령 등에 의해 총사령관인 국왕에게 귀속된 제 권한 사용으로 자신이 그 개혁이행에 필요한 권한도 충분히 위임받았다고 생각했다. 하원은 단지 병력증강에 필요한 재원을 공급받는다는 점에서만 필요하다는 것이다. 자유주의자들은 1860년 5월의 '신시대'를 위태롭게 하지 않으려는 의도에서 1년간의 추가 군사비 명목으로 950만 탈러를 지원하기로 가결했으나, 그것은 그들이 반대하는 군제개혁이 일방적으로 시행되지 않을 것이라는 구두양해에서 비롯되었다. 그러나 섭정과 군사 고문들은 하원이 그들에게 백지 위임했다고 생각했다. 그리하여 새로운 연대들이 창설되었고, 그 깃발들이 신왕 빌헬름 1세에 의해 프리드리히 2세 묘역에 헌정되었다. 자유주의자들은 이러한 행위에 크게 격분했다. 그런데도 이들은 복무기간을 2년으로 단축하기 위한 의안이 제출되어야 한다는 조건을 붙여

두 번째로 예비비 지출을 승인했는데, 이번에는 겨우 3표 차로 가결되었다.

점차 자유주의 정당 내 좌파 세력의 불만은 증대되었다. 1858년 이후 행정개혁의 진전은 매우 느렸다. 프로이센에서 기득권은 깊이 뿌리내렸고, 특히 영향력 있는 군수(Landräte) 같은 종신 관리나 상원은 대부분의 개혁을 성공적으로 저지했다. 다만 군제개혁에서 자유주의 지도자들을 순응시키는 일만이 이들에게 남아 있었다. 당시 자유주의 좌파 계열 인사들은 '법치 국가(Rechtsstaat)'를 향한 진정한 개혁을 촉구했고, 통일에 필요한 더욱 적극적인 조치들도 요구했다. 이러한 목적들을 성취하기 위해 이들은 1861년 6월 6일 독일 진보당(Deutsche Fortschrittspartei)을 발족시켰다. 같은 해 12월 5일과 6일에 걸쳐 실시된 하원 선거에서 109석을 차지한 독일 진보당은 제1당으로 부상했지만, 14석을 획득한 보수파는 정당으로서의 의미마저 상실하게 되었다. 당시 독일 진보당은 의회 내 각 파의 지지를 얻어 정부의 군제 개편을 원천적으로 봉쇄하고자 했다. 91명의 구자유주의적(Altliberalen) 의원과 50명의 중도 좌파(Linkenzentrum) 의원도 독일 진보당의 이러한 입장을 지지했다.

원내에서 제1세력으로 부상한 독일 진보당은 자유주의자들과 마찬가지로 강력한 군대를 열망했다. 그러나 이전의 자유주의자들과 달리 이들은 군제 개혁 문제를 헌법적 개혁, 특히 상원의 권한을 약화하기 위한 지렛대로 활용하려고 했다. 독일 진보당 의원들은 의회의 동의 없이는 더는 군대를 재조직하지 못하게끔 하원이 예산 명세의 상세 심의권을 가져야 한다는 주장도 펼쳤는데, 이것은 다른 부서에 편성된 예산이 국방비로 전용되는 것을 막는 조치였다. 상황이 이렇게 전개되자, 빌헬름 1세의 고문들은 하원 해산을 제안했고, 반동적인 군 지도자들과 성급한 진보파 사이에서 어려움을 겪던 자유주의 장관들도 사직했다.

결국 국왕은 3월 11일 하원을 해산했다. 이렇게 의회가 해산됨에 따라 호엔로에-인겔핀겐의 신내각이 3월 14일에 구성되었는데, 여기에는 이전과 달리 보수적 성향의 인물들이 대거 참여했고, 이것으로 '신시대(Neue Ära)'는 끝난 것처럼 보였다.

2 비스마르크의 등판

독일 진보당과 자유주의 좌파는 1862년 5월 6일 시행된 하원 선거에서 각각 133석과 96석을 차지하여 압도적 승리를 거두었다. 총 353석 중에서 229석을 차지한 이들 세력은 하원을 완전히 장악했다. 이에 반해 보수세력은 단지 11석을 확보했는데, 이것은 이들의 지지 기반이었던 10개 주 가운데 단지 2개 주에서만 의원이 선출되는 불상사도 초래했다.[8] 그런데도 아직까지 대화를 통한 문제해결은 가능했다. 9월 8일 몇몇 진보파 의원, 특히 지벨(Heinrich v. Sybel)과 슈타벤하겐(Friedrich Karl Leopold Stavenhagen)은 추가 국방비 지출을 승인하면서

8 이러한 선거 결과를 접한 빌헬름 1세와 군제개혁을 주도하던 군부의 핵심 인물들은 큰 충격을 받았다. 선거기간 동안 빌헬름 1세는 보수세력의 승리를 위해 선거 참여 촉구 캠페인을 전개하려 했는데, 그의 측근들은 그에게 선거에 대한 국왕의 노골적 개입은 입헌군주정 체제하에서 불법임을 인지시키려 했다. 이에 대해 빌헬름 1세는 군부의 핵심 참모들에게 더 많은 권한을 부여해야 한다는 생각도 하게 되었다. 국왕의 의도를 파악한 군부의 핵심 인물들은 혁명적 상황을 극복하는 방안, 무력으로 하원을 해산한다는 내용을 담은 문서를 작성하고 국왕의 서명까지 받았다. 이 문서는 극비리 프로이센의 모든 연대에 보내졌고 그에 따른 준비 작업도 진행되었다. 그러나 선거가 끝난 후 프로이센 군부가 추진한 국정에 대한 무력적 개입은 가시화되지 못했다.

군 복무 기간을 2년으로 축소할 것도 요구했다. 룬은 이에 응했고 장군들 역시 군사훈련을 위해서는 2년의 기간만으로도 충분하다고 생각했다. 다만 3년째 되는 해는 병사들을 군주에 대한 복종과 충성심으로 교화시킬 기회로 중요한 시기였다. 그러나 빌헬름 1세는 이러한 절충안에 동의하지 않았다. 당시 빌헬름 1세는 군대 문제에서 어떠한 이유로도 의회의 다수파에 양보하려 하지 않았다. 8월에 하원은 군제 개편에 필요한 모든 추가 자금 지출을 거부했다. 마침내 국왕과 하원은 첨예한 헌법적 쟁점에 직면했는데, 말하자면 프로이센을 지배하는 것이 국왕이냐 아니면 의회냐 하는 문제였다. 위기가 더욱 심화하자, 왕세자 프리드리히는 국왕에게 양보할 것을 제안했다. 빌헬름 1세의 각료들 역시 합법적 예산 없이 통치해야 한다는 상황에 놓이게 되자, 동요하지 않을 수 없었다.

이러한 상황에서 하원은 9월 예산안 자체 상정을 각하했다. 이에 따라 빌헬름 1세는 왕세자 프리드리히에게 왕권을 양위(Abdankung)하려는 생각을 하게 되었고 그에 필요한 절차도 비밀리에 밟기 시작했다. 실제로 당시 빌헬름 1세는 군제 개혁을 철회할 생각이 없었다.

빌헬름 1세는 자신의 서명과 날짜만 빠진 양위 문서(Abdankungsurkunde)를 작성했고, 그것을 자신의 측근 인사들에게 제시했다. 빌헬름 1세의 이러한 시도에 우려를 표명하던 룬은 비스마르크만이 이러한 상황을 극복할 수 있을 거라고 판단했다.

9월 16일 외무장관 베른스토르프가 비스마르크에게 전보를 보냈는데, 국왕께서 귀환을 허락했기 때문에 가능한 한 빨리 베를린으로 돌아올 것을 요구했다. 그러나 비스마르크는 베른스토르프에게 아무런 답변도 하지 않았다. 9월 18일 룬도 휴가를 끝내고 파리로 돌아가

비스마르크(1862)

던 비스마르크에게 "지체하면 위험하다. 서두르시오(periculum in mora. Depechez vous)"라는 내용의 전보를 보내 조속히 귀국할 것을 종용했다.[9] 룬은 비스마르크가 당시 제기된 문제를 해결할 수 있는 최적의 인물이라는 것을 빌헬름 1세에게 주지시켰다.[10] 그러나 빌헬름 1세는 비스마르크를 수상으로 임명하는 것에 다소 유보적인 자세를 보였다. 비스마르크 역시 빌헬름 1세가 자신에 대해 부정적 시각을 가졌음을 알았지만, 룬의 전보를 받은 즉시 베를린으로 출발했는데 이는 베른

9 당시 룬은 하원의 탄핵 대상으로 부각되었다.

10 9월 17일 룬은 하원과의 협상에서 중재안, 즉 하원이 추가 국방비 지출을 승인하는 대신 룬은 군 복무 기간을 2년으로 축소한다는 것을 제시했지만, 빌헬름 1세는 그에 동의하지 않았다.

스토르프의 서신을 받은 후와는 전혀 다른 행동이었다.[11] 당시 튀링겐에 머무르던 왕세자 역시 국왕의 부름을 받고 베를린에 도착했다. 왕세자는 두 차례에 걸쳐 국왕과 독대했고, 어떤 경우에도 왕관을 물려받지 않겠다는 태도를 밝혔다. 그런데도 국왕의 태도가 바뀌지 않자 왕세자는 9월 20일 베를린을 떠났다.[12]

25시간 동안 기차를 타고 베를린에 도착한 비스마르크는 9월 20일부터 베를린과 포츠담 사이의 하펠 강변에 있는 바벨스베르크(Babelsberg)성에 머무르면서 당시 국왕과 의회 사이의 대립을 좀 더 구체적으로 파악하고자 했다. 아울러 자신을 위험에 직면한 주군, 즉 브란덴부르크 선제후(Kurfürst)의 봉신에 비유함으로써 자신의 의무가 무엇인지를 우회적으로 밝혔다. 당시 비스마르크는 프로이센에서 프랑스 대혁명 기간 중 방데(Vendée)에서 발생한 참변 같은 것이 재현되더라도 주군에게 무조건 충성한다는 자세를 보였다. 다음 날 룬은 일요예배를 마친 빌헬름 1세를 만났고, 거기서 비스마르크와의 독대도 제의했다.

9월 22일 오후 빌헬름 1세는 바벨스베르크성에서 자신의 계획인 왕권 양위를 실행하기에 앞서 비스마르크와 서너 시간에 걸쳐 심도 있는 대화를 나누었다. 대화에 앞서 빌헬름 1세는 집무실 탁자 위에

---

11 비스마르크가 룬의 요구를 바로 수용한 것은 그와 친하다는 것 외에도 또 다른 이유가 있었다. 그것은 그가 오를로프 부부와의 여행을 마치고 파리로 돌아가고 있었기 때문이다.

12 9월 19일 왕세자의 일기장에서 "부친께서는 비스마르크-쇤하우젠(Bismarck-Schonhausen!!!!)을 수상으로 임명하려는 의지를 가지신 것 같다"라는 문구가 확인된다. 프리드리히 왕세자는 베를린을 떠나기 전에 비스마르크와 독대했고, 당시 국왕과 의회 사이의 대립 상황에 대해 정확히 설명했다.

양위 문서를 가져다놓았다. 당시 빌헬름 1세는 비스마르크와의 대화에서 충돌이 발생한다면, 양위 문서를 활용한다는 생각도 하고 있었다. 이는 충성스러운 비스마르크의 만류로 양위 문서가 실제로 사용되지 않을 것이라는 국왕의 확신에서 나온 것이었는데, 이를 통해 양위 문서 작성은 허풍(Bluff)에 불과하다는 견해도 제시되었다. 국왕과의 대화에 앞서 비스마르크는 8쪽에 걸쳐 빽빽하게 작성한 정부 구성안을 국왕에게 제출했는데, 만일의 상황을 대비한 정부 정책뿐만 아니라 지방의회 개혁안도 언급되었다. 빌헬름 1세는 대화 과정에서 비스마르크에게 3년 복무가 명시된 군제 개혁을 완수할 수 있는지 물었다. 또한 비스마르크가 하원의 다수 세력이 관철한 사안을 번복시킬 수 있는지도 확인하고자 했다. 빌헬름 1세의 이러한 질문들에 대해 비스마르크는 하원과의 대립 과정에서 군주를 위험에 처하게 하느니 차라리 그와 더불어 몰락하겠다는 태도를 밝혔다.

빌헬름 1세는 비스마르크와의 독대 과정에서 하원에서 확산하던 분위기에 우려를 표명했는데, 그것은 하원이 자신들의 목적을 달성하지 못한다면 우선 비스마르크를, 다음에 자신을 처형하리라는 것을 언급했다. 비스마르크는 국왕의 권위를 위해 어떠한 명령, 즉 자신의 관점에 대치되는 것들도 받아들이겠다는 의사를 밝혔다. 아울러 그는 빌헬름 1세에게 의회의 기능을 무시한 독재 시대를 한시적으로 도입해야 한다는 것도 강조했다. 비스마르크의 이러한 확고한 자세는 빌헬름 1세로부터 긍정적인 반응을 끌어냄과 동시에 속내는 그렇지 않았지만, 자신의 퇴위를 철회하는 요인으로도 작용했다. 비스마르크는 빌헬름 1세를 완벽히 신뢰하지 않았는데, 이는 1868년에 나온 술회에서 확인되었다. 즉, 그는 빌헬름 1세가 '온갖 어려움을 이겨내면서

(durch dick und dünn)' 자신과 동행할지 의문을 제기했다.

당시 왕비 아우구스타는 자신의 정적이던 비스마르크의 등용을 반대했는데, 그것은 그녀가 아직까지 3월 혁명 기간 중 비스마르크가 시도한 모반 시도를 용서하지 않았기 때문이다. 아우구스타는 신의 은총에 따라 비스마르크는 외무장관 또는 수상이 될 수 없다고 했다. 이어 그녀는 비스마르크 같은 인물이 프로이센에서 고위직 관료로 활동한다면 그 자체가 자신을 비롯한 모두에게 끔찍한 일이 되리라고 했다.[13]

국왕과 의회가 날카롭게 대립하는 가운데 1862년 9월 23일 47세의 비스마르크는 임시 수상(Interimistische Ernennung zum preußischen Ministerpräsidenten)으로 임명되었다. 같은 날 의회는 308 대 11이라는 압도적인 표 차로 군제 개혁을 위해 정부가 요구한 예산안을 거부했다. 이로써 의회와 정부 간의 갈등은 새로운 위기 국면으로 치달았다. 그런데도 비스마르크는 군사 내각의 수장 만토이펠이 이끌던 비상위헌당이 목표로 제시한 헌법철폐를 단호히 거부했다. 오히려 그는 상

13 비스마르크에 대한 아우구스타의 적대적 행위는 이후에도 지속되었다. 실제로 독일 제국이 탄생한 이후에도 아우구스타는 황후 신분으로 비스마르크를 무너뜨릴 적 또는 경쟁자를 찾고자 했으며, 그 과정에서 어느 진영 출신인지 상관하지 않고 모두를 기용하려고 했다. 따라서 비스마르크는 황후를 외국의 권력자나 국내의 적대적 정당보다 더 무거운 상대로 간주했고, 그녀와의 대립을 다른 그 어떤 마찰보다 힘겨워했다. 1877년 4월 자유보수당 소속의 제국의회 의원인 발하우젠(Robert Lucius v. Ballhausen) 남작이 프리드리히스루로 비스마르크를 방문했는데, 거기서 그는 재상에게서 황후 아우구스타에 대한 부정적 소리를 듣게 되었다. 비스마르크는 황후가 남편의 사생활은 물론 외교 문제까지 일일이 간섭함에 따라 황제를 불편할 정도로 곤경에 빠뜨린다는 것을 언급하면서 남편을 대리한다는 구실로 외국 위정자들에게 서신을 직접 보내 정치를 엉망으로 만드는 장본인이라고 했다. 비스마르크는 그러한 행위가 바로 국가에 반역하는 행위라는 관점도 피력했다.

호 대립하던 정당들이 타협할 수 있게끔 시간을 벌고자 했다. 동시에 그는 휴전을 끌어내고자 자유주의 진영의 정당 지도자들과 접촉했지만, 성과를 거두지 못했다.[14]

비스마르크 내각은 9월 29일 1863년도 예산안을 철회한 후 다음 회기에 의무복무를 다룬 새 법안과 함께 예산안을 다시 제출하기로 했다. 그리고 비스마르크는 예산위원회에서 국가 예산 중 군사비 항목 삭감에 관해 자신의 태도를 명백히 밝혔다. 즉, 그는 1862년 9월 30일 하원 예산 심의위원회에서 "독일권이 주목하는 것은 프로이센의 자유주의가 아니라 그 권력입니다. 빈 회의에서 결정된 우리 국경은 정상적인 국가에 어울리지 않습니다. (…) 오늘의 큰 문제는 언론이나 다수결(Die Großen Fragen der Zeit Reden und Majoritätsbeschlüsse entschieden) — 이것이 1848년과 1849년의 큰 잘못입니다(Großer Fehler von 1848 und 1849) — 이 아닌 철과 피(Eisen und Blut)에 의해서만 결정됩니다"라고 언급했다.[15] 비스마르크는 자신이 분명히 당연한 사실을 말했다고 믿었으나 이것은 착각이었다. 이해하기 쉽도록 고른 '철'과 '피', 오늘날까지도 비스마르크라는 이름에 첨부되는 '피와 철(Blut und Eisen)'은 폭풍과도 같은 분노를 일으켰다.

자유주의 성향의 정치가들과 신문들은 비스마르크가 국내의 정치적 갈등을 외교무대로 돌려 무력 통치를 꾀한다는 비판을 가했고,

---

14 임시 수상으로 임명된 비스마르크는 처음 몇 주 동안 군제개혁과 그에 따른 헌법분쟁이 첨예화되는 것을 저지하기 위해 노력했다. 따라서 그는 하원 의원들에 대해 우호적 자세를 보였고, 카타리나 오를로프가 아비뇽에서 자신에게 이별 기념으로 선물한 올리브 가지를 자신의 수첩에서 꺼내 하원에서 화해의 상징으로 들어 올리기도 했다.

15 '철과 피'는 이내 '피와 철'로 바뀌었다.

10월 3일 바덴 출신의 자유주의자 로겐바흐(Franz v. Roggenbach)가 몰(Robert v. Mohl)에게 "비스마르크와 그의 내각을 바로 쓸어버려야 한다"라고 한 것이 그 대표적 일례라 하겠다. 이에 대해 비스마르크는 프로이센 왕권이 여전히 자신의 사명을 제대로 이행하지 못하고 있음을 언급하면서 왕권 역시 하원에서 지향하던 헌법이라는 건물에 순수 장식용 보석을 달게 할 정도로 성숙하지 않았다는 다소 도발적인 발언을 했다.

비스마르크가 하원에서 '철과 피'를 언급한 연설을 하는 동안 빌헬름 1세는 바덴바덴(Baden-Baden)에 머무르고 있었다. 신문에서 '철과 피'라는 기사를 읽은 국왕은 비스마르크에 대한 왕비의 평가가 옳았음을 인정했고 즉시 베를린으로 출발하는 임시 특별열차에 탑승했다. 당시 그는 비스마르크를 수상직에서 파면하려고 했다. 빌헬름 1세의 귀환 소식을 들은 비스마르크는 국왕이 베를린에서 유력 정치가들과 면담한다면 자신의 파면은 피할 수 없다는 것도 인지했다. 따라서 그는 국왕이 오고 있는 방향으로 가는 기차를 탔다. 그는 국왕이 한 작은 역에서 갈아타야 한다는 것을 알았기 때문에 세상에서 잊힌 환승역의 미완성 건물에서 국왕이 탄 열차가 도착하기를 초조하게 기다렸다.

특별열차가 환승역에 도착한 후 비스마르크는 빌헬름 1세를 만나기 위해 열차에 올랐고 거기서 표정이 다소 일그러진 국왕을 볼 수 있었다. 비스마르크는 빌헬름 1세가 더는 수상이 필요하지 않다고 언급하면서 자신에게 파면이라는 단어를 사용할 것이라는 예상도 했다. 이에 비스마르크는 선제적으로 자신이 하원에서 행한 연설에서 나온 '철과 피'는 단순히 국왕의 권위를 옹호하는 과정에서 나왔다는 것을 강조했다. 그러나 빌헬름 1세는 상심한 표정으로 앞으로 프로이센에서 어떤 일이 발생하고 종료될지를 잘 안다고 했다. 즉, 그는 오페라 광장에서 수상의 목이 잘리는 모습을 볼 것이며 이어 자신 역시 단두대의 이슬로 사라질 것이라고 언급했다. 여기서 비스마르크는 재치있게 답변했는데, 그에 따르면 자신과 국왕은 품위 있게 생을 마감해야 한다는 것이다. 바로 빌헬름 1세는 비스마르크와의 전투에서 벗어날 수 없다는 것도 인지했다. 결국 비스마르크의 신속하고 민첩한 대응 후 국왕은 상관으로부터 명령을 받는 관리로 바뀌게 되었다.

1862년 10월 8일 비스마르크는 수상 겸 외무장관으로 임명되었다. 외무장관으로서 내린 첫 훈령에서 독일어 이외의 언어로 외교문서를 작성해서는 안 된다는 것이 명시되었다. 이는 프로이센이 독일 국가임을 대외적으로 부각하려는 시도에서 나온 것 같다. 그런데 비스마르크는 한 국가의 정책을 수립하고 진행할 수 있는 전권을 가진 수상으로 임명되기 전에 실무경험은 거의 하지 못했다. 실제로 이 인물은 지방 행정의 말단직을 서너 달에 걸쳐 수행했을 뿐 내각의 장관으로 활동하지도 않았다. 짧은 의회 활동을 하면서도 비스마르크는 하원의 동의를 얻거나 하원 구성원들과 협력하는 작업을 시도하지도 않았다.[16]

당시 비스마르크는 정치가 논리적 학문이 아니라 상황변화의 모

16 1862년 10월 말 빈에서 간행되던 『피가로(Figaro)』에 캐리커처, 즉 풍자화가 게재되었다. 삽화에서 단안경을 쓴 비스마르크가 견장을 단 군복을 입고 군도를 찼는데, 이는 당시의 정치적 흐름에 대응하려는 강한 의지에서 나온 것 같다. 실제로 당시 빈 정부의 핵심 인물들은 비스마르크가 군부의 하수인에 불과하며 프로이센을 융커의 영향 아래 두려는 의지도 다졌다고 평가했다. 따라서 향후 베를린 정부는 반동적 또는 사벨(Säbel) 정부의 성격을 가질 수밖에 없다는 것이다.

든 순간에서 가장 적은 피해와 가장 유용한 것을 선택하는 능력이라고 정의하기도 했다. 그런데 비스마르크는 향후 내정에 대해 확고한 방향을 설정하지 않았다. 다만 그는 국왕이 절대적 권력을 가지고 헌법 충돌을 계속해나가기를 바랐을 뿐이다. 실제로 비스마르크는 병역 의무 기간이 2년 또는 3년으로 확정되는 것에 관심이 없었다.[17]

대화를 통해 갈등을 해결하려던 시도가 실패하자, 비스마르크 내각은 대결노선으로 대응했다. 10월 13일 하원은 폐회를 선언하면서 예산 없는 정부가 되라는 통보도 했다. 당시 하원은 정부가 헌법을 뒤엎을 속셈이 아니라면, 하원의 승인을 다시 얻으라는 조건도 붙였다. 1863년 1월 중순에 하원이 다시 소집되었을 때 비스마르크 내각은 난처한 상황에 몰렸다. 여기서 비스마르크는 하원의 반대로 차기 연도 예산이 확정되지 못한 상황에서 상·하 양원의 불일치로 예산이 통과되지 못할 경우를 대비한 헌법 규정이 없다는 것도 파악했다. 따라서 그는 하루라도 국가 통치가 중단되어서는 안 된다는 결함이론(Lückentheorie)을 부각했다.

결함이론은 이미 1862년 여름 루트비히 게를라흐와 클라이스트-레초(Hans Hugo v. Kleist-Retzow)가 여러 신문에서 거론해 사람들의 입에 오르내렸지만, 11년 전에 비스마르크가 제2차 연합지방의회에서 이미 언급한 바 있었다. 어떤 법이 합법적으로 효력을 얻기 위해서

17 당시 비스마르크는 군제개혁으로 국왕과 하원의 대립이 장기화하기를 기대했는데, 그것은 자신의 외교 정책에 대한 국왕과 하원의 동의적 분위기가 조성되기 위해서는 적지 않은 시간이 필요하다는 판단에서 나온 것 같다. 물론 빌헬름 1세는 비스마르크와의 독대에서 그에게 외교 정책을 독자적으로 펼칠 권한을 부여했다. 따라서 비스마르크는 룬과 하원 사이의 조율에서 후비군의 위상보장을 룬이 수용한다면, 하원 역시 병사들의 복무 기한을 3년으로 연장하는 것에 찬성한다는 타협안에 동조하지 않았다.

는 세 개의 입헌적 권력기관, 곧 국왕과 귀족원(상원)과 하원의 동의가 필요하다. 만약 세 권력 사이의 합의가 이루어지지 않는다면, 헌법은 세 권력 가운데 어느 쪽을 따라야 하는지 전혀 규정하지 않았다. 여기서 어떤 권력도 다른 권력에 양보를 강제할 수 없으므로 헌법은 의사소통을 위한 타협의 길을 걸어야 한다고 정했을 뿐이라는 것이 결함 이론의 핵심적 내용이라 하겠다.[18]

비스마르크는 프로이센이 영국이 아니기 때문에 베를린 정부는 런던 정부처럼 의회에 대해 책임지지 않아도 되며, 헌법적 교착상태가 초래된다면 오직 국왕만이 그것을 해결할 권한을 가진다는 태도도 밝혔다. 이후 그는 긴급권을 발동하여 예산 승인 없이 국가를 운영하기 시작했다.[19] 비스마르크는 국왕의 신임을 얻기 위한 싸움에서 모든 정적을 무력화하는 것이 직위를 유지하는 지름길이라는 것을 인지하고 그에 걸맞게 자신의 정책도 바꾸었다. 타협을 포기한 비스마르크는 오로지 군주와 그의 이익에 전념하겠다는 것을 확실히 국왕에게 보여주기 위해 공개적인 대립 정책을 지향했다. 이로써 하원의 예산권은 무력화되었고, 군제 개혁을 둘러싼 분쟁은 헌법 투쟁(Verfassungskonflikt)으로 비화했다. 비스마르크는 관료와 군대를 장악

18 1862년 8월 14일 반관반민 신문인 『슈테른차이퉁(Sternzeitung)』에 룬의 친구이자 본의 저명한 헌법학자인 페르테스(Clemens Theodor Perthes)도 같은 맥락의 '결함 이론'을 게재했다. 페르테스는 기고문에서 국가 예산이 적절한 시기에 하원에서 통과되지 않는다면, 정부는 '국가의 일반적 이익'을 위해 결함을 메꾸어야 한다고 주장했다. 즉, 그는 예산 없이 국가를 한시적으로 운영해야 한다는 관점을 밝힌 것이다.

19 이에 하원 의원들은 수상과 현 체제를 바꾸지 않는 한 현재의 위기 상황이 극복될 수 없다는 청원서를 국왕에게 제출했다.

하고 예산 불승인에도 불구하고 조세 징수를 감행했다.[20] 이에 '독일 진보당'은 국민에게 납세 거부를 호소했지만, 그러한 시도를 펼친 자유주의자들에 대한 비스마르크의 탄압은 더욱 강화되었다.

이렇게 비스마르크의 완강한 태도에 부딪힌 독일 진보당은 실제로 대응할 방법이 없었다. 설사 그들이 무력행사를 염두에 두었더라도 실제로는 그렇지 못했다. 실제로 이들의 지도자는 강력한 권위주의적 전통을 지닌 국가에서 성공적 저항이란 불가능하다는 점도 인지했다. 당시 국왕은 자신의 배후에 잘 훈련된 20만의 병력과 충성스러운 관료 집단을 거느리고 있었으며, 위기의 순간에는 신민의 전통적 충성심에도 호소할 수 있었다. 또한 독일 진보당은 곧 왕위를 계승할, 자유주의에 긍정적인 왕세자를 자극하지 않기 위해 섣부른 행동도 피하고자 했다. 이로써 조세 거부 운동을 조직화하려는 시도는 무위로 끝났다. 또 정부가 굴복할 때까지 의회 개회를 무기한 연기하자는 제안 역시 한 명의 의원만 지지했다. 게다가 독일 진보당원들은 그들 정당의 구조적 취약성을 명확히 인지하고 있었다. 실제로 하원 내에서 그들이 장악한 힘이란 한낱 환상에 불과했다.

투표권을 가진 사람 중에서 비교적 적은 숫자만이 투표했고, 특히 대다수의 영향력을 가진 상층 중산계층은 독일 진보당을 지지하지 않았다. 그렇다고 해서 독일 진보당이 넓은 대중적 지지 기반을 확보한 상태도 아니었다. 이 당의 세력 기반은 하층 중산계급에 있었다. 독일권에서 가장 산업화된 프로이센에서도 여전히 인구의 다수를 차

20 당시 비스마르크는 공무원들이 정부 명령을 이행하지 않거나 야당과 정치적으로 연계한다면 즉시 해임한다는 내부 훈령까지 마련했다.

지하던 농민층은 자유주의에 별다른 매력을 느끼지 못했다.

하원의 기능을 무시한 비스마르크의 정책은 메테르니히가 주도한 카를스바트(Karlsbad) 결의를 능가하는 행위였음에도 사실상 그에 대해 저항할 사회 세력은 제대로 형성되지 못한 상황이었다. 이러한 상황에서 하원은 비능률적이고 자해에 가까운 분노의 표현만 쏟아냈다. 이 모든 것은 국왕에게 비스마르크의 능력과 신뢰성에 대한 확신을 심어주기에 충분했고, 국왕에 대한 영향력에서 다른 경쟁자들을 압도하는 계기도 되었다.

당시 비스마르크는 귀족 계층의 이익을 대변하는 인물이 아니었다. 그렇다고 그 자신이 자유주의자도 아니었고 그렇게 될 수도 없었다. 자신의 공직 경력에도 불구하고 그는 관료들과 자신을 동일시하지 않았다. 그 결과 이념적 제약에서 벗어난 자유 때문에 그의 행동은 예측할 수 없었고, 어떤 상황에서도 상대방을 당황하게 하거나 그들의 차이를 이용하면서 진영을 자유자재로 이동하는 능력마저 갖추게 되었다. 당시 비스마르크는 영국이나 프랑스에서 이미 보편화된 의회토론에 참여하지 않았다. 프로이센 수상이나 장관들은 하원 의원도 아니었다. 비스마르크는 하원에서 자신의 정책을 제시한 후, 제시 이유나 정책의 정당성에 대해 언급하려고도 하지 않았다. 정책을 제시하는 과정에서 행해지는 연설은 그의 높고 가냘픈 목소리 때문에 마치 교수의 강의와도 같았다. 비스마르크는 자신의 정책에 대한 의원들의 질의를 허용했지만, 그들의 비판이나 비난은 전혀 들으려고 하지 않았다. 그뿐만 아니라 그는 자신에 대한 비판토론이 시작되면 바로 의회 내에 있는 자신의 사무실로 철수하는 등의 자극적인 행동도

종종 자행했다.[21]

21 수상 겸 외무장관으로 임명된 비스마르크는 빌헬름가에 있는 외무부 공관으로 이사했는데, 이 건물에는 프리드리히 2세의 플라토닉한 내연녀(Platonische Liebhaberin), 즉 순수하고 정신적인 애인이었던 바르베리나(Barberina)가 살았다. 공관 건물로는 다소 낡고 협소한 외무부 공관에서 비스마르크는 무려 28년이나 거주했다. 그런데 방문객들은 비스마르크가 임시숙소에서 머무르고 있다는 느낌을 받았다. 그의 집무실은 현관홀과 인접했고, 집무실에는 많은 책과 유리·도자기로 만든 작은 장식품들이 가득 차 있었다. 책상과 의자 위에는 요양 책, 러시아 문법책, 그리고 값나가는 러시아 황제의 선물들이 널려 있었다. 일반적인 외무장관의 주방보다 너무 소박했기 때문에 비스마르크는 매년 외교사절단과의 만찬을 공관이 아닌 주변 레스토랑에서 개최했다.

3 독일 연방 개혁

1863년 8월 17일 오스트리아 황제 프란츠 요제프 1세는 독일 연방 개혁을 논의하기 위해 프랑크푸르트에서 전체 독일 군주회의(Fürstentreffen)를 개최했다. 독일 통일을 상징하는 검은색, 붉은색, 그리고 금색으로 치장된 군주 회의는 민족주의자들의 열렬한 지지를 받으면서 활동을 개시했다. 당시 오스트리아가 제출한 독일 연방 개혁안은 독일연방의회 의장국인 오스트리아의 지위를 강화하는 내용을 담고 있었다.

17개 독일 연방 회원국 및 회원국 집단, 즉 11개 단독투표권 행사 국가와 6개 공동투표권 행사 국가집단으로 구성되는 독일연방의회 특별위원회 구조를 부분적으로 변경하고, 5개국으로 구성되는 '독일 연방 이사국(Fürstdirektorium)'을 새로운 독일 연방 집행 기구로 신설하며, 공사회 성격의 기존 독일연방의회를 개별 독일 연방 회원국 의회에서 파견하는 300명의 대표자 회의로 회의체 구조를 변경하는 것이 오스트리아가 제안한 독일 연방 개혁안의 핵심 내용이었다.

신설되는 독일 연방 이사국은 오스트리아, 프로이센 그리고 바이에른을 상임이사국으로 하고, 나머지 2개국은 연방 회원국들에 의해 주기적으로 선출하도록 했다. 독일 연방 이사국 회의에서 오스트리아와 프로이센은 동수(3표)의 표결권을 행사하지만, 나머지 3개 이사국은 각 1표의 표결권을 행사하도록 했고, 독일 연방 이사국과 독일연방의회 의장직은 모두 오스트리아가 수행하게 했다.

프랑크푸르트 군주 회의에 올려진 오스트리아의 독일 연방 개혁안은 다민족 국가인 오스트리아의 입지를 강화하고, 독일 연방 내에서 주권 국가로 남으려 한 개별회원국 정부의 요구를 충족시켰지만, 독일연방의회 참여를 꾸준히 주장한 자유주의 세력의 입장은 전혀 반영되지 않은 제안이었다. 그러나 독일 연방 이사국 신설안은 독일 연방 내 중견 국가인 바덴, 바이에른, 뷔르템베르크, 작센, 그리고 하노버의 기대치에 부합하는 제안이었다.[22] 프로이센 주도의 에르푸르트 연합의회와 연합정책이 실패한 가장 큰 원인 중의 하나는 바로 주권 침해를 우려한 바이에른, 뷔르템베르크, 작센, 그리고 하노버가 프로이센이 주도한 소독일 연방국 창립계획에 반대했기 때문이다.

프란츠 요제프 1세의 이러한 제의에 대해 독일권의 대다수 국가는 긍정적인 반응을 보였다. 그에 따라 대다수 국가의 군주들은 군주회의에 참석했지만, 당시 오스트리아의 휴양도시 바트 가슈타인(Bad Gastein)에서 요양 중이던 빌헬름 1세는 비스마르크의 조언에 따라 회의 참석을 거부했다.[23] 독일 연방에서 프로이센의 위상을 직시한 메

22 이들 5개국은 오스트리아와 프로이센에 이어 제3 독일을 구축하려고 했다.

23 8월 17일 프란츠 요제프 1세는 전체 독일 군주 회의 개회사에서 프로이센 국왕의 불참에 대해 유감을 표시했고, 독일의 미래 문제도 잘 처리되기를 바란다고 했다.

클렌부르크-슈베린 공작은 프란츠 요제프 1세에게 다시 한번 빌헬름 1세에게 초청장을 보낼 것을 제안했고, 그에 따라 다시 보내진 회의 참석 군주들의 초청장을 받은 빌헬름 1세의 결심은 흔들리기 시작했다. 당시 그는 바덴 대공국 군주, 즉 사위 별장이 있는 바덴바덴(Baden-Baden)에 머무르고 있었는데, 그의 사위 역시 프랑크푸르트 군주 회의에 참석하고 있었다. 빌헬름 1세의 마음을 돌리기 위해 사위인 바덴 대공국 군주와 작센 왕국의 요한(Johann)이 직접 바덴바덴을 방문했다.[24] 불참한 한 명의 왕을 위해 밤늦게 도착한 30명으로 구성된 거대사절단에 감명받은 빌헬름 1세는 "프랑크푸르트 군주 회의에 참석한 제후들이 나에게 사위를 보냈을 뿐만 아니라 늘 존경하는 작센 국왕까지 보내셨다. 사위만 보냈어도 나는 스스로에 대해 꾸짖어야 하는데 초대자 신분 자격으로 30명의 제후가 작센 국왕을 파발꾼으로 보낸 이런 상황에 나는 황망할 뿐이고 그러한 초대를 거절할 수도 없을 것이다"라는 심정적 변화를 표출했다. 이에 대해 비스마르크는 프로이센 국왕이 회의에 참석한다면, 그것은 단지 독일권에서 오스트리아의 위상을 확인시켜주는 것에 불과하다는 견해를 피력했다.

당시 비스마르크는 빌헬름 1세가 자신의 주장에 동의하지 않는다면 사임하겠다는 의사를 밝혔고, 그것은 빌헬름 1세에게 커다란 압박감을 가져다주었다. 왜냐하면 그는 비스마르크가 없는 상황에서 비타협적인 의회와 다시 대립해야 했기 때문이다. 그뿐만 아니라 비스마르크는 지금까지 진행된 군제개혁 또한 아무런 의미가 없다는 것도 지적했는데, 그것은 당시 오스트리아가 지향하던 연방군 창설이

24 빌헬름 1세는 비스마르크와 함께 바트 가슈타인에서 바덴바덴으로 이동했다.

가시화된다면 국왕이 독자적으로 통솔하던 프로이센군 역시 사라진다는 현실적 상황에서 연유했다.

장시간 지속된 독대의 결과, 비스마르크는 근육 신경 경련을 일으키며 침대 위에서 좌절한 군주를 남겨놓은 채 독대 장소를 떠날 수 있었다. 이후 그는 독대 장소 곁방에서 커다란 세숫대야를 벽으로 던졌는데, 국왕과의 대화 과정에서 비롯된 흥분을 가라앉히기 위해서였다. 그러고 나서도 비스마르크는 히스테리적인 오열을 하기 시작했다.[25]

빌헬름 1세는 8월 20일 작센 국왕 요한에게 서신을 보냈는데, 근육 신경 경련과 그것을 완화하기 위해 안정이 절대로 필요하기 때문에 프랑크푸르트로 갈 수 없다는 것을 밝혔다. 같은 날 23시 비스마르크는 작센 왕국 총리인 보이스트(Ferdinand v. Beust)를 찾았고, 거기서 그는 빌헬름 1세가 요한 국왕과 같이 특별열차를 탈 수 없음을 다시금 명백히 밝혔다.[26] 이러한 언급에 대해 보이스트는 이튿날 오전 요한 국왕이 빌헬름 1세를 다시 찾을 것이고, 프로이센 국왕이 탑승하지 않는 한 프랑크푸르트행 특별열차 역시 출발하지 않을 것이라고 했다. 이에 비스마르크는 "만일 내일 새벽 6시에 요한을 비롯한 30명의 사절단이 탑승한 열차가 출발하지 않는다면 8시에 바덴의 라슈타

25 그리스어 히스테라(hystera)에서 유래된 히스테리는 신경증의 한 형태로, 기질적인 것이 아니라 기능적인 심인성 질병의 광범위한 통칭이다.

26 8월 24일 비스마르크는 딸 마리에게 서신을 보냈는데, 바덴바덴에서 가장 영악한 작센 국왕이 우리 국왕 목에다 오스트리아의 올가미를 덮어씌우려 했다는 것을 언급했다. 이어 그는 가련한 국왕이 신경 발작 증세까지 일으켜 자신 역시 초주검 상태에 놓이게 된 것에 대해서도 거론했다.

트(Rastatt)에 주둔 중인 프로이센 대대가 빌헬름 1세가 깨어나기 전에 그가 머물던 궁 주변을 포위할 것이다. 여기서 그들은 어떤 작센인의 출입도 금지할 것이다"라고 대응했다.

프로이센 국왕의 참여 없이 군주 회의는 활동을 시작했고 빈 정부가 제출한 의안 역시 통과되었다.[27] 그러나 오스트리아의 승리는 프로이센의 참여 없이는 아무것도 성사될 수 없다는 현실적 상황 때문에 아무런 의미도 없었다. 당시 비스마르크의 베를린 정부는 세 가지 요구 조건을 제시했고, 그러한 제 조건이 충족되어야만 개혁안을 수용하겠다는 태도도 표명했다. 그러나 양대 강국, 즉 오스트리아와 프로이센이 최소한 선전포고에서 거부권을 행사해야 한다는 조건, 연방 지도부 구성에서 양대 강국이 동등한 자격을 가진다는 조건, 그리고 인구수를 기준으로 직접선거를 통해 선발한 대표들로 연방조직을 창설한다는 조건이 수용된다면 오스트리아가 제출한 개혁안은 휴짓조각으로 전락할 것이다. 또한 비스마르크는 프로이센의 영향권과 오스트리아 제국의 영향권 간의 경계선을 마인강 선으로 확장하자는 주장도 펼쳤다. 하지만 빈 정부는 베를린 정부의 제안을 수용할 수 없다는 공식 입장을 발표했다.

오스트리아가 비스마르크의 제안을 거부함으로써 사실상 독일 연방에 대한 마지막 개혁 시도는 수포가 되었다. 독일 연방의 개혁을 통해 상반된 목적을 달성하려던 독일의 양대 강국은 이제 결별의 절차를 밟는 것 외에 남은 수단이 없어 보였다.

---

27 프랑크푸르트 군주 회의는 1863년 9월 1일까지 열렸다. 이에 앞서 프란츠 요제프 1세는 1863년 8월 22일 프랑크푸르트에서 빈으로 돌아갔다.

제4장
독일 통일의 장애물 제거

1 덴마크 전쟁

슐레스비히-홀슈타인(Schleswig-Holstein) 문제는 3월 혁명 때 이미 부각된 바 있다. 두 대공국은 오랫동안 덴마크 국왕의 지배를 받았으며, 그중에서 홀슈타인은 1815년부터 독일 연방의 일원이었고 이 지방에 살던 사람들의 대다수는 독일어를 사용했다. 3월 혁명을 계기로 홀슈타인 지방의 독일계 주민들은 덴마크 지배에 저항했고 그 과정에서 무력충돌도 발생했다. 당시 독일계 주민들은 슐레스비히가 명백히 독일령 홀슈타인과 수세기 동안 긴밀히 결합한 영토이기 때문에 독일 연방의 일원이 되어야 한다는 주장을 펼쳤다.[1] 이에 반해 덴마크

1 1111년 작센 대공 주플린부르크(Lothar v. Supplinburg)가 샤우엔부르크(Adolf v. Schauenburg)를 홀슈타인 백작으로 임명했고, 그 이후부터 홀슈타인은 독일계 샤우엔부르크 가문의 영지가 되었다. 1459년 홀슈타인과 슐레스비히의 귀족들, 도시들, 그리고 교회들은 샤우엔부르크 가문의 아돌프 8세(Adolf VIII) 사망 이후 야기될 수 있는 공작들의 충돌을 방지하기 위해 덴마크 왕 크리스티안 1세(Christian I, 1448~1481)를 슐레스비히 공작 겸 홀슈타인 백작으로 선출했다. 이후 이 인물은 슐레스비히와 홀슈타인의 '영원한 비분리(dat se bliven tosamende up ewig ungedelt)'를 선언했는데, 이는 1460년 체결된 리펜(Ripen: Rib) 협약(제9조)에서 비롯되었다. 1474년부터 홀슈타인은 공작령으로 승격되었고, 덴마크 왕 크리스티안 4세(Christian IV, 1588~1648)는 홀슈타인

계 주민들은 슐레스비히가 덴마크 영토이기 때문에 반드시 덴마크에 포함되어야 한다는 태도를 견지했다.

1848년 3월 코펜하겐에서 혁명이 발생했고 새로이 구성된 내각에는 덴마크의 민족주의자들이 대거 참여했다. 이에 독일인은 양 대공국을 덴마크로부터 지키기 위해 3월 23일 킬(Kiel)에 임시 정부를 수립하고, 연방의회에 지원도 요청했다. 이후 연방정부는 베젤러(Wilhelm Hartwig Beseler)가 이끌던 킬 정부를 승인하고 프로이센에 양 대공국 문제개입도 요청했다.[2]

상황이 이렇게 전개됨에 따라 덴마크 국왕 프레데리크 7세는 슐레스비히에 대한 공격을 선제적으로 단행했다. 이렇게 덴마크의 무력적 개입이 가시화됨에 따라 프리드리히 빌헬름 4세는 크리스티안 아프 아우구스텐보르크(Christian af Augustenborg) 대공과의 약속에 따라 양 대공국 문제에 개입해야 했다.[3] 이에 따라 4월 23일 프로이센군은 양 대공국에 진입했고, 다음 달에는 프로이센군과 연방 파견대 사령관인 브랑겔(Friedrich Heinrich Ernst v. Wrangel) 장군이 덴마크인을 유

대공 자격으로 30년전쟁(1618~1648)에 참여했다. 1627년부터 시작된 전쟁으로 홀슈타인 지역은 황폐해졌고, 홀슈타인이 경제적, 정치적 그리고 사회적으로 덴마크의 통합국가로 흡수되면서 아이더(Eider)강 경계는 형식적인 의미로 전락했다. 이후 덴마크 국왕은 아들들에게 영토를 분배했고 그에 따라 국가의 분할도 이루어졌다. 홀슈타인 내의 분리된 지역들은 왕국 혹은 공작령이 되었으며, 이는 18세기 후반까지 이어졌다.

2 프랑크푸르트 예비의회는 홀슈타인뿐만 아니라 슐레스비히에서도 프랑크푸르트 국민의회 의원을 선출하겠다는 의사를 밝혔는데, 이것은 덴마크 정부의 강한 반발을 유발했다.

3 프리드리히 빌헬름 4세는 아우구스텐보르크 대공에게 외세 침입으로부터 양 대공국을 방어하겠다는 약속을 한 상태였다.

틀란트(Jütland/Jylland) 남부 지방에서 축출했다.[4] 그러나 프리드리히 빌헬름 4세는 자신의 성급한 개입에 대해 후회하기 시작했는데, 그것은 오스트리아를 비롯한 대다수의 영방국가가 슐레스비히와 홀슈타인에서 프로이센을 지원하지 않았기 때문이다. 아울러 덴마크 해군이 북독일 해안을 봉쇄함으로써 프로이센의 상업 활동은 큰 타격을 입었다. 이에 따라 프리드리히 빌헬름 4세는 5월 말 브랑겔에게 프로이센군을 남부 유틀란트에서 철수할 것을 명령했다. 이것은 당시 프랑크푸르트 국민의회의 강한 반발을 유발하는 계기도 되었다. 프로이센은 프랑크푸르트 국민의회의 이러한 반발에 관심을 보이지 않았을 뿐만 아니라 브랑겔에게 덴마크와 휴전 협상을 조속히 체결할 것도 명령했다.

이에 따라 8월 26일 스웨덴의 말뫼에서 휴전협정이 조인되었으며, 이에 따라 프로이센군과 덴마크군은 양 대공국에서 철수했다. 아울러 슐레스비히와 홀슈타인 대공국에서 구성된 의용군은 해체되었고, 킬의 임시 정부 역시 해산되었다. 그뿐만 아니라 이 정부가 발표한 모든 법령 역시 폐기되었다. 또한 덴마크와 프로이센이 협력하여 가능한 한 빨리 신정부를 출범시키고 이 정부 수반으로 코펜하겐 정부의 신뢰를 받던 몰트케-뉴츠사우(Carl v. Moltke-Nütschau) 백작을 임명한다는 계획과 덴마크 정부가 추진하던 슐레스비히 대공국의 덴마크 편입도 중단한다는 것이 휴전협정에서 명시되었다.[5]

---

4 덴마크와의 전쟁에는 하노버, 메클렌부르크(Mecklenburg), 올덴부르크, 브라운슈바이크, 그리고 한자(Hansa)동맹에 가입한 도시들도 참여했다.

5 1848년 7월 2일 휴전협정의 초안이 나왔고, 이에 대해 브랑겔 장군 역시 불만을 표시했다. 그런데 8월 26일 체결된 휴전협정은 초안보다 덴마크를 더욱 배려하는 내용

당시 프랑크푸르트 국민의회는 프로이센의 이러한 독자적 행보에 대해 동의하지 않았다.[6] 이에 따라 1848년 9월 5일 프랑크푸르트 국민의회는 그들의 동의를 받지 않고 프로이센이 독자적으로 체결한 말뫼조약을 238 대 221의 투표율로 거부했다. 그렇지만 프랑크푸르트 국민의회는 프로이센과의 충돌 가능성과 급진주의자들의 득세 차단을 위해 9월 16일 말뫼조약을 추후 비준할 수밖에 없었다.[7]

이후 슐레스비히-홀슈타인 문제는 수면 아래에 놓여 있다가 1863년 11월 15일 덴마크의 프레데리크 7세가 후계자 없이 사망한 이후부터 다시 부상했다. 직계상속자가 없었기 때문에 모계 혈통을 거쳐 크리스티안 폰 존더부르크-글뤽스부르크(Christian v. Sonderburg-Glücksburg)가 덴마크 왕위를 계승했다. 여기서 슐레스비히-홀슈타인 양 대공국 통합에 필요한 합법적 상속권이 누구에게 있는가를 두고 분쟁이 발생했다. 1850년대 초에 체결된 일련의 국제조약에서는 크리스티안 폰 존더부르크-글뤽스부르크가 선임자인 프레데리크 7세와 같은 조건으로 덴마크 왕위를 계승한다는 것이 명시되었다. 하지

을 담고 있었다.

6 1848년 6월 9일부터 프랑크푸르트 국민의회는 슐레스비히-홀슈타인 문제에 대한 논의를 개시했다. 여기서 달만(Friedrich Christoph Dahlmann)은 독일의 명예를 위해 국민의회가 슐레스비히-홀슈타인 문제에 개입해야 한다는 견해를 표방했고 그에 대해 많은 의원이 동조했다. 당시 달만은 덴마크 측에서 제기되던 슐레스비히 대공국 분할에 대해 반대한다는 뜻도 명백히 밝혔다.

7 추후 비준 과정에서 236명의 의원은 비준에 동의하지 않았는데, 이들의 대다수는 좌파 성향의 정치가들이었다. 9월 16일 비준에 반대했던 의원들이 덴마크와의 전쟁을 속개해야 한다는 안건을 상정했지만, 258명만이 찬성표를 던져 부결되었다. 당시 말뫼협정이 국민의회에서 추인된 후 그림 형제(Jacob Grimm/Wilhelm Grim)는 "프랑크푸르트 국민의회의 명성 역시 붕괴했다"고 언급했다.

만 1863년에 접어들면서 프레데리크 아프 아우구스텐보르크(Frederik af Augustenborg) 대공이 양 대공국에 대한 권리를 주장하면서 문제가 제기되기 시작했다.

프레데리크 아프 아우구스텐보르크 대공은 오래전부터 양 대공국에 대한 권리를 주장했지만, 대공의 부친인 크리스티안 아프 아우구스텐보르크가 1852년 런던 의정서에서 아우구스텐보르크 방계 혈통의 계승권 포기에 동의했는데 그 과정에서 이 인물은 200만 탈러에 달하는 분할금을 반대급부로 제공받기도 했다. 그런데 1863년 프레데리크 아프 아우구스텐보르크가 자신은 1852년 조약과 무관하다면서 대담하게 '슐레스비히-홀슈타인 대공'의 칭호, 즉 프리드리히 8세(Friedrich VIII. v. Schleswig-Holstein)를 스스로 붙였고 이는 독일 민족주의자들로부터 열렬한 지지도 받았다.

여기서 슐레스비히-홀슈타인 위기에서 확인되는 특징을 살펴보도록 한다. 슐레스비히-홀슈타인 위기에는 근대와 그 이전의 문제가 혼재되어 있었다. 우선 이 위기는 17세기와 18세기의 많은 위기에서 확인되듯이, 남성 후계자가 없는 위정자의 죽음에서 촉발한 구시대적인 왕조의 위기였다. 이런 점에서 1864년의 갈등을 '덴마크 왕위 계승 전쟁'이라고 지칭할 수도 있을 것이다. 이 위기의 또 다른 발화점이 된 것은 대중운동으로서의 민족주의였다. 슐레스비히-홀슈타인 문제가 독일 민족주의 운동에 준 충격 효과는 이미 1848년의 프랑크푸르트 국민의회에서 경험할 수 있었다. 1863~1864년에 접어들면서 독일 민족주의자들은 양 대공국이 아우구스텐보르크 가문의 통치를 받되 공동으로 독일 연방의 일원이 될 것도 요구했다. 민족주의는 덴마크 쪽에도 마찬가지로 결정적인 요소였다. 덴마크 민족주의 운동은 덴마크가 슐레스비히에 대한 권리를 견지해야 한다는 관점을 피력했고, 이는 덴마크 자유주의를 지향하던 언론으로부터도 절대적 지지를 받았다. 이런 배경에서 경험도 없고 무능한 신임 국왕 크리스티안 9세(Christian Ⅸ, 1863~1906)가 왕위에 올랐을 때, 일촉즉발의 국내 문제가 발생했다. 당시 코펜하겐 왕궁 밖에서 발생한 시위는 코펜하겐 경찰국장이 수도의 법질서가 풍전등화라고 경고할 정도로 과격했다. 한 치 앞도 알 수 없는 정치적 격변에서 비롯된 불안은 신임 국왕에게 특별한 조처를 하게끔 강요했다.

크리스티안 9세가 1863년 11월 13일 개정헌법에 서명함으로써 슐레스비히 대공국을 덴마크에 흡수하려는 의도를 표출했고, 이는 독일 민족주의자들의 강한 반발을 불러일으켰다.[8] 당시 코펜하겐 정부의 한 장관은 "슐레스비히인은 그들 등에 슐레스비히인이라는 문구를 자랑스럽게 새겨 넣어야 할 것이다"라는 선동도 했다.

이제 슐레스비히-홀슈타인 양 대공국을 둘러싸고 세 갈래의 입장이 서로 대치하는 상황이 초래되었다. 덴마크는 1863년 개정헌법에서 정한 대로 슐레스비히 대공국 편입을 주장했다. 독일 민족주의와 독일 연방에 속한 대다수 국가는 프레데리크 아프 아우구스텐보르크의 주장을 선호했으며, 무력 개입을 지원할 준비도 된 상태였다. 그러나 프로이센과 오스트리아는 프레데리크 아프 아우구스텐보르크 대공의 주장에 동의하지 않았다.[9] 그뿐만 아니라 양국은 덴마크와

---

8 당시 크리스티안 9세는 덴마크 왕국의 영토를 확대하여 대덴마크를 출범하려고 했다.

9 특히 비스마르크는 빌헬름 1세가 프레데리크 아프 아우구스텐보르크를 공개적으로 지지하는 것을 막으려 했다. 만일 국왕이 프레데리크 아프 아우구스텐보르크를 지

프레데리크 아프 아우구스텐보르크 대공이 1850년과 1852년의 합의 사안을 지킬 것도 요구했다. 12월 연방의회에서는 런던 의정서에 따라 이 사태에 개입한다는 결의안이 단 한 표 차로 통과되었다.

1863년 12월 23일, 소규모 독일 연방 파견부대가 덴마크 국경을 넘어 아무 저항도 받지 않고 북쪽으로 진격하며 아이더(Eider)강 남쪽에 있는 홀슈타인의 대부분 지역을 점령했다. 하지만 이를 둘러싸고 곧 연방 내부에서 갈등이 표출하기 시작했다. 1만 2천 명밖에 안 되는 연방 파견대는 무방비 상태의 홀슈타인을 점령하는 데 충분했지만, 슐레스비히는 상황이 달랐다. 덴마크에서 강력한 방어 태세를 갖출 것으로 예상되었기 때문에 군사작전이 성공하려면 훨씬 더 많은 병력이 필요했다. 당시 프로이센과 오스트리아는 여전히 행동의 일치를 보이며 슐레스비히를 침공할 준비가 되었다고 선언했다. 하지만 유럽 열강의 입장에서는 단지 1851년과 1852년의 조약을 근거로 개입하는 것이지, 독일 연방 자격으로 나선 것도 아니고 프레데리크 아프 아우구스텐보르크 대공의 요구를 지지한다는 의미도 아니었다. 당시 덴마크는 전쟁이 일어난다면 영국의 지원이 있을 것이라고 믿었다. 그러나 빅토리아(Victoria, 1837~1901) 여왕과 그녀의 측근은 덴마크가 이미 슐레스비히와 홀슈타인 대공국의 권리를 침해했다는 관점을 가지고 있었다. 그 때문에 이들은 덴마크의 기대 또는 요구에 부정적이었다.

1864년 1월 16일, 프로이센과 오스트리아는 공동의 최후통첩을

지한다면, 그와 자유주의자들이 즉시 화해를 모색하는 계기가 된다는 것을 비스마르크는 잘 알고 있었다. 이렇게 된다면 독일의 밝은 미래를 기약할 수는 있겠지만, 비스마르크에게는 파멸을 가져다줄 수도 있기 때문이다.

연방 내 다른 국가와의 협의 없이 따로따로 덴마크에 보냈다.[10] 덴마크가 이러한 통첩에 불응하자, 양국 연합군은 2월 1일 아이더강을 건너 슐레스비히 대공국으로 진입했다. 이것은 1850년대와 1860년대 내내 맞수로 경쟁하던 오스트리아와 프로이센이 조화 및 협력 분위기로 가는 것처럼 보였다. 하지만 외견상 일치하는 목표가 서로 다른 기대에 따른 혼란상을 가렸을 뿐이다. 오스트리아의 외무장관 레히베르크-로텐뢰벤 백작이 볼 때, 이 합동 원정은 독일에 대한 오스트리아-프로이센 공동관리의 기반을 닦고 연방에 대한 초지역적 기관을 활성화함으로써 독일 민족주의 운동의 강도도 약화시키는 좋은 기회였다. 동시에 베를린이 덴마크와 오스트리아의 희생 대가로 슐레스비히 합병 같은 일방적 중대 이익을 확보하는 것도 차단할 수 있었다. 당시 레히베르크-로텐뢰벤은 또 다른 위험 가능성 역시 염두에 두고 있었는데, 그것은 유럽의 간섭주의자 역할을 자처하던 나폴레옹 3세가 프로이센에 슐레스비히-홀슈타인 합병도 허용한다는 메시지를 전달한 데서 연유했다. 비스마르크를 통해 프랑스의 이런 움직임을 상세히 전해 들은 레히베르크-로텐뢰벤은 프랑스가 관여한 전쟁이 발생한다면, 이 전쟁은 오스트리아가 감당할 수 없는 전쟁이라는 것도 인지하고 있었다.

비스마르크의 관심사 역시 레히베르크-로텐뢰벤과 별로 다르지 않았다. 그의 계획에서 현 상태 그대로의 독일 연방은 계산에 들어 있

---

10 1863년 12월 20일 비스마르크는 파리 주재 프로이센 대사인 골츠(Robert Heinrich v. Goltz)에게 보낸 서신에서 적절한 시점에 덴마크와 전쟁하겠다는 태도도 밝혔다. 아울러 그는 오스트리아와 대립하는 상황에서 벌어진 덴마크 사태에 대한 러시아의 반응도 주시하겠다고 언급했다.

지 않았다. 그의 궁극적 목적은 양 대공국을 프로이센에 합병하는 것이었다.[11] 어쩌면 프로이센 참모총장 몰트케가 여기에 가장 큰 영향을 미쳤는지도 모른다. 몰트케는 새로운 독립국이 등장하면, 이 국가는 분명히 합스부르크 가문의 위성국이 될 수 있고, 그로 인해 프로이센 북방의 해상방어선에 빈틈도 생긴다는 이유로 슐레스비히-홀슈타인이 독립 대공국으로 전환하는 것에 반대했다. 하지만 비스마르크도 인지했듯이, 슐레스비히-홀슈타인 대공국의 일방적 합병은 프로이센을 오스트리아와 나머지 연방 회원국, 어쩌면 일부 유럽 열강까지 합류하는 합동 보복에 노출될 위험이 있었다. 따라서 그는 덴마크와의 전쟁은 반드시 오스트리아와 함께해야 한다고 생각했다. 여기서 그는 2개국이 3개국을 상대하는 것이 1개국 단독으로 나머지 4개국을 상대하는 것보다 좋다고 언급하기도 했다. 특히 몰트케가 경고한 대로 만일 덴마크가 해상전투력의 우위를 바탕으로 본토 병력을 빼내기라도 한다면, 오스트리아의 추가 파견군이 절실하게 필요할지도 모르는 일이었다. 따라서 오스트리아와의 합동작전은 위험성을 줄이고 모든 가능성을 열어놓기 위한 임시 조치였다.

덴마크 전쟁은 덴마크가 강화를 요청한 1864년 8월 1일에 끝났다.[12] 전쟁 중 몇 가지 특이한 상황도 확인할 수 있는데 첫째, 프로이

---

11 슐레스비히-홀슈타인에서 문제가 발생했을 때, 비스마르크는 이 지역에 대해 그리 큰 관심을 보이지 않았다. 따라서 그는 홀슈타인에 살던 독일인이 행복해지는 것에 관심을 가지지 않았다.

12 이전인 1864년 초, 영국 주도로 런던에서 국제회의가 개최되었다. 여기서는 덴마크 정부에 분쟁 종식을 위한 시간이 제공되었지만, 덴마크 정부는 1852년 이전 상황으로 회귀하는 것을 거부했다. 5월부터 이 국제회의에 참석한 프로이센과 오스트리아는 양 대공국을 프레데리크 아프 아우구스텐보르크 대공에게 이양할 것을 요구했지만, 이

센의 군사력이 오스트리아보다 강하지 못했다는 것이다. 그리고 초기에 저지른 실수 중의 하나는 프로이센 원수인 브랑겔 백작을 연합군 총사령관으로 임명한 것이었다. 당시 84세의 브랑겔은 베를린 궁정 보수파로부터 지지를 받았지만, 고령으로서 뚜렷한 능력도 없는 평범한 장군에 불과했다. 전투 경험이라곤 1848년 혁명 기간에 소요 참여자들을 상대한 것밖에 없었다. 브랑겔이 덴마크에서 서너 번 실수를 저지르는 동안 오스트리아군은 용감하면서도 기술적으로 임무를 수행했다.

1864년 2월 2일 오스트리아의 한 여단이 오베르젤크(Oberselk)에 있는 덴마크 진지를 점령하자, 브랑겔이 달려가 여단장을 껴안고 두 뺨에 입을 맞추는 바람에 프로이센 지휘관들마저 당황해한 일도 있었다. 이로부터 4일 후, 오스트리아의 노스티츠(Nostitz) 여단이 철벽같이 방어하던 덴마크의 외베르제(Oeversee) 요새를 돌파하는 동안 그 측면에 있던 프로이센 1개 근위 사단은 아무런 도움도 주지 못하고 멍하니 구경만 했다. 이것은 반세기 동안 전투 경험이 거의 없는 군대에서 확인되는 실상이었다. 실제로 이들은 국제사회뿐 아니라 군제 개혁이라는 정치투쟁을 지켜본 신민을 향해 필사적으로 용기를 입증하려고 했지만, 맥없이 차질만 빚었다.

두 번째 특이한 점으로는 정치적 지도력이 군부의 통솔력보다 우위에 있었다는 것이다. 덴마크 전쟁은 프로이센에서 민간 정치인이

역시 덴마크가 거절했다. 결국 런던 국제회의는 6월 25일 아무런 성과 없이 종료되었다. 런던 국제회의 이후 당시 슐레스비히-홀슈타인 대공국의 프로이센 편입을 지지하던 나폴레옹 3세는 비스마르크로부터 영토적 보상을 기대했기 때문에 영국이 덴마크를 위해 전쟁에 개입한다면 중립을 지키겠다는 약속도 했다.

최초로 통제권을 행사한 군사적 분쟁이었다. 전쟁 내내 비스마르크는 자신의 외교 목표에 갈등 전개가 확실히 이바지하게끔 유도했다. 그는 전쟁 초기 몇 주간 덴마크군을 유틀란트반도로 후퇴시키지 않았는데, 이는 합동 원정군이 덴마크 왕국의 영토를 노리고 있지 않다는 것을 유럽 열강에 인지시키려는 의도였다. 물론 브랑겔은 이러한 지시를 어기고 2월 중순 근위병 선발대를 북쪽 유틀란트 국경으로 보내는 실수를 저질렀다. 비스마르크는 전쟁장관을 설득해 고령의 장군을 강력하게 질책하는 메시지를 보냈고, 브랑겔은 5월 중순 비스마르크의 견해에 따라 연합군 총사령관직에서 해임되었다. 그리고 동맹 구도가 프로이센에 이익을 안겨주는 방향으로 나가게끔 빈과 연락 체계를 감독한 인물 역시 비스마르크였다. 4월 들어, 덴마크 침공을 오래 끌어 다른 열강과 갈등을 빚기보다 슐레스비히에 있는 덴마크의 뒤펠(Düppel) 요새를 선제공격하라고 주장한 인물도 비스마르크였다.

뒤펠 요새의 공격 결정은 논란을 불러일으켰다. 이곳의 덴마크 진영은 난공불락의 요새로서 완벽한 방어시설을 갖추었기 때문에 프로이센군이 정면 공격에서 성공하려면, 많은 사상자를 내는 것은 불가피했다. "정치적으로 요새를 점령할 필요성이 있다는 거요?" 요새 포위를 담당한 국왕의 조카 프리드리히 카를(Friedrich Karl) 왕자가 비스마르크에게 물었다. 프리드리히 카를 왕자는 요새 공격 명령이 떨어진 후에도 "많은 인명이 희생되고 엄청난 비용이 들 것이오. 그리고 군사적 중요성 역시 도무지 이해되지 않소(Es kostet viel Menschen und Geld. Die militärische Notwendigkeit leuchet mir nicht ein)" 등의 발언을 통해 뒤펠 요새 공략에 대한 자신의 부정적 시각을 표출했다.

뒤펠 요새의 공격 작전은 사실 군사적인 것보다 정치적 목적에서 비롯되었다. 전면적인 덴마크 침공은 외교적으로는 바람직하지 않았지만, 프로이센군으로서는 눈부신 승리가 필요했다. 지휘관들 사이에서는 불평의 목소리가 높았지만, 비스마르크의 의지가 뚜렷했기 때문에 작전은 그대로 진행되었다. 4월 2일, 프로이센군은 새로 제조한 야포를 사용해 덴마크 방어시설에 맹폭을 가하기 시작했다. 4월 18일, 보병은 프리드리히 카를 왕자의 지휘를 받으면서 뒤펠 요새 공략에 나섰지만, 쉬운 전투는 아니었다. 덴마크군은 심하게 파괴된 방어시설 뒤에서 맹렬하게 반격했고, 다시 언덕을 오르며 프로이센군을 향해 대대적인 공격을 한 다음 참호를 구축했다. 1천 명이 넘는 프로이센군이 전사하거나 부상했고 덴마크군 사상자는 이보다 많은 1,700명이나 되었다.

전쟁 기간 내내 우위를 차지한 비스마르크의 위상은 긴장과 동시에 강한 반감도 유발했다. 군 지휘관들이 반발하자, 비스마르크는 군부가 정치 행위에 간섭할 권리를 가지지 않았음을 거론했다. 이것은 프로이센 정세에서 주목할 만한 발언으로서 1848년 혁명 이후 얼마나 많은 변화가 있었는지를 증명해주는 일이기도 했다. 하지만 군부는 전쟁장관 룬이 1864년 5월 29일에 작성한 비망록에서 강조했듯이 비스마르크의 이런 의도를 수용할 생각이 없었다. 즉 "스스로를 '순수하게' 정치도구나 외교적 수술을 위한 의료도구로 간주하거나 이해한 군대는 거의 없었고 지금도 마찬가지다. (…) 정부가 특히 국민의 무장 병력에 의존하는 상황이라면 (지금이 그런 상황인데) 정부가 무엇을 하고 무엇을 하지 말아야 하는지에 대한 군부의 견해는 아무래도 상관없는 하찮은 문제가 아니다"라며 반론을 제기했다.

이런 언쟁은 승전의 들뜬 기분에 빠르게 잊혔지만, 그 밑에 깔린 문제는 뒤에 가서 더 매섭고 위협적으로 수면에 떠올랐다. 사실상 행정의 전 분야를 통제해야 한다는 비스마르크의 주장은 갈등을 일시적으로 봉합했지만, 프로이센 최고 지도층에서 빚어진 민군 관계의 구조적 문제점을 해결하지는 못했다.

덴마크에서 거둔 프로이센의 승리, 즉 뒤펠 요새 점령과 6월 29일 알젠(Alsen)섬 정복은 국내의 정치 지형까지 바꿔놓았다. 애국적 열기의 여파로 프로이센 자유주의 운동 내부에 잠복해 있던 반목이 밖으로 표출되기에 이르렀다. 슐레스비히-홀슈타인 양 대공국의 합병을 요구한 1864년 5월의 아르님-보이첸부르크(Adolf Heinrich Graf. v. Arnim-Boitzenburg) 청원은 보수파뿐만 아니라 수많은 자유주의자를 포함해 7만 명의 서명도 받았다. 프로이센의 성공은 동시에 자유주의자들이 그토록 반대한 개혁 강령의 실효성을 보여주는 것 같았기 때문에 자유주의 진영에서는 강한 긴장감도 맴돌았다. 정부와 화해하려는 욕구가 커지고 있었고, 이런 흐름은 갈등을 질질 끈다면 자유주의 운동 역시 여론의 지지를 상실할지 모른다는 두려움으로 더 뚜렷해졌다.

1864년과 1865년에 걸쳐 비스마르크와 그의 장관들은 자유주의자 대다수를 분열시키고 이들의 인기를 약화시키는 방안을 가지고 하원과 대립했다. 예컨대 해군 양성 법안에서 정부는 고작 2천만 탈러로 무장 호위함(Panzerfregatten) 두 척을 건조하고 킬(Kiel)에 해군기지를 건설하는 계획을 승인해달라고 요청했다. 독일해군 창설은 무엇보다 해군작전이 눈부신 역할을 한 덴마크 전쟁의 여파로 자유주의 노선의 민족주의 운동에서도 집착하는 것이었다. 의원 대다수가 안건을 강력하게 지지했지만, 법안수용을 거부할 수밖에 없었다. 법정 예산이 없는 상태에서 의회가 새로운 지출 비용을 승인해줄 수 없다는 것이 이유였다. 이러한 하원의 비협조적 태도에 대해 비스마르크는 크게 분노했고 "무능하고 부정적인 자세 이외에 어떤 행동도 펼치지 못하는 무능한 집단"에 불과하다는 비하적 발언도 했다.

당시 비스마르크가 이런 식으로 도박할 수 있었던 것은 프로이센 정부의 국고가 넘칠 정도로 가득 차 있었기 때문이다. 1850년대와 1860년대의 프로이센 경제는 제1차 세계 경제 호황에 따른 효과를 누렸다. 철도 연결망과 철강 제련 및 기계 제작 연관 사업에서 이룩한 급속 성장은 경이로운 추세로 증가한 화석 연료 생산에 힘입은 것이었다. 1860년대 라인란트주 루르(Ruhr) 지역의 탄광은 연평균 170%의 성장을 기록했고, 이것은 이 지역의 역사에서 전례 없는 경제적·사회적 변화도 가져왔다. 이런 성장은 아주 다양한 차원에서 변화가 나타났고, 이러한 징후는 계속 유지되었다. 모든 생산 단계에서 품질 향상이 이루어졌고 운송 기반 시설 역시 개선되어 비용 절감 효과도 발생했다. 지금까지 보았듯이, 과거에 성장을 방해했던 갖가지 규제로부터 프로이센 정부가 발을 뺌으로써 고도의 유동성을 지닌 자본시장이 형성되었고, 무역수지 역시 바람직한 방향으로 개선되었다.

비록 1857~1858년의 '제1차 세계 불황(Erste Weltwirtschaftskrise)'으로 호경기는 어느 정도 둔화했지만, 1860년대는 이전 10년보다 더 광범위한 토대 위에서 견실한 성장 궤도로 복귀했다. 성장이 대부분 중공업 분야에 국한된 1850년대와 달리, 1860년대는 중공업과 섬유산업, 농업을 막론하고 더 조화로운 성장을 이루었다. 이렇게 안정적인 성장 구조는 갈수록 고수익을 내는 은행과 합자회사를 통한 꾸준한 투자 확대로 유지되었다. 1865년 3월 비스마르크는 가까운 친구에게 덴마크와의 전쟁은 지난 2년간의 흑자예산으로 충당했다고 털어놓았다. 이어 그는 국고에서 200만 탈러를 지원했음에도 가까운 장래에 국가 운영에 어떠한 타격도 줄 것 같지 않다고 했다.

1864년 8월 1일, 덴마크 국왕 크리스티안 9세는 독일 연방과 슐레스비히-홀슈타인 양 대공국의 미래와 관련된 결정을 보류한 채 그에 대한 모든 권리를 프로이센과 오스트리아에 양도하고, 양 대공국의 지방을 오스트리아-프로이센 연합군이 관할하도록 했다.[13] 유틀란트반도의 고립영토, 즉 슐레스비히 대공국 내 덴마크 영토는 이 대공국에 통합되었고, 그 대신 덴마크와 슐레스비히 대공국의 경계선에 있는 리펜과 그 주변 지역은 덴마크에 귀속되었다. 이 모든 결정은 독일권 두 강대국의 협력에 기초한 조화로운 2강 지배체제의 출범처럼 보였다. 그런데 이것은 확실히 오스트리아가 원하고 비스마르크가 최선을 다해 오스트리아의 기대를 부추긴 결과였다.

1864년 8월, 빈 주재 프로이센 대사에게 보낸 훈령에서 비스마르크는 다음과 같이 오스트리아의 환심을 살 견해를 제시했다. 즉 "진정한 독일 및 보수 정책은 오스트리아와 프로이센이 상호 협력하여 상황을 주도할 때만 가능하다. 국정을 책임지는 관점에서 볼 때, 양국의 긴밀한 유대는 처음부터 우리의 목표였다. (…) 프로이센과 오스트리아가 협력하지 않는다면, 정치적으로 독일은 존재하지 않는다"고 언급했다.

---

13 이미 1814년 노르웨이를 스웨덴에 양도한 덴마크는 프로이센-오스트리아와의 전쟁에서 다시 패함에 따라 노르웨이, 슐레스비히-홀슈타인 대공국으로 이어지던 덴마크 통합국가는 해체되고 덴마크는 단일 민족국가로 등장하게 되었다. 당시 덴마크는 국가 영토의 40%와 국민의 3분의 1을 상실했다.

1864년 8월 23일 비스마르크와 레히베르크-로텐뢰벤은 그들 국왕과 함께 빈에서 회동했다. 여기서 비스마르크는 슐레스비히-홀슈타인 대공국의 프로이센 합병을 요구했고, 레히베르크-로텐뢰벤은 오스트리아의 베네치아 점유에 대한 프로이센의 보증과 향후 발생할 수 있는 오스트리아-이탈리아 전쟁에서 오스트리아가 롬바르디아 지방을 회복하는 데 필요한 지원도 요구했다. 이후 두 사람은 자신들이 제시한 것들을 조정하여 일종의 타협안을 도출했다. 그런데 이렇게 두 사람 사이에 체결된 합의안은 프로이센과 오스트리아의 위정자에 의해 거부되었다. 빌헬름 1세는 프로이센이 양 대공국을 점유할 권한이 없음을 조심스럽게 언급하면서 북독일에서 프로이센의 군사적 지휘권을 인정받으려 했다. 이에 반해 프란츠 요제프 1세는 프로이센 영토의 일부를 보상으로 제시하지 않는 한 슐레스비히-홀슈타인 양 대공국 합병으로 가시화되는 프로이센의 영토 확대를 용인할 수 없었다.

이렇게 오스트리아와의 협상이 결렬됨에 따라 비스마르크는 양 대공국을 프로이센에 합병하고 독일 내에서 오스트리아 세력을 무력화하는 것을 향후 과제로 인식했다. 그리고 필요하다면 전쟁도 불사하겠다는 태도를 밝혔다.[14] 이에 반해 오스트리아는 양 대공국을 독립국가로 출범시킨 후, 독일 연방에도 가입시키려 했다. 당시 독일 연방

14 의회의 반대로 군제개혁이 제대로 이행되지 않더라도 프로이센군의 위상을 증대시킨 후, 오스트리아와 전쟁을 벌일 핑계도 찾아야 한다는 것이 비스마르크의 구상이었다. 그리고 오스트리아와의 전쟁에서 승리한 후, 독일 연방을 해체하고 독일 내 중·소국을 프로이센에 합병한 후 진정한 통일국가를 출범시킨다는 것이 비스마르크가 밝힌 최종목표였다.

의 대다수 국가 역시 오스트리아의 구상에 동의했다.

그런데 비스마르크의 구상은 이미 1862년 초 미래의 영국 총리 디즈레일리(Benjamin Disraeli)와의 대화 과정에서 나왔다. 비스마르크는 1862년 12월 4일 베를린 주재 오스트리아 대사 카롤리(Alois v. Károlyi)와의 대화에서 양국 간의 관계가 개선되지 않는다면, 오스트리아와 프로이센 간의 전쟁이 불가피하다는 것을 다시금 언급했다. 대화에서 비스마르크는 메테르니히 체제 당시 독일에서 프로이센의 위상은 비교적 자유로웠지만, 슈바르첸베르크 정부는 그것을 더는 용인하지 않으려 한다는 것을 지적했다. 이어 그는 프로이센의 영향권인 북부 독일의 하노버나 쿠어헤센까지 오스트리아의 영향력이 확대되는 것을 용인할 수 없다고 했다. 아울러 그는 오스트리아처럼 프로이센 역시 독일에서 숨 쉴 공간이 필요하다는 것도 지적했다. 첫 공식 대면에서 비스마르크의 노골적인 전쟁 발언에 대해 카롤리 또한 재빠르게 상황판단을 했다. 독일을 두 개의 영향권으로 분리하여 독일 북부에서 우위를 확보하려는 프로이센 수상의 의지는 자칫 그 세력권을 남부까지 확대하려 할지 모른다는 의구심마저 가지게 했다.

비스마르크는 다음 해인 1863년 러시아에, 1756년 프리드리히 2세가 했던 것처럼 오스트리아에 대한 기습공격을 감행할지도 모른다는 암시를 했다. 비스마르크의 전술은 공동 점령 상태를 유지하면서 모든 가능성을 열어놓되 기회가 생길 때마다 오스트리아에 시비를 거는 것이었다.

2 형제 전쟁

1864년 10월 친프로이센 성향의 레히베르크-로텐뢰벤 외무장관이 관세정책에서 실책을 범함에 따라 해임되고 그 후임으로 멘스도르프-푸일리(Alexander Mensdorff-Pouilly) 백작이 임명되었다.[15] 기병 장군 출신인 신임 외무장관은 코부르크(Coburg) 공국 출신의 어머니와 아내의 자매인 하츠펠트(Gabriele Hatzfeld)를 통해 당시 베를린 왕궁에서 슐라이니츠와 왕비 아우구스타를 중심으로 구축된 반비스마르크 세력과도 긴밀한 관계를 유지했다. 그러나 멘스도르프-푸일리는 외교 문제에 밝지 못한 안일한 인물로서 주로 비스마르크의 적대자들인 비겔레벤(Ludwig Biegeleben)과 에스테르하지(Moritz v. Esterházy) 백작 등의 조언에 의존했다. 특히 비겔레벤은 50년 전에 황제 지위를 포기한 오스트리아가 독일 연방 의장직에서 물러나 프로이센과 동맹체제를

15 레히베르크-로텐레벤은 베를린 정부가 10년 전 약속한 오스트리아의 독일 관세 동맹 가입을 현실화할 것을 요구했다. 비스마르크는 오스트리아 외무장관의 이러한 요구를 부분적으로 수용하려고 했지만, 경제 담당 장관이 이의를 제기했다. 그것은 오스트리아가 추진하던 자유교역을 프로이센이 수용할 수 없다는 데서 촉발되었다.

구축하려 한다는 것을 거론하면서 그에 대해 절대 동의할 수 없다는 생각도 밝혔다. 측근의 영향을 받던 멘스도르프-푸일리 역시 독일 내에서 크게 실추된 오스트리아의 위상을 회복하기 위해 노력했다.

베를린에 대한 오스트리아의 독립성을 부각하기 위해 멘스도르프-푸일리는 프레데리크 아프 아우구스텐보르크 대공을 감싸면서, 슐레스비히-홀슈타인에 대한 대공의 권리를 인정해야 한다는 주장을 펼치기 시작했다. 그러나 비스마르크는 양 대공국이 자신의 손아귀에서 벗어나는 것을 허용할 의사가 전혀 없었다. 그는 이미 양 대공국에 대한 프로이센의 지배권을 강화하고 있었고, 오스트리아는 직접적으로 이해관계를 갖고 있지 않은 양 대공국에 대해 곧 관심을 잃게 되리라 믿었다. 그뿐만 아니라 오스트리아가 경제적으로 프로이센을 상대로 전쟁을 벌일 능력도 상실한 상태라는 것을 비스마르크는 인지했다. 실제로 오스트리아는 흉작과 전염병 등으로 농업 분야가 활성화되지 못했고, 산업 부문에 대한 투자 역시 급감하고 있었다. 이러한 경제적 불황으로 1864년의 재정적자는 무려 2,700만 굴덴에 달했다. 이에 따라 신임 재무장관 라리쉬(Rarishi)는 영국 은행으로부터 국가 운영에 필요한 자금을 빌리는 데 무려 66%의 높은 이자도 내야 했는데, 이것은 오스트리아의 국가신용도가 매우 낮은 데서 연유한 것 같다.

1864년 11월 비스마르크는 주저하던 연방의회를 압박했고 그에 따라 연방군은 홀슈타인에서 철수했다. 이후부터 오스트리아와 프로이센은 홀슈타인에 대한 전면적 통제권도 갖게 되었다. 1865년 2월 비스마르크는 프레데리크 아프 아우구스텐보르크 대공이 프로이센으로부터 승인받을 수 있는 유일한 조건, 즉 대공국의 주요 정책을 프로이센과 사전에 협의하고 군사 문제는 전적으로 프로이센에 위임해야 한다는 것을 오스트리아에 제시했다. 그러나 대공은 자신이 프로이센의 꼭두각시로 전락하는 것을 거부했고, 오스트리아 역시 그 조건이 전적으로 수락될 수 없는 것이라고 강조함으로써 대공에게 동조했다. 슐레스비히-홀슈타인에 관해 연방 의견을 더는 묻지 않겠다는 약속에도 불구하고 오스트리아는 1865년 3월 연방의회에서 프레데리크 아프 아우구스텐보르크 대공이 슐레스비히-홀슈타인 대공국의 위정자로 등극하는 것을 승인해야 한다는 바이에른-작센 안을 지지했다. 이에 프로이센은 발트해의 해군기지를 단치히(Danzig)에서 킬로 이동하는 것으로 응수했다. 그런데도 연방의회에서 바이에른-작센의 동의안은 통과되었다. 이에 비스마르크는 "이것이 전환점이다. (…) 우리의 열차는 이미 갈림길에 이르렀다"는 불길한 예언도 했다. 바로 양 대공국의 행정을 둘러싸고 베를린과 빈 사이의 마찰이 일어났고, 양국 사이의 관계 역시 갑자기 악화되었다.

이로부터 약 두 달 후인 5월 29일, 프로이센의 궁정 회의(Kronrat), 즉 추밀원 회의에서 전쟁장관 룬과 참모총장 몰트케는 전쟁 위험을 무릅쓰더라도 슐레스비히-홀슈타인 대공국을 합병하자고 주장했는데, 이는 전쟁에 대한 빌헬름 1세의 반대가 약화한 데서 나온 것 같다. 이와 달리 비스마르크는 절제를 호소하고 나섰는데, 오스트리아와의 타협 가능성이 완전히 사라지지 않았다는 확신에서 연유했다.[16]

당시 비스마르크는 오스트리아와 갈등을 빚는 문제들을 평화적

16 1870년 비스마르크는 프로이센 수상으로 임명된 직후부터 오스트리아와의 전쟁은 피할 수 없다고 생각했고, 그것을 이행하는 데 필요한 최적의 방안이 무엇인가도 장기간에 걸쳐 고민했다고 술회했다.

으로 해결할 방법이 아직 남아 있다는 확신을 하고 있었다. 여름에 접어들면서, 프로이센이 프레데리크 아프 아우구스텐보르크 대공을 홀슈타인에서 축출할 것을 요구함에 따라 베를린과 빈 사이의 긴장은 크게 고조되었다. 이에 비스마르크를 대동한 빌헬름 1세는 1865년 8월 14일 잘츠부르크 인근의 온천휴양지 바트 가슈타인(Bad Gastein)에서 프란츠 요제프 1세와 만났다. 당시 심각한 국내 문제에 시달리던 프란츠 요제프 1세는 타협을 제의했고, 빌헬름 1세 역시 그에 동의했다. 이후 진행된 비스마르크와 오스트리아 측 대표로 참석한 블로메(Gustav v. Blome) 백작 간의 협상에서 타결안이 도출되었다.[17]

가슈타인 협정에 따라 슐레스비히와 홀슈타인 대공국에 대한 지배권을 오스트리아와 프로이센이 공동으로 가지는 형태를 유지하되, 임시적인 소유권 분할에도 합의했다. 이에 따라 오스트리아는 홀슈타인 대공국, 프로이센은 슐레스비히 대공국을 각각 통치하게 되었다. 그리고 오스트리아는 홀슈타인 남부에 있는 라우엔부르크(Lauenburg) 대공국에 대한 공동관리권을 250만 덴마크 탈러를 받고 프로이센에 양도하는 형식으로 라우엔부르크에 대한 통치권을 포기했다.[18] 육로를 이용할 때 홀슈타인을 통과하지 않고서는 슐레스비히에 도달할 수 없으므로 프로이센은 2개 군사 도로를 이용하여 슐레스비히에 도달할 수 있는 홀슈타인 대공국 통과권도 오스트리아로부터 확보했

17 당시 블로메는 뮌헨 주재 오스트리아 전권 공사였다.

18 바트 가슈타인 회의에 참석한 프란츠 요제프 1세는 프로이센이 슐레스비히-홀슈타인 대공국을 자국에 합병하는 것을 묵인하지 않으려고 했다. 다만 그는 프로이센이 자국 영토의 일부를 오스트리아에 할애한다면, 프로이센의 의도에 동조하겠다는 생각도 하고 있었다.

다. 또한 군사 도로 이용권 이외에 홀슈타인을 통과하는 운하와 전신선 건설권이 프로이센에 허용되었다. 양국은 독일 연방 직할 함대를 창설하고, 홀슈타인 대공국의 항구도시 킬을 프로이센 관리하의 독일 연방 직할 항구로 확장하는 문제에도 합의했다. 그 결과 프로이센의 발트해 해군기지가 단치히에서 킬로 이전되었다. 독일 연방과 덴마크 간의 국경을 확실하게 지키기 위해 슐레스비히와 홀슈타인 대공국 사이의 경계 지역인 렌츠부르크에 독일 연방 직할 요새 건설 문제에 대한 합의도 가슈타인 협정에 포함되었다. 그러나 독일의 자유주의자들은 가슈타인 협정이 양 대공국 사이의 역사적 유대와 그들을 지배할 아우구스텐보르크 가문의 권리를 일방적으로 무시한 약탈물의 분배라고 격렬히 비난했다.

가슈타인 협정은 프로이센에 일방적으로 유리한 조약이었기 때문에 프로이센과 오스트리아 간의 긴장은 한층 더 고조될 것임이 분명했다. 프로이센 주도로 소독일주의 원칙에 따른 독일 통일을 합법적으로 모색하던 비스마르크는 오스트리아를 통일 과정에서 합법적으로 배제하는 방법을 홀슈타인에서 찾고자 했다. 즉, 그는 오스트리아 정부가 빈에서 1,300킬로미터 이상 멀리 떨어진 홀슈타인을 프로이센의 팽창주의를 적절히 견제하면서 역외적으로 관리한다는 것은 장기적 안목에서 사실상 불가능한 것도 인지했다. 더구나 라우엔부르크에 대한 공동소유권을 프로이센에 양도함으로써 홀슈타인은 이제 프로이센 영토 사이, 즉 북쪽의 슐레스비히와 남쪽의 라우엔부르크 사이에 놓이게 되었다.

가슈타인 협정에서 프로이센이 홀슈타인 북쪽의 슐레스비히 관할권을 획득한 것과 라우엔부르크를 매입한 것은 홀슈타인 점령을 전제로 한 비스마르크의 치밀한 전략적 계산의 결과였다. 이제 프로이센은 슐레스비히를 택함으로써 홀슈타인을 획득하고, 덴마크와 독일 국경을 슐레스비히와 덴마크의 경계선으로 확장하는 일거양득의 효과도 얻게 되었다. 당시 유럽 강대국은 가슈타인 협정에 관해 관심을 보였는데, 상반된 견해도 제시했다. 북해와 북유럽에서의 이해관계가 침해되었다고 생각한 영국과 프랑스는 가슈타인 협정에 대해 동의하지 않았다. 이에 반해 프로이센의 세력 신장을 오스트리아 제국 견제의 훌륭한 균형추로 간주한 러시아는 프로이센의 영토확장에 호의적인 반응을 보였다. 크림전쟁이 끝난 후 악화한 오스트리아와 러시아의 관계가 러시아의 프로이센 편들기의 원인으로 작용한 것이다. 당시 러시아 외무장관 고르차코프는 러시아 외교 정책의 근간을 언급했다. 그것은 폴란드 정책에 대한 지지 여부에 따라 우방국과 적국으로 나눠지고 러시아의 폴란드 정책을 지지하는 프로이센은 러시아의 우방국이 분명하다는 것이다.

1865년 9월 15일 라우엔부르크 대공국이 프로이센에 합병된 날, 국왕 빌헬름 1세는 수상 비스마르크에게 프로이센의 세습 백작 작위를 주어 '백작 비스마르크-쇤하우젠(Graf Bismarck-Schönhausen)'이라 불렀다. 작위 수여식에서 빌헬름 1세는 비스마르크가 독일 평화 기여에 크게 이바지한 점을 강조했다.

덴마크와의 전쟁 비용을 충당하기 위해 정부가 요구한 국채 발행을 거부한 프로이센 하원은 라우엔부르크 대공국 합병 역시 반대 251표 찬성 44표로 부결했는데, 합병이 의회의 동의 없이 이뤄졌다는 데서 나온 결과인 것 같다. 의회 결정이 절대적인 영향력을 행사하지 않았지만, 가슈타인 협정으로 체결된 소유권 분할 약속 역시 임시 결정으로 바뀌었다.

그렇다면 비스마르크는 왜 가슈타인 협정에 동의했을까? 그것은 비스마르크가 그때까지 프랑스와 이탈리아를 믿지 못했기 때문에 불가피한 전투에 의한 결정을 단순히 연기한 것 —비스마르크의 표현을 빌리면 '건물의 갈라진 틈을 메운 것' —에 지나지 않았다. 당시 비스마르크는 오스트리아가 보인 타협적인 태도에 매우 놀랐다. 비스마르크는 오스트리아의 제안이 양 대공국에 대한 오스트리아의 지배를 느슨하게 하는 것이고, 프레데리크 아프 아우구스텐보르크 대공에 대한 아무 언급도 없는 유리한 것이었으므로 그것을 조건 없이 받아들였다. 그렇다고 해서 홀슈타인으로부터 오스트리아를 배제하고, 북부 독일을 지배하려는 비스마르크의 결의가 바뀐 것은 아니었다. 협정에 동의하려는 오스트리아의 태도가 암시하는 것은 충분한 압력이 가해진다면 전쟁을 치르지 않고서도 프로이센에 양 대공국을 양보할지도 모른다는 것이었다. 실제로 홀슈타인을 차지한 오스트리아는 지리적으로 멀리 떨어진 지역에서 행정적 또는 재정적 부분에서 비효율적 상황이 초래할 수 있다는 것을 인지하고 있었다. 그러나 비스마르크가 명백히 인식하고 있었던 것처럼 독일 내의 세력 분할에 기초한 오스트리아의 전면적 화해는 당시로서는 가능한 것 같지 않았다.

비스마르크는 전쟁에 대비하여 프랑스의 태도도 명확히 할 필요가 있었다. 따라서 그는 1865년 10월 프랑스-에스파냐 국경 근처 비스케이(Biscay)만에 있는 휴양도시 비아리츠로 나폴레옹 3세를 찾아갔다. 당시 비스마르크의 반대파들은 전쟁이 일어나면 프랑스가 중립을 지킨다는 조건으로 그가 라인란트를 양도하려 한다는 의도를 비난하고 나섰다. 그러나 비아리츠에서 어떠한 확실한 제안이 있었던 것은 아니고, 다만 모종의 시사만이 있었을 뿐이다. 비스마르크는 가슈타인 협정에 대한 프랑스의 우려를 적절히 해소했고, 나폴레옹 3세가 프로이센과 오스트리아 사이에 전쟁이 불가피하다는 것을 믿도록 부추겼다. 나폴레옹 3세는 이 전쟁이 장기화하리라는 전망을 하고 매우 기뻐했다. 실제로 그는 반세기 전 자신의 삼촌인 나폴레옹 보나파르트가 했던 것과 마찬가지로 전쟁으로 기진맥진한 해당국들에 모종의 요구 조건을 제시하려고 했다. 즉, 그는 독일권에서 프랑스의 이익을 극대화하고 굳히려는 의도를 가지고 있었다. 한편 비스마르크가 비아리츠에서 추구한 주된 목적은 프랑스와 오스트리아 사이의 동맹을 저지하는 것이었다. 그는 프로이센이 베네치아를 계속 보전하려는 오스트리아를 지원하지 않는다는 것을 나폴레옹 3세에게 확신시켜 자신의 목적을 달성하려고 했다. 실제로 당시 나폴레옹 3세는 베네치아가 이탈리아로 넘어가 프로이센이 더는 로마에 관심을 표명하지 않기를 바라고 있었다. 그리고 프랑스 황제는 이러한 것이 전쟁 없이 실현되기를 기대했다.

나폴레옹 3세는 베네치아에 대한 비스마르크의 입장을 확인한 후 즉시 오스트리아와의 동맹 구상도 포기했다. 실제로 프랑스는 비스마르크로부터 벨기에, 룩셈부르크, 그리고 라인강과 프로이센의 자르란트(Saarland)와 바이에른의 팔츠를 둘러싼 모젤(Mosel)강 사이의 지역까지 포함된 영역에서 보상한다는 제안을 얻어낸 것 같다. 그 외에도 프로이센이 독일권에서 팽창한다면 프랑스에 제공될 보상에 관해 모종의 암시가 있었다. 그런데 나폴레옹 3세는 프랑스 동부 국경에 강력한 독일 통일국가가 등장하는 것을 바라지 않았고, 이를 저지하기 위해 강력한 이탈리아 통일국가의 출범도 막으려고 했다. 당시 그는 강력한 이탈리아 통일국가가 독일 통일의 어머니가 될 것이라는 확신을 하고 있었다.

1866년 독일에서 위기가 심화하고 있을 때, 비스마르크는 프랑스의 개입을 우려할 필요가 없다는 확신을 가지고 베를린으로 돌아왔다.

가슈타인 협정에 따른 오스트리아와 프로이센 사이의 관계 개선은 오래가지 못했다. 1865년 말에 이르러 대공국을 둘러싸고 새로운 알력이 생겼다. 1866년 1월 23일 오스트리아는 함부르크 교외인 알토나(Altona)에서 프레데리크 아프 아우구스텐보르크 대공을 지지하는 대중집회 개최를 허가했다.[19] 비스마르크는 오스트리아의 이러한 처사를 비난했고, 오스트리아-프로이센 동맹을 파기하겠다고 위협했다. 따라서 그는 베를린 주재 오스트리아 대사 카롤리 백작을 소환한 후 슐레스비히-홀슈타인 대공국 합병은 프로이센의 정치적 사활이 걸린 문제이기 때문에 프레데리크 아프 아우구스텐보르크 대공의 통치권에 동의할 수 없다는 태도도 분명히 밝혔다. 베를린으로부터 프로이센의 입장을 전달받은 오스트리아는 홀슈타인이 프로이센의 관심사가 아니라는 것을 천명했다. 이후 동맹은 사실상 붕괴했고, 전쟁 움직임도 감지되었다.

당시 비스마르크는 이원 체제 못지않게 오스트리아와의 동맹에서 비롯되는 중요성과 필요성을 진지하게 생각해왔고, 무엇보다 양국 모두에 전쟁이 유일한 해결 수단이라고 생각하지 않았다. 그러나 그는 부득이 전쟁을 치러야 할 경우를 대비하여 안팎의 상황에 대한 사전 점검 또한 필요하다고 판단했다.

---

19 대중집회에서는 슐레스비히-홀슈타인 신분의회 소집이 요구되었다.

1866년 2월 28일 베를린에서 개최된 프로이센 궁정 회의, 즉 추밀원에서는 전쟁을 무릅쓰고라도 오스트리아의 도전에 응하기로 결정했다.[20] 이 회의에서 비스마르크는 이탈리아와 동맹을 체결하기 위해 피렌체(Firenze)로 특사 파견도 거론했다. 이에 따라 비밀리에 피렌체로 특사가 파견되어 이탈리아 수상 라 마르모라의 대리인 고보네(Giuseppe Govone)와 회담했고, 거기서 프로이센이 오스트리아와 전쟁할 때 이탈리아가 군사적 지원을 한다면 승리 후 베네치아를 양도한다는 약속도 했다.

당시 프로이센의 참모총장 몰트케는 승리를 확실히 하기 위해 오스트리아를 양면에서 공격해야 한다는 구상도 하고 있었다. 비스마르크 역시 이탈리아와의 동맹이 전쟁을 수행하지 않고도 오스트리아를 압박하는 수단이 될 뿐만 아니라 전쟁 발발 후 오스트리아가 두 전선에서 동시에 싸워야 한다는 부담감도 가진다는 것을 잘 알고 있었다. 그러나 비스마르크의 의중에서 가장 중요한 비중을 차지한 것은 역시 정치적 고려였다. 만약 이탈리아가 베네치아를 장악할 수 있게끔 프로이센이 지원 약속을 한다면, 나폴레옹 3세는 확실히 중립을 지키리라는 것이다. 또한 여론의 중요성이 부각하기 시작한 시대에 이탈리아 통일을 위한 전쟁은 북부 독일에서의 진부한 팽창 전쟁보다 더 나은 평가를 받을 수도 있을 것이다. 이전과 마찬가지로, 비스마르크는 마지막까지 주의를 기울여서 돌파구를 확보하려고 했다. 즉, 그는 이탈리아와의 동맹에서 만약 3개월 이내에 프로이센이 오스트리아와

20 추밀원 회의에 참석한 인물 중에서 프리드리히 왕세자만이 오스트리아와의 전쟁에 반대했다.

전쟁에 돌입한다면, 이탈리아가 이에 가담하여 베네치아를 장악한다는 점만 규정한 수완을 발휘했다.

1866년 4월 8일 비스마르크는 이탈리아 왕국의 전권대표 고보네 장군과 베를린에서 3개월 기한의 비밀동맹 조약, 즉 공수동맹(Offensiv und Defensivbündnis)을 공식적으로 체결했다. 고보네 장군은 이탈리아 정부가 향후 3개월 이내에 프로이센이 제의한 독일 연방 개혁안이 부결되고, 프로이센과 오스트리아 사이에 전쟁이 발발하면 오스트리아에 전쟁 선포를 하고, 프로이센의 동의 없는 모든 정전협정 또는 평화조약을 오스트리아 측과 단독으로 체결할 수 없다는 규정에 합의했다. 모두 6개 조항으로 구성된 공수동맹 조약 제5조에서는 조약 체결 3개월 내 프로이센이 오스트리아에 전쟁 선포를 하지 않는다면, 조약은 자동으로 폐기된다는 것(Dieser Vertrag erlischt drei Monate nach seiner Unterzeichnung, falls Preußen nicht den Krieg an Österreich erklärt hat)도 명시되었다. 당시 비스마르크는 고보네 조약을 통해 이탈리아 민족주의를 프로이센과 오스트리아 사이의 전쟁에 이용하려고 했다.

이탈리아와 한시적인 군사 동맹 체제를 체결한 다음 날인 4월 9일 프로이센은 연방 개혁을 논의하기 위해 보통선거에 기초한 직선제 독일 국민의회(Natinalparlament) 구성을 연방 회의(Bundesversammlung)에 제안했다. 독일 내외의 모든 국가가 이러한 제안에 놀랐다. 국왕 빌헬름 1세 역시 "이것은 혁명이다"라고 언급했고, 이에 대해 비스마르크는 "만약에 보통선거가 전하를 물결이 절대로 닿지 않는 바위 위에다 올려놓는다면, 그것이 무슨 상관이 있겠습니까?"라는 대답으로 응수했다.

덴마크 전쟁으로 비화한 통일에 대한 염원이 반영된 연방 개혁안은 오스트리아가 주장한 연방 개혁 문제에 반대하기 위해 전 독일인의 투표권 행사로 구성된 독일 제국의회에 힘을 실어 각 정부와 타협할 것을 제안하여 오스트리아를 어려움에 처하게 한 적이 있었던 만큼 비스마르크는 이번 역시 예외가 아니기를 기대했다. 그러나 사실상 비스마르크의 전략은 실패로 끝났다. 왜냐하면 독일 연방 내 대다수 국가는 비스마르크의 제의를 상습적 정치 도박사의 또 다른 술책이라 간주하고, 별다른 반응을 보이지 않았기 때문이다.

프랑크푸르트에 제출한 연방 개혁안과는 별도로, 비스마르크는 바이에른의 지원을 받기 위한 작업에도 착수했다. 비스마르크는 바이에른과 연방군의 최고통수권을 나누는 사안을 협상 테이블에 올려놓았는데, 이것은 바이에른을 오스트리아 못지않은 파트너로 간주하여 북부에서 프로이센의 군사적 주도권을 인정해주는 대가로 남부에서 바이에른의 주도권을 인정하겠다는 내용을 담고 있었다. 당시 전쟁 문제를 외면할 수 없는 현실에서 비스마르크로서는 독일 내에서 적법성과 정당성을 확보하는 것이 매우 중요했기 때문이다. 비스마르크의 이러한 접근 시도에도 불구하고 바이에른은 남부 독일국가들과 함께 오스트리아를 지지한다는 결정을 했다. 전쟁이 발발한다면, 오스트리아를 지지하기로 한 남부 독일국가들은 연방 군대를 동원하는데도 의견을 같이했다. 오스트리아가 주도하던 연방의회 역시 프로이센의 제안을 수용하지 않기로 했다. 당시 대부분의 민주주의 진영도 합스부르크 가문에 비우호적이었지만, 오스트리아를 지지하는 분위기로 돌아섰다. 며칠 후 비겔레벤과 에스테르하지는 프란츠 요제프 1세에게 보헤미아 지방에 주둔하던 오스트리아군의 보강이 필요하다고 설득했다.

그런데도 국제적 상황은 프로이센에 유리하게 작용했다. 당시 비스마르크는 영국과 러시아가 전쟁에 개입하지 않을 것이라고 확신하고 있었다. 1866년 러시아는 국내 정치개혁에 치중했고 오스트리아와의 관계 역시 여전히 냉각 상태였다.[21] 크림전쟁 이후 조성된 양국 사이의 반목은 이미 1859년 카보우르에게 이익을 가져다주었다. 이탈리아에서 위기가 발생했을 때, 마침 프랑크푸르트를 떠나 상트페테르부르크 주재 프로이센 대사로 활동하던 비스마르크는 당시의 교훈을 잊지 않았다. 비스마르크가 계획하던 전략 성패에 결정적 요인이 될 프랑스 역시 방관적 자세를 보일 것으로 예상되었다. 그런데 프로이센이 이탈리아와 동맹체제를 구축한 것은 외국과의 동맹을 금지한 연방헌법 11조 3항, 즉 독일 연방 회원국은 독일 연방 또는 개별 연방 회원국의 안전을 해치는 조약을 체결해서는 안 된다는 것을 위배하는 행위였다.

4월 말까지 오스트리아와 프로이센에서는 전쟁 준비가 한창 진행되었다. 당시 오스트리아는 먼저 동원령을 내림으로써 침략의 오명을 쓰지 않으려고 조심했고 그 과정에서 프로이센이 응한다면 오스트리아도 전쟁 준비를 중단하겠다는 제안을 했다. 빌헬름 1세의 요

21 프로이센은 1863년 1월 폴란드에서 발생한 소요 진압을 지원하기 위해 러시아와 알벤슬레벤(Alvensleben) 협정을 체결했다. 이 협정은 1863년 2월 8일 상트페테르부르크에서 프로이센 국왕의 부관 알벤슬레벤(Gustav v. Alvensleben) 중장과 러시아 부수상 고르차코프 사이에 체결된 일종의 군사 조약이었다. 군사 조약을 체결하는 과정에서 비스마르크는 독일 통일이 프로이센 주도로 이루어지리라는 것과 폴란드에서의 영토확장에 대해 프로이센은 관심이 없다는 것을 러시아에 인지시켰다. 알벤슬레벤 협정체결로 프로이센은 러시아 황제의 신임을 얻어낸 반면, 오스트리아는 러시아의 폭력적인 소요 진압을 공개적으로 비판했기 때문에 크림전쟁 이후 악화한 양국 사이의 관계는 더욱 나빠졌다.

구에 따라 비스마르크는 마지못해 그에 동의했다. 공식적인 답변에서 비스마르크가 기껏 할 수 있었던 것은 프로이센의 무장해제는 오스트리아의 태도 여하에 달렸다는 것이었다. 그런데 4월 21일 상황이 급변했다. 이탈리아군이 이동한다는 소문을 들은 오스트리아가 남부 지역 군대를 동원한 것이다. 이러한 소식을 접한 빌헬름 1세도 이제 망설이지 않았다. 그는 오스트리아가 결코 진지한 태도를 보이지 않았음을 확신하고 군사동원령을 내렸다.

오스트리아와의 전쟁이 가시화됨에 따라 비스마르크는 프로이센에 대한 독일권의 전폭적인 지지도 얻어내려고 했다. 민주주의와 민족주의를 심히 경멸하고 있었음에도 비스마르크는 프로이센의 국익을 위해 양자를 이용하는 데 주저하지 않았다. 점차 비스마르크는 남부 독일에서 증오 대상으로 떠올랐다. 프로이센 내에서도 형제 전쟁만은 피하자는 것이 일반적인 여론이었다. "비스마르크 때문에 좋은 일이 생길 리 없다"는 불만의 목소리도 여기저기서 제기되었다.

5월 7일 5시 튀빙겐대학교 학생인 코엔-블린트(Ferdinand Cohen-Blind)가 베를린 운터 덴 린덴(Unter den Linden) 거리에서 산책하던 비스마르크를 암살하기 위해 서너 차례에 걸쳐 총격을 가했지만, 비스마르크는 다행스럽게 크게 다친 곳 없이 위기를 모면했다. 이렇게 죽음의 위기에서 벗어난 비스마르크는 측근에게 "신에 의해 선택된 무기(비스마르크를 지칭)가 조국에 축복을 가져다줄 것이다"라는 의미심장한 언급을 했다.

같은 날 『크로이처 차이퉁』에 루트비히 게를라흐가 긴급 투고를 했는데, 비스마르크의 대오스트리아 정책을 '혁명적 정치'라 평가했고 프로이센 극우 보수주의자들의 선거표어였던 "오스트리아와 프로이센은 손에 손을 잡아야 한다. 그렇지 않으면 독일은 정상궤도에서 벗어날 것이다(Österreich-Preußen in Hand, Deutschland sonst aus Rand und Band)"를 근거로 제시했다. 비스마르크에게 권총을 빼앗기고 체포된 코엔-블린트가 감옥에서 스스로 목숨을 끊자, 독일 각지에서는 오죽했으면 그랬겠냐며 추모의 물결이 일었다. 당시 뷔르템베르크의 민족주의자 신문인 『베오바흐터(Beobachter)』는 이 일에 대해 "한 젊은이가 조국을 악마로부터 구해내기 위해 누구도 감히 하지 못한 일을 자신의 목숨을 걸고 감행한 사건이었다"라고 논평하기도 했다. 그리고 뮌헨에서 간행되던 『시민과 지방민을 위한 배달부(Volksbote für den Bürger und Landmann)』는 총알이 빗나간 것은 매우 유감스러운 사안이라고 했다. 이어 이 신문은 교수형에 처할 인물은 익사하지도 않는다는 격언을 제시했는데, 이것은 비스마르크를 교수형에 처해야 한다는 것을 우회적으로 언급한 것이라 하겠다.

오스트리아에 대한 비스마르크의 전쟁 시도에 대한 비판은 계속 이어졌는데, 사회주의자 베벨(August Bebel)이 5월 20일에 언급한 것도 그중의 하나라 하겠다. 베벨은 "독일인 모두는 국가의 권리와 법을 무시하고 남용하는 프로이센의 실력자 비스마르크를 신뢰하지 않는다. 독일에서 주도권을 노리는 프로이센은 결코 자유주의 국가가 아니며 앞으로도 결단코 그렇게 되지 않을 것이다"라고 언급했다.

당시 비스마르크는 민족적 불만도 이용하려고 했다. 그는 1862년 이후부터 이탈리아에 머물던 헝가리의 민족 지도자 코슈트 측근의 비밀 요원과 접촉했다.[22] 전쟁 발발 직전 비스마르크는 오스트리아와

---

22 실제로 헝가리인은 빈 정부가 추진한 독일권에서 오스트리아의 위상증대 정책

싸울 마자르족 군단의 창설을 고무했고, 세르비아(Serbia)와 루마니아 등지에서 합스부르크 가문에 대항해 민족 감정을 불러일으키려는 시도들도 후원했다.

형제 전쟁이 임박한 5월 비스마르크는 그 어느 때보다 신중했지만 힘든 시기였다. 여론에 흔들리는 국왕을 바라보며 차라리 전쟁 전에 오스트리아 스스로 북이탈리아에 대한 지배적 역할과 독일 연방에서 일방적 우월권을 포기하기를 바라는 심정이었다. 그러나 중순에 접어들면서 잠정적인 대치 상태는 전시체제로 바뀌었고, 어느새 형제 전쟁 뉴스가 곳곳에서 들려왔다. 그런데도 비스마르크는 전쟁 임박 직전 두 가지 해결 방안을 제시했는데, 나름대로 전쟁의 불가피함과 정당성을 안팎에 확실히 인식시켜준 후속 조처이기도 했다. 비스마르크가 제시한 첫 번째 해결안은 프랑크푸르트 마인강변의 선을 따라 프로이센과 오스트리아 양국이 독일에 대한 군사적 최고지휘권을 나누자는 가블렌츠(Anton Gablentz)의 제안을 끝까지 이용하는 것이었다.[23] 전쟁을 피할 주된 방편이기는 했으나 그러한 분할은 사실 프로이센이 남부로 세력권을 확장하여 지배권을 장악하기 위한 최적의 출발지가 될 수도 있는 문제였다. 또 하나의 방안은 나폴레옹 3세가 제안한 국제회의를 이용하는 것이었는데, 오스트리아가 이에 동의하

과 그에 따라 발생할 수 있는 전쟁에 동의하지 않았다. 따라서 국외에 머무르던 코슈트를 비롯하여 국내에서 활동하던 데악(Ferenc Deak) 등 대표적 정치가들은 일종의 방해 정책을 펼쳤고, 그 과정에서 "당신들의 전쟁은 우리의 전쟁이 아니다"라는 언급도 했다. 특히 헝가리 지역에서 부담하던 재정적 기여는 오스트리아의 아킬레스건(Achillesferse)이었기 때문에 헝가리인이 반발하는 정책을 빈 정부가 단독으로 추진할 수도 없었다.

23 당시 홀슈타인 총독의 동생인 가블렌츠는 자신의 제안에서 프로이센 왕자를 슐레스비히-홀슈타인 대공국의 통치자로 임명하자고 했다.

지 않으리라는 것을 비스마르크는 잘 알고 있었다.[24]

비스마르크와 마찬가지로 오스트리아 역시 임박한 전쟁을 앞두고 군소 영방국가들의 지지를 얻기 위해 마지막 시도를 모색했다. 1866년 5월 9일 독일연방의회에 파견된 각국 대표의 대다수는 프로이센 동원령에 대한 설명을 요구하는 결의안을 통과시켰다. 1866년 6월 1일 오스트리아는 연방의회에 슐레스비히-홀슈타인 대공국의 미래를 결정하라고 촉구하는 한편, 홀슈타인 대공국 신분제의회가 그들의 의견을 피력하기 위해 소집될 것이라는 결의도 했다. 비스마르크는 이러한 오스트리아의 제안이 1865년 8월 14일에 체결된 가슈타인 협정을 정면으로 위배한다는 것을 인지했고 그것에 따라 즉시 가슈타인 협정을 파기했다.

협정 파기를 구실로 프로이센은 홀슈타인에 군대 파견권을 얻어냈고, 6월 7일 실행에 옮겼다. 비스마르크는 오스트리아가 저항하여 전쟁 빌미를 제공해줄 것을 기대했으나, 오스트리아는 저항 없이 하노버로 철수함으로써 비스마르크를 실망하게 했다. 불행하게도 오스트리아의 지방군 사령관들은 자신들의 정부가 그렇게 행동하기를 포기한 뒤에도 오랫동안 계속 신사답게 행동했다. 프로이센이 홀슈타인 대공국에 병력을 파견한 후, 유럽 강대국들은 양국 사이의 분쟁조정

24 이 시점에서 비스마르크는 다시 한번 형제 전쟁을 피하려고 오스트리아와 협상했다. 비스마르크는 이 협상에서 프로이센이 마인강 북부지역에서 군사적 주도권을 장악하고, 오스트리아는 마인강 남부지역에서 군사적 우위권을 가져야 한다는 주장을 펼쳤다. 그러나 오스트리아는 비스마르크의 제안을 수용하지 않았다. 당시 오스트리아는 자국의 베네치아 점유에 대한 프로이센의 보장도 요구했는데, 비스마르크는 거부했다. 이전 같으면 비스마르크도 받아들일 요구였지만, 1865년 10월 비아리츠에서 나폴레옹 3세와 합의한 내용 때문에 수용하기를 거부했다.

을 시도했고 이를 구체화하기 위해 국제회의 개최도 모색했다. 그러나 프란츠 요제프 1세는 유럽 열강들의 이러한 제의에 대해 부정적이었다.

6월 10일 프로이센은 독일에서 오스트리아를 배제한 '통일국가' 계획의 개략적 윤곽을 제시했다. 다음 날 오스트리아는 프로이센이 가슈타인 협정을 위반했다는 이유로 프로이센에 대항할 연방군 동원을 제안함으로써 프로이센의 홀슈타인 진주에 응수했다. 실제로 오스트리아는 프로이센군의 홀슈타인 침공을 독일 연방 규약 위반으로 간주하여 프로이센을 독일연방의회에 제소했다. 11개 단독투표권과 6개의 공동투표권을 합하여 총 17표로 구성된 독일연방의회 특별위원회는 9 대 6이라는 압도적 다수로 오스트리아가 제출한 연방 집행권(Bundesexekution) 발동을 결의했다. 이제 오스트리아와 프로이센의 전쟁은 공식적인 연방 전쟁으로 그 성격이 바뀌었다.

상황이 이렇게 전개됨에 따라 빌헬름 1세는 오스트리아와의 전쟁에 대해 가졌던 약간의 도덕적 가책에서 벗어나게 되었다. 얼마 전까지만 해도 빌헬름 1세는 전쟁에 대한 부담에서 벗어나지 못했다. 비스마르크의 전임자였던 호엔로에는 69세인 국왕과의 독대 과정에서 매우 놀랐는데, 빌헬름 1세가 중환자의 모습을 보였기 때문이다. 실제로 국왕의 얼굴은 몹시 창백했으며, 이마는 깊은 주름 속에 파묻혔고, 무서운 긴장과 근심으로 정신적으로 피곤한 상태였다. 게다가 주변 인물들, 즉 아우구스타 왕비, 왕세자 부부, 그리고 사위인 바덴의 프리드리히 대공은 비스마르크가 주도하던 일종의 '해적 정치(Seeräuberpolitik)'를 중단할 것을 요구했다. 그뿐만 아니라 이들은 파리 주재 프로이센 대사 폰 데어 골츠(Robert Graf v. der Goltz) 백작을 비스

비스마르크, 룬, 몰트케(1866)

마르크 후임으로 천거하기도 했다.

이렇게 비스마르크와 반비스마르크 세력의 요구에 시달리던 빌헬름 1세는 잠을 제대로 잘 수 없었고 점차 빈번한 위통과 신경통성 통증에 휘달리게 되었다. 이렇게 건강이 악화함에 따라 빌헬름 1세는 병원에 입원해야 했고, 비스마르크 역시 왕궁이 아닌 병실을 방문하여 모든 것을 보고했다.

시종 부관이었던 렌도르프(Lehndorff) 백작이 빌헬름 1세의 당시 심적 불안 상황을 좀 더 구체적으로 알려주고 있다. 1866년 6월 초 룬과 몰트케가 연속해서 국왕에게 보고했다. 그런데 이들은 보고에 대한 국왕의 답변을 듣지 못하고 옆방으로 나왔다. 당시 몰트케와 룬이 국왕에게 보고한 것은 모두 전쟁 준비를 위한 군대 동원과 연계된 것들이었다. 빌헬름 1세는 국방부 장관과 참모총장의 건의 사안에 대해 아무런 대답도 하지 않았다. 다만 그는 오스트리아와의 평화유지를 지속해야 한다는 태도를 밝혔다.

몰트케와 룬에 이어 비스마르크도 국왕과 면담하려고 했다. 렌도르프는 국왕과 비스마르크의 대화에서 과격한 발언들이 나옴에 따라 주변에 있던 시종들을 물러나게 했고 아무도 옆방에 출입하지 말 것을 명령했다. 비스마르크는 국왕과 대화를 끝낸 후 옆방으로 이동했지만, 그는 매우 당황한 상태에서 오랫동안 서 있었다. 이어 비스마르크는 렌도르프에게 "다시 한번 국왕께 가셔서 대화를 계속하고 싶다고 말씀해주시기를 간절히 부탁드립니다"라고 요청했다. 이에 렌도르프는 국왕에게 가서 비스마르크의 재면담 요청을 했지만, 국왕은 일언지하에 거절했다. 비스마르크는 시종장을 밀치고 문을 열어젖히면서 빌헬름 1세와 다시 독대하려고 했다. 시종장은 비스마르크의 무례한 행동을 비판했고 두 사람 사이에 말다툼까지 오갔다. 시종장은 비스마르크를 정신착란증 환자로 간주할 수밖에 없었고 이러한 돌발적 상황에서 렌도르프는 자신의 의무를 수행하기 위해 비스마르크를 국왕의 집무실에서 강제로 밀쳐냈고 옆방에 있는 소파에 강제로 앉혔다.

오스트리아와의 전쟁에 대해 주저하던 빌헬름 1세가 전쟁을 결정함에 따라 베를린 정부는 오스트리아의 수정안을 지지하는 국가들에 대해 경고성 발언을 했다. 즉, 오스트리아의 수정안에 동조한 국가들은 프로이센에 대해 선전포고를 한 것으로 간주하고 그에 걸맞은 군사적 대응도 불사하겠다는 것이다.

6월 12일 오스트리아와 프로이센은 모든 외교 관계를 단절했다.

같은 날 오스트리아 외무장관 멘스도르프-푸이는 파리 주재 오스트리아 대사 리하르트 클레멘스 메테르니히(Richard Clemens v. Metternich)를 통해 프랑스와 비밀 조약을 체결했다. 리하르트 클레멘스 메테르니히는 1806년부터 1809년까지 파리 주재 오스트리아 대사를 역임한 클레멘스 벤첼 로타르 메테르니히의 아들이었다. 오스트리아는 프랑스와 체결한 비밀 조약에 따라 프로이센과의 전쟁에서 프랑스가 오스트리아에 우호적인 중립을 취한다면, 그에 대한 반대급부로 베네치아를 이탈리아 왕국에 반환하고, 오스트리아와 이탈리아 사이의 전쟁에서 오스트리아가 승리할 때도 베네치아에 대한 처분을 나폴레옹 3세에게 위임한다는 데 동의했다.

프랑스는 오스트리아의 주도권이 유럽의 세력균형을 저해하지 않는 한 독일 연방 내의 판도 변경과 오스트리아의 영토 확대에도 큰 관심이 없었다. 구두로 합의한 별도의 보충 조항에서 오스트리아가 프로이센에 승리한다면 프랑스의 전통적 우방국들인 뷔르템베르크 왕국과 바이에른 왕국에 영토적 이익도 제공할 것을 약속했고, 프랑스를 위해 라인강 하류 지역, 즉 프로이센의 역외영토가 산재한 니더라인(Niederrhein) 지역에 별도의 친프랑스 제후국도 설립하겠다는 약속을 했다. 비밀 조약의 내용에 명문화된 것은 아니었지만, 오스트리아의 이러한 구두 합의는 라인강을 자연 국경선으로 확보하려던 프랑스의 역사적 영토정책을 지지하는 결과도 가져왔다.[25]

25 프로이센과 마찬가지로 오스트리아 역시 베네치아 지방을 중립 대가로 내놓았다. 그리고 1865년 고보네 조약과 마찬가지로 오스트리아가 프랑스와 체결한 비밀 조약 역시 독일연방의회의 동의 절차를 생략했기 때문에 독일 연방헌법을 위반한 조약이었다.

6월 14일 독일 연방은 오스트리아의 수정안, 즉 독일 연방군 소집과 프로이센과의 외교 관계 단절 등이 언급된 안을 찬성 9표, 반대 6표, 기권 1표의 표결로 통과시켰다. 당시 바이에른, 작센, 하노버, 뷔르템베르크, 헤센 대공국, 헤센 선제후국 등은 오스트리아의 입장을 지지했고 바덴은 기권했다. 이러한 결정이 내려짐에 따라 프로이센은 즉시 독일 연방 해산을 선언했고, 모든 국가가 프로이센 주도로 새로운 독일국가 창설에 참여할 것도 요청했다. 6월 15일 프로이센은 작센, 하노버, 헤센-카셀 등에 동원을 해제하고, 프로이센 개혁안을 승인하라는 최후통첩도 보냈다. 이에 대해 이들 국가로부터 만족할 만한 답변이 나오지 않자, 프로이센군은 1866년 6월 16일 해당 국가를 침공했고 이로써 전쟁이 시작되었다.[26]

당대인들은 오스트리아의 승리로 끝나게 될 장기전을 예상했다. 파리에서는 4 대 1로 오스트리아의 승리를 점쳤다. 오스트리아는 독일 연방 내에서 규모가 큰 국가들의 군사적 지원을 적극적으로 받았지만, 프로이센의 중요한 동맹국으로는 오직 이탈리아뿐이었다.[27]

---

26 당시 작센 왕국, 바이에른 왕국, 하노버 왕국, 뷔르템베르크 왕국, 바덴 대공국, 헤센 대공국, 헤센 선제후국, 작센-마이닝엔 공국, 나사우 공국, 샤움부르크-리페 후작국, 로이스(구파) 후작국 및 프랑크푸르트 자유시가 오스트리아 동맹국으로 전쟁에 참여했다. 이에 반해 올덴부르크 대공국, 함부르크, 브레멘, 뤼베크, 브라운슈바이크 공국, 작센-알텐부르크 공국, 안할트 공국, 작센-코부르크-고타 공국, 리페 후작국, 발데크-퓌르몬트 후작국은 프로이센을 지지했다. 프로이센은 오스트리아와 전쟁을 벌이기 전에 군대 동원령을 내렸고 3주 만에 전쟁 준비를 완료했다. 이에 반해 오스트리아는 프로이센의 2배인 6주나 걸렸다.

27 이탈리아도 6월 20일 오스트리아에 전쟁을 선포했는데, 이것은 프로이센과 체결한 공수동맹체제 때문이었다. 이에 앞서 오스트리아는 이탈리아에 파격적인 제안을 했는데, 이탈리아가 오스트리아-프로이센 전쟁에서 중립을 지킨다면 베네치아를 양도하겠다는 것이었다. 그러나 이탈리아는 프로이센과 체결한 공수동맹 때문에 그러한 제

라 마르모라 장군 휘하의 이탈리아군 12만 명은 베로나-페스키에라-만토바-레냐고를 연결하는 오스트리아 제국의 철벽 4각 요새를 피해 오스트리아 본토를 공격하라는 프로이센군 참모부의 권고를 무시한 채 1866년 6월 23일 베로나 요새를 점령하기 위해 민치오(Mincio)강을 건넜다. 베로나 요새에서 출격한 프란츠 요제프 1세의 숙부인 알브레히트 대공이 이끄는 8만 명의 오스트리아군은 가르다(Garda) 호수와 아디제(Adige)강 사이의 산악지대에 진을 치고, 1866년 6월 24일 이탈리아군을 정면 공격했다.

양국 사이의 전투는 베로나 인근 쿠스토차(Custozza)에서 집중적으로 벌어졌다. 쿠스토차는 전투가 진행되는 동안 양측에 의해 여러 차례 번갈아 가면서 점령되었다가 마침내 저녁 무렵 오스트리아군에 의해 최종적으로 접수되었다. 이에 따라 라 마르모라 장군은 전투를 중단하고 민치오강을 건너 퇴각했다.[28] 이탈리아군의 인명 손실은 약 8,100명에 달했고, 오스트리아군의 희생 역시 7,900명이나 되었다. 쿠스토차 전투는 1866년 8월 12일 오스트리아군과 이탈리아군 사이에 크로몬스 정전협정이 체결되기 전에 남부 전선, 즉 북이탈리아에서 벌어진 마지막 대규모 육상전투였다. 수량이 풍부한 민치오강이 천혜의 방어선을 만들어주었기 때문에 오스트리아는 이 지역에 유명한 베로나-페스키에라-만토바-레냐고를 연결하는 방진 요새를 건설하여 과거에도 이미 여러 차례 이탈리아군에 승리를 거둔 적이 있었

의 수용을 거부했다.

28 전투에서 패한 라 마르모라 장군은 카보우르 백작에 이어 1859년 7월 19일부터 6개월 동안 사르데냐-피에몬테 왕국 수상으로 활동했었다.

다. 특히 민치오강을 통해 서로 연결된 페스키에라 요새와 만토바 요새의 중요성은 "오스트리아는 민치오강에서 지킨다"라는 암호를 오스트리아군이 실제로 사용한 사실에서도 드러났다. 베네치아를 점령하려 한 이탈리아군의 시도는 쿠스토차 전투에서 패함에 따라 무산되었다. 1866년 7월 19일 이탈리아 해군은 39세의 해군 제독 테게트호프(Wilhelm v. Tegetthoff)가 이끄는 오스트리아 해군과 벌인 리싸(Lissa) 해전에서도 대패했다.[29]

당시 오스트리아군이 보유한 대포는 정교했고, 포병대 역시 잘 훈련받은 후 배치되었다. 따라서 비스마르크에 의해 참모총장으로 기용된 몰트케는 고전을 예상했고, 비스마르크 역시 전사할 각오임을 밝혔다. 비스마르크는 "프로이센이 패배한다면 최후 전투에서 생을 마감할 것이다. 누구든 한 번 죽을 뿐이고, 패배한다면 차라리 죽는 편이 더 낫다"라는 비장한 언급도 했다.

형제 전쟁이 진행되는 동안 독일 여론은 반프로이센적 자세를 보였고, 특히 비스마르크에 대해 그러했는데, 그는 프로이센의 이익을 위해 독일을 계획적으로 동족상잔의 전쟁으로 몰아넣은 인물로 규탄되었다. 그러나 전쟁에 대한 사람들의 예상은 빗나갔는데, 7주 만에 전쟁이 종료되었기 때문이다. 개전 3일 만에 작센, 하노버, 헤센-카셀이 점령됨에 따라 프로이센은 북부와 중부 독일을 완전히 장악하게

---

29 리싸 해전은 아드리아해 달마티아제도의 비스(Vis)섬 근해에서 벌어졌다. 오스트리아 해군은 총톤수, 함정 수, 함포 개수 등 모든 면에서의 열세를 극복하고 이탈리아 해군을 격파했다. 이 해전에서 이탈리아 해군은 상황 역전을 위해 충각 전술을 활용했는데, 뱃머리 등 자신의 선체를 적선에 부딪혀 침몰이나 항해 불능을 유도하는 전술이었다. 그러나 이탈리아 해군이 사용한 충각 전술은 별 효용이 없었다.

되었다. 그러나 아렌트쉴트(Alexander v. Arendtshildt) 장군이 이끄는 하노버 왕국군은 프로이센의 마인 군사령관 팔켄슈타인(Eduard Vogel v. Falkenstein) 휘하의 프로이센군과 1866년 6월 27일 고타 북쪽에 있는 랑겐잘차(Langensalza)에서 전투를 벌여 승리를 거뒀다. 그런데 승리한 하노버군의 사상자가 1,430명으로 프로이센군보다 580명이나 많았고, 식량과 탄약 보급이 중단된 데다가 그사이에 프로이센군에 10만 명에 달하는 남부 독일 연합군과 헤센군이 보강되어 그 규모가 하노버군을 훨씬 능가함에 따라 6월 29일 하노버는 랑겐잘차 전투에서 승리한 후 이틀 만에 항복하는 상황에 놓이게 되었다.

이후 하노버 왕국군은 해체되었고, 하노버 왕국은 프로이센의 군정을 거쳐 프로이센에 합병되었다. 폐위된 게오르크 5세(Georg V, 1851~1866)와 그의 장남 에른스트 아우구스트(Ernst Augustus)는 오스트리아로 망명했다. 형제 전쟁에서 오스트리아와 동맹을 체결한 대가로 하노버 왕국 최후의 국왕이 된 게오르크 5세는 끝까지 하노버 왕국에 대한 권리를 포기하지 않았고, 프로이센의 하노버 합병도 인정하지 않았다. 젊은 시절에 실명한 비운의 게오르크 5세는 1878년 6월 12일 마지막 망명지인 파리에서 사망했다.[30]

오스트리아군은 6월 한 달 동안 연전연패하면서 전력이 크게 약

30 조지 3세의 후손이었던 게오르크 5세는 컴벌랜드와 테비오트데일 공작(Duke of Cumberland and Teviotdale) 직위를 갖고 있었기 때문에 영국에도 체류할 수 있었다. 장남인 에른스트 아우구스트는 영국 및 아일랜드 왕자, 하노버 왕자, 브라운슈바이크-뤼네부르크 공작과 컴벌랜드 공작 칭호를 사용하면서 오버외스터라이히의 휴양도시인 그문덴(Gmunden)의 컴벌랜드성에서 1886년부터 1923년까지 은거했다. 컴벌랜드성은 하노버 출신 건축가 쇼르바흐에 의해 1882년 6월 15일에 착공되어 1886년 9월 15일에 완공된 튜더(Tudor) 양식의 네오고딕 건물이다.

화했기 때문에 수적으로 우세하고 보유한 병기 역시 월등한 프로이센군을 상대하는 데 한계가 있었다. 그런데도 당시 프란츠 요제프 1세는 1859년 8월 24일에 벌어진 프랑스와 사르데냐-피에몬테 동맹군과의 전투에서 패한 오스트리아군을 구출하는 데 결정적으로 기여한 베네데크(Ludwig August Ritter v. Benedek) 원수에게 마지막 희망을 걸었다. 당시 이탈리아 근무 경력뿐이던 베네데크 원수의 직전 직책은 베네치아 주둔 오스트리아군 사령관이었다.[31] 그러나 베네데크 원수는 보헤미아 지형에 대한 지식이 없었을 뿐만 아니라 쾨니히그레츠(Königgrätz)에 도착했을 때, 오스트리아군은 이미 앞선 전투에서 병력의 30% 이상을 잃은 상태였다.

1866년 6월 24일 당시 왕세자 프리드리히가 이끄는 프로이센 제2군단은 슐레스비히를 출발하여 리젠게비르게(Riesengebirge)산맥을 넘어 보헤미아로 진격했으며, 그 과정에서 나호트(Nachod) 전투와 트라우테나우(Trautenau) 전투가 벌어졌다. 6월 27일부터 28일까지 전개된 트라우테나우 전투는 오스트리아가 프로이센과의 전쟁에서 거둔 유일한 승리였다. 6월 28일 프리드리히 제2군단은 스칼리츠(Skalitz), 조르(Soor), 그리고 뮌헨그레츠(Münchengrätz)에서 벌어진 오스트리아군과의 전투에서도 승리했다.

7월 3일 오전 7시 30분부터 쾨니히그레츠에서 22만 984명의 프로이센군과 23만 8천 명의 오스트리아-작센 연합군이 전투를 벌였고, 오스트리아 보헤미아 주둔군은 프로이센의 3개 군단에 의해 궤멸

31 베네데크 장군은 공격이나 방어에 대해 사전에 철저히 숙고하거나 예측하기보다 그때그때 상황에 따라 전략을 세우던 인물이었다.

당했다.[32] 당시 왕세자 프리드리히가 이끄는 제2군단(2 Grad-Infanterie-Brigade)은 쾨니히그레츠에서 약 22킬로미터 떨어진 곳에 있었기 때문에 쾨니히그레츠 전투 초기에는 아무런 역할도 수행하지 못했다. 그러나 오후 2시부터 전투에 본격적으로 참여한 프리드리히 왕세자의 제2군단은 오스트리아군의 측면을 공격했고, 거기서 큰 성과도 거두었다.[33] 쾨니히그레츠 전투에서 프로이센은 1,929명의 사망자, 276명의 실종자, 그리고 6,948명의 부상자라는 적지 않은 인적 손실을 보았다. 그러나 오스트리아는 이보다 훨씬 많은 5,658명의 사망자, 7,410명의 실종자, 그리고 7,574명의 부상자가 발생했다. 만일 프로이센군이 쾨니히그레츠 전투에서 오스트리아군을 격파하지 못했다면 상황은 아마도 오스트리아에 유리하게 전개되었을 것이다. 실제로 프로이센군 진영에서는 콜레라가 확산하고, 식량이나 군수 물품 보유량 역시 급격히 줄어드는 상황에서 병사들의 사기마저 크게 떨어지

32 당시 오스트리아-작센 연합군에 합류하기로 한 바이에른군은 쾨니히그레츠에 나타나지 않았다.

33 당시 빌헬름 1세의 시종무관은 쾨니히그레츠 전투가 끝난 후 비스마르크에게 "이제 당신은 영웅이 되었습니다. 왕세자께서 조금이라도 늦게 전투에 참여하셨다면, 당신은 최고의 악인으로 역사의 뒤안길로 사라졌을 것입니다"라는 의미심장한 발언도 했다. 오스트리아와의 전쟁이 벌어진 이후 빌헬름 1세는 총사령관(Oberbefehlshaber), 몰트케는 참모총장(Generalstabschef)으로 프로이센군을 지휘했다. 이에 반해 예비군 소위였던 비스마르크는 빌헬름 1세에 의해 육군 소장(Generalmajor)으로 임명되었다. 당시 비스마르크의 주된 과제는 전투 과정에서 국왕이 위험한 상황에 놓일 때 그로부터 신속히 벗어나게 하는 것이었다. 전투에서 오스트리아군이 쏜 탄환이 국왕의 머리 옆을 휙 소리를 내며 지나가자 비스마르크는 빌헬름 1세에게 후퇴할 것을 요구했으나 국왕은 받아들이지 않았다. 이에 비스마르크는 고의로 국왕이 탄 말의 발굽을 차 측면으로 옮겼고, 빌헬름 1세는 위험한 장소에서 벗어날 수 있었다. 이 과정에서 빌헬름 1세는 자기 말이 옆으로 이동하는 것을 파악했고 비스마르크의 행동이라는 것도 인지했지만, 아무런 반응을 보이지 않았다.

고 있었다.

프로이센의 승리는 병력상 우위에서 비롯된 것이 아니라 오스트리아-작센 연합군과의 대결에서 몰트케의 혁신적 전략이 효과를 발휘했기 때문이다. 오스트리아와의 전쟁에 임한 그의 접근법은 프로이센군을 빠르게 공격 지점에 도착할 수 있게끔 소규모로 나누는 것이었다. 목적은 개별 부대를 마지막 순간에 한 곳으로 집결하게 해서 적에게 결정적인 일격을 가하는 것이었다. 여기서 나온 몰트케의 구호는 "분리하여 행군하고, 결집한 후 공격한다(Getrennt marshieren, veteint schlagen)"였고, 이 전략은 이후의 많은 전투에서도 활용되었다. 이 전략의 이점은 비좁은 국도와 단선 철도에 따른 수송 부담을 줄이고 교통체증도 피하는 데 있었다. 야전군의 빠른 진격 속도와 기동력은 적군보다 프로이센군이 결정적인 전투 시기와 장소를 결정할 가능성을 높여주었다. 최신 기반시설 자원을 적절히 활용하는 것이 동원 개념이라 할 수 있는데, 특히 이 개념은 철도와 도로, 전선의 효율적 활용과 연계된 것이라고 할 수 있다. 분산된 각 부대가 직접적으로 연락할 수 있는 범위 밖에 있었기 때문에 사령부는 최신 시설을 이용해 엄격하게 통제할 필요가 있었다. 이 접근법의 잠재적 단점은 쉽게 차질을 빚을 수 있다는 점이었다. 각 부대가 진로를 이탈하거나 서로 속도를 조절하는 데 실패하면, 적군이 월등한 병력으로 이들을 각개 격파할 수도 있는 위험이 따랐다.

이렇게 전략적 접근을 보완한 것은 프로이센 보병을 유럽 최고 수준으로 끌어올리도록 설계된 일련의 조치였다. 1860년대 중반, 프로이센은 유럽의 강대국 중에서 유일하게 후장 소총(Hinterlader)으로 무장했다. '드라이제 소총(Dreyse Zündgewehr)' 혹은 '바늘총

(Zündnadelgewehr)'이라 불린 무기였다. 본질적으로 근대식 소총으로서 조그만 원통형 약실에 발사체로 구성된 탄약통이 장전되어 있고, 공이치기로 격발하게끔 만든 무기였다. 바늘총은 당시 유럽 대부분의 군대에서 사용하던 전통적인 전장총에 비해 큰 장점이 있었다. 전장총은 1분에 2발을 발사할 수 있지만, 후장총은 이보다 훨씬 많은 7발이나 발사할 수 있었다. 따라서 후장총은 3.5배나 빠른 속도로 재장전해서 다시 발사할 수 있는 장점이 있었다. 또한 후장총은 덤불 뒤에 눕거나 나무 뒤에 서서 재장전할 수 있으므로 이 총을 쓰는 병사는 엄폐물로부터 모습을 드러내지 않고 목표물을 겨냥해 발사할 수 있었으며, 총구에 탄약과 총알을 투입하고 꽂을대로 쑤실 필요도 없었다. 이 무기는 이전의 접근전에서 사용한 방식보다 보병의 화력을 훨씬 더 유연하고 결정적으로 높여주었다.

사실 바늘총 기술은 이미 널리 알려졌지만, 대다수 국가에서 이것을 일반적 보병 전투 무기로 도입하지 않았다. 거기에는 충분한 이유가 있었는데, 초기의 바늘총 원형이 믿을 수 없는 것으로 알려졌기 때문이다. 또한 바늘총은 가스가 완전히 밀폐되지 않을 때가 많아 약실이 폭발하거나 불붙은 화약이 분출할 때도 있었기 때문에 소총수들에게 인기가 없었다. 초기 바늘총으로 훈련받은 병사는 노리쇠가 뻑뻑해지면 때로 돌멩이로 쳐서 열어주어야 한다는 것을 잘 알고 있었다. 사격이 빈번할 때는 작동하지 않는 문제점도 있었다. 또 다른 문제점은 이 무기를 받은 병사는 빠르게 사격해서 탄약을 낭비했고 그렇게 해서 쓸모가 없어지면 총을 버리고 전투 현장을 떠난다는 것이다. 이와 반대로 발사 속도가 느린 구식 전장총을 사용하는 병사들은 오히려 보병의 규율을 잘 지켰다. 당시 바늘총 도입을 반대한 가장 중요하면서도 단순한 이유는 '돌격 전술(Stoßtaktik)'로 알려진 전투방식이 널리 선호되었다는 점이었다. 이는 심각한 군사적 대치 상황에서 보병의 화력은 결국 2차적인 의미밖에 없다는 생각에서 나온 것이었다. 고도의 정확성과 집중 발포에 초점을 맞춘 것은 포병이었다. 그런데 전선에서 큰 비중을 차지한 것은 쟁탈지에서 적군을 격퇴하는 능력이었고, 이 목표를 달성하려면 착검한 보병이 대규모로 신속하게 돌격하는 것이 제일 나은 방법이었다.

프로이센군은 드라이제 소총의 원형을 엄격하게 테스트하고 개선함으로써 이 무기의 취약점 모두를 제거했다. 그 결과 단계별로 세부 설계가 꾸준히 개선되었고 생산 공정과 탄약에 드는 비용 역시 낮아졌다. 동시에 무기를 사용하는 병사들의 정확한 사격과 사격 군기 개선에 집중했다. 오스트리아군이 사격 연습에 드는 비용을 감축하고 돌격 전술에 의존하던 1862~1864년에 프로이센군은 광범위한 사격술 제도를 도입했다. 형제 전쟁에서 프로이센이 지향한 속도의 이점이 오스트리아가 고집한 사거리 이점을 능가한다는 것도 입증되었다. 전쟁의 승패가 갈린 쾨니히그레츠 전투에서 다시금 속도의 이점이 우위를 차지했다. 여기에 더해 베네데크 원수의 참모장 헨니크슈타인(Hennigstein) 중장이 교체된 것과 하급 지휘관 수가 부족했다는 점도 패전의 중요한 요인으로 작용했다. 그뿐만 아니라 오스트리아를 지지한다고 표방한 국가 중에서 헤센-다름슈타트와 나사우 공국만이 군대를 출병시킬 수준이었고 다른 대부분의 우방국은 프로이센군에 대항하려는 의지조차 갖추지 못한 상태 역시 오스트리아가 패전한 요인이었다. 특히 바이에른의 경우, 비스마르크의 감언이설이 작용한 탓도 있었지만, 정치적·군사적 주도권 문제를 비롯하여 친오스트리아도 친프로이센도 아닌 자국의 여론 탓에 최종적으로 오스트리아 편에 서기까지 너무나 많은 시간을 소진하는 실수도 저질렀다.

쾨니히그레츠 전투에서 패한 직후, 오스트리아는 프로이센에 휴전 협상을 제의했지만 거절당했다. 쾨니히그레츠 전투에서 승리한 프로이센군은 7월 8일 비텐펠트가 이끄는 엘베군이 프라하를 점령했고, 빌헬름 1세의 조카인 프리드리히 카를 니콜라우스(Friedrich Karl Nikolaus) 왕자의 제1군은 오스트리아 수도를 점령하기 위해 브륀(Brünn)으로, 프리드리히 왕세자의 제2군은 베네데크가 이끌던 잔여 오스트리아군을 추격하면서 올뮈츠로 진입했다. 그러자 오스트리아군의 잔여 병력과 동맹국 작센군이 빈에 집결했는데, 프로이센군의 침공으로부터 수도를 방어하는 조치였다.

프로이센군의 선발부대가 오스트리아 국경을 넘어 니더외스터라이히의 마르히펠트(Marchfeld)에 도달한 것은 1866년 7월 20일이었다. 7월 22일 폰 프란제키(Eduard v. Francheky) 휘하의 프로이센 제1군 예하 4군단이 빈으로 가는 길목인 프레스부르크로 진격하여 블루메나우(Blumenau)에서 오스트리아군과 소규모 전투를 벌였다. 이 전투는 형제 전쟁에서 프로이센군과 오스트리아군이 벌인 마지막 전투로, 프로이센이 승리를 거두었다. 오스트리아 제국 수도 빈은 프레스부르크로부터 철로로 불과 69킬로미터 거리에 있었다. 몰트케의 명령이 떨어지면, 빈은 2시간 이내에 프로이센군에 의해 점령될 수 있었다.

그런데 비스마르크는 쾨니히그레츠 전투에서 승리한 이후부터 가능한 한 빨리 빈 정부를 휴전 협상에 참여시키는 방법을 모색했고, 빈 정부의 민족 정책에 대해 강한 불만을 가졌던 제국 내 슬라브 민족들도 이용하려고 했다. 따라서 그는 7월 11일 슬라브 정치가들, 특히 체코 정치가들을 겨냥하여 다음의 제안을 했다. 제안에서 비스마르크는 만일 체코 민족이 오스트리아에 반기를 든다면 베를린 정부는 자치권을 획득할 수 있게끔 협조와 지지를 아끼지 않을 것이라고 했다. 이어 프로이센이 오래전부터 체코 민족의 역사적 제 권리를 인정했기 때문에 그러한 정책을 펼치는 데 아무런 문제도 제기되지 않을 것이라는 언급까지 했다. 당시 팔라츠키(František Palacký)와 리게르(František Rieger)를 비롯한 체코 정치가들의 대다수는 프로이센이 전쟁 목표로 제시한 "오스트리아를 독일권에서 추방한다"는 것에 대해 긍정적인 반응을 보였다. 그러나 이들은 비스마르크의 제의에 대해 동의하지 않았는데, 소수민족에 대한 프로이센의 배려 정책이 오스트리아보다 훨씬 미흡하리라는 판단에서 나온 것 같다. 또한 프로이센의 자본, 야욕 그리고 이기심으로 인해 체코 민족이 짧은 기간 내에 해체 또는 말살되리라는 두려움도 가지고 있었다.

형제 전쟁에서 승리한 후 비스마르크를 향한 환호성이 독일 곳곳에서 울려 퍼졌다. 승전 소식에 애국 분위기는 고양되었고, 여론은 감동의 물결 자체였다. 프로테스탄트의 『할레 민중지(Hallesche Volksblatt)』는 쾨니히그레츠 대승을 대서특필하며 프로이센의 도덕적·정신적 우월성을 찬양하는 데 주저하지 않았다. 비스마르크의 승전 소식은 전 유럽에도 빠르게 전해졌다. 특히 오스트리아의 패전은 로마교황청을 당혹하게 했다. 로마교황청 국무장관인 안토넬리(Giacomo Antonelli) 추기경은 "세상이 무너졌다, 세상이 무너졌어!(Casca il mondo!, Casca il mondo!)"라는 비탄 섞인 발언을 했다. 영국의 『스펙테이터(The Spectator)』지도 프로이센이 일순간에 유럽 최대강국으로 부상했음을 부인하지 않았다.

어려운 시기에 프로이센 수상이 된 비스마르크는 오스트리아와의 전쟁에서 대승을 거두었다. 승리하기 전까지만 해도 죽음의 무덤과 국민적 영웅이라는 갈림길에 서 있던 그였다. 그러나 이제는 그 스스로 "적군 모두를 격파했다"라고 외칠 수 있을 정도로 정상의 위치에 올라섰다.

나폴레옹 3세는 쾨니히그레츠 전투 소식을 듣고 다른 사람들과 마찬가지로 매우 놀랐다. 그러나 오스트리아가 베네치아 인도를 제의하면서, 평화 회복을 위한 그의 도움을 요청한 후 비로소 정신을 차렸다. 7월 5일 나폴레옹 3세는 중재자로서 행동할 의사를 밝혔다. 만일 프로이센이 이를 거부한다면 프랑스의 즉각적인 군사개입이 있을 것이고, 또 오스트리아의 패배에 충격을 받은 러시아 역시 참전하게 될 것으로 판단한 비스마르크는 나폴레옹 3세의 제안을 수락하지 않을 수 없었다. 실제로 나폴레옹 3세는 짧은 시간 내 프랑스군 동원이 제대로 이루어지지 않더라도 프로이센이 동맹국 지원을 받지 않는다면 공격 명령도 내리려고 했다. 이러한 나폴레옹 3세의 대응을 접한 비스마르크는 기회가 제공된다면 즉시 갈리아인(Gailler), 즉 프랑스인에게 복수하겠다는 의도를 밝혔다.

1866년 7월 22일 12시를 기해 시작된 5일간의 휴전을 활용하여 모라비아의 남부 도시 니콜스부르크(Nikolsburg)성에서 예비 평화조약 회담이 개최되었다.[34] 예비 평화조약 체결을 위한 실무회담은 비스마르크와 2명의 오스트리아 전권대표인 베를린 주재 오스트리아 대사

---

34 니콜스부르크성은 형제 전쟁 기간 중 빌헬름 1세와 비스마르크, 그리고 프로이센 총사령관을 위한 숙소 겸 지휘본부였다.

카로이 백작과 뮌헨과 아테네에서 대사를 역임한 브렌너-펠자흐 남작 사이에서 진행되었다. 비스마르크는 협상에서 오스트리아에 제시한 조건들을 나폴레옹 3세 역시 인정해야 한다는 것도 부각했다. 당시 패전국인 오스트리아에 제시된 조건들에는 독일 연방을 해체하고 오스트리아가 배제된 북독일 연방이 대신하리라는 것이 명시되었다. 그리고 마인강 이북에서 압도적 군사력을 보유하게 된 프로이센이 슐레스비히-홀슈타인, 하노버, 헤센-카셀, 프랑크푸르트, 그리고 나사우 등을 병합하는 것도 언급되었다. 당시 비스마르크는 미래 동맹국으로서의 오스트리아를 잃지 않기 위해 베네치아를 초과하는 영토 보상을 오스트리아에 요구할 의사가 없었다.

예상과 달리 니콜스부르크 예비 평화조약 회담이 신속하게 진행됨에 따라 나폴레옹 3세는 최종 평화조약이 체결되기 전에 프랑스의 역할에 대한 최소한의 보상을 챙기기 위해 1814년으로 소급하여 당시 프랑스 영토였던 란다우(Landau)와 자르브뤼켄(Saarbrücken) 양도를 요구했다. 그뿐만 아니라 나폴레옹 3세는 룩셈부르크를 자국에 편입하려고 했다.[35]

비스마르크는 1866년 9월 26일 하노버 왕국을 프로이센에 병합

35 총 9개 조항으로 구성된 니콜스부르크 예비 평화조약이 얼마나 신속하고 전격적으로 체결되었는가는 오스트리아군과 프로이센 간의 마지막 전투인 블루메나우 전투가 있은 지 불과 4일 후인 1866년 7월 26일에 체결되었고, 남독일 전선에서는 예비 평화조약이 체결된 당일에도 독일 연방 7군인 바이에른 단독군단과 프로이센군 사이의 전투가 헬름슈타트(Helmstadt)에서 벌어졌으며, 오스트리아군이 포함된 제8군단과 프로이센군 간의 전투가 비팅엔(Wittingen)에서 전개되었다는 것으로 알 수 있다. 이 조약은 오스트리아 국방장관 데겐펠트-손부르크(Degenfeld-Schonburg) 원수와 프로이센 참모총장 몰트케에 의해 1866년 7월 26일에 조인되었다.

했다. 이어 그는 슐레스비히 대공국, 홀슈타인 대공국, 나사우 공국, 선제후국 헤센, 자유시 프랑크푸르트도 프로이센에 편입시켰다. 그리고 헤센 대공국은 헤센의 배후 지역(마인강 이북의 오버 헤센), 즉 서쪽의 프로이센-베스트팔렌주, 동쪽의 헤센 선제후국, 남서쪽의 나사우 공국으로 둘러싸인 헤센 대공국의 북쪽 영토와 헤센-홈부르크(Hessen-Homburg)를 비스마르크의 요구에 따라 프로이센에 할양해야 했고, 바이에른 왕국 역시 게르스펠트(Gersfeld)를 프로이센에 넘겨주어야 했다. 오스트리아를 지원한 작센 왕국은 평화 협상에서 빈 정부가 강력히 주장한 덕분에 패전국임에도 왕국 신분을 그대로 유지할 수 있었다.

비록 정통성의 원칙을 전면적으로 침해하는 이러한 요구가 보수주의 세력을 경악시키고, 빌헬름 1세를 괴롭혔음에도 프로이센은 새로이 450만 인구를 얻게 됨으로써 더욱 독일적인 국가로 등장했다.[36] 당시 나폴레옹 3세는 '소독일' 창출이 북독일 내의 세력균형을 프로이센에 결정적으로 유리한 방향으로 변화시킬 것으로 생각했다. 따라서 그는 다소나마 세력균형의 외형을 보전하기 위해 프로이센이 바이에른, 바덴, 뷔르템베르크, 헤센-다름슈타트 남부 4국의 독립성을 존중해야 한다고 주장했다. 비스마르크가 이들 국가에 대해 별다른 계획을 세우지 않았기 때문에 이 조건은 쉽게 수용되었다. 그리고 이들 남부 국가는 자신들의 연합체를 갖고서 북독일 연방의 외부에 남는 것으로 합의되었다. 당연히 나폴레옹 3세는 이들 국가가 파리에 보호를 요청할 것이며, 독일에 대해 제한 없이 간섭할 구실도 얻게 될

---

36 당시 나폴레옹 3세는 프로이센에 강제로 편입된 북독일인을 '강제 프로이센인'이라 지칭했다.

것이라고 기대했다. 마지막으로 비스마르크는 덴마크에 편입되기를 바라던 북부 슐레스비히 지역을 덴마크인에게 허용하기 위한 국민투표 시행에도 동의했다. 이제 나폴레옹 3세는 만족했다. 이탈리아는 베네치아를 확보하게 되었고, 덴마크는 북부 슐레스비히 지방을 획득할 것이며, 독일은 부분적으로 통일될 것이다. 실제로 나폴레옹 3세는 독일과 이탈리아에서 강력한 국가가 등장하는 것을 원하지 않았기 때문에 모든 독일국가가 통합되지 않은 것에 만족했다. 그리고 이에 덧붙여 프로이센과의 협상 과정에서 암시가 주어졌지만, 나폴레옹 3세는 조만간 모종의 영토적 보상도 받게 될 것이었다.

1866년 여름 비스마르크가 직면한 가장 어려운 문제는 프랑스를 포섭하거나 러시아를 진정시키는 것이 아니라, 오히려 프로이센 군주와 장군들을 회유하는 것이었다.[37] 국왕 빌헬름 1세는 마지막 순간까지 오스트리아와의 전쟁에 반대했다. 그러나 일단 전쟁이 시작되자 오스트리아에 대한 그의 도덕적 분노는 심화되었고, 장군들의 지지를 얻어 오스트리아를 준엄하게 처벌해야 한다는 태도마저 천명했다. 이러한 빌헬름 1세의 도덕적 분노는 오스트리아와 그의 동맹국들이 프로이센을 침공하려 한 데서 연유했다. 그러나 비스마르크는 전쟁의 목적을 이미 달성했다고 생각했다. 그는 오스트리아의 영토를 빼앗고, 빈 시가지로 프로이센군을 행진시켜 쓸데없이 오스트리아에 굴욕감을 줄 필요가 없다고 생각했다. 비스마르크는 7월 9일 부인 요하나

37 러시아 황제는 북독일에서 정통왕조의 폐위에 대해 반발했다. 이에 비스마르크는 1856년 파리 평화 회담에서 결의한 흑해 연안 지역에 러시아 요새 구축 불허와 흑해에서 러시아 함대의 운영금지를 수정하는 데 적극적으로 협조하겠다는 것으로 러시아 황제의 불만을 완화하려고 했다.

에게 보낸 서신에서 "나폴레옹의 장난에도 우리는 잘 지내고 있소. 우리가 과도하게 요구하지만 않는다면 그리고 세계를 정복했다고 믿지만 않는다면, 충분히 가치 있는 평화를 얻겠지만, 지금은 턱없는 자만에 쉽게 도취한 상황이오. 마치 발효 중인 포도주에 물을 들이부은 듯 지금의 나는 아무런 보람도 없는 그런 임무를 하는 것 같소. 프로이센이 유럽에서 독자적으로 사는 것이 아니라 이 나라를 싫어하고 질시하는 세 나라와 함께 살고 있다는 사실까지 이해시켜야 하는 의무가 있는 것 같소"라고 언급했다.

당시 왕세자는 비스마르크를 지지했지만, 국왕을 설득하기는 매우 어려웠다.[38] 실제로 빌헬름 1세는 오스트리아 영내에 설치했던 프로이센군 사령부를 니콜스부르크성으로 옮기려고 했는데, 이는 자신이 의장대를 앞세워 니콜스부르크를 당당히 통과하여 빈에서 프로이센군에게 영광의 관을 씌우고 대대적인 승리의 기쁨도 만끽하려는 의도였다.[39] 비스마르크는 이러한 국왕의 의도에 동의하지 않았다. 승

---

38 프리드리히 왕세자는 비스마르크와의 독대에서 부친 빌헬름 1세와 달리 자신은 오스트리아와의 전쟁을 반대했다고 언급했다. 비스마르크와의 대화 과정에서 왕세자는 수상이 전쟁의 필요성을 강조하고 그에 대한 책임도 지겠다고 한 것을 상기하면서 전쟁의 목표가 이미 달성되었기 때문에 평화조약 체결이 가능한 한 빨리 이루어져야 한다는 뜻도 표명했다. 여기서 그는 비스마르크와 마찬가지로 오스트리아로부터 영토적 보상을 원하지 않는다는 견해를 제시했고, 왕세자의 그러한 관점에 대해 비스마르크 역시 동의했다.

39 당시 빌헬름 1세는 패전국인 오스트리아로부터 영토 보상을 받지 않고 빈에서 프로이센군의 개선 행렬도 하지 않는다면, 이는 비도덕적 관점에서 비롯되었다는 확신에서 비스마르크와 대립했다. 또한 그는 러시아 황제와 마찬가지로 북독일 위정자들의 직위를 강제로 박탈하려는 비스마르크의 의도에도 동조하지 않았다. 그의 관점에 따르면, 이러한 행위는 결국 해당 위정자들에게 형벌을 가하는 것이기 때문에 이들의 권한을 축소해 계속하여 그들의 공국이나 대공국을 다스리게 해야 한다는 것이다. 빌헬름 1세

리의 기쁨을 누리고자 한 국왕의 뜻과 달리 되도록 전후 사태를 간단하고 빠르게 마무리 지을 계획이었기 때문이다. 점차 두 사람 사이에 극단적인 언쟁이 오가면서 틈이 벌어졌다. 심지어 빌헬름 1세는 오스트리아에 보상금과 영토를 요구하려고 했지만, 비스마르크는 패전국에 어떠한 형벌도 가하기를 원하지 않았다.

7월 24일 비스마르크는 몇 차례에 걸쳐 히스테리성 경련을 일으킨 국왕에게 자신의 관점을 요약한 문서를 제출했다. 그는 오스트리아로부터 몇 마일에 달하는 영토적 보상을 받거나 계획한 것보다 많은 전쟁배상금을 요구한다면 현재 상황, 즉 프로이센의 승리가 완전히 보장되지 않은 상황이 급변할 수도 있다는 것을 언급했다. 이는 전쟁을 지속한다면, 프랑스의 개입 가능성이 농후하다는 것을 우회적으로 암시한 것이라 하겠다. 문서에서 비스마르크는 오스트리아가 가급적 굴욕감을 느끼지 않게끔 최선의 노력을 기울였는데, 오스트리아를 영원한 적으로 만들지 않고 미래의 협력 대상국으로 남겨두려는 의도였던 것 같다. 실제로 오스트리아는 중부 유럽에서 프로이센의 '힘의 논리'에 반대하는 적대국 중에서 가장 강력한 국가였기 때문이다. 크게 패한 적을 우방으로 바꾸어놓을 수는 있지만, 순간의 실수로 영원한 적이 될 수도 있는 만큼 유동적인 상황 또한 철저히 방지하기 위한 속셈이었다.[40]

의 의도를 파악한 오스트리아 황제 프란츠 요제프 1세는 황후 엘리자베트(Elisabeth)와 왕가의 표장을 페슈트로 이동하는 비상 대책도 마련했다.

40 실제로 비스마르크는 쾨니히그레츠 전투에서 승리한 직후 오스트리아의 존속과 이 제국과의 우호관계를 지지했다. 그에 따르면 향후 프로이센 주도로 등장할 국가가 오스트리아의 지지를 받아야 할 상황에 놓일 수도 있다는 것이다.

당시 비스마르크는 독일 북부에 있는 하노버, 쿠어헤센, 그리고 나사우만 합병하는 쪽으로 조정되기를 바랐다. 그리고 무엇보다 주변의 강대국들, 특히 프랑스나 러시아의 반응도 무시할 수 없는 데다가 유럽의 정황상 그들이 장차 오스트리아와 협력할 가능성까지 계산한다면 오스트리아의 존재를 결코 무시해서는 안 된다는 것을 잘 알고 있었다.

러시아 차르는 프로이센의 영역 확대와 그 과정에서 정통 선제후 세 가문이 영토를 상실한 것에 대해 '왕조의 연대'를 공격하는 행위라고 비판했다. 당시 빌헬름 1세는 프로이센이 처한 대외적 위험까지 간파하지 못했기 때문에 비스마르크의 전후 처리에 대해 불만을 토로했다. 이에 따라 비스마르크는 빌헬름 1세에게 사임 의사를 밝혔고, 그것은 국왕이 비스마르크의 관점에 동의하게 하는 결정적인 요인이 되었다.[41] 비스마르크는 빌헬름 1세와 대립하는 과정에서 신경쇠약에 걸릴 상태까지 건강이 나빠졌다.

7월 26일 니콜스부르크 예비 회담과 함께 8월 23일에 체결된 프라하 평화조약은 독일 및 유럽에 전환점을 가져다줄 만큼 큰 영향을

41 사임서 제출에 앞서 비스마르크는 빌헬름 1세에게 4층 창문에서 뛰어내리겠다는 위협적 언급을 한 후 실제로 창문에서 뛰어내리려고 했다. 그 자리에 있던 프리드리히 왕세자는 비스마르크의 이런 행동에 당황하여 즉시 그에게 다가가 어깨를 잡으면서 "수상의 견해에 저 역시 전적으로 동의합니다. 우리의 전쟁 목표는 이미 달성했기 때문에 오스트리아와 평화조약을 체결해야 할 것입니다. 이 점을 아버지 빌헬름 1세에게 말씀드리도록 하겠습니다"라는 언급도 했다. 바로 국왕을 찾은 왕세자는 비스마르크의 견해를 다시금 언급했고 그 자리에서 국왕의 동의도 힘들게 받아냈다. 이렇게 국왕의 동의를 받아낸 왕세자는 즉시 비스마르크에게 사실을 전달했고 그동안 지지부진했던 오스트리아와의 평화 협상 역시 큰 진전을 보게 되었다.

끼쳤다.[42] 외양상 전쟁은 독일을 통합한 것이 아니라 분리했다. 신성로마제국과 마찬가지로 독일 연방 제국은 티롤에서 발트해까지 독일 민족과 역사적으로 관계있는 모든 지역을 포함했다. 그러나 1866년의 형제 전쟁은 이러한 통일체를 파괴했다. 이제 독일은 프로이센이 지배하는 마인강 이북 지역, 불안정한 독립상태인 남부의 4개국, 그리고 오스트리아-헝가리 제국이라는 새로운 국가 일부가 될 오스트리아의 3개 지역으로 나누어졌다. 그러나 이러한 것은 사실상 잠정적이었다.[43] 1870년 남부 국가들도 북독일 연방에 통합되었다. 그러나 2천만 탈러의 배상금 지급과 베네치아를 이탈리아에 넘겨준 오스트리아와 독일은 영원히 분리되었다. 독일의 정치적 영향력은 더는 아드리아해까지 미치지 않았고 오스트리아와의 국경선에서 멈추었다.

1866년 8월 23일 프라하 평화조약 제4조에 명시된 독일 연방의 해체 이후 프란츠 요제프 1세를 비롯한 빈 정부의 핵심 인물들은 가

---

42 1866년 10월 3일 조인된 빈 평화조약에서 오스트리아는 롬바르디아-베네치아 왕국과 이탈리아 왕국의 통일에 동의하고, 이탈리아는 베네치아 양도에 대한 반대급부로 3,500만 굴덴을 오스트리아에 분할 지급하는 의무를 지게 되었다. 10월 12일 베네치아는 이탈리아 왕국에 양도되었고, 이로부터 10일이 지난 10월 21일과 22일에 베네치아에서 '베네치아의 이탈리아 왕국 편입'에 대한 국민투표가 실시되었다. 모두 64만 2천명이 참여한 국민투표에서 단지 69명만이 합병에 반대했다.

전쟁 중 탁월한 대량 수송 수단으로 입증된 철도를 건설하기 위해 오스트리아와 이탈리아 양국은 상호 노력하기로 합의하고, 오스트리아는 브레너(Brenner: 티롤에 있는 알프스 고개 이름) 구간의 건설을 약속했다. 그 결과 인스브루크와 남티롤의 보첸(Bozen)을 연결하는 구간이 1867년 개통되었다.

43 1866년 8월 중순 프로이센은 형제 전쟁에서 오스트리아 측에 가담하지 않은 북부와 남부 독일국가들과 공식적으로 헌법동맹을 결성했다. 이 동맹에 작센과 헤센이 추후 가입했고, 22개의 회원국은 1년 내 새로운 연방을 창설한다는 의무 조항에도 동의했다.

능한 한 빨리 오스트리아에 이중체제(Dualismus)를 도입해야 한다고 생각했는데, 그것은 제국 내에서 독일인이 차지하는 비율이 단지 21%에 불과하다는 현실적 상황 때문이었던 것 같다. 따라서 이들은 체코 정치가들을 비롯한 슬라브 정치가들의 강한 반발에도 불구하고 이중체제 도입을 기정사실화시켰고 그에 필요한 절차를 밟기 시작했다.

마침내 1867년 3월 15일 프란츠 요제프 1세는 오스트리아 제국의 이원화를 공식적으로 선포했고, 그에 따른 효력 발휘는 1867년 6월 12일부터 시작되었다. 이에 따라 독일 민족과 헝가리 민족은 제국 내에서 지배 민족으로 등장하게 되었고, 이들 민족은 자신들에게 할당된 영역을 아무런 제한 없이 통치하게 되었다.[44] 오스트리아-헝가리 이중제국에서 오스트리아 황제 관할 지방은 오스트리아, 보헤미아, 모라비아, 슐레지엔(Schlesien), 갈리치아-로도메리아(Galizien-Lodomerie), 부코비나(Bukowina), 이스트리아(Istrien)반도, 크라인(Krain), 트리에스테(Triest), 괴르츠(Görz), 그라디스카(Gradisca), 그리고 달마티아(Dalmatien) 등을 포함하는 라이타(Leitha)강 서쪽이었고, 공식 언어로 독일어가 사용되는 지역이었다. '트란스라이타니엔(Translethanien)'으로 불린 헝가리 왕국 관할 지역의 공식 언어는 헝가리어였다.[45] 헝가리 왕국에는 헝가리, 피우메(Fiume), 크로아티아(Croatia; Hrvatska), 슬라보니아(Slavonia; Slavonija), 보이보디나(Vojvodina),

44 당시 오스트리아 제국에는 1,250만 명의 독일인과 970만 명의 헝가리인이 살고 있었다. 이에 반해 슬라브 계통의 체코인, 폴란드인, 크로아티아인, 우크라이나인, 슬로베니아인, 슬로바키아인, 그리고 세르비아인이 전체 인구에서 차지하는 비율은 47%에 달했고 그 수는 2,350만 명이나 되었다.

45 라이타강은 도나우강의 지류로 오스트리아와 헝가리에 걸쳐 흐른다.

바나트(Banat; Vajdaság), 지벤뷔르겐(Siebenbürgen), 그리고 슬로바키아(Slovakia)가 포함되었다.[46]

이중제국의 한쪽은 황제가, 다른 한쪽은 국왕이 국가원수였지만, 실제로 황제와 국왕은 동일 인물이었고, 헝가리 제국의회도 1867년 이후 란트타크(Landtag)에서 라이히스타크(Reichstag), 즉 지방의회에서 제국의회로 그 명칭이 변경되었다. 이제 오스트리아-헝가리 제국은 독자적 주권을 보유한 2개의 개별 왕국이 1명의 군주를 정점으로 한 국가 형태를 갖추게 되었다. 외교, 국방 그리고 재정 부문은 양국의 공동 사안으로 간주하여 개별 국가 내에 별도의 부처가 설치되지는 않았지만, 기타 업무는 각 정부가 독자적 부처를 설치하여 해결하도록 했다. 즉, 한 국가에 2개의 중심체(2개의 정부, 2개의 의회)가 존재하는 이중왕국으로 변형된 것이다. 양국 간의 공동업무 사항으로 간주된 분야는 양국 정부와 의회 대표들에 의해 통제되게끔 규정되었다. 관세와 무역에 관한 규정, 그리고 발권은행으로서의 중앙은행 설치와 운영 문제 등을 비롯한 경제적 업무 사안들은 10년마다 양국이 새로이 타협하여 협정을 맺기로 했다.

1867년 6월의 타협으로 합스부르크 황제는 군주로서의 절대적 지위를 보장받음으로써 양국 간의 이해가 상충할 때 최종적으로 결정할 권한도 확보하게 되었다. 이렇게 오스트리아 제국에 도입된 이중체제를 '군합 국가'로 보는 관점이 적지 않았지만, 양국 정부의 의회가 제국의 공동 사안인 국방, 외교 그리고 재정 문제를 제외한 여타

46 바나트는 루마니아 동부, 세르비아 서부, 그리고 헝가리 북부지역을 포함하는 역사적 명칭이다.

의 국정 사안을 독단적으로 입안·처리할 수 있었다는 것을 고려한다면, 군합 국가보다는 정합 국가(Volle Realunion)로 보는 것이 오히려 타당할 것이다.

비스마르크는 오스트리아와 계산을 끝낸 후, 민족적 불만을 부추겨 오스트리아를 분열시키려 했던 시도 역시 중단했다. 이후부터 그는 오스트리아-헝가리를 메테르니히 시대에 그랬던 것처럼 혁명에 대한 보수주의의 방벽으로 활용하고자 했다.

1866년 8월 23일 체결된 프라하 평화조약은 프랑스 국내에서 심각한 우려를 불러일으켰다. 영향력 있는 정치 세력들은 프랑스가 쾨니히그레츠에서 오스트리아와 똑같이 패배했다고 생각했다.[47] 이제 유럽 내에서 세력균형은 프로이센 쪽으로 기울었고, 다시 그 균형을 바로잡기 위해서는 프랑스가 영토적 보상을 받아야 한다는 주장이 강력히 제기되기 시작했다.[48] 그런 여론과 달리 나폴레옹 3세는 평화

47 당시 프랑스에서는 '사도바(Sadowa)에 대한 복수'라는 구호가 여론을 압도했다. 사도바는 쾨니히그레츠의 도심에서 북서쪽으로 15킬로미터에 있는 쾨니히그레츠 전투 현장 중의 한 곳이었으며, 프랑스에서는 쾨니히그레츠 전투를 '사도바 전투'라 불렀다. 프로이센과 마찬가지로 나폴레옹 3세 역시 영토확장을 외교 정책의 주요 근간으로 삼았기 때문에 '사도바에 대한 복수'라는 외침은 독일의 형제 전쟁을 통해 이루려던 영토확장의 야망이 물거품이 된 데 대한 프랑스 여론의 실망이 담긴 표현이었다. 일반적으로 동족 전쟁 이후 나타나는 분열 대신 프로이센 주도로 강력한 연방국이 탄생하자, 이를 프랑스에 대한 위협으로 받아들인 프랑스인은 사도바 전투가 프랑스에 대한 프로이센의 승리라 간주했다.

48 당시 나폴레옹 3세는 자신의 구상을 가시화하기 전에 코르시카(Korsika) 출신의 베네데티(Benedetti)를 특별대사 자격으로 니콜스부르크로 파견하여 비스마르크의 향후 합병계획을 구체적으로 파악하게 했다. 여기서 베네데티는 비스마르크에게 현재는 프리드리히 2세의 시대와 다르다는 것을 강조하면서 각 국가가 어떤 영역을 원한다면, 독자적으로 행동에 나서기보다 주변 국가와 반드시 협상해야 한다는 것도 부각했다.

프란츠 요제프 1세

조약에 만족했지만 측근들의 압력에 결국 굴복했고, 그에 따라 8월 초 룩셈부르크 국경 지역에서 프로이센군의 철수를 요구했다. 게다가 나폴레옹 3세는 자르란트, 바이에른 그리고 헤센 지방의 라인강 좌안 부분의 이양까지 요구했다. 한 달 전까지만 하더라도 비스마르크는 오스트리아에 대한 승리를 확고히 하기 위해 라인란트를 희생하려고 했을 것이다. 그러나 이제 그는 프랑스의 협박에 대응하여 민족주의적 여론을 불러일으키려는 자세를 보였다. 또한 그는 당시 남부 4개 국가와 별도의 강화협정을 체결하는 과정에서 프랑스의 요구를 교묘히 이용했다. 실제로 비스마르크는 프랑스의 요구를 해당 국가들에 넌지시 알려 이들 국가가 프로이센과 비밀 공수동맹을 체결하게끔 했다.

공수동맹에서는 남부 국가들이 프로이센식으로 군대를 재편성해야 한다는 것과 전시에 그들의 군대를 프로이센의 지휘하에 두도록 했다. 비스마르크의 반프랑스적 자세가 부각함에 따라 나폴레옹 3세는 프로이센에 요구한 것들을 철회하고 외무장관 뤼이(Druyn de Lhuys)를 해임했다. 신임 외무장관으로 임명된 루에르(Eugène Rouher)는 독일 영토를 포기하는 대신 룩셈부르크와 벨기에를 자국에 편입하겠다는 의사를 밝혔다.[49] 그리고 프로이센이 이를 인정한다면 프로이센과 동맹도 체결하겠다고 제의했다. 그러나 비스마르크는 프랑스가 이해당사국 간의 협상을 통해 룩셈부르크를 병합한다면, 그에 반대하지 않을 것임을 암시했다고 할지라도 프랑스와의 동맹에 대해서는 별다른 관심을 보이지 않았다. 오히려 프랑스 대사의 친필로 작성된 벨기에 병합에 관한 초안 사본을 조심스럽게 간직했는데, 이는 1870년 프랑스의 신용 격하에 적절히 사용되었다.

형제 전쟁이 끝난 후 비스마르크를 비롯한 군 수뇌부는 1866년 12월 150만 탈러를 하사받았는데, 이 중 40만 탈러는 비스마르크에게 할당되었다. 비스마르크는 이 하사금으로 1867년 4월 23일 힌터포메른의 쾨슬린(Köslin) 근처에 있는 바르친(Varzin)을 매입했다.[50] 바르친은 숲의 거의 절반에 해당하는 5,500헥타르에 일곱 개의 마을로 구성되었다. 베를린에서 바르친까지는 하루 여행영역으로 간주할 수 있지만, 마차로 무려 57킬로미터의 모랫길을 가야 할 정도로 도

49 베네데티와의 독대에서 밝혔듯이, 비스마르크는 프랑스가 벨기에와 룩셈부르크를 합병하는 것에 대해 반대하지 않았다. 그는 프랑스어를 사용하는 사람들이 사는 지역을 프랑스에 편입하는 것에 대해 동의한다는 발언까지 했다.

50 바르친은 현재 폴란드의 바르치노(Warcino)다.

로 인프라가 전혀 구축되지 않은 지역이었다. 이로써 비스마르크는 어렸을 때부터 꿈꿔온 소박하고 평화로운 정경을 가지게 되었다. 바르친을 구입한 후에도 비스마르크는 주변의 인접한 약 2,500헥타르의 토지를 추가로 매입했다.[51] 이후 비스마르크는 자신의 영지에 하머뮐레(Hammermühle) 제지공장도 세웠는데, 이 공장은 오스트포메른(Ostpommern)에서 가장 규모가 큰 공장이었다. 당시 비스마르크는 한밤중이라도 관심 있는 토지가 생각나면 바로 다음 날 아침에 그곳을 둘러볼 정도로 토지에 대한 관심이 유별났다.

---

51 빌헬름 1세는 비밀법령에서 비스마르크가 구입한 바르친에 과세 면제(Steuerfreiheit)라는 혜택도 부여했다. 그런데 이러한 비밀법령의 내용을 제대로 알지 못한 프로이센의 많은 관료가 학교와 도로 건설을 위해 바르친에 지역세를 부과했고, 이것은 그들의 관직 생활을 중단하게 하는 요인으로도 작용했다.

3 북독일 연방체제의 출범

쾨니히그레츠 전투는 북독일의 정치정세에도 커다란 영향을 끼쳤다. 반프로이센 세력은 이미 덴마크 전쟁 이후 크게 위축되고 분산된 상태였다. 뒤펠에서 거둔 승리는 과거의 군사적 영광을 상기시켰고, 몇몇 자유주의자는 아무리 비스마르크가 프레데리크 아프 아우구스텐보르크 대공을 경멸했더라도 프로이센이 슐레스비히-홀슈타인 대공국에서 통일 독일을 위해 행동했다는 긍정적인 생각을 가지기 시작했다.

1864년 가을 국민연합 회원의 약 30%가 탈퇴했고, 몇몇 저명한 자유주의자들은 양 대공국의 합병을 공개적으로 지지하고 나섰다. 그러나 대다수의 자유주의자는 진퇴양난의 어려운 상황에서 벗어나지 못하고 있었다. 이들에게 있어 합병을 지지한다는 것은 자유주의의 원리를 부정하고 자유주의의 대적인 비스마르크에게 무조건 굴복하는 행위였다. 그리고 합병을 반대한다면 통일을 지향하던 세력 팽창에 동의하지 않는 것으로 간주했기 때문이다. 따라서 헌법 투쟁은 1865년 내내 지속되었고, 전쟁 발발 직전 정부가 하원에서 비판적 연설을 한 두 명의 의원을 기소함으로써 더욱 첨예한 국면에 접어들었다.

비스마르크가 1865년 4월에 제시한 개혁안은 프로이센 내에서 거의 관심을 끌지 못했다. 왜냐하면 당시 프로이센의 자유주의자들은 대체로 전쟁의 장기화를 우려했고, 비스마르크의 패배 이후 뒤따를 사회 혁명도 두려워했다. 이들은 1866년 2월 말 비스마르크 정부의 독재적이고 도발적 행위에 대응하기 위해 확고하고 단결된 야권을 형성했다. 이들의 주도로 전국적으로 전쟁에 반대하는 집회가 열렸고, 수많은 청원과 반전 선언문이 대세를 이루었다. 그런데 쾨니히그레츠 전투는 이러한 의혹들을 말끔히 씻어버렸다. 비판자들의 목소리는 독일 각지에서 고조된 거대한 환호의 물결에 묻혀 조용히 사라졌다. 이제는 비스마르크가 공공장소에 모습을 드러내면, 그의 주변으로 환호하는 군중이 몰렸다.

쾨니히그레츠 승전 소식이 그 후에 알려졌음에도 우연히 같은 날 실시된 하원 선거에서 전쟁의 영향은 분명히 나타났다. 야당은 크게 패해 의석이 148석으로 격감했지만, 이전까지 단지 28석에 불과했던 보수주의자들의 의석은 136석으로 크게 늘어났다.[52] 원칙주의자였던 게를라흐 형제를 따르던 일부 보수주의자들은 비스마르크가 북부 독일에서 자신의 목적을 위해 정통성 원리마저 포기하는 것을 보고 충격받았다. 그러나 대다수의 보수주의자는 프로이센의 군사적 승리에 환호했고, 국내에서의 뒤펠 전투라 할 쿠데타를 통해 이전의 절대왕정체제로 복귀할 것도 기대했다. 그러나 비스마르크는 그들

52 이 선거에서 구자유주의자들의 의석수도 9석에서 24석으로 늘어났다.

의 기대를 충족시켜주지 않았다. 반대로 그는 1862년부터 1865년까지 불법적으로 군대 증강에 대한 예산지출을 강행한 정부 면책 동의안(Indemnitätsgesetz)을 8월 5일 발의했다. 새로 선출된 의원들 앞에서 수상의 요청에 따라 개원식 인사를 한 빌헬름 1세는 군제개혁과 관련된 예산지출과 사후 승인을 요구하는 안건을 언급했다. 빌헬름 1세는 "일치단결하는 화합 속에서 정부와 의회는 열매를 맺을 것입니다. 신민의 피로 생겨난 열매를 헛되이 흩어지게 해서는 안 될 것입니다"라는 연설도 했는데, 이는 정적들을 겨냥한 집권자의 마키아벨리즘적 관점을 보여주는 단면이었다.

당시 비스마르크가 추진한 하원과의 제휴는 이전의 불화 관계에 대한 반성에서 나온 것이 아니었다.[53] 단지 그는 새로운 연방을 원활히 운영하기 위해서는 하원과의 협력이 불가피하며, 또 그것을 효율적으로 통제하려면 자유주의자들의 지지도 확보해야 한다는 것을 인지했을 뿐이다. 또한 그는 빌헬름 1세가 연로해짐에 따라 자신을 적대시하던 왕세자가 왕위에 오를 때 대응할 수 있는 지지 세력 역시 필요했다. 1866년 9월 3일, 군대 증강을 위한 예산지출의 사후 승인은 소수의 진보파 의원과 가톨릭 세력을 제외한 압도적 다수의 지지, 즉 230 대 75로 가결되었는데 이 과정에서 독일 진보세력의 분파 현상도 나타났다. 이러한 표결 결과 독일 자유주의는 심각한 패배를 당했다. 하원은 정부로부터 그동안 헌법을 지키지 않은 것에 대한 시인을 받아냈고, 그 대가로 1862년 이후의 정부 행위를 합법화했다. 그러나

53 실제로 비스마르크는 절대왕정체제가 절대 의석을 가진 정당이 추진하던 의회의 절대체제보다 견고하다고 확신하고 있었다.

정부가 더는 헌법을 위반하지 않으리라는 보장은 없었다. 실제로 하원이 보낸 서신에 대한 답변에서 빌헬름 1세는 만약 필요하다면 똑같은 일을 다시 하리라는 태도도 밝혔다.

당시 자유주의자들은 비스마르크가 예상한 대로 의안을 둘러싸고 분열되었다. 발트에크(Benedikt Waldeck), 슐체-델리치쉬(Hermann Schulze-Delitzsch), 호베르베크(Leopold Freiherr v. Hoverbeck), 그리고 야코비(Johann Jacoby)가 주도하던 좌파 진보당은 정부가 제출한 의안에 반대했다. 당시 야코비가 "자유 없는 통일은 노예들의 통일에 불과하다"라고 말했듯이 입헌정부를 향한 실질적 진전이 보장되거나, 야당에 대한 가혹한 탄압이 중단되지 않은 채 의안을 승인하는 것은 좌파 진보당의 관점에서 비겁한 굴종 행위에 불과했다. 외교적 승리가 아무리 크다 하더라도 자유주의의 윤리적 원칙에 대한 그러한 배신을 정당화할 수 없다는 것이 이들의 입장이었다.

반면 우파 진보당 의원들은 온건 중도파 자유주의자들에 가세하여 면책안을 지지했다. 트베스텐(Karl Twesten)과 라스커(Eduard Lasker)가 주도하던 우파 자유주의자들은 비프로이센계 자유주의자들과 연합하여 1867년 6월 12일 국민자유당(Nationalliberale Partei)을 창당했다. 이에 앞서 라스커는 1866년 11월 16일 국민당의 신교섭단체(Neue Fraktion der nationalen Partei)를 출범시켰다. 그리고 얼마 후 이 교섭단체에 둔커(Hermman Duncker), 바움가르텐(Hermann Baumgarten), 하임(Haym), 프라이타크(Gustav Freitag)를 비롯한 독일국민경제학회(Kongreß deutscher Volkswirte)의 다수 인물과 독일국민협회(Deutscher Nationalverein) 회원들도 합류했다. 상층 중산계급 정당의 당원들은 통일 독일에서 경제적 이해관계를 가졌고, 프로이센의 군사적 성공에도 현혹되어 있었다. 또한 이들은 비스마르크가 남부 국가들을 북독일 연방에 가입시켜 완전한 독일 통일도 실현할 것이라는 믿음을 가졌고, 외교 문제에서 프로이센을 무조건 지지하겠다는 자세도 보였다.

오래전부터 국내의 헌법 투쟁을 우려한 국민자유당은 면책안을 수용했는데, '쓸데없는 공론만 일삼는' 좌파 자유주의를 피하려고 했기 때문이다. 1866년의 민족적 승리에도 불구하고 반대를 계속한다는 것은 무용한 것으로 보였다. 만일 국민자유당이 그렇게 했다면 아마도 보수주의자들에게 표를 빼앗겼을 것이다. 당시 이들은 피르호(Rudolf Virchow)나 발트에크의 추종자들보다 자유주의의 구조적 취약성을 잘 알고 있었다. 새로운 상황에서 오직 정치적 현실주의만이 분별 있는 정책처럼 보였기 때문이다. 국민연합의 창설자이자 당시 국민자유당의 지도자였던 미쿠엘(Johannes v. Miquel)은 "이상의 시대는 끝났다. 독일통합은 사변의 영역으로부터 산문적인 현실 세계로 내려왔다"고 했다.[54] 1866년 11/12월에 간행된 『프로이센 연보』에서 자유주의 대변자로 알려진 카를스루에(Karlsruhe) 대학 교수 바움가르텐 역시 프로이센의 민족국가 선도 역할을 인정해야 한다는 것을 언급하고, 헌법제정에 자유주의자들도 동참해야 한다는 견해도 밝혔다. 바움가르텐은 당시 자유주의자들이 추종하던 "선자유 후통일(Erste Freiheit dann Einheit)"을 환상으로 간주했다. 이 인물은 이제 시민 계층이 수수방관하지 말고 하나의 권력체, 즉 이념을 스스로 실천하는 단체를 구축해야 한다고 주장했다. 이것은 자유주의 세력이 국가를 직

54 미쿠엘은 1848년 혁명이 발생한 후 당시 극좌파 정치가였던 헤커(Friedrich Hecker)를 추종했고, 괴팅겐에서 농민과 노동자들이 대거 참여한 소요에서 핵심적 역할을 담당하기도 했다.

접 운영할 능력도 갖춰야 한다는 것을 우회적으로 표현한 것 같다. 이후에도 자유주의를 추종하던 정치가들은 그 어느 때보다 정치에서 '성취할 수 있는 것'과 대립하는 이른바 '바람직한 것'에 대해 관심을 덜 가져야 한다는 주목할 만한 진술에서 국민자유당의 정치적 기본 철학을 언급했다. 당시 이들의 신념은 의회와 행정부가 대등한 권리를 누리는 체제 정립이었다.

1866년 9월 20일 승리에 도취한 프로이센의 정치 지도자들은 신민의 열렬한 환호를 받으며 브란덴부르크문을 통과해 베를린으로 행진했다. 국왕 빌헬름 1세가 탄 마차 앞 늠름한 말 위에 올라탄 세 명의 팔라딘(Paladin), 몰트케와 룬과 비스마르크가 한껏 위용을 과시했다.[55] 비스마르크는 쾨니히그레츠 전투에서 승리한 후 빌헬름 1세가 하사한 육군 소장 제복을 입었다.

이로부터 며칠 후 건강의 한계를 느낀 비스마르크는 1862년 러시아 대사 시절의 여름휴가 때와 같이 1866년 늦가을 사촌 프리드리히(Friedrich)가 거주하던 카를스부르크(Karlsburg)로 재충전 여행을 떠났다. 카를스부르크에서 휴양을 시작한 비스마르크는 다시 푸트부스(Wilhelm v. Putbus) 후작의 초대를 받고 뤼겐(Rügen)섬을 찾았다. 한가롭고 조용한 섬에서 보내기로 한 며칠이 몇 주가 되면서 요하나와 함께 10월 6일부터 12월 1일까지 두 달 가까이 푸트부스 저택에서 보냈다. 그런데도 때가 때였던 만큼 휴가지에서도 편하게 휴식만 취할 수

---

55 팔라딘은 샤를마뉴(Charlemagne) 대제(768~814)를 섬기던 12명의 뛰어난 기사를 지칭한다.

없었다.[56] 안팎의 과제들을 처리하여 국정이 다소 안정된 국면에 접어들었지만, 앞으로 갈 길이 순탄치만은 않았다. 오스트리아가 없어진 독일과 독일 연방에 본격적으로 손을 대는, 한마디로 국가를 새로이 바꾸는 작업이 그를 기다리고 있었기 때문이다.

비스마르크는 휴가 기간 중 구상한 것들을 정리하여 10월 30일과 11월 9일 두 차례에 걸쳐 발표했는데, 이를 지칭하여 '푸트부스 요구(Putbuser Diktate)'라 한다. 첫 번째 요구에서는 독일 연방이 유명무실해진 시점에 북독일 연방을 중심으로 남부 독일국가들의 가입을 독려하고 내각이 아닌 북독일연방의회가 중앙정부 역할을 한다는 것이 언급되었다. 이어 발표된 두 번째 요구에서는 보통·직접·비밀·평등 선거 원칙에 따라 연방의회가 구성되어야 하고, 이 의회를 통해 동맹국들의 이해관계를 조정하며, 프로이센 국왕의 총지휘권도 인정받아 프로이센의 절대적 우위를 지킨다는 것이 명시되었다.

비스마르크가 베를린을 비운 사이 빌헬름 1세는 사비니에게 연방헌법 초안 작성을 명했다. 11월 초 비스마르크는 자신과 불편한 관계에 있던 왕비의 특별 추천으로 사비니가 연방헌법 초안 작성 과제를 위임받았다는 사실을 알게 되었다. 멀리 휴양지에 있던 그로서는 제동을 걸 상황도 아니었지만, 친구 사비니에 대한 거리감을 확연하게 느끼지 않을 수 없었다. 1849년 이후로 당시 왕위계승자였던 현 국왕과 인연을 맺어 두터운 신뢰를 쌓은 사비니는 아헨의 법관 시보 시절 연애 사건으로 여러 차례 일방적으로 업무에서 이탈했던 비스

56 당시 비스마르크는 주기적으로 찾아오는 위경련으로 고생했고 일시나마 이러한 고통에서 벗어나기 위해 아편 주사를 맞기도 했다.

마르크에게 도움을 줌으로써 오랜 친분을 유지해온 관계였다. 그러나 사비니의 작업으로 인해 비스마르크는 인간적으로나 정치적으로나 그로부터 멀어질 수밖에 없음을 예감했다. 비스마르크는 서둘러 1867년 2월 1일 제국의회 구성을 위한 선거 일정을 1월 중순 이후로 계획하고 있음을 베를린에 전달했다. 그리고 곧바로 휴양지에서 베를린으로 돌아왔다.

프로이센 수상의 권한을 침해하려 한다는 불쾌감에서 벗어나지 못한 듯 베를린에서 사비니에 대한 비스마르크의 대응은 냉랭했다. 예컨대 자신과는 자주 의견 충돌을 보이던 국왕이 사비니의 공적을 기려 호엔촐레른 왕실의 십자 훈장을 수여했다는 사실까지 전해 들었지만, 전혀 언급하지 않고 무시해버렸다. 그리고 그의 작업 성과를 살펴보던 중 군대 문제를 개별 국가들의 군비 분담을 고려하지 않은 채 획일적으로 다룬 점과 연방 동맹국들에 지나친 독립권을 부여한 사안 등을 지적했다. 이제 사비니와 비스마르크 두 사람 사이에 그 어떠한 타협도 어려운 듯했다. 당시 비스마르크는 사비니의 작업 결과와는 별도로 자신이 구상한 연방헌법을 그대로 밀고 나갈 결심이었다.

비스마르크는 1867년 4월 푸트부스 후작의 저택에서 구상하고 발표한 헌법 초안을 북독일 연방 제헌의회에 제출했는데, 재차 독일 내에서 프로이센의 지배권을 유지한다는 목적을 부각했다. 프로이센의 우위는 프로이센 국왕이 연방 수장이라는 문구에서 확인할 수 있었다. 이제 프로이센 국왕은 전쟁을 선포하고 평화조약을 체결하는 등 모든 외교 문제에 책임을 지고, 최고사령관으로서 연방군을 통솔하게 되었다. 비스마르크는 프로이센을 두려워하고 싫어하던 군소국들의 보수적·분파주의적 관점을 달래기 위해 모든 군주에게 각기 군주 지위를 보존할 수 있게끔 허용하고, 주권을 부여함으로써 국내 문제를 독자적으로 처리할 수 있게 했다. 또한 이들은 헌법에 따라 구성된 가장 중요한 기관인 연방 참의원(Bundesrat)에 대한 통제권도 부여받았다.

헌법 초안에 명시된 연방 참의원은 북독일 연방 내 22개국에서 파견되는 대표들로 구성되었다. 당시 북독일 연방에는 22개국, 즉 프로이센, 작센, 메클렌부르크-슈베린(Mecklenburg-Schwerin), 메클렌부르크-슈트렐리츠(Mecklenburg-Strelitz), 올덴부르크(Oldenburg), 작센-바이마르-아이제나흐(Sachsen-Weimar-Eisenach), 헤센 대공국의 일부〔오버헤센(Oberhessen)과 헤센-홈부르크(Hessen-Homburg)〕, 브라운슈바이크, 안할트(Anhalt), 작센-마이닝엔(Sachsen-Meiningen), 작센-알텐부르크(Sachsen-Altenburg), 작센-코부르크-고타(Sachsen-Coburg-Gotha), 로이스 신파(Reuß jungerer Linie), 로이스 구파(Reuß älterer Linie), 리페(Lippe), 발트에크-퓌르몬트(Waldeck-Pyrmont), 사움부르크-리페(Schaumburg Lippe), 슈바르츠부르크-루돌슈타트, 슈바르츠부르크-존더하우젠, 브레멘(Bremen), 뤼베크(Lübeck), 함부르크(Hamburg)가 가입했다. 서쪽으로는 프랑스와 벨기에 사이의 지역까지, 동쪽으로는 러시아령 리투아니아 평원까지 영토를 소유한 프로이센 인구는 북독일 연방 인구 중 약 80%를 차지했다. 연방 참의원은 각 분과위원회를 통해 행정을 감독하고, 이전의 연방의회처럼 각 정부가 하달한 훈령에 따라 투표도 할 수 있었다. 그러나 실상은 이와 달랐다. 프로이센에서 선출된 최고 행정관인 연방 수상이 연방 참의원 회의를 주재하고 프로이센이 총 43표의 의결권 중 17표를 행사하게 됨으로써 연방 참의원의 효과적인 통제도 가능하게 되었다.

비스마르크는 헌법 초안에서 보수주의를 억제하고 자유주의를 회유하기 위해 보통선거에 따라 선출되는 제국의회(Reichstag)도 구상했지만 이 역시 기만적이었는데, 그 이유는 제국의회의 권한이 철저히 제한되었기 때문이다. 제국의회는 연방 참의원에 대한 통제권을 갖지 못했고, 오히려 전자에 의해 통과된 법률은 후자의 동의가 필요했다. 또한 군대의 편제와 급여는 제국의회의 통제를 벗어난 소위 '강제예산'에 영구히 고정되었다. 제국의회에서 논의가 가능한 것은 군사비 이외에 전체예산의 1%에도 못 미치는 여타 예산 배분에 국한되었고, 그나마도 3년에 한 번씩 심의하도록 제한했다. 확실히 비스마르크는 이 무기력한 제국의회가 여론기관 이상이 되기를 바라지 않았다. 다만 그는 제국의회가 공공생활에서 별로 중요하지 않은 역할을 하는 정치적 안전못이 되기를 기대했다. 그러나 국민자유당은 제국의회가 실제적 권한을 가져야 한다는 주장을 펼쳤다.

당시 79석을 차지한 국민자유당은 제헌의회에서 자유보수당, 비스마르크를 무조건 지지하던 구자유주의자들, 그리고 1861년의 헌법투쟁을 지속하던 소수의 진보당 의원 사이에서 결정적 위상을 차지하고 있었다. 당시 비스마르크는 행정부 수반이 모든 법령에 부서해야 한다는 국민자유당의 제안을 거부했는데, 이 제도의 도입으로 책임정치의 문이 열릴 수도 있다는 두려움 때문이었다. 그런데도 비스마르크는 수상이 모든 법령에 책임을 지도록 한다는 데는 동의했다. 또한 비스마르크는 예산권 확대를 요구하던 제국의회의 요구를 수렴하여 제국의회가 모든 세출에 대해 매년 심의할 수 있게끔 했고, 그에 대한 반대급부로 4년간 운영된 잠정적 강제예산을 국민자유당으로부터 인정받았다.

비스마르크는 선거에서 비밀투표제를 지향했는데, 보수주의자들이 보통선거제도를 악용할 수 있다는 우려 때문이었다. 이 외에 관료들에게 피선거권을 허용했으나 직업정치가 계층의 성장을 염려하여 보수지급은 거부했다. 한편 기본권을 요구한 진보당의 제안이 근소한 차로 부결됨으로써 이 헌법에는 기본권이 명시되지 않았다. 이러한 일련의 변화로 제국의회의 실제적 권한이 확대된 것은 확실하나, 신헌법의 권위주의적 성격을 바꾸거나 프로이센의 강권을 약화시키는 데까지 나아가지는 못했다.

1867년 2월 12일 북독일 연방의 제헌 제국의회 선거가 시행되었다. 이 선거에서 민족주의 성향의 자유주의자들은 기대 이상의 성과를, 진보당은 초라한 성적을 각각 거두었다. 3월 11일 비스마르크는 제국의회에서 헌법 초안을 다루는 연설을 하면서 "독일을 의자에 앉히자! 이제 멋지게 달릴 수 있다!"라는 유명한 구절을 외쳤다. 비스마르크는 회의에서 정해진 기한, 즉 1867년 8월 18일을 강조하면서 작업속도의 중요성을 부각했다. 4월 16일, 7주 만에 완성된 헌법은 의회에서 압도적 찬성을 얻었고 7월 1일부터 그 효력을 발휘했다. 그리고 제국의회에서는 연방 수상을 필두로 한 연방 내각을 구성하자는 안건을 두고 격렬한 토론이 벌어졌다. 베닝젠이 상정한 안건, 곧 연방상임위가 의결하는 모든 법령에 연방 수상의 서명을 의무화함으로써 수상의 책임을 강조하는 안건이 통과되었다. 이로써 내각을 구성하지 않고 다수당의 대표가 맡는 수상직은 그때까지 볼 수 없던 새로운 차원의 시도였다. 이제 수상은 더는 지시를 내리거나 받는 관료가 아니라 홀로 모든 책임을 지는 연방의 유일한 장관이 되었다. 논의가 이렇게 진행되자, 비스마르크는 애초의 고사 의사를 접고 수상직을 맡기로 했다.

1867년 7월 14일 비스마르크는 연방 수상으로 임명되었다. 당시 초대 제국의회는 많은 법안을 통과시켰다. 숱한 법안들은 근대 산업사회 형성과 통일적 법체계 공간 창조를 신속하게 밀어붙이려는 노력의 산물이었다. 연방 내 거주이전의 자유, 결혼 제한과 채무 구류의 철폐, 측정 단위와 계량형의 통일화, 교통의 장려, 직업선택의 자유라는 원칙을 토대로 구성된 상공업 조례가 인정하는 노동자 단결권, 북독일 연방을 위한 통일된 상법과 형법 의결, 상업 전담 고등법원 설립, 국가의 사전인가를 받지 않고 주식회사를 설립할 수 있는 자유 등 법 제도의 근대적인 정비가 속속 이루어졌다. 비스마르크는 개혁에 따른 제반 문제의 해결 방안 모색과 실천을 연방수상청장 델브뤼크(Rudolf v. Delbrück)에게 일임했다. 비스마르크는 이 걸출한 능력을 갖춘 관료를 프랑크푸르트 시절부터 알고 지내며 높이 평가하다가 1867년 청장으로 발탁했다. 북독일 연방이 최단 시일 내에 당시 유럽에서 최신 경제 제도와 사회 제도를 정비할 수 있었던 것은 비스마르크뿐만 아니라 델브뤼크의 공로이기도 했다.

제헌 제국의회가 헌법제정에 신경을 쓰던 시기에 남부 독일국가들이 참여한 관세동맹의 재조직 문제를 다룬 협상도 진행되었는데, 이 협상은 1867년 6월 종료되었다. 그러나 관세동맹 개혁은 비스마르크가 기대한 통일 촉진에 별다른 효과를 발휘하지 못했다. 이전의 관세동맹은 기본적으로 국가 간의 느슨한 협의체에 지나지 않았고 각 가맹국이 행사하는 거부권은 통상협정의 협상도 힘들게 했다. 1867년 베를린의 강한 압박에 구 관세동맹은 재검토되었고, 곧 공동의 정책을 결정하기 위한 새로운 기관들도 설립되었는데, 이 기관들은 북독일 연방 기구를 확대하는 과정에서 등장했다. 남부 국가들이 지명한 대표들이 연방 참의원에 참석함으로써 연방 관세 참의원(Zollbundsrat)이 신설되었고, 남부 국가들에서 선출된 의원들이 상업 문제를 심의하는 제국의회에 참석함으로써 관세의회(Zollparlament) 역시 출범했다. 실제로 남부와 북부의 이러한 접촉은 편견의 벽을 허물었다. 관세의회는 북독일 제국의회 의원 297명과 남독일 국가들을 대표하는 85명의 의원으로 구성되었는데, 이들은 1868년 2월 제국의회 선거법에 따라 선출되었다. 이 선거에서 선거 구호로 북독일 연방 가입을 내세운 바이에른과 뷔르템베르크의 많은 후보가 참패했다. 독일 남부에서 치른 선거 결과를 보면 정치적 영향은 거의 없었다. 비스마르크는 통일을 지지하는 35명의 의원과 그에 반대하는 50명의 의원이 함께 관세의회에 되돌아왔을 때 크게 낙담하지 않을 수 없었다.

비록 비스마르크가 이때 최종적인 통일의 불가피성을 인지했더라도 통일의 방법과 시기에 관해서는 매우 융통성 있는 태도를 견지했다. 그는 남부 독일에서 통일에 대한 대중적 저항이 매우 크기 때문에 가까운 시일 내의 통일이란 프랑스와의 전쟁에서 승리한 후에나 가능하다는 것을 알고 있었다.[57] 또한 그는 만일 전쟁을 벌이지 않는다면, 통일은 향후 20~30년간에 걸쳐 진행될 점진적 과정의 최종 산

57 오스트리아와의 형제 전쟁에서 승리한 후에도 비스마르크는 독일의 완전한 통일이 이루어지기까지는 많은 시간이 필요하다고 언급했다. 따라서 그는 북독일 연방을 안정화하는 작업에 착수했고, 그 과정에서 남부 독일, 가톨릭, 그리고 바이에른을 배제하려고 했다. 당시 비스마르크는 이들 지역을 강제로 북독일 연방에 가입시킨다면, 남부 이탈리아가 이탈리아 왕국에 했던 것과 같은 약점도 노출되리라는 것을 인지하고 있었다.

물이 될 것이라는 관점을 제시하기도 했다.[58] 1869년 초 뮌헨 주재 프로이센 공사에게 보낸 편지에서 비스마르크는 당시의 심경을 다음과 같이 요약했다. "나 또한 독일 통일이 무력적 사태로 번지리라는 것을 잘 알고 있다. 그러나 무력에 의한 파국 유발의 의무를 수행하는 것과 그 시기를 선택하는 데 대한 책임은 별개의 문제다. 순수하게 주관적 근거에 따라 역사 과정에 자의적으로 개입하는 것은 설익은 과일을 떨어뜨리는 것 이상의 결과를 낳을 수 없다. 내 생각으로는 지금, 이 순간 독일 통일이란 완전히 익은 과일이 아니라는 것이다. (…) 우리는 시계바늘을 앞당겨 돌려놓을 수 있지만 그렇다고 해서 시간이 더 빨리 가는 것은 아니다. 상황이 무르익을 때까지 기다리는 능력이야말로 현실정치의 선결 요건이라 하겠다."

이 시기 비스마르크는 자주 병을 앓았다. 국왕을 알현하고 프로이센 내각회의를 주재하며, 세 곳의 의회, 즉 프로이센 의회, 제국의회, 그리고 관세의회 활동과 22개 회원국의 외교 책임자들과 협상하며 현안들을 처리하는 일은 정말 힘들었고, 신경쇠약에 걸릴 정도였다. 비스마르크 집에 자주 드나들었던 슈피첸베르크(Spitzenberg) 남작 부인은 1867년 4월 일기장에 "비스마르크는 더는 견딜 수 없을 정도로 아픔에 시달리고 있다"고 썼는데, 이는 당시 비스마르크의 건강 상태가 매우 나빴다는 것을 가늠케 한다. 비스마르크 자신도 1868년 3월 "내가 1865년 12월 초부터 시달리는 힘겨운 상태는 만성질환이라고

58 그런데도 비스마르크는 마인강 이남의 남독일 제후국들, 바이에른 왕국, 뷔르템베르크 왕국, 바덴 대공국, 그리고 헤센 대공국에 대해 그리 큰 걱정을 하지 않았는데, 그것은 이들 국가가 프로이센과 체결한 공수동맹으로 그들의 군사주권을 이미 베를린에 넘겨주었기 때문인 것 같다. 실제로 이들 국가와 프로이센의 통합은 시간문제였다.

밖에는 달리 표현할 말이 없다. 그때그때 바뀌는 몸의 증상을 유발하는 요인은 아마도 신경쇠약일 것이다. 내 몸 상태는 오래 지속되는 정신 노동을 어렵게 하거나 아예 못 하게도 한다"고 호소했다.

Bismarck und die deutsche Einigung

제5장
독일 제국의 탄생

1 프랑스와의 전쟁

룩셈부르크(Luxemberg)는 프랑스·벨기에와 독일 사이에 있고, 독일어를 사용하는 대공국이다. 원래 신성로마제국에 포함되었던 이 대공국은 15세기 이후 주인이 자주 바뀌었는데, 1815년 네덜란드 국왕을 대공으로 영입한 후 독일 연방의 일원이 되었다. 1842년 룩셈부르크 신민의 대다수가 벨기에와의 동맹을 희망했지만, 1840년부터 룩셈부르크 대공직을 겸임하던 네덜란드 국왕 빌렘 2세(Willem II, 1840~1849)는 독일 관세동맹에 가입하는 등 친독일연방 정책을 지향했다. 1866년 형제 전쟁 중 룩셈부르크는 중립을 지켰다. 전쟁이 종료된 후 룩셈부르크는 북독일 연방에 가입하지 않았음에도 룩셈부르크 연방 요새에 주둔하던 프로이센군은 철수하지 않았다.

수년 동안 프랑스는 벨기에 진출을 위한 디딤돌로 룩셈부르크 대공국 획득을 갈망했고 1866년 비스마르크는 룩셈부르크에 대한 프랑스의 계획에 반대하지 않을 것임을 확약하기도 했다. 1867년 3월 프랑스는 호화로운 취미생활을 선호했지만 수입이 한정된 네덜란드 국왕 빌렘 3세(Willem III, 1849~1890)에게 룩셈부르크 주권을 팔도록 설득했다. 당시 룩셈부르크와 네덜란드는 동군연합 상태였다. 같은 달 빌렘 3세는 500만 굴덴을 준다면 룩셈부르크 대공국을 프랑스에 양도할 의사가 있다면서, 다만 거래조건으로 프로이센 국왕의 사전 동의를 요구했다.[1] 프랑스와 네덜란드의 이러한 은밀한 거래 협상 소식이 공개되자, 독일 내에서 대중적 항의가 발생했다. 마인강 건너편까지 원했던 국민자유당은 독일 영토에 대한 프랑스의 야욕이 밝혀짐에 따라 전쟁을 무릅쓰더라도 독일의 민족적 명예를 지켜야 한다고 주장했다.

당시 비스마르크는 프로이센에 전략적으로 중요하지 않은 대공국 내의 독일인이 처한 운명에는 별로 관심이 없었다. 그러나 격렬한 대중적 반응은 비스마르크를 놀라게 했고 프랑스에 대한 유화적 태도도 포기하게 했다. 당시 국민자유당을 이끌던 베닝젠은 룩셈부르크 대공국을 북독일 연방에 편입해야 하며, 대공국에 주둔 중인 프로이센 수비대 역시 철수해서는 안 된다고 했다. 그리고 빌헬름 1세 또한 룩셈부르크 대공국을 프랑스가 차지하는 데 반대했다. 그뿐만 아니라 바이에른 국왕 루트비히 2세 역시 프로이센과 프랑스 사이에 전쟁이 벌어진다면, 바이에른은 프로이센을 지원한다는 의사를 공식적으로 밝히기도 했다. 그리고 주요 일간지인 『보쉬세 차이퉁(Vossische Zeitung)』은 프랑스와의 전쟁은 피할 수 없기 때문에 가능한 한 빨리 시작해야 한다는 다소 과격적인 표현도 했다.

---

1 실제로 형제 전쟁 기간 중 비스마르크는 룩셈부르크 대공국이 프랑스로 넘어간다면 빌렘 3세에게 오스트프리슬란트[Ostfriesland: 오늘날 니더작센(Niedersachen) 주의 한 지역]를 보상으로 제공하려고 했다. 당시 빌렘 3세는 룩셈부르크 대공국 매도로 취득할 500만 굴덴을 개인부채 정리에 사용하려고 했다.

이제 비스마르크는 사태 악화를 제어하고 라인 양안의 열기를 식히기 위해 노력해야 했다. 프랑스에 전쟁 위험을 환기하고 룩셈부르크에 대한 그들의 관심을 차단하기 위해 비스마르크는 프로이센과 남부 국가들과의 동맹체제가 존재함도 밝혔다. 네덜란드 국왕이 양도 조약에 서명했다는 소문과 함께 흥분이 고조됨에 따라 비스마르크는 1867년 4월 1일 제국의회에서 룩셈부르크 문제는 협상으로 해결할 전 유럽적 차원의 문제라고 언급했으나, 한편으로는 회유적 행동으로 룩셈부르크 내 독일인의 권리가 보호될 것임을 의원들에게 인지시켰다. 확실히 비스마르크의 프로이센은 1866년 전쟁의 후유증에서 완전히 벗어나지 않았고, 국제적 여건 역시 유리하지 않았던 1867년 당시에는 프랑스와의 전쟁을 원하지 않았다. 무엇보다 중요한 것은 그가 친구에게 말했듯이 "성공할 가능성이 있다는 것이 큰 전쟁을 시작하는 정당한 이유는 아니다"라는 것이다. 그로서는 예기치 못한 위기에서 벗어날 수만 있다면 그것으로 충분했다. 실제로 비스마르크는 이전처럼 무력을 활용하기 전에 평화적 해결의 모든 가능성을 검토하고자 했다.[2]

프랑스는 다시금 곤경에 처했다. 프랑스는 자신들의 계획에 대해 러시아와 오스트리아-헝가리의 지지를 확신할 수 없었고, 네덜란드 국왕 역시 프로이센의 사전 동의 없이는 양도 조약에 조인하기를 거

2 비스마르크는 오스트리아와의 전쟁에서 겪은 참담한 경험에서 완전히 벗어나지 못했다. 비록 군복을 착용했지만, 비스마르크는 민간인이었고 두 아들의 아버지였다. 전쟁 중 비스마르크는 장남 헤르베르트가 전사할 수도 있다는 것을 생각하면, 눈앞이 캄캄해지는 것도 여러 번 경험했다. 따라서 그는 싸움터에서 전사한 병사의 모습을 보면 누구나 가볍게 전쟁을 벌여서는 안 된다는 생각을 가지게 한다고 했다.

부했다. 하지만 비스마르크는 결코 프랑스에 굴욕감을 주려고 하지 않았다. 오히려 1839년 벨기에와 룩셈부르크 문제를 처리한 바 있는 강대국들이 이 문제를 해결하기 위해 다시 모일 것을 제안함으로써 프랑스가 체면을 잃지 않도록 도와주었다. 결국 프랑스가 비스마르크의 제안에 동의하여 1867년 5월 7일 런던에서 국제회의가 개최됨으로써 긴장은 완화되었다. 회의 결과 네덜란드 국왕 빌렘 3세는 대공국 룩셈부르크를 보존해야 했고, 항구적인 중립은 강대국들, 즉 영국, 프랑스, 이탈리아, 프로이센, 그리고 러시아에 의해 보장되었으며, 프로이센 수비대는 철수하게 되었고, 룩셈부르크 요새는 파괴되었다.[3] 국제회의 결과 나폴레옹 3세 역시 다른 방도가 없었다. 이로써 프랑스의 룩셈부르크 합병 시도는 차단되었는데, 이는 프랑스가 형제 전쟁을 통해 얻은 것이 아무것도 없다는 것을 의미한다. 이후 나폴레옹 3세는 프로이센과 어떠한 협상이나 동맹을 체결해서는 안 된다는 것도 인지했다. 당시 사람들은 룩셈부르크 대공국을 '북부의 지브롤터(Gibraltar des Nordens)'라 칭했다.

비록 유럽 내에서 위기감이 완전히 사라지지 않았고, 프랑스와 독일 간의 전쟁이 가까운 장래에 발발할 가능성이 컸다고 하더라도 일단 전쟁 없이 위기는 수습되었다. 1867년 이전 나폴레옹 3세는 실제로 프랑스의 외교 정책을 통제했다. 당시 그는 독일 내에서 발생한 커다란 변화를 쉽게 받아들였다. 그것은 자신의 민족주의에 관한 관

3 이후에도 일부 프랑스 정치가들은 벨기에를 프랑스에 합병해야 한다는 관점을 피력했다. 이러한 시도에 대해 비스마르크는 이의를 제기하지 않았는데, 그것은 프랑스의 벨기에 합병으로 영국과 프랑스 사이의 관계가 소원해지는 것을 파리 정부가 원하지 않고 있다는 데서 나온 것 같다.

점과 일치했을 뿐만 아니라 그 자신이 나폴레옹의 숙적이었던 오스트리아-헝가리를 약화하기 위해 프로이센과의 협력관계도 원했기 때문이다. 그러나 룩셈부르크 위기 이후 나폴레옹 3세는 비스마르크에 대해 크게 환멸을 느꼈다. 이제 프로이센과의 동맹 희망은 사라졌고 반프로이센적 성향의 고문들이 와병 중인 황제에게 영향력을 행사하게 되었다. 이들은 독일을 가능한 한 약화하고 분열시키려 했던 이전의 정책으로 복귀하는 데 주력했다. 국내에서 팽창하는 불만을 의식한 듯 이들은 라인 동안에서 더는 물러나지 않을 것을 결의했다. 제2 제국이 생존하기 위해 프랑스는 어떠한 대가를 치르고서라도 북부와 남부 독일의 결합을 저지해야 했다.

비스마르크는 외교 현안에서 북부와 중부 독일에서 프로이센의 우위를 확립하기 위해 노력한 외무부 전임자들의 정책을 계승했는데, 이 정책은 1866년의 승리로 귀결되었다. 그러나 룩셈부르크 사태는 남부 독일국가들이 북독일 연방에 가입하기 전까지 민족주의가 끊임없이 불안하고 분열적 힘으로 작용하리라는, 비스마르크의 점점 커가는 믿음을 확증시켜주는 것처럼 보였다.

이제 비스마르크는 자신이 과거에 이용하려고 했던 대중적 힘의 포로가 되었고, 최종적으로 통일이라는 관점에서 생각하게끔 강요받았다. 그런데 1866년 여름, 남부 독일 내 움직임은 독일 통일에 유리한 방향으로 진행되고 있었다. 슈투트가르트에 모인 남부 독일의 자유주의자들은 즉각적인 통일에 관심을 보였고, 뷔르템베르크에서는 통일을 위해 활동할 정당의 창당도 추진되었다. 바덴 의회는 통일 지향적인 결의안을 통과시켰고, 바이에른 의회에서도 비슷한 동의안이 발의된 후 가결되었다. 그러나 이는 일시적 현상에 불과했는데, 그것은 강화조약이 체결된 후 바로 분리주의가 소생했기 때문이다.

당시 분리주의 정당은 뷔르템베르크와 바덴에서 위세를 떨쳤는데, 그 지역에서는 대중이 소수의 상층 중산계급과 달리 프로이센을 크게 불신했지만, 오스트리아-헝가리에 대해서는 동조적이었다. 이렇게 만연한 적대감은 종종 종교적 요인 때문이었는데, 가톨릭이 바이에른을 비롯한 독일 남부 지역에서 깊이 뿌리내렸기 때문이다. 또한 당시의 적대감은 지방적 특권을 줄이는 데 대한 본능적 대응이기도 했다. 실제로 신연방 헌법은 물론이거니와 북부 및 중부 독일에서 행해진 대규모 합병은 프로이센의 지배권에 대한 공포심을 더욱 증폭시켰다.

'바덴의 자유주의자'로 알려진 외무장관 로겐바흐(Franz Freiherr v. Roggenbach)는 연방을 "개와 그에 기생하는 벼룩의 연합(Ein Bund aus einem Hund und Flöhnen auf seinem Rücken)"이라고 묘사했다. 따라서 남부 국가들의 정부는 프로이센과 군사협정을 체결하면서 의회를 설득하기가 어려웠다. 룩셈부르크 위기는 전쟁에 끌려 들어가기를 원치 않았던 마인강 이남 국가들에 심각한 우려를 일으켰다. 오직 바덴만이 통일에 대한 열망을 계속 갖고 있었는데, 아마도 프랑스와 지리적으로 근접해 있다는 경각심 때문이었던 것 같다.

비스마르크가 사태의 추이를 지켜보는 동안 프랑스는 프로이센을 견제하고 그 최종적 통일을 막기 위한 정책에 동조할 동맹국을 찾기 위해 외교적 주도권을 행사했다. 따라서 나폴레옹 3세는 동맹할 가능성이 있는 오스트리아-헝가리와 접촉을 시도했고 더욱 가시화하기 위해 1867년 8월 잘츠부르크에서 프란츠 요제프 1세와 회담도

했다.[4]

당시 작센 왕국의 수상으로 활동한 신임 오스트리아-헝가리 수상 보이스트는 프로이센에 대한 복수를 갈망하고 있었다.[5] 그러나 문제는 오스트리아-헝가리가 독일에 대한 관심을 급속히 잃고 점점 남동부 유럽으로 관심을 집중한 데 있었다. 당시 오스트리아-헝가리는 반프로이센 견해를 밝히기 전에 러시아와의 관계에서 프랑스의 지원을 보장받고자 했기 때문에 아무런 진전도 이루어지지 않았다. 1868년 이탈리아가 협상에 참여했으나 교착상태는 타개되지 않았다. 이탈리아는 프랑스 주둔군이 로마에서 철수한다는 조건에서만 프로이센과 싸우려고 했는데, 이 조건은 당시 가톨릭 세력의 지지를 받던 나폴레옹 3세로서는 이행하기 어려운 대가였다. 또한 1869년 시도했던 러시아에 대한 접근도 프랑스를 고립에서 구해주지 못했다. 당시 러시아는 프로이센과의 전쟁에서 얻을 것보다는 잃을 것이 훨씬 더 많다는 것을 인지하고 있었다.

이러한 국제적 상황에서 나폴레옹 3세는 그동안 주저했던 프랑스, 오스트리아-헝가리, 그리고 이탈리아 사이의 삼국동맹 출범에 호의적인 자세를 보였고 그에 따라 1869년 5월 삼국동맹이 정식으로

4 이에 앞서 비스마르크는 파리에 가서 나폴레옹 3세를 만났다. 프랑스 황제는 1865년 10월 비아리츠에서와 같이 그를 환대했다. 후에 프랑스 문필가가 비스마르크와 몰트케의 파리 방문의 실제 목적을 제시했는데, 그에 따르면 이들은 파리에서 열린 세계박람회 참석을 빌미로 파리에 와서 이 도시를 공략하는 데 가장 좋은 장소가 어딘가를 확인하는 것이었다. 러시아 외상 고르차코프도 거의 같은 시점 파리에 왔는데, 그는 1863년 폴란드 문제로 무너진 러시아와 프랑스 간의 관계를 개선하고 동맹체제 역시 구축하려 했다.

5 이 인물은 취임한 직후부터 북독일 연방과 남부 독일국가의 연합을 금지하는 것이 프라하 평화조약을 준수하는 것이라고 주장했다.

출범했다. '협의하기로 약속한다(pactum de contrahendo)'는 성격을 가진 삼국동맹(Triple-Entente gegen Preußen)은 향후 전쟁 징후가 나타난다면 동맹 참여국들이 상호 간 방어와 공수동맹체제를 구축한다는 것이다. 오스트리아-헝가리가 프로이센과 전쟁을 벌인다면 프랑스와 이탈리아는 오스트리아-헝가리를 지원하고, 프랑스가 프로이센과 전쟁을 치를 때 오스트리아-헝가리는 프랑스를 지원하는데, 여기서는 러시아가 프로이센을 위해 전쟁에 참여한다는 전제조건도 첨부되었다. 삼국동맹 조약에서는 프로이센이 전쟁에서 패할 경우도 언급되었다. 실제로 프로이센이 패한다면 이탈리아는 트렌티노(Trentino)를 확보하고 프로이센의 영역을 많이 축소한다는 것이다. 아울러 오스트리아-헝가리는 독일에 위해를 끼치지 않는다는 것도 조약에 명시되었다. 당시 삼국동맹 참가국들의 총인구는 1억 명이 넘었고, 이들 국가가 보유한 병력도 300만 명이나 되었다. 이를 통해 삼국동맹은 독일 민족국가를 압박하는 일종의 포위 작전을 지향한 것 같다.

1870년 1월 나폴레옹 3세가 자유주의 정책을 수용하면서 프랑스 외교 정책의 근간 역시 바뀌었다. 야당 지도자였던 올리비에(Emile Olivier)가 이끈 신내각은 독일 통일이 불가피하다는 것을 인정했다. 따라서 그는 만일 남부와 북부의 통일이 평화적인 방법으로 이루어진다면, 독일에 대해 간섭하지 않으려고 했다. 이는 급속히 쇠약해진 황제의 마음을 끈 견해이기도 했다. 이러한 정책 전환은 아마도 프랑스와 독일 간의 관계 개선을 가져올 것처럼 보였다. 그러나 6개월 후 양국은 에스파냐 왕위 계승 문제를 둘러싸고 치열한 대립을 해야 했다.

1868년 9월 17일 마드리드(Madrid)에서 소요가 발생해 부르봉

(Bourbon) 왕조의 이사벨라 2세(Isabella II, 1833~1868)가 추방되었다.[6] 이후부터 에스파냐인은 이사벨라 2세를 대신할 새로운 통치자를 유럽에서 찾고자 했다.[7] 당시 에스파냐의 중도 우파 정치가들은 포르투갈의 이전 국왕 페르난두 2세(Fernando II, 1837~1853)를 선호했는데, 이 인물은 자기 영지에서 스위스계 미국 여배우 헨슬러(Elise Friedericke Hensler)와 같이 생활하고 있었다.[8] 그런데 페르난두 2세는 에스파냐 정부의 요청을 정중히 사절했다.

이렇게 포르투갈 후보자가 왕위 계승을 거부하자, 에스파냐 임시 정부는 호엔촐레른-지크마링겐(Hohenzollern-Sigmaringen) 가문에 접근했는데, 이 가문은 호엔촐레른 가문에 속하는 남부 독일의 가톨릭계 가문으로서 1866년 이미 루마니아 국왕 카롤 1세(Carol I)를 배출한 바 있다.[9] 1870년 2월 에스파냐 전권 공사 프림(Juan Prim) 장군은 호엔촐레른-지크마링겐 가문의 수장인 카를 안톤에게 1861년 안토니아(Antonia) 포르투갈 공주와 결혼한 그의 장남 레오폴트(Leopold)가 왕

---

6 이사벨라 2세는 부친 페르디난드 7세(Ferdinand VII)가 1830년 제정한 국사조칙(Pragmatische Sanktion)에 따라 왕위 계승자로 결정되었다. 1833년 이사벨라 3세가 어린 나이, 즉 세 살에 등극함에 따라 그녀의 어머니 마리아 크리스티나(Maria Christina)의 섭정 체제가 시작되었다. 이사벨라 2세는 1846년 10월 그녀의 의지와 달리 사촌인 프란츠 폰 아시시(Francisco de Asís)와 결혼했다. 당시 이사벨라 2세가 통치하던 에스파냐 왕국은 정당 간의 대립, 잦은 정권교체, 그리고 반란에서 벗어나지 못했다.

7 당시 프랑스는 에스파냐가 자국에 예속된 듯 통치 후보자들에 대한 검증 또는 간섭을 지속적으로 했다.

8 페르난두 2세는 1869년 헨슬러와 귀천 상혼, 즉 자신보다 낮은 신분의 배우자와 결혼했다.

9 이 가문은 600년 전에 호엔촐레른-브란덴부르크 가문에서 분리되었다. 레오폴트의 친동생이었던 카롤 1세는 프랑스 정부의 제안에 따라 루마니아 국왕으로 등극했다.

위 계승을 할 수 있게끔 요청했지만, 당시 카를 안톤은 이러한 제의에 대해 매우 주저했다. 비스마르크는 1869년 가을 프림 장군의 첫 독일 방문을 알지 못했다. 그러나 1870년 2월의 두 번째 방문 소식을 접한 비스마르크는 호엔촐레른-지크마링겐 가문에 왕위 계승 수락을 종용했다.[10]

그렇다면 당시 비스마르크의 의도는 무엇이었을까? 이전과 마찬가지로 이번에도 비스마르크의 의도에는 여러 가지가 얽혀 있었다. 1870년 초까지 비스마르크는 독일 통일에 필요한 방법을 모색했다. 그런데 1869년 11월 바이에른에서 치른 지방선거에서 분리주의 세력이 강세를 보였고 친프로이센 내각 역시 크게 약화했다. 게다가 1870년 2월에는 비스마르크가 바덴과의 즉각적 통합을 요구하는 제국의회의 제안을 시기가 부적절하다는 이유로 거부했는데, 이에 대해 국민자유당은 그가 민족적 대의에 무관심하다는 비난을 가했다. 또한 1870년에는 제국의회 선거도 예정되어 있었는데, 새로 출범하는 제국의회는 강제예산을 재검토할 권한도 가지기 때문에 정부가 이를 통제해야 하는 어려운 과제도 부여받았다. 비스마르크는 호엔촐레른 가문의 위신을 드높일 수 있는 승리가 자유주의자들에게 깊은 인상을 주고 자신에 대한 신뢰 역시 회복시켜주리라는 기대를 품고서 빌

10 프로이센의 위정자가 에스파냐 왕위 계승에 관여하게 된 것은 자국의 허락 없이는 호엔촐레른 방계가문의 인물이 어떠한 왕관도 받을 수 없다는 법도에서 비롯된 것 같다. 당시 비스마르크는 빌헬름 1세에게 서신을 보내 레오폴트의 에스파냐 왕위 계승으로 지금까지 홀대받던 호엔촐레른 가문의 국제적 위상을 증대할 수 있다고 언급했는데, 그것은 합스부르크 가문을 의식한 데서 나온 것 같다. 이어 그는 무정부 상태에 놓여 있는 1,600만 명의 인구를 가진 국가, 즉 에스파냐의 운명을 등한시해서는 안 된다는 도덕적 관점도 피력했다.

헬름 1세를 연방 황제, 혹은 아마도 독일 제국 황제로 추대하기 위한 계획도 추진하고 있었다. 그러나 예상과 달리 당시 비스마르크의 계획은 별다른 진전을 보이지 못했고, 그 시점에 호엔촐레른-지크마링겐 가문에 에스파냐 왕위 계승 제안이라는 변수가 발생했다.

당시 비스마르크는 호엔촐레른-지크마링겐 가문이 왕위 계승을 거부한다면 바이에른과 바덴에서 후보자를 내세우게 되리라는 점을 우려했고, 실제로 그렇게 된다면 남부 독일에서 분리주의가 더욱 활성화되리라는 판단도 했다. 게다가 비스마르크는 프랑스의 움직임도 저지하려고 했는데, 프랑스가 아직도 오스트리아-헝가리와의 동맹을 희망했으며, 1870년 초 오스트리아-헝가리의 알브레히트(Erzherzog v. Albrecht) 대공이 프랑스와의 상호 군사 협력을 더욱 구체화하기 위해 파리를 방문하고 있었기 때문이다.

올리비에 내각은 출범 초 프랑스의 바뀐 외교 정책을 계속 추진하려고 했다. 그러나 5월 초 시행된 국민투표 이후 변호사 그라몽(Antoine Alfred Agenor de Gramont)이 외무장관으로 임명됨에 따라 상황은 급변했다. 독일 작곡가 바그너(Wilhelm Richard Wagner)의 여동생과 결혼한 그라몽은 명문 가문 출신으로 다년간 외국에 체류하면서 화려한 외교 경력을 쌓았지만, 지도자로서는 종종 무분별하게 행동하는 약점도 가지고 있었다. 실제로 이 인물은 빈 주재 프랑스 대사로 활동했고 그 이전에는 정부 각료로 활동하기도 했다.

당시 비스마르크는 프로이센에 매우 적대적인 그라몽이 결국 전쟁을 일으킬 것이라는 확신도 했는데, 이것이 호엔촐레른-지크마링겐 가문과 에스파냐인 사이의 지지부진한 협상에 새로이 활력을 불어넣은 또 다른 이유라 하겠다. 비스마르크는 외교적 승리를 거둬 프랑스의 기세를 꺾고자 했다. 그의 판단에 따르면 호엔촐레른 가문의 에스파냐 왕위 계승은 틀림없이 프랑스의 자존심에 상처를 줄 것이고, 프랑스인은 그 분노를 나폴레옹 3세에게 돌림으로써 프랑스 국력 역시 약화하리라는 것이다. 그렇게 된다면 프로이센이 프랑스의 개입에 대한 염려 없이 통일도 완수할 수 있다는 것이다. 당시 비스마르크가 통일문제를 놓고 제시한 또 하나의 가능성은 전쟁이었다. 실제로 전쟁에서의 승리는 여러 대에 걸친 역사적 과업을 일거에 성취할 수도 있다. 그리고 왕위 계승 후보자로 나서는 것은 의식적으로 전쟁을 원하지 않더라도 어느 정도 전쟁 위험을 수반하는 비타협적인 정책이었고, 이 점 또한 비스마르크는 충분히 인식하고 있었다.

6월 19일 레오폴트는 에스파냐 왕위 계승에 대한 부정적 자세를 포기했고, 이틀 후인 6월 21일 왕위 계승도 수용했다.[11] 국왕 빌헬름 2세 역시 마지못해 허가했다. 베를린 주재 에스파냐 전권 공사 살라자르(Eusebio de Salazar)는 마드리드 정부에 수일 내 레오폴트의 왕위 계승 동의서를 가지고 귀국한다는 것을 알렸다. 그렇게 되면 에스파냐 의회(Cortes)는 곧 레오폴트를 정식으로 에스파냐 국왕에 추대할 것이고 유럽 역시 기정사실로 수용할 것이다. 그러나 마드리드의 암호 해독사는 살라자르가 보낸 전문에서 중요한 문구를 잘못 해독했는데, 그것은 살라자르가 7월 중순 마드리드에 도착한다는 것이었다. 그 실수로 프림의 마드리드 정부는 살라자르가 귀국할 때까지 기다

11 에스파냐 왕위 계승을 제안받은 레오폴트는 거부적 자세를 보였는데, 그것은 그가 조용한 생활을 원했기 때문이다. 빌헬름 1세 역시 레오폴트의 왕위 계승에 부정적이었다. 이것은 그가 프랑스를 두려워해서가 아니라 소란스러운 에스파냐 정치에 자기 가문의 일원이 관여해서는 안 된다는 판단에서 나온 것이다.

리지 않고, 의회를 6월 23일부터 가을 정기회기가 열릴 때까지 휴회시켰다.[12] 6월 28일 살라자르가 마드리드에 도착했을 때, 레오폴트에 대한 비밀은 이미 공공연한 화젯거리가 되었고, 7월 2일에는 파리에까지 알려졌다.

당시 좌파와 우파 반대파로부터 온건한 외교 정책 때문에 비난받던 파리 정부는 비스마르크가 주도한 외교 정책과 거기서 파생된 새로운 굴욕을 더는 참으려고 하지 않았다. 내각의 전폭적 지지를 받던 그라몽은 7월 6일 하원에서 간결하고 확신에 찬 연설을 했다. 연설에서 그라몽은 호엔촐레른 가문의 인물이 에스파냐 왕위 계승을 한다면, 그것은 유럽의 세력균형을 위협하고 프랑스의 영광과 이익을 침해하기 때문에 절대로 용납할 수 없다고 했다. 당시 유럽 강대국들은 프랑스 외무장관의 이러한 선동적 발언에 우려를 표시했지만, 열렬한 제국주의자들로 가득 찬 프랑스 하원은 그에 적극적으로 동조했다.[13]

프랑스 언론 역시 자국을 견제하기 위해 호엔촐레른 가문의 인물을 에스파냐 초소에 배치하려는 독일의 전략을 비난하고 프로이센에 사죄하도록 요구했다. 그러나 프랑스 정부가 전쟁을 원하고 있었던 것은 아니었다. 단지 제국의 파멸을 초래할 또 하나의 외교적 실패를 두려워했을 뿐이다. 그래서 그것을 저지하고 프랑스의 권익을 지키기

---

12 당시 에스파냐의 독재자 프림은 의회를 7월 중순까지 개원할 필요가 없음을 인지했다.

13 파리 주재 오스트리아-헝가리 대사는 그라몽과의 대화에서 프랑스 외무장관이 아주 좋은 기회를 포착했다고 언급했다. 즉 그는 그라몽이 외교적으로 승리하거나, 독일의 민족감정과 연계되지 않는 전쟁에서 승자가 될 기회도 포착했다고 지적했다. 이러한 지적에 대해 그라몽은 탁월한 분석이라고 받아쳤다.

위해 전쟁의 위기까지 몰고 갈 심산이었는데, 그들이 단호히 대처하고 무력으로 위협한다면 프로이센이 굴복할 것이고, 프랑스 제위 역시 보존될 수 있으리라 믿었기 때문이다. 이러한 관점에서 7월 6일의 선언은 나폴레옹 3세에게 반대하던 여론을 가라앉히고, 정부 결정에 동조하게 함으로써 이미 목적 중의 하나를 달성했다.[14]

사태는 점점 비스마르크에게 불리하게 전개되었다. 프랑스의 압력을 받은 에스파냐 정부는 호엔촐레른-지크마링겐 가문이 이전 결정을 철회하리라는 점에 동의했다. 이 모든 일이 프랑스의 입장을 고려하지 않은 책동이라 간주하고, 그 평화적 해결을 희망한 강대국들 역시 호엔촐레른-지크마링겐 가문이 후보에서 물러날 것을 요구했다. 결국 카를 안톤은 7월 12일 레오폴트의 왕위 계승을 포기하기로 결심하고, 그러한 결정을 마드리드에 타전했다. 국왕 빌헬름 1세도 그제서야 겨우 마음을 놓게 되었다. 당시 빌헬름 1세는 호엔촐레른 가문의 수장으로서 레오폴트의 에스파냐 왕위 계승을 포기시키려 했다. 레오폴트의 포기 소식을 접한 빌헬름 1세는 왕비에게 서신을 보내 가슴을 짓누르던 무거운 돌을 이제야 내려놓는다고 언급했는데, 그동안 에스파냐 왕위 계승 문제로 스트레스를 받아왔다는 것을 우회적으로 표현한 것이다.

비스마르크는 이미 그러한 사태 발전을 예상했듯이 태연한 체했다. 그러나 그는 사태가 역전됨에 따라 매우 의기소침해 있었다. 실제로 비스마르크는 레오폴트의 에스파냐 왕위 계승 포기를 프랑스에

14 7월 8일 비스마르크는 그라몽의 연설문을 받았는데, 프랑스가 전쟁을 결정하지 않았다면 그라몽이 의회에서 그런 연설을 할 수 없다는 판단도 했다.

대한 프로이센의 패배로 간주했다. 또한 프랑스의 기세가 등등해진 만큼 유럽에서 프로이센의 위상 역시 약화할 수밖에 없다는 확신도 했다. 당시 그는 국왕으로부터 배신당한 느낌이 들었고, 후보자 철회가 프로이센에 미치는 외교적 의미 때문에 낙담했다. 그런데도 프랑스의 승리가 어떻게 해서든지 최소화되기를 희망했기 때문에 사임하지 않았다.

확실히 레오폴트의 에스파냐 왕위 계승 포기는 프랑스의 위신을 회복하기에 충분했다. 실제로 나폴레옹 3세와 올리비에는 프랑스의 자존심이 충족되었다고 생각했지만, 그 승리를 최대한 이용하려고 했던 그라몽은 그렇게 생각하지 않았다. 그라몽은 영향력 있는 신문들, 의원들, 그리고 후보자 철회만으로 충분하지 않다고 생각한 많은 사람의 지지를 받고 그 나름의 정책도 강력히 추진했다. 실제로 당시 프랑스 정치에 영향을 끼치던 인물들은 프로이센에 참기 어려운 카우디움(Kaudium) 굴욕, 즉 카우디움 협로에서 패전한 로마군이 복종 표시로 3개의 창으로 만든 밑을 기어간 것 같은 굴욕을 주어야 한다는 견해를 펼쳤고, 프랑스 정부지인 『모니퇴르(Moniteur)』는 프로이센이 남부 독일국가들과의 동맹체제를 해체하고 마인츠에서 철수해야 한다는 더욱 구체적인 관점도 피력했다.

프랑스에서 이러한 반프로이센적 정서가 팽배해짐에 따라 나폴레옹 3세와 그의 측근들은 비스마르크에게 굴욕감을 주어 프로이센 수상이 거기에서 벗어나지 못하게 하려고 했다. 당시 올리비에는 "우리는 프로이센 공격에 의견 일치를 보았으며 의회의 동의와 국민의 지지도 확보했다. 14일 이내에 우리는 40만 명에 달하는 병력을 자르 지방에 집결시킨 후, 1793년처럼 독일을 공격할 것이다"라고 했다.

에스파냐 왕위 계승 문제가 프랑스가 원한 대로 해결되었음에도 그라몽이 주도하던 프로이센에 대한 프랑스의 공세는 더욱 강화되었다. 그것은 레오폴트의 자진 사퇴로 프로이센이 에스파냐 왕위 계승에서 전혀 굴욕적 상황에 놓이지 않았다는 파리 정부의 판단에서 나온 것 같다.[15]

따라서 그라몽은 프로이센이 실제적 굴욕을 느낄 때까지 압박 정책을 더욱 강화하기로 했고 그 일환으로 7월 13일 베를린 주재 프랑스 대사 베네데티(Vincent Benedetti)에게 서신을 보냈는데, 우선 베네데티가 프랑스의 반프로이센 성향을 정확히 파악하지 못한 것을 힐책하고 빌헬름 1세로부터 후보자 철회에 대한 추인과 더는 그 문제에 대한 재론이 없을 것이라는 보장마저 가능한 한 빨리, 즉 내일이 아닌 오늘 당장 받아낼 것을 요구했다.[16] 전자의 요구는 적절한 것이었으나, 후자의 경우는 프로이센에 굴욕감을 주고 파리에 대한 예속성에서 벗어나지 못하고 있음을 드러내도록 계산한 것이었다.

베네데티에게 서신을 보내기 전, 그라몽은 올리비에와 같이 파리 주재 프로이센 대사 베르터(Georg Freiherr v. Werther)를 소환하여 빌헬름 1세에게 서신을 보낼 것도 요구했다. 그리고 프랑스 의회로 보낼 빌헬름 1세의 답변에서 프로이센 국왕이 에스파냐 왕위 계승 문제로 마드리드와 비밀 협의를 한 데 대해 사죄하고, 그 과정에서 나폴레옹

15 독일 역사가 콜브(Eberhard Kolb)는 프랑스 정부가 7월 위기 때 큰 실수를 범했다고 지적했는데, 그것은 프랑스가 에스파냐 왕위 계승에서 거둔 승리를 너무나 쉽게 잃었다는 것과 전쟁 발발의 책임을 모두 져야 하는 상황에 놓이게 된 데서 확인할 수 있다고 했다.

16 베네데티는 1864년부터 베를린 주재 프랑스 대사로 활동하고 있었다.

3세와 프랑스에 모욕을 주려는 의지가 없었다는 내용 역시 반드시 들어 있어야 한다고 요구했다. 또한 그라몽과 올리비에는 빌헬름 1세의 서신을 언론에 공개하겠다는 의사도 밝혔다. 베르터는 프랑스 정치가들의 이러한 요구를 거부했지만, 엠스에 머물던 국왕에게 자세한 내용을 보고했다.

이렇게 상급자로부터 힐책을 받은 베네데티는 같은 날 엠스 온천(Bad Ems)에서 휴양 중이던 빌헬름 1세를 만났다. 국왕은 레오폴트가 에스파냐 왕위 계승을 자진 철회한 것에 만족감을 표시하고, 호엔촐레른-지크마링겐 가문이 그 소식을 공식적으로 확인하면 바로 베네데티에게 통지하기로 약속했다. 그러나 빌헬름 1세는 베네데티가 레오폴트의 에스파냐 왕위 계승을 더는 거론하지 않겠다는 것도 공식적으로 보증해달라는 요구를 공손하기는 하나 단호하게 거절했다. 그날 늦게 철회를 언급한 카를 안톤의 서신이 도착하자, 빌헬름 1세는 즉각 그 소식을 시종무관인 라드치빌(Anton Furst v. Radziwill)을 통해 베네데티에게 알려주었다. 프랑스 대사가 공식적인 보증 문제를 가지고 다시금 면담을 요청하자, 국왕은 부관을 통해 그에 대해 단호하게 거절하면서 베네데티를 비스마르크와 만나도록 했다. 이러한 상황에서 베네데티는 엠스 요양지 공원을 거닐던 빌헬름 1세에게 다가가 호엔촐레른 가문의 인물이 더는 에스파냐 왕위 계승을 하지 않는다는 것을 문서로 요구하는 무례한 행동까지 저질렀다.

당시 바르친에 머물던 비스마르크는 12일 오후 베를린으로 돌아온 후 자신의 퇴진을 먼저 생각했다. 그러나 그는 바로 북독일 연방의회 개최를 생각했고 그러한 구상을 빌헬름 1세가 거절하면 수상 자리에서 물러난다는 견해로 변경했다. 비스마르크는 북독일 연방의회에서 자신을 독일의 명예 수호자로 부각하고, 프랑스에 대한 항의 표시로 사임하거나 북독일 연방의회 연설에서 무례한 프랑스의 태도를 거리낌없이 비난하는 연설을 하겠다는 구상도 했다. 자신의 태도를 정리한 비스마르크는 룬과 몰트케를 비롯하여 러시아 수상 고르차코프와 프로이센 주재 영국대사와도 면담했다. 여기서 비스마르크는 그라몽이 의회에서 행한 지속적인 선동을 비난했고, 나름대로 프랑스의 압박 정책에 대해 프로이센이 반격도 준비하고 있다는 것을 언급했다.

비스마르크는 자신의 회고록에서 레오폴트의 에스파냐 왕위 계승 철회 소식을 듣고 룬, 몰트케와 함께 우울한 기분 속에서 저녁 만찬을 하던 1870년 7월 13일 상황을 생생하게 묘사했다. 비스마르크는 만찬 도중 빌헬름 1세의 명령에 따라 아베켄(Heinrich Abeken)이 바트 엠스에서 가져온 전문을 읽었다. 여기서는 베네데티와의 면담에 관한 설명을 포함하여 바람직하다면 그 내용을 신문에 공표할 권한마저 비스마르크에게 주겠다는 것도 언급되었다. 비스마르크는 전문을 서너 차례 읽은 후 몰트케에게 전쟁 준비가 되어 있는가를 질문했다. 이에 대해 긍정적 답변을 들은 후, 그는 곧 자리에 앉더니 몇 개의 단어를 삭제했다. 이어 그는 전문을 공표하기 위한 간결한 문장으로 가다듬었다. 이렇게 고쳐진 전문은 원문의 의미를 완전히 바꾸어버렸다.[17]

---

17 비스마르크에 의해 수정된 엠스 전문은 바로 북독일 연방 국가들과 바이에른을 비롯한 남부 독일국가들에 전보로 보내졌고, 신문을 통해서도 공개되었다. 수정된 엠스 전문에서는 우선 호엔촐레른 가문의 레오폴트가 (에스파냐 왕위 계승을) 포기해야 하는 이유가 명시되었다. 이어 에스파냐 정부가 레오폴트의 왕위 계승 포기를 프랑스 정

비스마르크는 빌헬름 1세가 취한 예의 바른 행동에 대한 모든 언급을 빼고 프랑스의 요구에서 비롯된 굴욕스러운 성격만 부각했으며, 국왕이 이미 국가 명예를 보전하기 위해 프랑스와의 외교 관계도 단절했음을 넌지시 암시했다. 비스마르크에 따르면 룬과 몰트케 역시 이에 생기를 되찾아 미래 전쟁에 관해 활발히 이야기를 나누었으며, 특히 몰트케는 "문장의 어조가 달라졌다. 처음에는 회견 같았는데, 이제는 마치 도전에 대한 단호한 대응같이 들린다. 프랑스의 요구에 대한 응답에서 항복의 북소리가 승리의 나팔 소리로 바뀐 것 같다"고 말했다.

원문을 다시 편집한 것은 사실이나 비스마르크는 확실히 그 상황을 지나치게 과장했다. 당시 베를린의 분위기는 침체해 있지 않았다. 프랑스가 지나치게 무리한 행동을 한다고 생각한 비스마르크는 상황 역전을 위해 전력을 다했다. 이렇게 비스마르크가 적극적으로 행동에 나선 것은 러시아가 프로이센을 지지한다는 확신과 오스트리아-헝가리의 운신 폭이 거의 없다는 데서 나온 것 같다. 아울러 영국과 이탈리아의 중립적 태도 역시 비스마르크의 결정에 일조했다. 비스마르크는 룬과 몰트케의 동의를 얻어 프랑스가 그들의 의도를 드러내게끔 최후통첩도 보내야 한다는 것을 이미 국왕에게 보내는 전문에서 거론했다. 빌헬름 1세는 비스마르크가 수정한 엠스 전보를 읽은 후

부에 공식적으로 통고한 이후 프랑스 대사가 엠스에서 국왕 폐하에게 호엔촐레른 가문의 인물이 (에스파냐) 국왕 후보가 되는 같은 일이 있더라도 향후 절대로 동의하지 말 것을 국왕 폐하가 서약한다는 취지를 파리에 타전할 권한을 요구한 것과 그것에 대해 국왕 폐하가 프랑스 대사를 다시 만나는 것을 거절하고 부관을 통해 대사에게 더는 그 어떤 것도 전할 것이 없음을 알려주었다는 것이다.

바로 프랑스의 무례함을 간파했는데, 그 자신은 파악하지 못한 것이었다.

엠스에서의 전보는 비스마르크에게 기회를 제공했다. 그러나 엄밀히 말해서 고쳐진 문서가 위조된 것은 아니었다. 그러나 고쳐진 문서는 프랑스에 굴욕을 가하고, 상호 간 비타협적인 외교 정책을 추진하는 과정에서 베를린이 재차 유리한 고지를 차지하기 위해 특별히 계획된 것이었다. 전쟁이 사실상 불가피하다는 점을 분명히 파악한 비스마르크는 어떠한 대가를 치르고서라도 자신의 명성을 회복할 결의가 되어 있었다. 이러한 의미에서 본다면 분명히 비스마르크에게 전쟁 발발에 대한 책임이 있다고 하겠다.

그러나 전쟁의 최종적 결정은 여전히 프랑스 측에 있었다. 파리 정부는 프로이센의 군사적 조치들에 관한 보고를 들으면서도 전쟁 선포를 주저했다. 그 대신 파리 정부는 유럽 회의 소집을 제안했는데, 나폴레옹 3세 역시 승리를 확신하지 못했기 때문에 그러한 제안을 환영했다. 나폴레옹 3세는 정당한 개전 사유가 없으며, 주저하는 정부를 전쟁으로 몰고 가는 것은 급진주의를 견제하기 위해 승전을 외쳐대던 국수주의적 성향의 문필가와 의원들이라는 점을 잘 알고 있었다. 이에 반해 몬티조 황후는 전쟁을 열망했고, 군 장성들 역시 승리를 확신했다. 결국 7월 15일 파리 정부는 전쟁을 결정했고, 7월 19일에는 공식적 선전포고가 베를린에 전달되었다.

프랑스가 프로이센에 선전포고했다는 소식은 프로이센과 다른 독일국가의 애국적 분위기를 한껏 고조시켰다.[18] 바트 엠스에서 베를

---

18 당시 북독일 연방의회 의장이던 심손은 프랑스와의 전쟁을 '성전(Ein heiliger

린으로 귀환할 때, 빌헬름 1세는 역마다 몰려드는 군중의 환호를 받았다. 남부 독일인조차 프랑스 의회에서 행한 그라몽의 호전적이고 오만한 연설에 모욕을 느꼈고, 프로이센 국왕에 대한 그의 무례한 태도에 분노를 터뜨렸다. 당시 외무부와 국방부의 분위기는 낙관적이었는데 그럴만한 충분한 이유가 있었다. 그것은 북독일 연방과 동맹을 맺는다는 조건에 따라 남부 독일국가들과의 합동작전이 이미 준비된 데서 나온 것 같다.

당시 프랑스는 대체로 자신들의 승리를 확신했다. 3,600만 명의 인구를 가진 프랑스는 38만 4천 명의 프로이센군에 대항하기 위해 27만 명의 병력을 전선에 투입했다. 그런데 프로이센군은 전술과 기반 시설에서 프랑스군을 능가했다. 형제 전쟁에서처럼 프로이센이 보유한 군사 조직상의 우월성은 결정적이었다. 국왕에게 직보하는 프로이센-독일 참모부와 달리, 프랑스 참모부는 단순히 국방부 산하 조직이었다. 그런 이유로 전략이나 전술훈련이 문제가 될 때면 언제나 좌경화된 국민의회의 정치적 압력을 받았다. 1866년의 승전으로 명성이 보증된 프로이센군 참모부는 계속하여 수송과 보급 개선을 지향했다.

프로이센에 대한 선전포고 이후 외교적 상황은 프랑스가 기대했던 대로 진행되지 않았다. 강대국들은 프로이센에 대한 프랑스의 요구와 선전포고에 찬성하지 않았다. 영국은 나폴레옹 3세를 불신했는데, 이러한 불신은 비스마르크가 베네데티가 작성한 1866년의 협정 초안을 『더 타임스(The Times)』에 게재함으로써 더욱 커졌다. 『더 타임

Krieg)'이라 칭했다.

스』는 나폴레옹 3세를 평화 파괴범이라고 규탄하면서 부당하고 계획적인 전쟁에 책임져야 한다는 태도도 밝혔다. 전쟁이 자국의 이익과는 무관하다고 판단한 러시아도 오스트리아-헝가리의 중립을 조건으로 전쟁에 개입하지 않기로 했다. 나폴레옹 3세는 프로이센에 맞서 오스트리아-헝가리와 이탈리아가 지원군으로 참전할 것을 예상했던 만큼 두 나라와의 물밑 교섭에 정성을 기울였다. 특히 쿠스토차에서 승리를 거둔 오스트리아-헝가리의 알브레히트 대공과 파리에서 밀담을 가져 향후 프로이센과의 전쟁에서 군사적 협력을 거론했고, 5월에는 프랑스 장군 르브룅(Le Brun)을 빈으로 파견하여 동맹 문제를 재론토록 했다.

6월 14일 오스트리아-헝가리 황제 프란츠 요제프 1세는 그라몽에게 프랑스가 프로이센과 함께한 남부 독일을 독일의 적이 아닌 해방자로 받아들일 경우, 양국 간의 동맹이 유효할 것이라는 일종의 조건부 승낙을 했다. 당시 오스트리아-헝가리 외무장관이던 보이스트는 프로이센에 대한 정확한 정보를 확보하지 못했기 때문에 프랑스와의 동맹을 조심스러워했고, 전쟁이 발발하기 직전까지 자국의 행보에 매우 신중해야 한다는 것을 인지하고 있었다.[19] 그런데도 그라몽은 오스트리아-헝가리에 대해서는 염려할 필요가 없다고 판단했는데, 7월 8일 개최된 장관 회의에서 언급한 것들에서 확인할 수 있다. 그 밖에 이탈리아 역시 프랑스 파견대가 로마에 주둔하는 한 군대를 파견할 수 없다고 주장했다. 나폴레옹 3세는 이러한 이탈리아의 비우호

19 오스트리아-헝가리는 프로이센과 그의 동맹군이 프랑스군과의 첫 번째 전투에서 패배한다면, 프랑스의 동맹국으로 전쟁에 참여한다는 계획을 세우고 있었다.

적인 자세를 바꾸기 위해 이탈리아 국왕 에마누엘레 2세와의 면담도 추진했다. 그리고 프랑스 황제는 이탈리아 주재 자국 대사를 통해 이탈리아가 프랑스와 동맹한다는 지난해의 약속 이행을 전달받고, 프랑스 수비대를 로마에서 철수한다는 발표도 했다. 이에 에마누엘레 2세는 로마교황청의 독립을 약속했다. 그러나 나폴레옹 3세는 에마누엘레 2세가 자신의 발언을 실행에 옮기는 데 필요한 내각의 협조를 얻어낼 수 없다는 사실을 인지하게 되었다. 전쟁을 앞두고 국가들 사이에서 외교적 협상이 오가는 마지막 단계에서 그동안 유럽 평화를 유지하기 위해 노력한 이탈리아 외무장관 비스콘티-베노스타(Emilio Visconti-Venosta)가 중립을 주장하고 나섰다.

공식적인 전쟁 선포가 발표된 이후 독일군과 프랑스군의 이동이 본격화되었다. 전쟁이 시작되었을 때, 나폴레옹 3세는 자신의 40만 대군을 프로이센과 프랑스 국경으로 이동시켜 선제공격을 통해 기선 제압에 나서려고 했다. 그러나 선전포고한 지 보름이 지나도록 집결한 프랑스군은 20만 명도 되지 못했다. 게다가 중형 대포의 탄환마저 부족했고, 병사 여러 명이 소총 하나를 공동으로 사용해야 하는 무기 부족 현상도 나타났다. 8월 2일이 되어서야 프랑스군은 프로이센 국경 지대를 향해 공격을 개시했다. 그러나 이때 프로이센군은 발달한 철도망으로 군대를 신속하게 이동시켜 팔츠에서 이미 전열을 갖추고 프랑스군의 공격을 기다리고 있었다. 프로이센군과 바이에른군이 합세한 후 프랑스군을 상대로 8월 4일 바이센부르크(Weissenburg)에서, 그리고 6일과 8일에는 뵈르트(Wörth)와 자르뷔르켄(Saarbrücken)에서 가까운 스피헤렌(Spicheren)에서 연승을 거두었다.

몰트케 장군이 이끄는 40만 명의 프로이센-바이에른 연합군은

스당 전투 후 비스마르크와 나폴레옹 3세의 회동(1870)

자국 국경 지대에서 프랑스군을 격파하고, 승세를 몰아 프랑스 로렌 지방을 공격했다. 8월 6일 양측은 메스(Metz) 서쪽의 마르스라투르(Mars La Tour)에서 전투를 벌였고, 바젠(Francois Achille Bazaine) 원수가 이끄는 프랑스군은 다시금 패배했다.[20]

1870년 9월 1일 벨기에와 국경을 접하고 있던 프랑스 동북부의 작은 마을 스당(Seden)에서 벌어진 전투는 전쟁의 승패를 가름한 중요한 전투였는데, 이 전투에서의 승리는 프로이센 군부의 탁월한 지휘와 참모제도의 승리를 의미했으며, 세력균형이 베를린으로 기울어

20 전쟁이 끝난 후 바젠은 1873년 10월부터 약 2개월간 진행된 군법회의에서 금고형을 선고받았다.

졌다는 명백한 징표가 되었다. 당시 나폴레옹 3세와 마크마옹(Patrice Maurice de MacMahon) 장군이 지휘하는 12만 명의 프랑스군은 25만의 프로이센-바이에른 연합군에 포위되는 상황에 놓이게 되었다. 이때 나폴레옹 3세는 곧 시작될 전투가 승리로 빛났던 예나 전투가 아닌 처절하게 패한 워털루 전투가 되리라는 것을 인지했다. 실제로 전투에서 프랑스군은 대패했고, 황제와 전투를 지휘한 원수, 39명의 장군, 2,400명의 장교는 8만 3천 명의 병력과 함께 포로가 되었다.[21]

나폴레옹 3세가 포로로 잡혔다는 소식을 접한 비스마르크는 스당을 향해 떠났다. 다음 날 아침 비스마르크와 나폴레옹 3세는 한 직공의 조그마한 집 거실에서 서로를 마주했다. 두 사람은 의자에 45분가량 나란히 앉아 항복 조건에 대해 협상하기 시작했다. 당시 나폴레옹 3세는 비스마르크에게 빌헬름 1세와 독대하겠다는 의사를 밝혔지만, 비스마르크는 항복 협상이 종료된 후에나 가능하다고 답변했다.[22]

스당 전투에서 프랑스가 패배한 지 얼마 안 된 9월 4일 파리에서 소요가 발생했는데, 당시 섭정을 맡았던 황후 몬티조는 권좌에서 쫓

---

21 당시 비스마르크의 두 아들 헤르베르트와 빌헬름도 프랑스와의 전쟁에 참여했다. 마르스라투르 전투가 시작되고 1시간쯤 지나 헤르베르트가 상처를 입었고 빌헬름의 말이 총에 맞았다는 소식을 전해 들은 비스마르크의 불안감은 가중되었다. 두 아들에 대한 걱정에다가 그들을 염려하는 요하나까지 안심시키려고 거의 매일 아내에게 전보를 보내지 않으면 안 될 정도였다.

22 스당에서 진행된 비스마르크와 나폴레옹의 독대 과정에서 비스마르크가 보인 공손함에 대해 독일 언론은 불만을 표시했다. 이러한 독일 언론의 불만에 대해 비스마르크는 "정치는 어떤 일이 발생한 것에 대한 복수가 아니라 다시는 그런 일이 일어나지 않게끔 하는 것이다"라는 교훈으로 대응했다. 비스마르크와 독대를 끝낸 나폴레옹 3세는 카셀에 있는 빌헬름스회에(Wilhelmshöhe)성에 감금되었다. 1871년 3월 나폴레옹 3세는 영국으로 망명했고 거기서 1873년 1월 생을 마감했다.

겨나 피신해야 했고 바로 임시 정부가 구성되었다.[23] 임시 정부는 9월 4일 공화정 체제를 선포한 후 사태 수습에 나섰지만, 9월 19일 파리마저 완전히 함락당할 위기 상황에 놓였다.[24] 이에 야당 세력 주도로 국민방위 정부가 구성되었고 이 정부는 프로이센을 상대로 전쟁을 계속하려고 했다. 따라서 프랑스와의 전쟁은 몰트케와 비스마르크의 기대와 달리 1871년 1월까지 지속되었다.

프로이센이 알자스-로렌 지방의 합병을 바라고 있다는 사실을 인지한 프랑스 임시 정부는 한 치의 영토도 프로이센에 넘겨줄 수 없다는 각오로 항전하려 했다. 이에 비스마르크는 독일 자유주의 언론이 알자스-로렌 반환을 요구하는 대대적인 운동을 전개해야 한다고 요구했다. 당시 비스마르크의 의중에서 더 큰 관심사는 민족적 차원의 고려가 아니라 아마도 전략적 차원의 고려였던 것 같다. 즉, 스트라스부르가 프랑스 쪽에 남아 있는 한 남부 독일이 프랑스 침략자들의 처분에 내맡겨질 것이었기 때문이다. 물론 비스마르크는 프랑스가 양 지역 상실에 매우 분개할 것임을 잘 알고 있었다. 그러나 그는 프랑스의 비정규 게릴라 부대(francstireurs)가 독일군을 공격하고 그에 대해 독일군이 인질을 잡고 마을 소각으로 대응하는 등 점점 더 과격해지는 전쟁 원인을 양 민족 사이의 지속적인 적대감 때문이라고 믿었

23 몬티조는 1853년 나폴레옹 3세와 결혼했고 나폴레옹 3세 재위 후반기에 정치적 영향력도 행사했다.

24 임시 정부의 외무부 장관 파브르(Jules Favre)는 9월 6일 영토의 1센티미터 또는 요새의 돌 하나도 독일에 빼앗기지 않을 것이라는 언급을 했다. 이후 열린 비스마르크와 파브르의 독대에서 비스마르크는 슈트라스부르와 메스를 요구했지만, 파브르는 두 도시 모두 포기하지 않겠다는 태도를 밝혔다.

다. 실제로 이 전쟁은 정부 사이의 전쟁이 아니라 20세기 전면전에 이르는 한 단계로서의 민족적 투쟁이었다. 그리고 이것은 비스마르크에게도 영향을 주어 적에 대해 가장 가혹한 조치를 주장함으로써 그가 가진 잔인한 본성마저 드러나게 했다.

한편 비스마르크와 몰트케가 이끄는 장군들 사이에 큰 불화가 있었는데, 그것은 장군들이 군사 문제에 민간이 관여하는 것을 싫어했기 때문이다. 실제로 장군들은 1866년의 형제 전쟁 경험을 토대로 군작전에 정치가가 간섭 또는 개입하는 것을 배제하려 했고, "전쟁이 일종의 정치적 연속"이라는 클라우제비츠(Carl Phillip Gottlieb v. Clausewitz)의 교훈을 일방적 시각으로 간주했으며, 정치가의 개입을 클라우제비츠의 의미로 해석하지도 않았다.

이렇게 비스마르크와 몰트케 사이의 알력이 심화함에 따라 종전을 앞두고 민감한 사안들이 제때 수상에게 보고되지 않는 상황도 초래되었다. 비스마르크로서는 정치적으로 책임지는 지도자로서 군 수뇌부로부터 작전 보고를 직접 듣지도 못하고, 그것도 언론을 통해 심지어 5일이 지나서야 전해 들었다는 사실에 격노했다. 11월과 12월, 파리에서 열린 최고국방 회의에서 비스마르크에 대한 몰트케의 반감은 최절정에 이르렀고 이 때문에 비스마르크는 곤욕을 치러야 했다.

몰트케의 지시로 참모부는 소위 "배고픈 자가 스스로 항복하게 만드는 것이 훨씬 간단하다"는 판단하에 파리를 포위한 뒤 공격하기를 원했다. 하지만 비스마르크는 그러한 방법을 활용하기 위해서는 독일의 군사력을 더욱 강화해야 하며, 또한 감바타(Lêon Gambata)에게 프랑스 남부와 서부에서 새로운 군대를 모을 기회도 주는 것으로 판단하여 즉각적인 군사 대응을 요구했다. 아울러 그는 몰트케의 요구도 수락하지 않았다.[25] 이에 비스마르크와 대립하던 몰트케의 프로이센군은 파리를 포위한 후 공격에 나섰지만, 비스마르크는 군부에 맞서 자신의 의지를 관철했다.[26] 당시 비스마르크는 전쟁이 오래 지속될수록 강대국들의 개입 가능성이 커질 뿐이라고 생각하여 전쟁 지연에 조바심을 내고 있었다.

이로부터 얼마 안 된 시점에서 프랑스에 대해 철저한 타격을 가하고자 했던 비스마르크는 강화 제의를 거부하고 1871년 1월 29일 파리를 함락했다.[27] 독일군 점령하에 국민의회 선거가 프랑스에서 치러졌다. 프랑스 국민군의 오랜 저항은 프랑스 공화국이 너무 빨리 항복했다는 비난을 어느 정도 무마시켰다. 그런데도 국민의회 선거에서 군주체제를 옹호하는 파벌이 승리했으며, 이것은 후에 프랑스의 국내 상황을 어렵게 하는 요인도 되었다.[28]

비스마르크는 프랑스 신정부와의 평화 협상을 다른 강대국들의 방해 없이 마무리했다. 당시 유럽 강대국들은 프랑스가 패배한 이후 비스마르크가 주도하던 평화 협상에 개입하지 않으려고 했다. 러시아는 프랑스의 패배로 근동에서 비교적 자유로운 외교 정책을 펼칠 수 있게 되었고, 영국 역시 더는 벨기에 문제로 걱정하지 않아도 되었다. 이탈리아는 9월 20일 로마를 점령하고 독일을 자신들의 방어자로 간

25 감바타는 임시 정부에서 내무장관뿐만 아니라 국방 및 재무장관직도 수행했다.

26 당시 240만 파리 시민은 식량 공급을 받지 못해 굶주림에 지쳐 항복해야 할 상황에 놓이게 되었다.

27 이 기간에 프랑스의 제정 체제는 붕괴했고, 제3공화정 체제가 출범했다.

28 1866년 프로이센의 지원으로 통일을 실현한 이탈리아는 또다시 독일의 승리로 로마를 되찾았으며, 로마는 곧 통합 이탈리아의 수도로 결정되었다.

주했다. 오스트리아-헝가리는 프랑스가 프로이센이 주도하던 독일 연합군과의 전투에서 승리한다면 전쟁에 참여하겠다는 의사를 밝혔지만, 프랑스의 연이은 패배로 전쟁 참여를 포기했다.

프랑스에 대한 승리로 알자스와 로렌 지방의 일부는 제국 영토로 알자스-로렌으로 통합되었으며, 새로 건국된 독일 제국에 양도되었다. 스당 전투 이후 이것이 전리품이라는 사실에 독일의 공식적 견해도 대체로 일치했다. 비스마르크도 이러한 요구를 빨리 수용했지만, 공식적 견해와 달리 옛 독일 제국으로의 조속한 합병을 주장하지 않았는데 그것은 당시 그가 알자스와 로렌 지방의 합병을 전략적 관점에서 수행한 데서 비롯되었다. 그렇게 해야만 남부 독일이 프랑스의 재공격으로부터 안전할 수 있다는 것이 비스마르크의 판단이었다.

비스마르크는 프랑스와의 협상에서 패전국인 프랑스가 기분 상하지 않게끔 배려했다. 그러나 알자스-로렌 양도가 1871년 이후 독일과 프랑스 사이의 대립을 피할 수 없게 했다는 견해도 부각했다. 이렇게 독일에 강제로 빼앗긴 알자스-로렌 지방에는 약 160만 명의 프랑스인이 거주하고 있었고, 이들 중에서 프랑스 국적을 유지하기 위해 약 5만 명이 고향을 떠났다.[29] 같은 해 5월 10일 비스마르크는 프랑크푸르트에서 프랑스와 알자스-로렌의 할양 및 50억 프랑의 배상금을 지급한다는 조약을 체결하고 전쟁을 종결시켰다. 또한 조약에서는 벨포르(Belfort) 성곽까지 프랑스의 국경선이 확장되었고, 그

29 이러한 영토 양도가 없었더라면 프랑스인은 그렇게 비통해하지 않았을 것이라는 점에 비스마르크도 동의했다. 그러나 비스마르크는 프랑스인이 전쟁에서 영토적 상실 없이 벗어난다고 하더라도 그들의 상심은 영토 상실 때의 그것과 거의 같았을 것이라는 언급도 했다.

대신 로렌 철광산 지역 일부는 독일에 편입되었다.[30]

프랑스와의 전쟁이 종료될 무렵, 모든 면에서 긴장의 끈을 놓지 않은 비스마르크의 건강 상태는 좋지 않았다. 갈수록 줄어드는 체력과 나쁜 건강 상태를 두고 비스마르크는 개인적인 불평을 많이 했다. 이를테면 "내 연료는 바닥이 난 것 같아. 더는 못하겠어" 또는 "잠을 자도 쉰 것 같지 않아. 잠이 들어서도 깨어 있을 때 생각했던 것을 꿈꿔. 꿈에서 독일 지도를 보았는데, 지도에 썩은 점 같은 게 나타나더니 차례로 번지면서 지도가 삭아서 부서지더군" 같은 우울한 표현들이 여러 곳에서 확인된다. 황달(Gelbsucht), 정맥염(Venenentzündung), 위경련(Magenkrämpfe), 위출혈(Magenblutung), 담석(Gallensteine), 대상포진(Gürtelrose), 안면 통증(Gesichtsschmerzen), 유행성 감기, 오래전에 다친 다리, 그리고 계속된 신경통(Nervenschmerz)이 비스마르크를 괴롭혔다. 그리고 과도한 업무 부담 외에도 대단히 나쁜 생활방식이 건강을 더욱 악화시켰다. 수상의 집을 방문한 손님들은 비스마르크 가문의 엄청나게 먹어대는 식습관에 깜짝 놀라곤 했다. 실제로 아침상에는 감자를 곁들인 비프스테이크, 차갑게 먹는 훈제 오리고기, 지빠귀 구이, 오븐에 구운 푸딩이 나왔다. 비스마르크는 저녁 식사 후에도 잠들기 직전까지 지나치게 많은 음식을 먹었고 이것은 침대에서 서너 시간 깨어 있는 상태, 즉 불면 상태를 유발하는 결정적 요인이 되기도

30 당시 비스마르크는 평화 협상에서 메스(Metz) 점유를 포기하려 했는데, 그것은 독일 제국에 남기를 바라지 않은 프랑스인이 이 도시에 너무 많다는 것을 파악했기 때문이다. 그러나 몰트케를 비롯한 대다수 장군이 비스마르크의 계획에 동의하지 않았고 빌헬름 1세 역시 이들의 관점에 동조했기 때문에 비스마르크의 메스 포기 구상은 좌절되었다. 그러나 비스마르크는 프랑스에 부과하는 전쟁배상금을 60억 프랑에서 50억 프랑으로 낮췄다.

했다.[31] 그뿐만 아니라 비스마르크는 너무나 많은 담배를 피웠는데, 하루에 14개의 궐련을 피우기도 했다. 이러한 나쁜 식습관과 흡연 및 음주로 인해 젊은 시절 날씬한 몸매를 자랑했던 비스마르크의 체중은 엄청나게 불었다.

31 이러한 식습관으로 비스마르크의 치아는 일찍 손상되었고, 그로 인해 심한 치통에 시달리기도 했다. 그런데도 그는 치과 의사한테 가려고 하지 않았다. 이러한 치통으로 비스마르크는 종종 뺨에 경련이 발생했고, 그것을 가리기 위해 1878년부터 1883년까지 아래 얼굴을 온통 뒤덮을 정도로 수염을 길렀다. 결국 1883년 비스마르크는 치아를 뽑고 의치를 하게 되었다.

2 독일 제국의 탄생

프랑스와의 전쟁에서 승리가 가시화함에 따라 비스마르크는 남부 국가들과의 화합을 모색했으나 순탄치 않았다. 전쟁에서 고군분투한 그들이었지만, 새로 마주한 자리에서 그들 각자 서로 다른 목적에다 적대감마저 지녔기 때문이다. 한층 강력해진 독일에서 남부의 대표 격인 바이에른은 단결력과 조직력을 바탕으로 북독일 연방을 해체하고 예전의 독일 연방으로 환원하여 회원국들이 좀 더 강한 독립성을 보장받기 원하는 기존의 관점을 고수했다. 의견이 분분해짐에 따라 결국 남부 독일국가들의 북독일 연방 가입과 관련된 협상 문제는 베르사유에서 개최되는 군주 회의로 연기할 수밖에 없었다. 그러나 새로운 항목의 추가나 수정 정도는 용납하되, 그 누구도 북독일 연방의 기본구조 자체를 흔들 수 없다는 기본방침을 제시했던 비스마르크로서는 더는 지켜볼 상황이 아니었기에 바이에른과 직접 담판에 들어가기로 했다. 알프스로 피해 있던 루트비히 2세(Ludwig II, 1864~1886)를 끌어내는 데 실패하자, 그 후속책으로 북독일 연방 제국의회를 신속히 소집함으로써 바이에른이 소외감을 느끼도록 자극했다. 결국 빈손으로 돌아가지 않으려던 바이에른 외무장관 브라이-슈타인부르크(Otto Camillus Hugo v. Bray-Steinburg)가 독일 연방에 대한 이상을 버리고 최선의 조건에 가입하기로 마음을 바꿈에 따라 1870년 11월 23일 바이에른과의 조약이 체결되었다.[32]

비스마르크는 독일과 유럽에 자신이 노력한 결실을 알리는 데 주력했고 모든 수단을 동원하여 바이에른 측의 자발성도 부각하려 했다. 그러나 그 직전 뷔르템베르크의 미트나흐트(Hermann Freiherr v. Mittnacht)가 거부반응을 보임으로써 다시 예상치 못한 난관에 부딪혔다. 이에 따라 뷔르템베르크의 위정자 카를(Karl)과의 협상 또한 불가피해졌다. 뷔르템베르크는 어떤 상황에서도 바이에른보다 큰 양보를 바라지 않는다는 조건으로 북독일 연방에 가입하면서 가까스로 사태가 해결되었다. 뮌헨과 슈투트가르트 간의 경쟁심을 끝으로 비스마르크의 전략은 그 결실을 다시 눈앞에 두었다.

프로이센이 주도하던 북독일 연방 체제하에서 독일 제국 창건 역시 머지않은 만큼 남부 독일과의 협약체결에서 마지막까지 신중하던 비스마르크의 태도에는 그 어떠한 것에도 양보하지 않겠다는 비장함마저 엿보였다. 이런 모습은 만약 남부의 두 군주국 때문에 사태가 틀어진다면 당장이라도 민중에 의한 소요 사태 등 어떠한 폭력행위라도 끌어들일 태세였다. 마침내 11월 15일 바덴과 헤센, 23일 바이에

32 당시 루트비히 2세는 바이에른 왕국의 독립성을 강조했고 그에 어긋나는 어떠한 정책에도 동조하지 않으려고 했다. 이에 비스마르크는 루트비히 2세의 낭만적 감정을 부추겼는데, 그 과정에서 자신이 비텔스바흐(Wittelsbach) 가문의 봉신이었던 시기까지 상기시켰다. 후에 비스마르크는 그러한 바보짓이 바이에른 국왕의 마음을 돌려놓는 결정적 계기가 되었다고 했다.

독일 제국의 탄생(1871)

른, 그리고 25일 뷔르템베르크와 차례로 조약을 체결함으로써 비스마르크는 모든 협상을 타결했다. 그 결과 회원국들의 권한은 증대되었다. 연방 내 국가들 모두 동등하다는 기본원칙이 적용됨은 물론 바덴, 바이에른, 뷔르템베르크에는 특별권한도 주어졌다. 특히 북독일 연방의회 권한이 강화되어 외부 세력의 공격을 제외한 선전포고 시 의회의 동의가 필수였고, 더욱이 반대하는 국가에 대항하여 최고사령관이 집행권을 수행할 때도 의회 승인이 불가피해졌다. 또 황제의 감독권이 제한되어 제국법을 적용할 때 의회의 승인이 반드시 요구되었다. 그리고 법을 수정할 경우, 연방의회 의원 3분의 2의 동의가 필요했던 예전의 규칙과 달리 14표의 반대로도 수정 요구를 저지할 수 있도록 했다. 이것은 바이에른-뷔르템베르크-작센, 또는 바이에른-

뷔르템베르크-바덴-헤센, 또는 다른 여러 군소국의 결합 등 어떤 경우의 거부권도 예방하려는 방책이었다. 그러나 그러한 변경에는 문제점 또한 공존했다. 연방 활성화에서 그동안 힘겨웠던 일부 남부 국가들, 특히 바이에른, 바덴, 뷔르템베르크에 부여한 특별권한이 회원국 모두 동등하다는 기본원칙과 얼마나 조화를 이룰지가 과제였기 때문이다. 예를 들면, 우편과 철도 관리, 바티칸으로의 대사 파견, 수익성 높은 포도주와 화주 과세 등 많은 특권을 누리게 된 바이에른의 경우만 하더라도 비스마르크의 재량에 따라 연방의회의 의장직을 차지할 수 있었다. 게다가 군사적 문제를 위한 연방의회 위원회의 발언권과 함께 작센이나 뷔르템베르크가 차지하려던 신설 외교위원회의 의장직까지 맡을 정도로 특별대우를 받았다. 그리고 외교위원회도 마찬가지였는데, 그것은 비스마르크가 주도하던 외교 문제에 지금까지 어떠한 국가도 주요한 임무를 수행하지 않았기 때문이다. 외교 업무는 제국을 대표하던 비스마르크의 손을 거쳐 일괄 처리되었기 때문에 사실상 바이에른으로서도 권한을 발휘할 기회조차 얻기 어려웠다. 비스마르크 역시 애초에 그 위원회를 거칠 생각이 없었기 때문에 바이에른의 특별권으로 인한 어려움이 있을 수 없었고, 따라서 그런 위원회는 일종의 장식 기구에 불과했다.

군사 조약도 뷔르템베르크나 바이에른에 특별권한이 주어졌지만 크게 다르지 않았다. 뷔르템베르크의 군주에게는 군복과 계급장을 결정할 권한과 자국의 경계에 다른 나라 군대가 주둔하면 그 승인 여부를 독자적으로 결정할 권한이 부여되었다. 더 큰 자격이 주어진 바이에른에는 자국 국왕의 명령하에 독일 군대 내에서 독자적인 부대를 구성할 수 있는 권한도 주어졌다. 그러나 문제는 전쟁 상황에서 두 국가의 군대 통수권은 제국 황제인 빌헬름 1세에게 이양된다는 점이다. 이처럼 바이에른 등 몇 나라에 특별권한을 주긴 했지만, 명목상에 그칠 뿐 실제 권한에서는 별다른 의미가 없었다. 여러 가지 모순과 한계에도 불구하고 남부 국가들이 명분을 얻었다면, 비스마르크는 실리를 챙긴 셈이었다.

비스마르크는 순탄치 않은 과정에도 불구하고 결국 자신의 의지대로 모든 상황을 처리했다. 물론 진정한 의미의 자율성과는 거리가 있었지만, 북부 독일을 위해 구상해온 통치 체제가 시간을 두고 큰 수정이나 강압적 조치 없이 남부 독일국가들에 의해 수용된 것은 대단한 성과가 아닐 수 없었다. 협상에서 보여준 대로 그들을 정복이나 극복의 대상으로 여기지 않고, 그들과의 공존을 위해 끈질기게 노력한 대가이기도 했다. 왕세자나 국왕은 온건하게 비친 그의 태도를 염려했지만, 연방의 미래 발전을 위해 자유의사로 남부를 가입시키려던 흐름에는 전혀 흔들림이 없었다. 이로써 의회주의와 제도적으로 균형을 갖추려는 남부 국가들과 함께 프로이센을 중심으로 한 중앙집권 체제가 확립되었고, 독일 제국의 토대 역시 확실히 마련되었다.

곳곳에서 "독일 통일이 실현되고, 제국이 탄생했다"는 말이 터져 나왔다. 통일의 고지를 눈앞에 두고 남부 독일과 지루한 협상이 마무리되던 그 순간, 비스마르크에게는 또 다른 난관이 닥쳤다. 즉 새로이 건국되는 독일 연방의 의장으로서 빌헬름 1세가 황제 칭호를 수용해야 한다는 사안이 채택되는 과정에서 심기가 불편해진 국왕과 비스마르크 사이에 미묘한 감정 대립이 발생했기 때문이다. 빌헬름 1세는 정당성이라는 차원에서 제후 중에서 우두머리에게 주어지는 황제 칭호(Kaiser von Deutschland)를 매우 기쁘게 받아들였다. 그러나 이 인물은 북독일에서의 프로이센 주도권이 독일 제국으로 팽창되고 연방 의장이 독일 황제(Kaiser der Deutschen)로 대체되는 과정에서 전통적 프로이센주의가 손상을 입을 수 있다는 우려에서 불쾌감도 자아냈다. 그런데도 비스마르크는 자신의 관점을 관철하려고 했는데, 그것은 "나는 어떤 것이 더 좋을지 모르겠다(Nescio quid mihi magis farcimentum esset)"는 견해를 피력하면서였다.

12월 9일 황제 명칭 문제에 깊이 관여한 북독일 제국의회가 심손(Martin Eduard v. Simson)을 단장으로 한 대표단을 베르사유로 파견한다는 소식을 들은 빌헬름 1세의 분노는 더욱 심화되었다.[33] 심손은 1848년 혁명 이후 소독일주의적 민족국가를 염원하여 프랑크푸르트 국민의회의 이름으로 프리드리히 빌헬름 4세가 황제 지위에 오르기를 간청한 인물이었다. 그러나 전 세계에 호엔촐레른 가문의 권력 신장을 분명히 하기 위해 독일 황제라는 명칭을 널리 알리기 원했던 빌헬름 1세는 북독일이 앞장서는 등 지금까지의 정황상 황제가 특별한 권리나 영향력을 발휘하는 직책이라기보다는 단순한 명칭에 불과한 것으로 비치는 데 대해 불만을 표시했다. 끝내 그는 독일 제후들로부터 직접 황제 칭호를 받지 않는 한 수상이든 대표단이든 누구와도 대면하지 않겠다는 자세를 보였다. 그러나 비스마르크의 생각은 달랐다. 그는 헌법에 이미 황제와 제국이 규정되어 있듯 연방 대표에게 당연히 황제 칭호가 부여되는 것으로 받아들였고, '제국'이라는 개념에도 특

33 이 인물은 1833년 쾨니히스베르크(Königsberg) 대학에서 로마법을 강의했다. 그리고 1834년부터 상급 주 법원 판사로도 활동했다. 1848년 5월 18일에 개원한 프랑크푸르트 의회 의원으로 활동하다가, 같은 해 12월 18일 프랑크푸르트 의회 의장으로 선출되기도 했다. 1850년에는 에르푸르트 연합의회 의장으로도 활동했다.

별한 의미를 두지 않았다. 역사적 비교를 중요시하던 중세적 전통 따위는 생각지도 않던 그로서는 형식적인 면 역시 관심 밖의 문제로 간주했다. 따라서 '황제'라는 칭호는 다른 제후국들에 대해 연방 의장을 구별하는 상징으로만 인식했다.

1871년 1월 18일 드넓은 베르사유(Versailles) 궁전 본관의 '거울방'에서 호화스러운 모임이 개최되었다. 몇몇 근엄한 중년의 신사가 연미복을 입고 있었다. 나머지 무리는 군복을 입고, 훈장을 달고, 왼손에는 칼자루를, 오른손에는 깃털 모자를 들고 승리의 기분에 휩싸인 장교들이었다. 독일 통치 귀족의 꽃이었던 이들은 북부 독일의 세 자유도시에서 온 약간의 시의원 및 소수의 제국의회 의원과 함께 독일 제국 선포식을 보기 위해 모여들었다. 고국에서 이렇게 멀리 떨어진 곳에서 독일 황제임을 선포한다는 것은 정말 말 그대로 지나친 생각이었다. 그것은 상처를 입힌 데다 모욕까지 주는 것, 즉 프랑스의 영광을 상징하는 한 건물을 정치적으로 이용하려는 듯했다. 그러나 베를린을 이용하는 것도 마찬가지로 그 도시와 결합하는 것, 즉 프로이센 왕정을 드러냈을 것이다. 그리고 독일인에게 프로이센 국왕은 얼마 전까지만 해도 독일 황제의 선제후 중 한 명에 불과했다는 점을 상기시켰을 것이다. 프랑크푸르트는 황제의 대관식이 이 도시의 고딕 성당에서 거행된 바와 같이 중세의 제국과 너무 많이 결합해 있었다. 또한 이곳은 1848년이라는 '혁명의 해'의 고통스러운 사건들을 연상시켰다. 실제로 독일 전역에서 모든 왕위가 혁명 세력에 의해 흔들렸고 베를린, 바덴, 빈, 드레스덴, 팔츠에서 내전이 전개되었다. 더구나 한때 신성로마제국의 보고였던 프랑크푸르트는 1866년 형제 전쟁에서 오스트리아를 지지한 징벌로 불과 4년 전 자유도시의 지위마저 상실했다.

당시 비스마르크는 정치 운영이나 예식에서 어떤 것도 우연에 내맡기지 않았다. 그런 만큼 프로이센의 빌헬름 1세가 의례를 갖춰 독일 황제로 즉위하는 것은 불가능했다. 국왕의 머리에 황제 관을 씌울 수 있거나 씌우기를 원하는 사람은 없었다. 그렇다면 주교는 어떠할까? 국왕 자신이 전 영토에서 프로테스탄트 신도 위에 군림하는 최고의 주교였다. 빌헬름 1세는 나폴레옹 보나파르트가 1804년에 그랬던 것처럼 스스로 황제관을 쓰려고 하지 않았다. 이러한 것을 인지한 비스마르크는 사전 계획을 세웠다. 비스마르크의 계획대로 최고 연장자인 바덴 대공국의 프리드리히 대공이 앞으로 걸어나가 빌헬름 1세가 그동안 듣기 원했던 '독일 황제' 대신 "빌헬름 황제 만세"라고 소리쳤고, 사람들은 칼을 뽑았고 황제는 즉위했다.[34] 그런데 빌헬름 1세는 바덴 대공이 외친 '빌헬름 황제'에 대해 크게 불만을 표시했고, 이는 황제 선언 이후 참가자들의 인사를 받는 자리에서 비스마르크를 완전히 무시하는 상황까지 초래했다. 물론 이런 냉랭한 분위기는 얼마 가지 않았다.[35]

---

34 이로써 통상 '독일 제1 제국'이라고 일컫는 신성로마제국에 이어 '독일 제2 제국'이라 불리는 제정 시대가 시작되었다. 베르사유 궁전의 대관식 장면은 베르너(Anton v. Werner)에 의해 재현되었다. 황제 빌헬름 1세를 중심으로 훗날 프리드리히 3세가 되는 황세자와 바덴 대공이 각각 그의 오른편과 왼편에 자리했고, 비스마르크는 황제 선언을 낭독하는 연단 앞에 자리 잡았다. 그리고 그의 좌우에는 참모총장 몰트케와 국방부장관 룬이 위치했다.

35 빌헬름 1세는 바덴 대공에게 황제즉위식에서 "독일 황제"로 외칠 것을 요청했다. 그런데 비스마르크는 계단을 오르던 바덴 대공에게 하나의 절충안을 제시했는데, 이것이 바로 '빌헬름 황제'였다. 당시 비스마르크는 자신의 절충안이 누구에게도 불만을 가져다주지 않으리라고 판단했지만, 빌헬름 1세의 거친 후속 행동에서 그것이 틀렸다는

베르사유 궁전의 유리홀에서 거행된 황제선언식에 참석하지 않아 오히려 시선을 끌었던 인물은 바이에른의 루트비히 2세였다. 비스마르크는 정신불안과 동성애자라는 소문이 떠돌았던 루트비히 2세가 베르사유로 오는 수고를 하지 않았다는 점을 매우 기뻐했다. 어떻든 루트비히 2세는 비스마르크가 그에게 요구한 중요한 과제, 즉 비스마르크가 작성한 한 통의 편지를 프로이센 국왕에게 보내 황제가 되어 달라는 요청을 이미 수행했다. 당시 비스마르크는 루트비히 2세의 값비싼 열정 가운데 하나가 궁전 건축, 즉 당대 바이에른 의회나 재무부가 아니라 오늘날 관광객이 헤렌킴제(Herrenchiemsee), 호엔슈반슈타인(Hohenschwannstein), 린더호프(Linderhof) 등을 관람할 때 많이 평가하는 그런 것이라는 점을 알고 있었다. 루트비히 2세의 서신에 대해 비스마르크가 제의한 대가는 400만 탈러였고, 원한다면 현금으로 지급하겠다는 것이었다. 그런데 이 돈은 퇴위당한 하노버 국왕의 재산에서 빼낸 비밀 기금, 즉 '벨펜 기금(Welfenfond)'에서 마련되었는데, 그는 바이에른 국왕과 마찬가지로 1866년 프로이센에 대항해 오스트리아를 지원했다.[36]

1871년부터 루트비히 2세는 매년 30만 마르크에 달하는 연금을 스스로 목숨을 끊은 1886년까지 '벨펜 기금'으로부터 받았다. 그런데 루트비히 2세를 대신하여 비스마르크와 협상한 바이에른의 기마 대장 홀른슈타인(Max Graf v. Holnstein)은 루트비히에게 지급되던 연금의

것이 밝혀졌다.

36 벨페(Welfe)는 새끼 늑대를 의미하며, 하노버 문장을 상징한다. 벨펜 기금은 1866년 왕위를 빼앗기고 추방된 하노버 왕국의 게오르크 5세의 개인 자산을 지칭한다.

10%를 챙겼는데, 무엇 때문이었는지는 확실히 밝혀지지 않고 있다.[37]

이렇게 베르사유 궁전의 유리홀에서 탄생한 독일 제국은 4 왕국, 5 대공국, 13 공국, 3 자유시 등 25개의 국가와 2 제국령(알자스, 로트링겐)으로 구성된 연방국이었다.[38]

37 당시 비스마르크는 황제대관식에 참여한 인물들, 특히 독일 군주들의 태도를 비판하는 데 주저하지 않았다. 이 시기 그의 건강 상태는 좋지 않았으며, 신경도 극도로 예민했다. 비스마르크는 독일 군주들이 꾸미는 간교한 술책에 분노했고, 이에 대해 요하나에게 보내는 서신에서 꾸밈없이 언급하기도 했다. 서신에서 비스마르크는 황제의 탄생이 '난산'이라고 했다. 이어 그는 그 과정에서 독일의 군주들은 지닐 수 없는 것을 요구하는 여인들처럼 놀라운 욕망도 표출했다고 했다. 아내에게 보내는 서신에서 비스마르크는 제국을 건국하는 산파로서, 여러 번 전체 건물을 폭파해버리고 싶은 심정도 가감없이 언급했다.

38 프로이센 왕국의 수도인 베를린이 신생 독일 제국의 수도로 정해졌는데, 당시 이 도시의 인구는 80만 명이었다.

제6장
독일 통일 후의 정책

1 종교 정책

독일 제국이 탄생한 지 얼마 안 되어 교회와 국가의 대립, 즉 문화투쟁(Kulturkampf)이라는 종교 탄압 정책이 시작되었는데, 이 단어는 좌파 자유주의자로 알려진 피르호에게서 나왔다.[1] 19세기 후반에 접어들면서 유럽 여러 국가에서 가톨릭과 국가권력 사이에 충돌이 발생했다. 유럽의 자유주의가 그 절정에 달하자, 세속사회의 변화에 제대로 적응하지 못한 보수적 세력과의 충돌은 필연적이었다. 당시 자유주의자들은 가톨릭이 내세우는 '교회 지상주의'를 반근대적, 반진보적 그리고 민족적 색채를 허용하지 않는 퇴행적인 것으로 간주했다.

이러한 반감은 특히 교황 비오 9세(Pius IX, 1846~1878)가 1864년 '실라부스 에로룸(Syllabus errorum)'을 공표하면서 자유주의가 지향하던 정치·문화·경제 원칙들이 가톨릭 신앙과 부합할 수 없다는 관점 표명으로 증대되었다.[2] 또한 1869년 12월 8일부터 활동을 개시한 제

1 이 인물은 의사이자 병리학자로 활동했다.

2 실라부스 에로룸은 인간이 저지르는 잘못을 정리한 '오류 요목'이다.

1차 바티칸 공의회가 1870년 7월 18일 교황의 '무오류설(Dogma von der päpstlichen Unfehlbarkeit)'을 인정한다는 결정을 내렸고, 그에 따라 반감 역시 더욱 증폭되었다.[3] 당시 제1차 바티칸 공의회는 교황의 모든 언급이 무오류가 아니라고 선언되기를 바라던 사회적 요구를 저버리고, 단지 교황은 예수의 대리자로서 신앙과 도덕에 관한 문제를 언급할 때 잘못된 원리를 가르치지 않는다는 옛날부터의 믿음만을 재천명하는 데 그쳤다. 가톨릭이 독일과 이탈리아에서 어려움을 겪는 상황에서 발표된 이러한 선언은 "로마교황은 진보, 자유주의 그리고 근대문화와 화해할 수 없다"고 선언한 교황의 마지막 도전처럼 보였다.

1870년 이탈리아군이 로마에 진입함으로써 교황이 가졌던 세속권력이 모두 사라지게 되었다. 이에 성베드로 성당의 비타협적인 주인, 즉 교황은 세속권력 없이는 자신의 정신적 독립성 역시 위태로워질 수 있다는 판단도 하게 되었다. 이제 가톨릭 신자들은 그를 중심으로 뭉쳤으며, 그들 정부에 압력을 가하여 교황의 세속권력 회복에도 이바지하려고 했다.

이러한 전투적 자세를 갖춘 로마교회에 대한 자유주의자와 프로테스탄트의 두려움이 문화투쟁을 일으킨 것은 아니었다. 당시 비스마르크는 가톨릭에 대해 별로 호감이 없었고, 가톨릭 교리에 대해서도 거의 알지 못했다.[4] 그러나 정치가 및 외교가로서 그는 본능적으로

---

3 당시 제1차 공의회에 참석한 574명 중에서 단지 2명만이 교황의 무오류설을 부정했다.

4 황제 빌헬름 1세는 1871년 3월 21일 비스마르크를 라이히스칸츨러(Reichs-kanzler)로 임명했다. '독일 제국의 재상(약술하여 재상)'으로 번역되는 라이히스칸츨러는 국가를 통치할 때 제국의회에 대해 어떠한 책임도 지지 않을 만큼 막강한 권한을

프리드리히 빌헬름 4세 이후 프로이센과 좋은 관계를 유지해온 교회와의 모든 교섭에서 아주 공정하게 처신했다. 비스마르크는 1864년 발표된 교황의 무오류 선언과 1870년 개최된 제1차 바티칸 공의회를 국가와는 관련 없는 교회 내부의 문제로 간주했다.[5] 1870년 로마교황청이 접근해왔을 때, 그는 교황을 위해 이탈리아에 간섭하기를 거부했으나, 새 제국에 정치적 도움이 될 것으로 판단하여 교황에게 독일 내 망명처도 제공하겠다는 유화적인 자세를 보였다.

그러나 곧이어 발생한 사태로 비스마르크는 가톨릭과의 관계에서 고수한 중립적 입장을 포기했다. 탁월한 독일 신학자이며 교회사가이고, 글래드스턴(William Ewart Gladstone)과 액튼(John Emerich Dalberg Acton)의 친구였던 될링거(Johann Joseph Ignaz v. Doellinger)가 이끌던 가톨릭 신자들이 교황의 무오류설 수용을 거부한 후 가톨릭과 결별했다. 1871년 브레슬라우(Breslau)와 에름란트(Ermland)의 주교들과 쾰른

부여받았다. 재상으로 임명된 지 일주일 만인 3월 28일 비스마르크는 빌헬름 1세로부터 후작 직위(Fürstenstand)도 받았다. 6월 말 비스마르크는 황제로부터 후작 직위에 걸맞은 하사품, 즉 방대한 산림과 토지를 하사받았다. 비스마르크가 하사받은 프리드리히스루(Friedrichsruh)는 함부르크 근처 라우엔부르크(Lauenburg) 대공국에 있는 황제 직영지였는데, 이 직영지는 이미 신성로마제국의 카를(Karl) 대제와 하인리히 사자왕(Heinrich der Löwe)이 소유한 바 있었다. 비스마르크가 황제로부터 하사받은 프리드리히스루는 바르친보다 무려 10배나 넓었고, 이것으로 비스마르크는 독일 제국에서 가장 방대한 토지를 소유한 인물로 등장했다. 황제의 작위수여와 그에 따른 거대한 하사품으로 비스마르크와 빌헬름 1세 사이의 소원한 관계는 이전 상태로 복원되었다.

5 그런데도 비스마르크는 가톨릭에 대한 선입견에서 벗어나지 못했다. 이미 프랑크푸르트 시절에 비스마르크는 "바덴에서 벌어진 교회 논쟁을 계기로 교황지상주의를 표방하는 정당(Ultramontane Partei)은 절대 화합할 수 없는 가장 위험한 적"으로 보았다. 학창 시절 비스마르크는 가톨릭 신자들을 독일 민족에 포함해서는 안 된다는 관점 역시 피력했다.

대주교는 프로이센에 적대적인 가톨릭 신도들을 학교와 대학의 가톨릭 신학 강좌에서 해임할 것을 요청했다. 베를린 정부는 "국가는 종교 관용의 원칙에 따라 종파 간의 대립에 개입할 수 없다"는 관점을 피력하면서 주교들의 요청을 거부했다. 이러한 견해 표명에도 불구하고 주교들의 요구가 계속되자, 베를린 정부는 비위에 거슬리는 고위성직자에 대한 국가보조금을 유예하는 것으로 대응했다. 이러한 논쟁 자체가 전면적인 문화투쟁으로 비화한 것은 아니었다.

당시 비스마르크는 신학적 고려보다 정치적 고려를 우선시했다. 그는 무엇보다 1870년에 결성된 중앙당(Zentrumspartei)의 활동을 우려하고 있었다. 여러 해 동안 남부와 서부 독일의 일부 지방의회에 가톨릭 세력이 있었는데, 이들은 보통 교회 재산의 세속화 과정에서 비롯되는 논쟁에서 가톨릭 이익을 옹호하기 위해 결성되었다. 1866년의 형제 전쟁은 전국적인 가톨릭 정당 창설의 자극제가 되었다. 옛 독일 연방에서 가톨릭은 인구의 52%를 차지했고, 나머지는 프로테스탄트였다.[6] 그러나 오스트리아가 독일 연방에서 축출되자, 가톨릭은 신교 황제가 지배하는 프로테스탄트 국가에서 37%를 차지하는 소수파로 전락했다. 형제 전쟁 중 가톨릭 신자의 대다수는 오스트리아를 지

6 이와 달리 프로이센은 전통적인 신교 국가였다. 그러다가 1815년 라인 지방이 프로이센에 편입됨에 따라 가톨릭 신자 수가 급증했고, 1836년부터 1840년까지 문화투쟁의 시연이 있었는데, 이는 신교 신자와 구교 신자 간의 결혼에서 비롯되었다. 이 과정에서 신부와 주교들이 신교 신자와 결혼한 구교 신자들에 대해 종교적 규제를 가함에 따라 이들은 체포되었고 교회 역시 폐쇄되었다. 정부의 이러한 조처에 대해 구교 신자들은 조직적으로 대응했고, 그에 대한 정부의 대응은 아무런 실효도 거두지 못했다. 1840년 프로이센 국왕으로 등극한 프리드리히 빌헬름 4세는 낭만적 열정주의(romantischer Enthusiasmus)로 구교와 신교 사이의 분쟁을 종식하는 타협안을 제시했고, 국왕은 쾰른 대성당에서 진행된 장엄 대미사(Hochamt)에도 참석했다.

지했기 때문에 이들은 새로이 탄생한 제국에서 의심의 눈초리를 받았다. 프로이센의 세력 확장을 두려워하고, 또한 가톨릭에 대한 자유주의자들의 적의가 심화함에 따라 프로이센 하원에서 의원으로 활동하던 가톨릭 신자들은 그들의 정당인 중앙당을 출범시켰다.

중앙당은 모든 사회적 계층, 즉 귀족 계층, 중산 계층 그리고 노동계층에서 골고루 지지받았다는 점에서 독일 정당들 사이에서는 독특한 존재였다. 1871년 3월에 실시된 총선에서 중앙당은 63석을 차지하여 제국의회 내에서 제2당으로 부상했으며, 하노버 왕국에서 장관을 역임한 빈트호르스트(Ludwig Windhorst)가 핵심 지도자로 등장했다. 이 당은 가톨릭을 옹호하고, 고해파를 지지하고, 세속결혼을 반대했다. 또한 이 당은 제국 권력의 팽창에 동의하지 않았으며, 지방분권주의와 소속 국가들의 더 큰 자치권도 요구했다. 간단히 말해 중앙당은 세속권력에 적대적인 가톨릭 교의를 강조했는데, 프로테스탄트의 프로이센이 바로 그 세속권력이었다.

또한 중앙당은 사회개혁을 옹호했는데, 이는 1830년대에 활동한 바더(Franz Xaver Baader)의 주장에서 나왔다. 낭만주의 작가이며 철학가로 알려진 바더는 자유방임적 자본주의를 공격하면서, 위계적으로 구축된 신분제 국가의 우월성을 강조하는 데 주력했다. 그리고 콜핑(Adolf Kolping) 신부와 케텔러(Wilhelm Emmanuel v. Ketteler) 주교의 활동으로 사회적 가톨릭주의(Sozialistischer Katholizimus)는 독일 사회의 필수 요소로 자리 잡게 되었다. 당시 콜핑은 직업훈련원 '콜핑 가족'도 설립했는데, 이에 대한 높은 관심은 독일 전역에서 확인되었다.[7] 한때

7 이 인물은 산업화된 도시 노동자에 대한 사회적 지원을 촉진하면서 이들 계층의

프랑크푸르트 국민의회 의원으로 활동한 마인츠 주교이며 후에 쾰른 대주교로 승진한 케텔러는 사회적 가톨릭주의 이론을 더욱 체계화했고, 1864년에는 극심한 빈부 격차를 용인한 체제를 비판한 저서를 출간하기도 했다. 케텔러는 자신의 저서에서 빈부의 극심한 격차가 노동자들이 교회를 멀리하는 요인으로 작용한다고 했고 그러한 상황에서 벗어나기 위해서는 기독교 노동조합, 노동자-생산자 협동조합, 노동능력 상실자에 대한 보조 등이 절실히 필요하다고 했다. 나중에는 국가의 간섭과 노동조건 개선을 위한 국가지원의 필요성 역시 역설했다.

비스마르크는 처음부터 중앙당에 대해 적의를 가지지는 않았다. 그러나 중앙당이 이탈리아에 간섭할 것과 1867년 모든 종교 문제가 국가 관할에 종속되는 것에 동의했음에도 1850년 프로이센 헌법에서 보증된 종교적 조치들을 제국 헌법에 다시 명시해야 한다는 주장을 제기함에 따라 마음을 바꾸었다. 후자의 요구는 다른 무엇보다 성공적이지 못했는데, 비스마르크는 이것으로 중앙당이 분리주의적 정당이며, 종교를 무엇보다 먼저 정치 전면에 내세우려는 경향이 있음을 확신하게 되었다. 1872년 1월 30일 비스마르크는 제국의회에서 중앙당 창당에 대해 부정적 시각을 표출했다. 그에 따르면 중앙당은 향후 민족적 또는 혁명적 관점에서 반국가적 태도를 지향하리라는 것이었다. 실제로 제국의 반대파들이 창당 초기부터 중앙당을 중심으로 자연스럽게 결집하자, 중앙당에 대한 비스마르크의 의심은 한층 더 커졌다. 하노버 합병으로 프로이센을 적대시하게 된 7명의 교황당 의

위상도 증대시키려 했다.

원, 자치권을 요구하던 알자스-로렌 출신 의원, 덴마크와 통합을 원하던 덴마크 의원들, 그리고 13명의 폴란드 민족주의자가 중앙당 배후에 집결했다.

문화투쟁의 원인으로 고려해야 할 또 하나의 문제가 있었는데, 그것은 240만 명에 달하는 폴란드인의 거주 지역에서 전개된 상황이었다. 비스마르크는 독일어 사용을 장려했지만, 포젠(Posen), 프로이센 동부의 일부 지역, 그리고 슐레지엔의 가톨릭 성직자들과 장학관들이 초등학교에서 폴란드어 사용을 적극적으로 독려했다. 폴란드어 보존은 민족주의의 불꽃이 계속 타오르는 것을 의미하며, 폴란드 인구가 급속히 증가하는 시점에서 이러한 사태는 제국 동부 국경 지역의 안정에 중대한 위협 요인도 되었다. 따라서 비스마르크는 교회 억압 정책을 통해 민족주의와 가톨릭 사이의 유대가 폴란드에서 약화하기를 희망했다.

1871년 7월 8일 비스마르크는 프로이센 정부 문화부 내 가톨릭국(Katholische Abteilung im preussischen Kultusministerium)이 국가보다 교회의 이익을 대변한다는 이유로 폐쇄했다.[8] 이제 프로이센의 학교들은 교회 통제에서 벗어나 명목상 국가의 감독하에 놓이게 되었다. 가톨릭 성직자뿐만 아니라 프로테스탄트 성직자들에게까지 영향을 끼친 이 법안으로 구보수주의자들과 재상 간의 알력은 더욱 심화되었다. 비스마르크는 1872년 봄까지 교황청을 설득하여 중앙당을 규제한다는 희망을 포기하고 투쟁을 강화하면서 교회를 국가에 종속시키

8 실제로 1841년부터 활동을 개시한 문화부의 가톨릭국은 프로이센 동부 지역의 성직자들이 시도하던 폴란드화를 지원했다.

려 했다. 1872년 1월 중순, 문화부 장관(Kultusminister) 뮬러(Heinrich v. Muhler)가 가톨릭교도의 공격으로 사임했다. 그 후임으로 1월 23일 국민자유당 소속 팔크(Paul Ludwig Adalbert Falk)가 임명되었는데, 해박한 법률 지식을 토대로 가톨릭교회와 대립했고 어느 정도의 성과도 거두었다.

1872년 4월, 바이에른 총리를 역임한 클로드비히 추 호엔로에-실링크스퓌르스트(Chlodwig zu Hohenlohe-Schillingsfürst)의 동생인 구스타프 추 호엔로에-실링크스퓌르스트(Gustav zu Hohenlohe-Schillingsfürst) 추기경이 로마교황청 주재 독일대사로 임명되었다. 그런데 이 인물은 교황권 지상주의자에게 반감을 보였고, 로마교황청의 사전 동의도 받지 않았다. 이에 로마교황은 구스타프 추 호엔로에-실링크스퓌르스트 추기경에게 대사직을 수용해서는 안 된다는 명령을 내렸다. 이후 비스마르크는 제국의회에서 교황의 행위를 비판했고, 이는 당시 로마교황청과 정면 대립을 꺼리던 황제와 보수주의자들의 태도를 바꾸게 하는 요인으로도 작용했다.

당시 비스마르크는 제국의회에서 구축된 반프로이센 정치연합이 자신이 힘들여 출범시킨 제국을 파괴하려는 불평분자 집단이라고 했다. 비스마르크는 중앙당의 지원을 받지 않게끔 교황청과 독일 주교들을 설득하려고 했다. 그러나 이러한 시도가 실패하자, 비스마르크는 반가톨릭 운동을 더욱 강화했다. 같은 해 12월 10일 제국의회는 가톨릭 성직자들에 대한 정부 감독을 강화하고 국가 질서를 위해하는 성직자들의 설교도 제한하는 설교조항(Kanzelparagraph)을 통과시켰다.

1873년 5월 11일 입헌 정치제도를 옹호하던 문화부 장관은 모든 학교 교육을 국가의 감독하에 둔다는 '5월 입법(Maigesetze)'을 발표했다. '5월 입법'에 포함된 '성직자 교육 및 임명 법안(Gesetz uber die Vorbildung und Anstellung von Geislichen)'은 교회에 대한 국가의 통제를 한층 강화했다. 이제 사제 서품을 받기 위해서는, 즉 성직자가 되기 위해서는 김나지움을 졸업한 후 3년간 신학대학에서 철학, 역사 그리고 독일 문학을 공부한 후 철학, 역사, 독일 문학에 관한 문화시험(Kulturexamen)도 보아야 했다. 그러나 사제 후보생들은 문화시험에 응시하지 않았는데, 이는 신규 성직 임명에 필요한 정부 승인을 굳이 받으려고 하지 않은 데서 연유했다. 5월 입법에서는 출생·사망·결혼 사항 등을 교회가 아닌 행정 당국에 신고하도록 했고, 그러한 조치는 점차 제국 전역으로 확대 적용되었다. 아울러 베를린 정부는 정교분리 원칙을 넘어 교회에 대한 정부 통제를 강화했고, 병자들의 치료를 담당하던 수도원들을 제외한 독일 내의 모든 수도원도 해산했다. 베를린 정부의 이러한 종교 정책은 그동안 방관적이었던 신교 측으로부터도 강한 반발을 초래했다.[9] 더욱이 '5월 입법'의 시행 결과 공석으로 남게 된 1,400개 이상의 사제 자리를 채우기 위해 정부가 직접 국가 사제를 선출하려 했을 때, 정부의 이러한 의도에 대한 주민들의 반발은 의외로 거셌다. 특히 가톨릭주의자들의 분노는 날로 심화되었다.[10]

---

9 5월 입법은 프로이센에서 시행되다가 1875년부터 독일 제국 전역으로 확대되었다.

10 1878년 말, 프로이센의 가톨릭 주교 중 절반 이상이 망명하거나 투옥되었다. 1,800명이 넘는 사제가 감금되거나 망명했으며, 1,600만 마르크 이상의 교회 재산이 압류되었다. 1875년 들어 첫 4개월 동안에만 사제 241명과 가톨릭 신문사 편집장 136명, 가톨릭 평신도 210명이 벌금을 물거나 투옥되었으며 신문사 20곳이 몰수되었다. 또 가톨릭 건물 74개 동이 수색당했고, 가톨릭 정치 활동가 103명이 추방되거나 억류되었으

1874년 7월 13일 바이에른 북서부에 있는 키싱겐 온천(Bad Kissingen)에 머물던 비스마르크는 한 젊은 가톨릭 노동자 쿨만(Eduard Franz Ludwig Kullmann)으로부터 저격당하는 사태까지 발생했다. 당시 쿨만은 나무 물통을 만들던 수공업자였다. 가톨릭 도제 단체의 일원으로 활동하던 그는 비스마르크가 문화투쟁을 통해 가톨릭을 계속 위협한다면 그를 암살하겠다는 의지도 밝혔다. 다행히 오른손에 총알이 스쳐 위기를 모면했지만, 비스마르크는 "휴양지에 어울리는 사건은 아니지만, 용무는 그대로 수행한다"는 냉담한 한마디를 던지고 다음 목적지로 떠났다.[11]

이러한 저격 사건이 발생했음에도 교회를 탄압하는 새로운 법안들은 계속 발표되었고, 비스마르크는 저격범과 아무런 관련도 없던 중앙당에 책임을 전가하면서 교회 탄압 정책을 한층 강화했다. 그러나 시간이 흐름에 따라 상황은 점차 가톨릭주의자들에게 유리하게 전개되었다. 성직자들은 복종을 거부했고, 주교들도 감옥행을 자처했으며, 신도들은 중앙당에 대한 지지를 멈추지 않았다.[12] 이는 정당의 근절은 물론 비스마르크의 정치적·종교적 목적조차 완전히 빗나가는 징조였다.

제국 전체로 확산한 국가와 교회의 투쟁은 중앙당의 세력을 비

며, 가톨릭 협회와 클럽 55개가 폐쇄되었다.

11 체포된 쿨만은 14년형을 선고받았다. 그런데도 그는 계속 반항했고 거기서 다시 7년의 구금형을 받아 복역 중 폐렴으로 사망했다.

12 당시 가톨릭교도들은 '가톨릭 출교 완화(Gesetz betreffend den Austrit der Kirche)법'이 시행되었음에도 그들의 결속력을 더욱 강화했다. 가톨릭 출교 완화법은 신자들이 성직자의 허가 없이 세속재판소 판사 앞에서 자신의 출교를 언급하면 바로 허가되는 법이었다.

약적으로 팽창하게 했다. 1874년 실시된 총선에서 중앙당은 27.9%의 지지로 397개 의석 중에서 95석을 획득하여 더욱 강력한 정당으로 부상했다. 중앙당은 정책적 노선을 같이하던 폴란드 민족주의당(Polnische Nationaldemokratische Partei), 알자스-로렌 출신 의원, 그리고 덴마크와 통합을 원하던 북슐레스비히 출신의 덴마크 의원들과 협력했는데, 이들 의원 수는 120명을 초과했다. 이에 반해 보수세력은 의석의 상당수를 잃었다.

당시 중앙당을 이끌던 빈트호르스트는 재상이 자신의 적을 제국의 적으로 혼동하고 있다는 비난도 가했다. 빈트호르스트는 비스마르크처럼 괴팅겐 대학에서 법학을 전공한 후 1851년 하노버 왕국의 게오르크 5세에 의해 각료로 임명되면서 정계에 발을 들여놓았다. 그러나 이 인물은 1853년 비스마르크로부터 '과격한 로마교황 당원'이라는 평가를 받은 직후 해임되었고, 그 이후부터 두 사람 사이의 불편한 관계는 지속되었다. 게다가 1866년 빈트호르스트는 프로이센이 하노버 왕국을 합병한 이후 폐위당한 게오르크 5세를 위해 하노버 왕가의 벨펜 기금이 지원되게끔 노력하기도 했다. 그러나 벨펜 기금이 비스마르크의 정치적 목적에 따라 비밀리에 사용되면서 결국 뜻을 이루지 못했고, 빈트호르스트와 비스마르크의 관계는 최악의 상태까지 이르렀다.[13] 이를 방증이나 하듯이 비스마르크는 빈트호르스트에 대한 자신의 깊은 개인적 혐오감을 노골적으로 드러내곤 했다. 빈트호르스트에 대한 비스마르크의 반감이 얼마나 컸는지는 문화투쟁이 한창일

13 그런데도 비스마르크는 1879년 5월 3일 문화투쟁을 종식하기 위해 중앙당 당수 빈트호르스트와 독대했지만, 거기서 원만한 해결책이 제시되지는 못했다.

때 그가 측근에게 한 발언에서 확인된다. 비스마르크는 자기 생명력을 지켜주고 자신의 인생을 살아볼 만한 것으로 유도하는 것이 두 가지가 있는데 그 하나는 아내 요하나, 다른 하나는 빈트호르스트라 했다. 비스마르크는 요하나는 사랑을 위해, 빈트호르스트는 증오를 위해 필요하다고 했다.

교회와 가톨릭 주민의 반발을 예상하지 못했던 비스마르크는 로마교회에 굴복한 신성로마제국 황제 하인리히 4세(Heinrich IV, 1057~1106)의 행보를 인용하여 "육체적 또는 정신적으로 우리는 카노사에 절대로 가지 않을 것이다(Nach Canosa gehen wir nicht-Weder körperlich und geistig)"라고 장담하면서도 교회에 대한 양보 정책을 펼치지 않을 수 없게 되었다. 당시 비스마르크는 제국의회에서 "만일 교황이 승리한다면 우리는 비가톨릭교도(Akatholiken)가 될 것이다. 이후 우리는 가톨릭으로 개종하든지 또는 국외로 이민 가야 할 것이다. 또한 우리가 힘들게 모은 재산 역시 강제로 몰수당하고 이단자로 전락할 것이다"라고 했다. 이러한 연설을 하기 전에 비스마르크는 빌헬름 1세에게 사직서를 제출했는데, 그것은 자신의 종교 정책에 대해 황제가 의구심을 제기했기 때문이다. 이후 빌헬름 1세는 비스마르크에 대한 자신의 의구심에 대해 자책했고, 황후가 제기하던 비스마르크에 대한 비판도 방어하는 적극성을 보였다. 이를 통해 황제에 대한 비스마르크의 통제권 또는 우위권이 다시금 입증되었다.

교회에 대한 양보 정책을 본격적으로 펼치기 시작한 비스마르크는 '5월 입법'을 발의한 팔크를 해임했고, 1878년 비오 9세에 이어 교황으로 등극한 레오 13세(Leo XIII, 1878~1903)와의 화해도 모색하게 되었다.[14] 이후 문화투쟁은 1880년대에 여러 법을 완화하는 조치, 즉 그 동안 서슬이 시퍼렇던 투쟁 법들이 약화되면서 점차 종료되는 순서를 밟았다.[15] 1882년에는 1872년 단절된 바티칸과의 외교 관계가 복원됐으며, 개신교 신자로는 최초로 비스마르크는 교황에게서 '다이아몬드로 장식된 그리스도 훈장(Christusorden mit Brilanten)'을 받았다.

14 1878년 2월 비스마르크에게 강경한 태도를 고수한 교황 비오 9세가 사망했다. 이 인물은 1875년 2월 5일 독일 제국에서 제정된 일련의 교회 관련법을 무효로 선언하고, 이 법의 실행에 가담하는 사람들을 파문하겠다는 태도를 밝혔다. 이에 반해 그의 후계자 레오 13세는 문화투쟁을 종식하려는 의지를 표방했다. 실제로 레오 13세는 로마가톨릭과 근대사회와의 타협과 화해를 실천하는 데 주력했다.

15 그런데도 학교 감독 법안(Schulaufsichtsgesetz: 1871년 3월 11일 제정), 설교조항(Kanzelparagraph: 1871년 12월 10일 제정), 예수회 법안(Jesuitengesetz: 1872년 7월 4일 제정), 민간 결혼 의무 조항(Einführung des obligatorischen Reichszivilehegesetzes: 1874년 3월 9일 제정), 가톨릭 출교 완화(1873년 5월 14일 제정) 등은 여전히 효력을 유지했다.

2 정당 정책

통일 이후 독일의 산업생산량은 이전보다 3분의 1 이상 증가했으며, 선철은 40% 이상, 그리고 철강은 무려 80%나 생산이 증대했다.[16] 이러한 경제 활성화로 주식회사 설립은 독일 여러 곳에서 동시다발적으로 이루어졌고, 원래 목적과 달리 주식투기의 장으로 활용되었다. 그리고 이러한 투기에는 귀족 계층은 물론 사회 상층부의 많은 사람도 참여했다. 별 수고 없이 빠르게 부자가 되기 위해 사람들은 전력을 다해 주가를 끌어 올렸다. 그러나 주가의 급속한 상승은 그에 상응하는 폭락도 경험해야 했다. 주가가 폭락하면서 사람들은 공포에 가까운 반응을 보였다.

1873년 5월에 시작된 주가 폭락은 오스트리아-헝가리를 필두로 이탈리아, 러시아 그리고 미국을 휩쓸었으며 10월부터 독일도 강타

---

16 당시 독일 제국은 프랑스로부터 받은 전쟁보상금 40억 마르크를 국가의 기간시설 확충에 활용했다. 이 중 14억 마르크는 제국의회 의사당 건립과 알자스-로트링엔 철도 건설에 사용되었다. 그리고 나머지 26억 마르크는 프랑스와의 전쟁에 직접 참여한 국가들에 분배되었다.

했다. 불과 몇 달 만에 은행과 기업이 줄줄이 도산했다. 실제로 1874년 초 61개의 은행, 116개의 산업체와 네 곳의 철도회사가 파산했다.[17]

막대한 자본이 이러한 위기로 신기루처럼 증발했고, 많은 사람의 생존 기반 역시 무너졌다. 그러나 당시 사회의 모든 계층이 똑같이 고통을 받지는 않았다. "위기를 전혀 감지하지 못하는 사람도 적지 않았다(Manche merkten überhaupt nichts davon)"라는 다소 자극적으로 표현된 파산 기사들이 신문을 장식했고, 이는 위기 분위기를 한껏 달구었다. 주식폭락과 거기서 비롯된 많은 주식회사의 도산은 심각했으며, 지속적인 후유증을 남겼다. 많은 유대인 금융 종사자가 주식시장에서 활동한 탓에 주식시장 붕괴가 빚은 심미적 충격은 독일에서 근대 반유대주의(Der moderne Antisemitismus)가 탄생한 배경도 되었다.

비스마르크는 이렇게 시작된 경제 불황과 거기서 비롯된 주가 대폭락, 수많은 기업의 도산 및 노동자들의 대량실업에 대한 강구책을 하루빨리 마련해야 했다. 비스마르크의 통일정책을 적극적으로 지지한 국민자유당의 지원으로 자유주의적 제 개혁이 시행되었고 그것으로 독일 경제 역시 비약적인 성장을 구가했지만, 예상하지 못한 장기간의 불황으로 자유주의자들의 이상은 이제 어려운 국면을 맞이하게 되었다. 상황이 이렇게 전개됨에 따라 비스마르크는 국민자유당, 특히 이 당의 좌파 정치가들을 대신하여 보수당과 중앙당으로부터 지지를 얻고자 했다. 따라서 그는 지금까지 고수한 경제정책의 근간을

17 경제 활성화로 1872년 479개의 주식회사가 설립되었고, 이들 회사의 총자본금은 14억 7,800만 마르크에 달했다.

포기하는 대신 새로운 경제정책의 방향을 제시했다. 즉, 1879년 7월 12일 보호관세 제도(Schutzzollsystem)를 도입했고 중앙정부에 대한 지방 정부의 부담금도 증액했다.

당시 비스마르크의 재산을 관리하던 블라이히뢰더는 1875년 재상에게 독일산업을 무너지지 않게 하려면 교역 정책을 바꿔야 한다는 조언을 했고 비스마르크는 그것을 수용했다. 이전까지 비스마르크는 자유교역을 선호했는데, 그것은 이러한 교역제도를 도입한 영국이 지난 30년간 지속적으로 유지한 경제적 번영에서 비롯되었다. 그러나 프랑스와의 전쟁이 끝난 후부터 시작된 경제적 호황은 종료되고 교역 역시 어려움에 처하게 됨에 따라 비스마르크는 자유교역 대신 보호관세 제도를 도입했다. 이후부터 독일 재상은 보호관세 제도의 도입으로 경제가 상당히 호전될 것이라는 확신도 하게 되었다. 산업자본가뿐만 아니라 노동자를 위해서도, 대지주뿐만 아니라 중소규모 자영농에도 혜택을 줄 수 있는 처방이 바로 보호관세였기 때문이다. 게다가 관세수입과 더불어 간접세 인상으로 비스마르크는 그동안 추구하던 국내 정치의 주목표인 재무 개혁(Finanzreform)에도 근접했다고 보았다. 재무 개혁이란 제국 정부가 재정적으로 독립된 지위를 확보하는 것이다. 그리고 당시 비스마르크가 도입한 간접세는 또 다른 이점도 가지고 있었다. 필요한 법안이 제국의회에서 한 번 통과되면 새로운 법안이 제정될 때까지 변경하지 않아도 되었기 때문이다. 보호관세 제도의 도입으로 비스마르크는 보수주의자들의 지지를 확보하고 교의적인 국민 자유주의자들을 도태시키려 했다.

실제로 비스마르크의 이러한 정책변화는 자신과 국민자유당 사이의 균열을 가져왔지만, 보수당과 중앙당의 결속을 촉진하는 계기도 되었다.[18] 그리고 이러한 판단은 점차 제국의 새로운 적으로 부상하던 사회주의 추종 세력과의 대립에서 우위를 지켜야 한다는 당위성에서 나온 것이기도 했다.

급속한 산업화가 진행됨에 따라 1871년 인구의 5분의 1을 점유하던 노동자 수는 급증했고, 1880년대 초에 이르러 그 수는 총인구의 4분의 1을 차지하게 되었다. 그러나 노동자들은 장기간 지속된 경제적 불황으로 어려운 상황에 놓이게 되었다. 아울러 이러한 상황은 경제적 평등을 지향하던 사회주의 세력을 급증시키는 요인도 되었다.[19]

---

18 1878년 2월, 비스마르크는 제국의회에 담뱃세 인상을 명시한 정부 초안을 제출한 이후 국민자유당과 결별이 필요하다는 인식도 하게 되었다. 당시 국민자유당은 정부 초안에 대한 지지 대가로 제국의회와 프로이센 지방의회의 예산심의권을 헌법적으로 보장해달라고 요구했다. 비스마르크는 그러한 요구를 거부하고, 그 자신이 담배 산업의 독점권도 지향하고 있음을 언급했다. 이러한 정부의 독점권 강화에 대해 자유주의자들이 동의하지 않음에 따라 비스마르크와 국민자유당 사이의 틈새는 더욱 확대되었고 봉합할 수 없는 상태에까지 이르게 되었다.

19 파리에 거주하던 독일 망명자들과 수공업자들 주도로 1834년 파리에서 '망명자 동맹' 또는 '독일 정의동맹(Der deutsche Bund der Gerechtigkeit)'이 결성되었고, 그 일부는 다시 '의인 동맹(Bund des Gerechten)'도 조직했다. 의인 동맹에 가입할 때 의무적으로 하던 선서에는 비밀 준수 의무를 깨뜨린다면 "명예 박탈과 죽음을 달게 받아들인다"는 항목이 들어 있었는데, 이는 당시 상황에서 동맹 내 결속유지에 필요한 조처였다. 실제로 비밀 준수 의무를 지키지 않은 일부 회원은 비밀리에 처형되기도 했다.

망명자 동맹의 요청으로 마르크스(Karl Marx)가 『공산당 선언(Kommunistisches Manifest)』을 쓴 것도 바로 이때였다. 그런데 『공산당 선언』을 작성하는 과정에서 마르크스 못지않게 엥겔스(Friedrich Engels)도 적극적으로 참여했다. 이렇게 두 사람의 작업으로 세상에 나온 『공산당 선언』은 모두 4장으로 구성되었다. 제1장 '부르주아지(Bourgeoisie)와 프롤레타리아(Proletariat)'에서는 모든 사회의 기본적 발전법칙, 즉 계급투쟁(Klassenkämpfen)을 언급하고 각 역사적 사회 구성체의 이행 과정을 간략히 살펴본 후 자본주의 체제의 내적 모순에 따른 이 체제의 필연적 붕괴도 분석했다. 또한 노동자 계급의 궁극적 목적인 공산주의 체제의 근간도 제시했다. 제2장 '프롤레타리아와 공산주의'에서는 노동자 계급의 전위로서 당의 역할을 언급하고 당의 강령도 서술했다. 여이에 따라 1875년 '사회주의노동당(Sozialistische Arbeitspartei)'이 창당되었고, 이 정당은 제국의회에 진출할 정도로 급성장했다. 비스마르크가 사회주의노동당의 이러한 확산에 위협을 느끼고 있는 상황에서 일부 시민 역시 '프랑스에서 진행된 급격한 혁명적 상황'에 깊은 충격을 받고 노동자의 정당한 요구마저 거부해야 한다는 태도를 밝혔다.[20]

기서 공산주의 투쟁의 기본적 목표로 생산수단에 대한 사적소유 폐기 및 사회적 소유화, 이를 토대로 한 인간의 자유로운 발전 및 문화와 과학 발전을 위한 가능성 창출을 제시했다. 그리고 마르크스주의에서 가장 핵심적 사상인 프롤레타리아의 독재 사상도 구체화했다. 제3장은 부르주아적이거나 프티(petit)부르주아적인 비프롤레타리아 사회주의에 대해 비판했다. 그리고 제4장은 당의 전략 및 전술의 제 원칙을 서술했는데, 거기서 공산주의는 언제 어디서나 현 사회 및 정치제도를 거부하는 모든 혁명운동을 지지하고 봉건 체제에 대해서는 시민계층과 공동투쟁에 참여한다는 등이 거론되었다. 또한 공산주의자들은 그들의 기본적 의무, 즉 프롤레타리아와 부르주아지 사이의 화해할 수 없는 적대적 모순에 기초한 계급의식을 노동자들에게 전달하는 임무를 잠시라도 게을리해서는 안 된다는 것과 노동자 계급의 최종 목적이 현 자본주의 체제를 폭력적 방법으로 타도해야만 달성될 수 있다는 것도 명시했다. 마르크스와 엥겔스가 작성한 『공산당 선언』은 이후 독일 및 전 세계 각국에서 창당한 사회주의 당의 기본 강령이 되었다.

20 프로이센 수상으로 취임한 지 얼마 안 된 비스마르크는 사회주의 세력 확산에 우려를 표명하며 그에 대한 해결 방안을 모색하게 되었고, 1863년 초 당시 사회주의 세력을 이끌던 라살레(Ferdnand Lassalle)와 첫 면담을 했다. 면담 과정에서 두 사람은 국가 주도의 사회 정책, 즉 국가사회주의(Nationalsozialismus) 도입 필요성을 도출하는 등의 성과도 거두었다. 당시 38세의 라살레는 브레슬라우 출신으로 품위 있는 용모를 갖춘 유대인 출신의 지식인이었다. 그런데 이 인물은 대학에서 법학을 배우지 않고 스스로 법률적 지식을 익혔다.

1시간 이상 지속된 면담에서 라살레는 교육받은 시민 계층만이 헌법 문제에 관심을 가진다고 했다. 이어 그는 나머지 사회 계층은 물질적 이익에 대해서만 주시한다고 했다. 라살레는 독대에서 비스마르크가 일반·직접 선거제도(System des all- gemeinen und direkten Stimmrechts)를 도입한다면, 그에게 100만 표 이상의 지지표를 선사하겠다는 제안도 했다. 1863년 5월 23일 '전독일노동자당(Allgemeine Deutsche Arbeiterpartei)'을 창당한 라살레는 이 당의 당수로도 선출되었는데, 당시 전독일노동자당의 당원은 5천 명 정도였다. 이 당의 배후에는 라살레가 이끄는 정당의 강령이나 목표를 무조건 지지하던 노동자들이 있었는데, 그 수는 무려 50만 명이 넘었다.

따라서 비스마르크는 두 차례에 걸친 황제 암살 미수 사건, 즉 1878년 5월 11일 오후 20세의 함석장인 회델(Max Hödel)이 운터 덴 린덴(Unter den Linden) 거리에서 80세의 빌헬름 1세를 향해 쏜 세 발의 빗나간 총격과 같은 해 6월 2일 무직에다가 정신착란증세까지 보인 노빌링(Karl Nobiling) 박사가 엽총으로 황제를 저격했지만 18세의 호위 장교가 대신 크게 다친 사건을 사회주의자들 탄압 정책에 적극적으로 활용하려고 했다.[21]

당시 상황을 제대로 파악하기도 전에 비스마르크는 두 건의 황제 암살 미수 사건을 자신이 추진하던 계획 실현을 위한 빌미로 삼아 제국의회의 해산까지 요구했다. 유권자들을 향한 그의 호소는 국민자유

노동자 계층에 대한 시민 계층의 영향력 배제나 약화는 의회 내에서 자유주의자들과 헌법 갈등을 빚던 비스마르크에게 상당히 구미가 당기는 사안이었다. 당시 시민 계층의 영향력은 유복한 계층을 비호하던 선거권에서 기인했으므로 선거권 확대 문제는 보수주의자들의 이해관계와도 일치했다. 실제로 라살레가 지향한 선거권의 민주화 계획은 도시는 물론 지방까지 선거권을 확대함으로써 유산·교양 계층에 대항하는 방안인 동시에 제3계층의 선거권 행사로 이들 계층이 누려온 특권 역시 제약받는 상황에 놓이게 된다는 것이다. 당시 시민 계층은 그들에게 부여된 선거권 행사를 제대로 하지 않았는데, 이는 1863년 10월에 실시된 제국의회 선거에서 단지 33%만이 선거권을 행사했다는 데서 그 일례를 찾을 수 있을 것이다. 실제로 비스마르크는 의회와의 대립 과정에서 사회주의 세력을 효율적으로 활용하는 방안을 마련했지만, 이행하지는 않았다. 1869년 베벨(August Bebel)과 리프크네히트(Wilhelm Liebknecht)의 주도로 아이제나흐에서 '독일사회민주노동당(Sozialdemokratische Arbeiterpartei Deutschlands)'이 창당되었고, 1875년 라살레의 전독일노동자당과 결합하여 고타에서 사회주의노동당(Sozialistische Arbeiterpartei)으로 출범했다.

21 두 번째 암살 시도에서 81세의 빌헬름 1세 역시 얼굴, 목, 어깨 그리고 팔에 산탄총알(Schrotkugeln)을 맞아 다시 회복할 수 없을 정도의 중상을 입었다. 당시 프리드리히스루에 머물고 있던 비스마르크는 재상청의 티데만(V. Tidemann)으로부터 황제의 암살 시도를 전해 들었다. 이후 그는 티데만과의 대화에서 떡갈나무 지팡이를 땅에다 몇 번 친 후 "그렇다면 우리는 조속히 제국의회를 해산해야 할 것 같다"고 언급했다.

당의 반대에도 불구하고 1876년 보수주의자들이 발족한 '독일보수당(Deutsche Konservative Partei)'에 의해 수용됨에 따라 제국의회는 끝내 해산 위기에 놓이게 되었다. 심지어 민주주의화된 좌파 진영의 이탈로 국민자유당 내 위기 상황까지 겹침에 따라 비스마르크는 기대 이상의 행운도 포착했다.[22] 그러한 결과는 장차 황제권이 교체될 경우, 자유주의에 입각한 새로운 황태자-내각에 대처할 수 있는 또 하나의 정치적 토대를 마련하는 셈이기도 했다.

비스마르크는 1878년 10월 21일 새롭게 출범한 제국의회에서 원본 일부를 수정한 '사회민주주의 탄압법(Gesetz gegen die gemeingefährlichen Bestrebungen der Sozialdemokratie)'을 통과시켜 사회민주주의적 또는 사회주의적, 무정부주의적 성향을 보인 단체들의 활동을 금지했다. 총 397명의 의원 중에서 221명이 비스마르크가 제출한 사회민주주의 탄압법에 동의했다. 당시 중앙당, 진보당, 사회민주당, 그리고 일부 군소정당 의원 149명은 사회민주주의 탄압법에 반대표를

22 1877년 실시된 제국의회 선거에서 유권자의 63.1%만이 투표권을 행사했는데, 이는 비스마르크가 기대한 투표율보다 훨씬 낮았다. 당시 비스마르크는 사회민주주의 탄압법과 제국 재정 개혁안을 선거공약으로 제시하면서 선거 참여를 독려했지만, 유권자들의 관심은 그리 높지 않았다. 선거 결과 국민자유당과 중앙당은 이전과 거의 같은 의석을 차지했지만, 사회민주당은 이전의 9석에서 6석으로 줄어들었다. 당시 반수 이상의 의석을 차지한 국민자유당과 독일보수당은 비스마르크의 정책 이행에 지원군 역할을 충실히 했다. 여기서 비스마르크는 국민자유당과의 관계를 더욱 굳건히 하기 위해 이 당의 당수인 베닝젠을 바르친으로 초청했고, 그에게 내무장관직을 제안하기도 했다. 이것은 제국의회 의원에게 최초로 정부 참여를 제안한 경우라 하겠다. 베닝젠은 비스마르크의 제안을 수용한다는 태도를 밝히면서 정부가 2명의 국민자유당 의원을 정부 구성원으로 받아들일 것도 요구했다. 이러한 베닝젠의 추가 요구에 대해 비스마르크는 아무런 이의도 제기하지 않았다. 두 사람은 베를린에서 다시금 만났는데, 여기서 베닝젠은 자신의 제안을 재차 언급했으나 이에 대해 비스마르크는 아무런 답변도 하지 않았다.

던졌다.

여기서 1871년 출범한 제국의회의 정원이 몇 명이고 이러한 숫자가 시간이 지남에 따라 어떻게 증감되었는지를 살펴보도록 한다. 1871년 382명의 정원에서 출발한 제국의회는 제2대 때 15명이 늘어난 397명으로 증원되었고, 그 이후부터 제국의회 정원은 1907년(12대)까지 그대로 유지되었다. 아울러 선거권을 행사할 수 있는 유권자 수가 전체 인구에서 차지하는 비율 역시 많이 늘어나지 않았는데, 7.66%에서 시작된 투표권 행사가 1907년에 가서 13.35%로 확대된 데서 확인된다.

사회민주주의 탄압법에 따라 사회민주주의자들, 사회주의자들, 그리고 공산주의자들의 집회와 시위는 물론 일상적 모임까지 정부에 의해 진압되거나 해산되었다. 언론 활동 역시 금지되었으며, 모든 출판물은 압수당했다. 또한 사회주의자 활동은 원칙적으로 형법 대상으로 간주되었고, 사회주의노동당 당원들은 경찰의 감시도 받게 되었다. 그리고 사회민주당에 소속된 의원들은 그들 의석을 보장받았지만, 사회민주주의자들의 집회에는 참석할 수 없게 되었다.

1878년 사회민주주의 탄압법을 도입했을 때, 비스마르크는 일방적 강압만이 사회주의에 대한 완벽한 대응이라고 믿지 않았다. 처음부터 그는 국가사회주의(Nationalsozialismus)를 염두에 두고 있었다. 기독교인으로서 빈곤한 계층을 도와야 한다는 도덕적 의무감도 가지고 있었다. 그러나 국가사회주의가 그의 종교적 신념에 의해 고취된 것은 아니었다. 본질적으로는 노동자 계층에게 적절한 도움을 줌으로써 혁명적 사회주의로부터 그들을 격리하려는 시도였다. 비스마르크는 노동자들을 바르친에 있는 자신의 영지 농민들과 같이 단순하며 국왕에 대해 충성스러우나 유감스럽게도 좌파 선동가들에 의해 오도되고 있는 사람들이라고 순진하게 믿었다. 따라서 그는 경찰이 말썽꾸러기들만 잘 다룬다면 노동자들은 사회 정책으로 쉽게 제국과 화해할 수 있으리라고 믿었다. 이러한 생각의 배후에는 군사적 동기도 내재해 있었다. 보수주의자들은 공업지역 출신의 입대자들이 체력적으로 군 복무에 적합하지 않다는 보고를 받고 놀랐다. 따라서 이들은 조국이 적대적 세력이 가득 찬 세계 속에서 생존하고 번영하려면 복지사회주의 도입이 필수라고 믿었다. 비스마르크가 국가사회주의의 선구자로서 영예를 누리는 것은 당연하다. 그러나 그가 단독으로 행한 것은 아니다. 이전에도 자주 그러했던 바와 같이 그는 일반적 추세를 자신의 정책으로 만들었을 뿐이다.

근대에 접어들어서도 독일에서 가부장적인 전통은 흔들리지 않고 견지되었다. 따라서 자유주의적 성향의 영국이나 프랑스와 달리, 독일에서는 사회생활에 대한 국가 간섭에 저항하는 경향 역시 비교적 적었다. 당시 국가사회주의는 제국의회 내에서 중앙당과 보수주의자들의 지지를 받았다. 전자는 참된 사회적 신념에서 국가사회주의를 지지했으며, 후자의 경우는 국가 이익에 대한 고려에서 비롯되었다.

비스마르크의 주도로 도입한 사회민주주의 탄압법의 효력은 대단했다. 이 법이 효력을 발휘한 지 얼마 안 되어 사회민주주의 지도자들은 체포되거나 망명을 강요당했다. 그리고 이 법은 사회민주주의자들에게 심각한 타격을 가져다주었을 뿐만 아니라 일시적으로 정당의 존립마저 위태롭게 했다. 이러한 사회민주주의 탄압법은 2년간 한시적으로 시행한다고 했지만, 실제로는 1890년까지 세 차례에 걸쳐 갱신·유지되었다. 그런데도 사회주의에 대한 지지도는 더욱 높아졌는데, 이는 사회민주주의 탄압법이 예상과 달리 무딘 무기에 불과하다는 것이 입증되었기 때문이다. 실제로 사회민주주의 탄압법은 정당과 잠재적 지지세력의 관계를 효율적으로 차단하지 못했다. 1884년 총선에서 사회민주주의당은 24명의 의원을 배출했고, 1890년 총선에서는 직전 총선(1887년)에서 얻은 의석보다 많은 35석을 차지했다.[23] 이러한 상황변화에 직면한 비스마르크는 점차 사회민주주의 탄압법을 통한 강압만이 사회주의에 대한 완벽한 대응이 아니라는 것을 인지했다. 이로써 그는 국가가 적절한 사회 정책을 펼치고 노동자들의 생존권을 보장한다면, 그들을 혁명적 사회주의자들로부터 격리할 수 있다는 확신도 하게 되었다.

1881년 11월 비스마르크는 제국의회에서 사회 입법 취지를 담은 황제 교서를 낭독하고 노동자들에 대한 국가적 차원에서의 보호 및 부양 정책도 시행한다고 밝혔다. 이후 약 10년간 베를린 정부는 광범위한 사회복지 제도를 도입하는 데 적극성을 보였다. 1883년에는 질병 치료비와 부상 수당 지급을 위한 질병 보호법이 제정되었고, 질병 금고를 갖춘 협동조합도 설치되었다. 협동조합 설치로 300만 명에 달하는 노동자들과 그 가족들이 의료혜택을 받았다. 1884년 6월 27일에는 노동자가 산업재해를 입으면 치료비 전액을 지급하고, 사망하면 유가족에게 연금까지 지급하는 '노동재해 보험법(Unfallversicherung)'이, 1889년 6월 22일에는 폐 질환·노년 보험법(Alters und Invalidenversicherung)이 공포되었는데, 여기서는 노동자들에

23 1890년 사회민주주의당은 전체 유효득표수의 19.7%를 차지했는데, 이는 이 당이 제국의회에 진출한 전체 정당 중에서 가장 많은 유효득표수를 얻은 당으로 부상한 것을 의미한다.

비스마르크와 빌헬름 1세(1877)

게 연간 소득 2천 마르크(Mark)까지 보장한다는 것이 명시되었다.[24] 당시 비스마르크는 이러한 사회복지 제도를 효율적으로 운용하기 위해서는 막대한 자금이 필요하다는 것을 잘 알고 있었다. 또한 노동자들의 부담을 덜어주기 위해서는 국가와 기업이 운영 자금의 적지 않은 부분을 분담해야 한다는 사실도 인지했기 때문에 이를 토대로 한

24 노동재해 보험법은 근무 중에 일어난 사고를 고용주가 충분히 보상하지 않으려 했기 때문에 도입되었다. 실제로 일하다가 상해를 입은 후 그것을 증빙하는 것은 고용주가 아닌 노동자였기 때문에 많은 소송사건이 발생했고, 대체로 고용주에게 유리한 판결이 내려지는 경우가 허다했다.

법안을 제국의회에 제출했다. 그러나 제국의회는 비스마르크가 제출한 법안을 통과시키지 않았다. 결국 노동자들과 사용주들이 공동으로 자금을 부담하고 국가는 폐 질환·노년 보험을 위한 보조금만 지급하기로 했다.[25] 결과적으로 비스마르크는 흔히 '사탕과 회초리(Zuckerbrot und Peitsche)'라 지칭되는 양면 정책, 즉 사회 정책과 탄압법을 동시에 시행했다. 그런데도 내부적 긴장은 해소되지 않았는데, 그 이유는 '노동자 보호 입법'이 의회에서 통과되지 않았기 때문이다. 이에 노동자들의 불만은 증대되었고 그에 따라 사회주의노동당 역시 세력을 더욱 확장할 수 있었다. 당시 비스마르크는 노동자들을 위한 광범위한 사회복지 제도가 시행되고 있음에도 여전히 사회주의노동당을 지지하는 노동자들을 이해하기 어려웠다. 노동자들은 탄압법에 대응하면서 서로 단결하는 방법을 터득했고, 사회보장법을 일종의 자선용으로 간주했다. 이는 무엇보다 노동자들이 사회 정책 차원에서 자신들을 위한 정책들을 제정하면서 어떤 상황에서도 정치적 동등권을 인정하지 않으려는, 즉 근본적으로 자신들을 겨냥하던 불평등의 벽을 허물지 못한 비스마르크 정부의 실체를 파악했기 때문이다.

이러한 시점에 자유주의 세력 역시 양분되었는데, 사회민주주의 탄압법과 노동자 보호 입법에 반대한 좌파와 달리 우파 정치가들로 구성된 국민자유당은 사회 입법을 적극적으로 지지했다. 이렇게 비스마르크 주도로 1880년대부터 시행된 사회보장제도는 노동자 계층에게 처음으로 나이나 질병, 사고로 인한 갖가지 어려움으로부터 법적

25 일주일 이상 노동했거나 1년에 2천 마르크 이상의 임금을 받는 노동자들은 반드시 노동재해 보험에 가입하게 했다.

보호조치를 받을 수 있게끔 했다는 점에서 분명히 대단한 업적이 아닐 수 없었다.

3 프랑스 고립화 정책

1870년대 초, 국가 통일을 이룬 독일 및 이탈리아는 유럽의 강대국으로 부상했고 그것은 유럽의 세력 판도에도 커다란 변화를 불러오는 요인이 되었다. 바로 이 시기부터 향후 약 20년 동안 비스마르크는 국제 정치 무대에서 주도적인 역할을 담당했는데, 그러한 이유로 이 시기를 '비스마르크 시대(Ära von Bismarck)'라고도 한다.

비스마르크는 전쟁을 외교 수단으로 사용하는 데 주저하지 않던 현실 정치가였다. 그런데도 그는 독일 통일 이후에는 가능한 한 전쟁을 피하려고 했는데, 그것은 전쟁으로 인해 신생 독일이 위협받을 수 있다는 판단도 했기 때문이다. 따라서 그는 "현재 영역에 독일 제국이 만족한다(Das Deutsche Reich war saturiert)"는 것을 누누이 밝혔다. 그래서 그는 유럽의 강국들이 펼친 식민지 확보 정책에 관심을 보이지 않았다. 그러다가 1884년 독일 제국이 아프리카에서 최초의 식민지를 확보했는데, 그것은 자본가들로 구성된 식민협회가 경제적 이익 추구와 국가의 위대성 부각을 요구했기 때문이다. 여기서 비스마르크는 식민지확보 정책이 급진주의자와 사회주의자들을 제압하는 편리한 도구로 활용될 수 있다는 것도 확인하면서 자신의 사회제국주의(Sozialimperialismus)의 근간도 제시했다.

비스마르크의 사회제국주의는 국내의 어려운 상황을 식민지확보 정책을 통해 해결한다는 내용을 담고 있는데, 이는 나폴레옹 3세의 보나파르트주의(Bonapartisme)에서 비롯되었다. 실제로 보나파르트주의는 국내의 제 문제를 외교적 업적을 통해 해결하려 했고, 1850년도에는 어느 정도의 성과도 거두었다. 그뿐만 아니라 비스마르크는 식민지확보 정책을 통해 독일 내에서 반영국적 정서를 고취하여 프리드리히 황세자의 친영국적 조언자들을 불신 대상으로 각인시키고 고령의 황제가 죽는다 하더라도 새로운 정책 전환이 불가능하게 하려는 의도 역시 가졌다. 1884년 4월부터 7월까지 독일은 남서 아프리카〔현재의 나미비아(Namibia: 836,000km^2), 토고(Togo: 87,000km^2), 카메룬(Cameroon: 498,000km^2)〕, 독일령 동아프리카〔993,000km^2, 현재의 탄자니아(Tanzania), 르완다(Rwanda), 부룬디(Burundi)〕를 확보하고 다음 해 5월에는 남태평양의 여러 섬 뉴기니(Neuguinea: 242,600km^2)와 사모아(Samoa: 2,900km^2)도 확보했지만, 비스마르크는 새로운 식민지들을 그리 중요하게 생각하지 않았다. 왜냐하면 독일이 영국처럼 해외에서 대식민지를 건설할 수 없음을 잘 알았기 때문이다.[26] 이러한 것은 그가 아프리카 탐험에 큰 관심을 보이던 인물과의 대화에서 다시금 표출되었다. 비스마르크는 대화에서 "나의 아프리카 지도는 유럽에 있다. 이곳에 프랑스와 러시아가 있고, 우리 독일 제국은 그 중간에 있다. 이것이

26 당시 독일 제국이 획득한 식민지의 총면적은 2,661,015km^{2}였다. 이에 반해 영국은 27,781,000km^2, 프랑스는 3,792,000km^{2}나 되었다.

바로 나의 아프리카 지도다"라고 언급했다.

1871년 이후 비스마르크 외교 정책의 근간은 유럽에서의 평화유지(Friedenswahrung in Europa)였다. 따라서 그는 '예방전쟁(Präventivkrieg)', 곧 적의 공격이 예상된다고 해서 가하는 선제공격을 1870년 이전처럼 철저히 거부했다. 당시 그는 이러한 관점을 많이 피력했고, 1871년 1월 11일 제국의회 연설에서도 다시금 거론했다. 즉 비스마르크는 "나중에 불가피해지지 않겠냐는 예상에서 치르는 전쟁, 나중에 불리한 상황에서 싸워야 하는 것은 아니겠느냐는 우려에서 치르는 전쟁은 나의 관점과 다르므로 언제나 철저히 거부해왔다. 또한 나는 전쟁을 벌여야 하지 않겠냐는 생각으로 전쟁을 유도하는 충고를 절대로 수용하지 않는다"라는 연설을 했다.

이런 맥락에서 비스마르크는 자신의 또 다른 확신을 부각하기도 했다. 그의 관점에 따르면, 전쟁이 일어날 수 있는 불안은 전쟁이 쉬워 보일 때 커지며, 전쟁이 어려워 보인다면 그 불안은 사라진다는 것이다. 한 국가의 힘이 강하면 강할수록 그만큼 전쟁 역시 일어나기 어렵다는 것이다. 실제로 기회가 주어질 때마다 비스마르크는 자신의 관점을 표출하는 데 주저하지 않았다. 그는 언제라도 전쟁할 각오를 보일 때 평화를 지킬 수 있다고 했다. 칼을 뽑을 수 있게 칼집을 풀어둔 사람에게 쉽게 공격할 수는 없지만, 벽에 확실하게 걸어둔 연습용 칼(Kadettenschwert)을 두려워할 사람은 없다는 것이 재상의 관점이었다. 이런 이유에서 독일 제국이 충분한 군사력을 갖추는 것은 절대적으로 필요했다. 따라서 제국이 충분히 강한 힘을 갖춘 후 예방전쟁을 거부하는 자세야말로 비스마르크가 지향하던 평화 정책의 기본 골격이었다.

비스마르크는 예방전쟁이 가시화되는 것을 차단하기 위해 프랑스의 고립화 정책을 지속적으로 추구했는데, 자신이 재상에서 물러날 때까지 고수했다. 그는 프랑스가 독자적으로 독일을 공격할 능력을 갖추지 못했기 때문에 반드시 동맹국이 필요하다는 판단도 했다. 아울러 비스마르크는 프랑스에서 공화정 체제가 유지되는 것을 지지했는데, 그것은 이러한 정치체제로 유럽에서 동맹국을 얻기 힘들다는 판단도 했기 때문이다. 그런데도 그는 프랑스의 잠재적 동맹국이 될 수 있는 러시아를 프랑스로부터 격리하는 데 가장 큰 관심을 보였다. 프랑스의 고립화 정책 추구로 비스마르크는 자신의 재임 동안 유럽의 강대국들과 전쟁을 하지 않았고, 이에 따라 유럽 각국의 영역 역시 변하지 않았다.

1873년 10월 22일 비스마르크는 삼제협정(Dreikaiserabkommen)을 발족시켰는데, 여기에는 독일, 러시아 그리고 오스트리아-헝가리가 참여했다. 이 협정의 목적은 유럽에 평화 질서 체제를 정착시키고 그것을 위협하는 전쟁의 가능성도 배제하는 데 있었다. 그러나 삼제협정은 오래 지속되지 못했다. 1875년 4월 8일 비스마르크는 자신의 측근 뢰슬러(Constantin Rössler)가 프랑스의 군비 확장을 강력히 경고하기 위해 "전쟁이 가시화되는가?(Ist der Krieg in Sicht?)"라는 기사를 『포스트(Post)』 신문에 게재하는 것을 묵인했다.[27] 이 기사는 비스마르크가 기대했던 대로 양국 간의 전쟁 위험성을 증대하는 계기가 되었다.

1871년 패전의 충격에서 벗어난 프랑스는 예상보다 빨리 국력

---

27 이에 앞선 4월 5일 비스마르크는 『쾰니셰 차이퉁(Kölnische Zeitung)』에 "새로운 동맹국들"이라는 제목의 기사를 투고했는데, 이것은 독일 제국의 진정한 우방과 적국을 정확히 구분하려는 의도에서 나온 것이다.

을 회복했다. 티에르(Adolf Thiers)와 그를 추종하던 온건주의적 성향의 정치가들이 1873년 5월 실각한 후, 왕당파의 마크 마옹(Patrice de Mac Mahon)이 임시 대통령으로 선출되었다. 이후 이 인물의 주도로 프랑스의 위상증대를 위한 외교 정책, 즉 이전의 명예 회복을 위한 정책이 펼쳐지기 시작했다. 프랑스의 이러한 도전적인 정책에 대해 비스마르크는 예의주시했고, 그 과정에서 예방전쟁의 필요성을 언급했다. 몰트케 역시 재상의 허락 없이 예방전쟁을 쟁점화하는 데 주력했다. 그런데 당시 비스마르크는 프랑스와의 전쟁에 대해 그리 심각하게 생각하지 않았다. 일반적으로 사람들은 전쟁을 통해 무언가를 획득하려고 하는데, 1875년 프랑스와의 전쟁에서 무엇을 얻을 수 있는지에 대해 비스마르크는 잘 알고 있었다. 그것은 단지 제국의회에서 중앙당이 제국 내 프랑스인의 결집을 통해 더욱 강력한 정당이 된다는 것이다.

당시 러시아 주재 독일대사이자 비스마르크의 측근이었던 라도비치는 러시아 주재 프랑스대사에게 독일에서 영향력을 행사하던 인물들, 특히 몰트케를 비롯한 독일군의 핵심 세력이 예방전쟁의 필요성에 동조하고 있음을 넌지시 알려주었고, 이것은 바로 파리로 보고되었다. 사태의 심각성을 인식한 당시 프랑스 외무장관 드카즈(Elie Louis Decazes)는 영국과 러시아의 개입을 요청했다. 당시 프랑스가 더욱 약화하는 것을 원하지 않던 영국과 러시아는 독일을 견제하는 공동 정책을 펼쳤다. 실제로 이 양국은 약화한 프랑스의 국제적 위상이 독일을 효율적으로 견제할 수 있을 정도로 회복해야 한다는 관점을 가지고 있었다. 이는 삼제협정의 한계를 드러내는 것이었고, 곧이어 발생한 동방 위기는 삼제협정을 휴짓조각으로 전락시켜버렸다.

1875년 보스니아-헤르체고비나(Bosnia-Herzegovina)에서 중과세 문제로 반오스만튀르크 운동이 일어났는데, 오스만튀르크는 이를 무력으로 진압했다. 거의 같은 시기, 동루멜리엔(Ostrumelien)에서도 불가리아인이 소요를 일으켰다.[28] 당시 발칸반도에서 세력 확대를 모색하던 러시아는 독일에 오스만튀르크 문제 개입을 요구했으나, 비스마르크는 그러한 제의를 수용하지 않았다. 그러자 러시아는 오스트리아-헝가리에 반오스만튀르크 군사동맹 체제 결성을 제안했다. 비록 그러한 제안이 거절되기는 했지만, 양국은 유럽 내 오스만튀르크의 영토 분배에 대해서는 합의했다. 오스트리아-헝가리와 러시아는 비밀 외교협상에서 러시아가 오스만튀르크와 전쟁을 벌이면, 오스트리아-헝가리는 중립을 지키고 그 반대급부로 러시아는 오스트리아-헝가리가 보스니아-헤르체고비나의 자국 합병을 용인한다는 합의가 이루어졌다. 그리고 이는 러시아-오스만튀르크 전쟁 발발 요인으로 작용했다. 1877년 4월 24일부터 전쟁이 시작되었다. 러시아군은 플레브나(Plewna) 요새를 함락한 후 빠른 속도로 콘스탄티노플로 진격했다. 1878년 3월 3일 러시아는 콘스탄티노플 성문 앞에서 오스만튀르크와 평화조약을 체결했는데, 이를 '산스테파노(San Stefano) 조약'이라고 한다.

이 조약에서 오스만튀르크는 유럽 내 모든 영토를 상실하게 되었는데, 이는 유럽에서 콘스탄티노플과 그 주변의 작은 지역만 통치한다는 것을 약속했기 때문이다. 산스테파노 조약으로 탄생한 불가리아는 도나우강 이남의 발칸 지방 대다수를 차지하여 흑해 연안에서 몬

28 이 과정에서 136명에 달하는 오스만튀르크 관료가 살해당했다. 이에 오스만튀르크는 악명 높은 '불가리아 공포' 사태를 일으켜 2만 명에 달하는 농민을 처형했다.

테네그로(Montenegro)까지 지배하게 되었다. 러시아 역시 지중해로 진출할 수 있는 권한을 부여받았다.

그런데 산스테파노 조약이 체결된 이후 영국 및 오스트리아-헝가리가 러시아의 대오스만튀르크 정책을 적극적으로 견제하기 시작했다. 당시 영국은 러시아가 지중해 동부에 대한 자국의 관심을 무시했다는 견해를 표방했고, 오스트리아-헝가리는 발칸반도에서 자신들의 이익이 전혀 배려되지 않았다는 불만을 제기했다. 영국과 오스트리아-헝가리의 불만이 증대함에 따라 러시아는 국제회의에 대한 필요성을 인지했고, 그 결과 1878년 6월 13일부터 7월 13일까지 '베를린회의(Berliner Kongress)'가 개최되었다. 그동안 동방문제에 대해 소극적이던 비스마르크는 여기서 '거래를 간절히 성사시키려는 정직한 중개인(Ein ehrlicher Markler, der das Geschäft wirklich zustande bringen will)' 역할만 수행했다.[29] 그런데 당시 비스마르크는 장기간의 휴가에도 불구하고 여전히 수면장애와 류머티즘, 신경통 그리고 대상포진에 시달렸기 때문에 국제회의를 주관한다는 것은 매우 힘든 일이었다. 이렇게 건강상의 문제점이 있었음에도 비스마르크는 회의를 원활히 진행하려는 노력을 펼쳤다.

---

29 당시 비스마르크는 독일 제국을 위해 아무런 영토적 욕심도 내지 않고, 단지 유럽 열강 간의 세력균형을 그대로 유지한다는 의도만 가지고 있었다. 실제로 비스마르크는 발칸반도에 관심이 없었는데, "이 반도 전체가 독일 소총수의 건강한 뼈보다 가치가 없다"고 발언한 데서 확인할 수 있다.

러시아의 고르차코프, 오스트리아-헝가리의 언드라시, 영국의 디즈레일리 등이 참여한 베를린회의는 7월 1일까지 진행되었다. 영국 수상 디즈레일리는 빅토리아 여왕에게 협상을 이끄는 비스마르크의 솜씨에 감탄했다며 "비스마르크는 몽테뉴가 글을 쓰는 것처럼 말했다(Bismarck spricht, wie Montaigne schreibt)"라는 기념비적인 명언도 했다.

베를린에 모인 각국 정부의 대표는 독일 제국이 등장한 이후부터 이 제국에 대해 불안과 불신을 가졌다. 따라서 이들 국가는 당시 비스마르크가 최악으로 간주하던 '코슈마르 드 코알리숑(cauchemar des coalitions)', 즉 독일을 겨냥한 유럽 강대국들의 '결탁이라는 악몽'에 대해 관심을 표명했고 그 실천에 대해서도 적극성을 보였다.[30] 그러나 회의에서 비스마르크가 독일을 위한 영토적 보상보다 유럽의 세력균형을 우선시한다는 태도를 명백히 밝힘에 따라 독일 정부에 대한 이들 국가의 불신 역시 사라지게 되었다. 회의 결과, 영국과 오스트리아-헝가리로부터 압박을 받은 독일이 러시아를 위해 아무런 협조도 하지 않음에 따라 러시아는 산스테파노 조약을 통해 오스만튀르크로부터 획득한 영토의 일부, 즉 불가리아 남부 행정 자치구인 동루멜리엔(Ostrumelien)과 마케도니아를 포기했다. 러시아는 이것이 1866년과 1870~1871년 프로이센을 위해 지켜준 중립의 보상인가를 자문하면서 독일에 대해 강한 불신도 갖게 되었다. 반면 영국은 오스만튀르크로부터 키프로스(Zypern)를 획득하여 지중해에 거점을 확보했으며, 오스트리아-헝가리는 보스니아-헤르체고비나에 대한 통치권을 획득했다. 아울러 세르비아(Serbien), 몬테네그로(Montehegro) 그리고 루

---

30 러시아와 오스만튀르크 사이에 전쟁이 발발한 후 비스마르크는 키싱겐 온천에 머무르고 있었다. 1877년 6월 15일 그는 아들 헤르베르트에게 유럽 정세를 대비하려던 자신의 구상을 받아 쓰게 했는데, 이것을 지칭하여 '키싱겐 구술(Kissinger Diktat)'이라 한다. 이 구술에서 비스마르크는 "영토 확보보다는 전체적인 정치 상황, 프랑스를 제외한 모든 강대국이 우리를 필요로 하는 정치 상황을 창출해야 하며, 혹시라도 강대국들이 우리를 겨누고 결탁하는 상황만은 반드시 막아야 한다(Politische Gesamtsituation, in welcher alle Mächte außer Frankreich unser bedürfen, und von Koalitionen gegen uns durch ihre Beziehungen zueinander nach Möglichkeit abgehalten werden)"고 했다.

마니아(Rumänien)도 독립 국가의 지위를 부여받았다. 또한 불가리아는 자율권을 가지게 되었지만, 오스만튀르크에 조세를 바쳐야 하는 공국이 됐다.

베를린회의 결과, 독일과 러시아의 관계는 급격히 냉각되었다.[31] 더욱이 1879년 8월 15일 러시아 황제 알렉산드르 2세(Alexander II, 1855~1881)가 빌헬름 1세에게 보낸 서신은 이러한 상황을 더욱 악화시켰다. 편지에서 알렉산드르 2세는 독일의 반러시아적 태도에 분노를 느꼈을 뿐만 아니라 최악의 경우 전쟁도 불사하겠다는 태도를 밝혔다. 이러한 소위 '따귀 편지(Ohrfeigebrief)'는 비스마르크에게 독일과 러시아 사이의 관계를 재검토해야 한다는 인식도 하게 했다.[32]

이후부터 비스마르크는 오스트리아-헝가리와 동맹체제를 구축하려 했고 그 과정에서 오스트리아-헝가리 외무장관 언드러시(Julius Andrassy)와 여러 번 회동도 했다. 하지만 빌헬름 1세는 비스마르크의 이러한 시도에 대해 동의하지 않았다. 왜냐하면 그는 당시 제기된 러시아의 비우호적 태도를 사소한 것으로 생각했기 때문이다. 실제로

31 1879년 1월 30일 비스마르크는 제국의회에서 러시아에 불리한 결과를 안겨줄 관세법(Schutzzollgesetzgebung)에 대해 언급했다. 얼마 후 그는 러시아로부터의 곡물 유입과 가축전염병, 즉 흑사병 유행을 핑계로 러시아산 가축 수입을 금지했다. 같은 해 2월, 비스마르크는 북슐레스비히에서의 국민투표를 오스트리아-헝가리와 독일 제국의 감시하에 시행하도록 규정한 프라하 조약 제5조(Artikel V. des Prager Friedens)를 삭제한다고 발표했다. 이러한 행위는 덴마크 왕가와 로마노프 왕가가 혼인 관계로 맺어졌기 때문에 러시아 황제에게는 매우 비위에 거슬리는 행동이었다. 이에 따라 러시아는 국경수비대를 대폭 증원했고, 이탈리아와의 동맹 가능성도 타진했다.

32 당시 고르차코프를 비롯한 일련의 러시아 정치가는 러시아가 전쟁에서 승리했음에도 정당한 보상을 받지 못한 것에 불만을 토로했다. 이들은 비스마르크가 베를린회의에서 반러시아적 음모를 주도했다고 비난하면서 국제협약은 더는 의미가 없다고도 했다.

빌헬름 1세는 러시아와 베를린 사이의 왕조적 우호가 가지는 의미를 높이 평가했을 뿐만 아니라 러시아 황제가 모르는 상태에서 오스트리아-헝가리와 동맹체제를 체결하는 것 자체를 비열한 행위로 간주하기도 했다. 이렇게 빌헬름 1세가 빈과의 동맹 구축에 반대함에 따라 비스마르크는 정부 지지를 토대로 자신의 관점을 관철하려고 했다. 이러한 과정에서 비스마르크는 재상 자리에서 물러나겠다는 태도를 밝혔고, 황제 역시 "나보다는 비스마르크가 독일 제국에 더 필요한 인물일 것이다"라고 언급하며 자신의 퇴위를 고려했다.

상황이 이렇게 전개되자, 비스마르크는 황제가 동의할 방안을 모색했다. 즉 빌헬름 1세의 입장은 베를린 정부가 빈 정부와의 동맹체제 구축에 필요한 절차를 밟고 있다는 사실을 러시아 황제에게 알리는 것이었는데, 이러한 상황에서 비스마르크가 생각한 최고의 방법은 빌헬름 1세의 입장을 빈 정부가 이해할 수 있게끔 하는 것이었다. 빈 정부 역시 러시아와의 관계 개선이 필요하다고 인식했기 때문에 비스마르크의 제안에 동의했고, 그에 따라 1879년 10월 7일 독일과 오스트리아-헝가리 사이에 방위동맹체제인 2국 동맹(Zweibund)체제가 체결되었다.

그러나 2국 동맹체제는 오스트리아-헝가리에 대한 러시아의 압력을 경고하면서 발칸반도에서의 세력균형을 유지하려는 방안에 불과했고, 오히려 독일을 위해서는 독일, 오스트리아-헝가리, 러시아 3개국 간의 동맹이 절대적으로 필요하다는 것이 비스마르크의 변치 않는 관점이었다. 비스마르크는 이러한 자신의 심정을 빈 정부와의 방위동맹이 체결된 직후 측근에게 솔직히 토로했다. 그에 따르면, 독일은 오스트리아-헝가리와의 방위동맹 체결로 빈 정책에 대한 최상의 영수증을 가질 수 있다는 것이다. 이것은 독일이 오스트리아-헝가리에 접근한다면, 러시아 역시 독일에 접근하려는 시도를 펼칠 것이라는 분석에서 나온 것이라 하겠다. 이에 따라 비스마르크는 러시아의 범슬라브주의에 대한 오스트리아-헝가리의 경계에도 불구하고 다르다넬스해협에서의 영국과 러시아의 대립을 이용하면서 러시아에 다시 접근했다.

1880년 4월 23일 영국에서 오스트리아-헝가리에 적대적인 자유당이 집권하자, 다음 해 6월 18일 비스마르크의 주도로 삼제동맹(Dreikaiservertrag)이 체결되었다.[33] 독일, 오스트리아-헝가리 그리고 러시아가 참여한 이 동맹에 따르면, 제4국이 참가국들 중 어느 한 국가를 공격한다면 나머지 국가들은 호의적 중립을 지킨다는 것이었다. 예컨대, 만일 독일이 프랑스와 전쟁을 한다면 러시아와 오스트리아-헝가리는 중립을 지킨다는 것이다.

삼제동맹 체결로 발칸의 동부 지역은 러시아의 지배하에 놓이게 되었고, 러시아는 오스트리아-헝가리가 보스니아-헤르체고비나를 자국에 병합하는 것을 허용했다. 이로써 동유럽의 평화가 보장되었고 독일에 대한 전쟁 위협 역시 감소했다. 그러나 계속되는 러시아와 오

---

33 1879년 말 러시아는 외교적 고립에서 벗어나기 위해 독일과의 관계 개선을 모색했다. 1880년 은퇴한 고르차코프에 이어 다소 타협적인 기어스(Nikolay Karlovic Giers)가 그 후계자로 내정되었다. 실제로 기어스는 독일에 대한 접근 시도를 본격화했고, 이에 대해 오스트리아-헝가리 신임 외무장관인 하이메를레(Baron Heinrich Karl v. Haymerle)는 부정적이었다. 당시 이 인물은 러시아와 적대적인 영국과의 동맹 체결을 추진 중이었다. 그런데 영국에서 오스트리아-헝가리에 비우호적인 글래드스턴(William Ewart Gladstone)이 1880년 총선 이후 다시 정권을 장악함에 따라 하이메를레는 자신의 구상을 포기하고 비스마르크가 계획하던 삼제협상에 참여했다.

스트리아-헝가리의 대립은 동맹체제를 붕괴 위험으로 몰고 갈 수밖에 없었다.

거의 같은 시기, 영국, 프랑스 그리고 이탈리아가 오스만튀르크의 지배를 받던 이집트와 튀니지(Tunisia)를 둘러싸고 대립하는 상황이 발생했다. 이미 베를린회의에서 프랑스는 그들의 지배를 받던 튀니지를, 영국은 이집트를 각각 영유하게끔 허용된 바 있었다. 그러나 프랑스가 1881년 튀니지를 보호국화하고 모로코에 발판을 구축함에 따라 튀니지에 많은 주민을 이주시키려던 이탈리아는 자국의 이익이 크게 침해받을 수 있다는 판단도 하게 되었다. 이에 따라 이탈리아는 오스트리아-헝가리와의 관계를 개선하려고 했다. 그런데 이탈리아는 오스트리아-헝가리령인 달마티아와 남부 티롤 등 '미수복된 이탈리아' 회복을 지향했기 때문에 도나우 제국과 오랫동안 대립하고 있었다.

그렇지만 튀니지에 대한 프랑스 정책에 충격받은 이탈리아는 1882년 5월 20일 오스트리아-헝가리, 그리고 독일과 더불어 삼국동맹(Dreibund)을 체결했다. 비스마르크는 기대하지도 않은 삼국동맹 체결을 통해 이탈리아를 동맹국으로 얻었다. 독일 재상은 이탈리아가 식민지를 획득하려는 야심에 대해 식욕이 많음에도 치아가 부실한 것에 비유해 말한 적이 있었는데, 이는 이탈리아의 능력을 높이 평가하지 않은 데서 나온 것 같다. 당시 이탈리아는 오스트리아-헝가리와의 동맹에 깊은 관심을 표명하고 있었다. 프랑스의 튀니지 점령으로 북아프리카에 가졌던 이탈리아의 야망이 무산됨에 따라 이탈리아 여론은 동맹국의 필요성을 강조했고 그에 따라 로마 정부는 오스트리아-헝가리에 접근을 시도하게 된 것이다. 그러나 오스트리아-헝가리와 이탈리아 사이의 협상은 원활히 진전되지 않았는데, 그 까닭은 이탈리아가 오스트리아-헝가리에 제공할 것이 아무것도 없었기 때문이다. 이때 비스마르크가 이탈리아의 유용성을 발견하지 못했다면, 협상은 중단되고 말았을 것이다.

비스마르크는 상트페테르부르크에서 범슬라브주의가 점점 영향력을 확대해나가고 있음을 주시했다. 특히 범슬라브주의를 주도하던 대표적 인물인 스코벨레프(Michail Dmitrijewitsch Skobelew)가 파리를 방문했을 때, 비스마르크는 프랑스와 러시아 사이에 협정이 체결되지 않을까 의심했다. 독일 재상은 이 시점에서 이탈리아와의 동맹이 커다란 의미가 없더라도 얼마간 쓸모가 있음을 간파했다. 그것은 프랑스로부터 잠재적 동맹국을 빼앗고 발칸에서의 전쟁에서 오스트리아-헝가리를 안심시킬 수도 있기 때문이었다. 또한 이탈리아 왕권을 안정시킬 수 있다는 부수적인 효과 역시 기대되었다. 그러나 이탈리아와 오스트리아-헝가리가 오스트리아-헝가리에 살던 이탈리아인 문제로 여전히 대립하고 있다는 점에서 삼국동맹은 언제라도 와해될 가능성을 가지고 있었다. 그런데도 비스마르크는 삼국동맹에 루마니아까지 포함하는 확대 안정보장체제를 구축했는데, 이것은 프랑스의 고립화를 더욱 강화하여 독일에 대한 프랑스의 위협을 약화하려는 목적에서 비롯되었다. 그뿐만 아니라 비스마르크는 지중해, 아드리아해, 에게해에서의 현상 유지를 위해 영국, 이탈리아, 오스트리아-헝가리 사이에 체결된 지중해 협정에도 깊숙이 개입했다.

1885년 이후 유럽 상황이 급변하면서 독일의 외교 정책이 위기에 처함에 따라 비스마르크가 한시적으로 관심을 보인 식민지 정책 역시 종료되었다. 1885년 3월 말 프랑스에서 페리(Jules Ferry) 내각이 무너졌다. 당시 페리와 비스마르크는 무엇보다 식민지 문제에서 상호 협력했기 때문에 몇 년 동안 독일과 프랑스의 관계는 순탄했다. 그런데 1886년 1월 페리의 후임으로 등장한 블랑제(Georges Boulanger) 장군은 이러한 노선을 포기했다. 이 인물은 취임한 직후부터 대중적 인기에 영합하고자 독일을 겨눈 복수 분위기를 달구며 "싸움은 불가피하다. 군대는 준비됐다(Die Schlacht ist unvermeidlich, die Armee ist bereit)"라는 등의 과격한 발언도 했다. 공격적·민족주의적 선동은 러시아와 동맹을 체결하려는 노력에서 비롯되었다. 당시 블랑제 장군은 러시아와 동맹을 체결해야만 독일과 전쟁을 벌일 수 있다는 점을 명확히 인식하고 있었다. 프랑스의 복수 선동은 쿠데타라도 불사하려는 저돌적인 블랑제가 1887년 5월 장관직을 잃으면서 점차 수그러들었지만, 상황은 계속해서 불안하기만 했다.

거의 같은 시점, 유럽 동부에서도 위험한 불씨가 언제라도 비화할 상황이 전개되고 있었다. 발칸반도에서 점차 심화하던 대결 분위기는 비스마르크를 혹독한 시험대 위에 세웠다. 러시아와 오스트리아-헝가리가 상호 간 이해충돌을 빚으면서 각기 독일의 지원을 요구했기 때문이다. 이러한 갈등은 1885년 9월 동루멜리아(Ostrumelien)에서 일어난 봉기가 출발점이 되었다. 1878년 베를린회의 결과로 오스만튀르크에 남았던 이 지역에서 일어난 봉기는 매우 성공적이었으며, 그 과정에서 오스만튀르크의 관리들도 추방했다. 이후 동루멜리아와 불가리아 공국은 통합을 선언했다. 동루멜리아의 지배권 역시 곧바로 불가리아 군주 바텐베르크(Alexander v. Battenberg)가 접수했다. 이 인물은 러시아 차르의 조카아들이지만, 영국 왕가와 사돈을 맺기도 했다. 러시아의 지원으로 바텐베르크는 1879년 불가리아 지배자로 선출됐다.

1881년 3월 13일에 암살당한 알렉산드르 2세의 뒤를 이은 알렉산드르 3세(Alexandr III, 1881~1894)는 어린 시절 바텐베르크에게 품었던 적대감으로 동루멜리아와 불가리아 공국의 통합을 반대했다. 특히 까다로웠던 것은 차르가 증오하던 바텐베르크가 독일 황세자 프리드리히의 차녀인 빅토리아(Viktoria), 즉 빌헬름 1세의 손녀딸과 결혼하려 했다는 사실이다. 실제로 빅토리아는 바텐베르크에게 반해 있었고, 어머니 빅토리아 황세자빈 역시 이 점을 직시하고 있었다. 이후 빅토리아 황세자빈과 빅토리아는 불가리아와 독일 제국의 인적 결합에서 파생하는 이점을 부각했지만, 비스마르크와 빌헬름 1세는 동의하지 않았다. 이렇게 비스마르크가 빅토리아 공주의 결혼을 반대한 것은 신랑 후보로 등장한 바텐베르크가 정치적 역량을 충분히 갖추지 못했을 뿐만 아니라 정치적 야심조차 없었기 때문이다.[34] 동루멜리아와 불가리아의 통합 이후, 러시아는 베를린회의에서의 합의 사항 준수를 요구했다. 이것은 삼제동맹의 이면 합의에 불가리아와 동루멜리아가 통합한다면 거부하지 않겠다는 조항이 있었음에도 러시아가

---

34 빅토리아의 부친인 프리드리히 황세자는 비스마르크의 반대에도 불구하고 빅토리아와 바텐베르크 간의 결혼을 허락했고 이것은 비스마르크의 반발을 유발했다. 당시 비스마르크는 두 사람 사이의 결혼은 러시아 황제를 모욕하는 것이고 프레이센 외교 정책의 근간 역시 훼손하는 것이라고 했다. 이후 그는 자신의 퇴임을 언급했고 이로 인해 바텐베르크는 독일에서 추방되었으며 빅토리아와 바텐베르크의 결혼 역시 성사되지 않았다.

이후부터 비스마르크는 빅토리아의 어머니 빅토리아 황세자빈으로부터도 미움을 받게 되었다. 독일에서 추방된 바텐베르크는 한 여가수와 결혼했지만, 그로부터 5년도 안 된 1893년 11월 17일 생을 마감했다. 빅토리아는 아돌프 샤움부르크-리페(Adolf v. Schaumburg-Lippe)와 결혼했다.

몽니를 부린 것에 불과했다. 이에 반해 오스트리아-헝가리는 이면 합의를 준수해 상트페테르부르크의 노여움을 샀다. 이후 전개된 상황은 이루 말할 수 없이 복잡했다.[35]

한편 비스마르크가 앞서 결성한 삼제동맹도 삼국동맹과 마찬가지로 언제라도 붕괴할 위험이 컸다. 왜냐하면 러시아의 범슬라브주의와 오스트리아-헝가리의 범게르만주의가 발칸반도에서 충돌하고 있었기 때문이다. 결국 러시아는 1887년 이 동맹체제에서 탈퇴했다. 우려하던 러시아와 프랑스의 접근 가능성이 제기되었고 비스마르크는 그것을 막기 위해 1887년 6월 18일 러시아의 알렉산드르 3세와 '재보장조약(Rückversicherungsvertrag)'을 체결했는데, 독일과 러시아 중 어느 한 국가가 제3국과 전쟁을 한다면 다른 국가는 중립을 지킨다는 것이 구체적으로 명시되어 있었다. 예컨대, 러시아와 오스트리아-헝가리 사이에 전쟁이 발발할 경우, 독일은 중립을 지킨다는 것이다.[36]

재보장조약이 체결된 이후 비스마르크는 이 조약의 의미를 다음과 같이 언급했다. 즉, 베를린 정부가 지향하는 외교 정책의 궁극적인 목표는 유럽의 평화를 유지하는 것으로, 러시아가 평화를 위협한다면 독일은 오스트리아-헝가리 측을 지원하고, 반대로 오스트리아-헝가리가 평화를 저해한다면 러시아와의 조약에 따라 중립적 태도를

35 바텐베르크는 러시아의 압박으로 불가리아 군주 자리에서 물러나야 했고, 영국과 오스트리아-헝가리는 그를 대신하여 오스트리아-헝가리군에서 장교로 활동하던 코부르크(Coburg) 왕자인 페르디난트(Ferdinand)를 불가리아 군주로 등극시키려 했다.

36 또한 여기서는 프랑스와 독일 사이에 전쟁이 발생한다면, 러시아가 중립을 지킨다는 것도 거론되었다. 당시 러시아에 대해 강한 적개심을 가졌던 홀슈타인(Friedrich v. Holstein)은 재보장조약을 "정치적 이중 결혼(politische Bigamie)"이라고 비난했다.

보인다는 것이었다.[37] 그런데 재보장조약은 독일과 오스트리아-헝가리의 상호방위조약을 정면으로 위배하는 것이었다. 따라서 이 조약은 독일의 우방인 오스트리아-헝가리가 알 수 없게끔 비밀 조약 형태를 취할 수밖에 없었다.[38]

빌헬름 2세가 등극한 후, 알렉산드르 3세는 재보장조약을 연장하려던 비스마르크의 관점을 새 황제가 반대한다는 것을 인지하고 있었다. 그런데도 그는 비스마르크와의 관계 악화를 고려하지 않았다. 1889년 10월 알렉산드르 3세가 독일을 방문함에 따라 비스마르크는 프리드리히스루를 떠나 베를린에 왔는데, 이유는 러시아 황제를 만나기 위해서였다. 러시아 황제와의 면담에서 황제의 권유에도 불구하고 비스마르크는 선 채로 이야기를 나누는 공손함을 보였다. 면담 후 비스마르크는 알렉산드르 3세와 같이 바그너(Richard Wagner)의 「라인 골드(Rheingold)」라는 오페라를 감상했는데, 오페라 관람은 그가 재상으로 임명된 후 처음 있는 일이었다. 비스마르크와의 공식적 만남과 이어진 개인적 접촉을 통해 독일 재상에 대한 러시아 황제의 불신은 완전히 사라졌다. 실제로 알렉산드르 3세는 비스마르크에 대한 자신의 신뢰를 강조했고, "그런데 재상께서는 앞으로도 재상직을 수행하실 수 있습니까?"라는 질문을 던졌는데 분명히 비스마르크의 뇌리에 충격을 가하는 언급이었다. 비스마르크는 자신이 좋은 건강 상태를 유지하고 있어서 죽을 때까지 재상으로 활동할 수 있다며 중얼거렸는

---

37 당시 비스마르크는 비밀 조약 체계를 통해 평화에 대한 프리미엄도 보장받을 수 있다는 관점을 가지고 있었다.

38 그러나 이 재보장조약의 구체적 내용은 1896년 공개되었다.

데, 이것을 러시아 황제가 인지했는지는 알려지지 않았다. 이러한 발언으로 당시 교체된 빌헬름 2세(Wilhelm II, 1888~1918)와 비스마르크의 관계가 매끄럽지 않다는 것을 러시아 황제도 직감한 것을 확인할 수 있다.

그러나 1890년 3월 20일 비스마르크가 재상에서 물러나면서 그가 설계한 복잡하고 위험한 동맹체제는 흔들리기 시작했다. 더욱이 젊고 모험적이었던 빌헬름 2세가 직접 독일의 외교 정책을 좌우하게 되면서 일찍이 비스마르크가 우려했던 상황이 현실로 나타나기 시작했다. 빌헬름 2세는 러시아와의 재보장조약을 6월 18일에 폐기했다. 그는 러시아가 시효가 만료된 재보장조약의 연장을 희망했음에도 거부했다.

이후 비스마르크가 예상했던 대로 러시아와 프랑스 사이는 가까워졌고, 마침내 양국 사이에 동맹체제도 구축되었다. 그 내용에 따르면, 동맹국 중 어느 한 국가가 제3국과 전쟁을 한다면 다른 국가는 동맹국을 위해 군사적인 지원을 한다는 것이었다. 다시 말해 프랑스가 독일과 전쟁을 한다면 프랑스는 러시아로부터 지원을 받는다는 것이었다. 비스마르크가 없는 독일은 이제 국제적으로 불리한 상태에 놓이게 되었다.

제7장
삶을 마무리하면서

1 빌헬름 2세와의 불화

1888년 3월 9일 빌헬름 1세가 91세의 나이로 사망했다. 같은 날 비스마르크는 제국의회에서 빌헬름 1세의 서거를 공식적으로 발표했다. 흐르는 눈물이 목메게 했지만, 비스마르크는 자신과 빌헬름 1세 사이의 돈독한 연대감 때문에 제국을 더욱 효율적으로 통치할 수 있었다는 내용의 추모사를 낭독했다. 빌헬름 1세의 서거에 비스마르크가 이렇게 슬퍼한 것은 오랫동안 자신과 공존하던 인물이 세상을 떠난 것과 자신의 미래 또한 그리 밝지 않다는 데서 비롯된 것 같다. 그렇지만 비스마르크는 자신만이 독일을 효율적으로 통치할 수 있다고 확신하고 있었다. 물론 그는 독일 제국에서 자신의 절대적 위상이 더는 허용되지 않으리라는 판단도 했다.

비스마르크와 서거한 빌헬름 1세의 관계는 군주와 신하의 관계를 벗어난 것 같다. 신하였던 비스마르크는 간혹 빌헬름 1세를 경멸하기도 했는데, 그것은 황제가 신문도 안 읽고 자신이 좋아하던 담배도 같이 피우지 않고 단지 서류와 전보만 읽어서였던 것 같다. 만일 국왕이 이러한 비판을 들었다면 즉시 신하를 파면하거나 감옥에 가

두는 조처를 했겠지만, 빌헬름 1세는 그러한 비판에 전혀 개의치 않았다. 따라서 비스마르크는 자신과 절친한 인물에게 황제의 성격이나 문제점을 언급하는 데 주저하지 않았다. 그 일례로 황궁 정원사에게 빌헬름 1세는 좋은 관리이고 여성에게 상냥한 인물이라고 언급하면서, 가끔 냉정하고 침착한 태도도 보인다고 했다. 그는 빌헬름 1세의 문제점도 지적했는데, 황후의 조언 또는 요구를 들은 후 전후 상황을 고려하지 않고 바로 재상에게 대응하는 것이었고 그 과정에서 이성을 잃는 경우도 있다는 것이다. 비스마르크는 자신의 정책을 관철하기 위해 퇴임을 무기로 삼았고 1869년, 1874년, 1875년, 1877년에 실제로 사용했으며 건강상의 문제를 사임 이유로 제시했다. 그런데 비스마르크는 사임서를 제출하기 전 자신의 사임이 절대로 수용되지 않으리라는 확신을 한 후 행동에 나섰다.

빌헬름 1세에 이어 독일 황제로 등극한 프리드리히 3세(Friedrich III, 1888~1888)는 후두암(Kehlkopfkrebs)에 걸린 중환자였기 때문에 그의 시대가 얼마 가지 못하리라는 것은 널리 알려진 사실이었다.[1] 따라서 상당수 정치가는 그의 아들인 빌헬름 황세자의 행보에 대해 더 깊은 관심을 보였다. 실제로 프리드리히 3세는 짤막한 재위 기간에 거의 누워서 지냈으며 병 때문에 가족이나 보좌진과의 의사소통도 필담으로 나누었다.[2]

---

1 프리드리히 3세의 원래 이름은 프리드리히 빌헬름 니콜라우스 카를 호엔촐레른 폰 프로이센(Friedrich Wilhelm Nikolaus Karl Hohenzollern v. Preußen)이었다.

2 황세자 시절 자신의 불치병에 대해 절규하던 프리드리히 3세는 자신이 조국을 위해 능력을 제대로 발휘하지 못하는 것에 대해 한탄까지 했다. 당시 빌헬름 1세의 주치의였던 베르크만(Ernst v. Bergmann)은 프리드리히 황세자의 후두를 절제하자고 제

56세의 나이로 황제 자리에 오른 프리드리히 3세는 길지 않을 자신의 재위 기간을 고려했기 때문에 내정 및 외정에서 근본적인 변화

안했지만, 그의 동료 의사인 피르호는 반대했다. 살아있는 환자를 상대로 그러한 집도를 한 적이 없었기 때문이다. 이런 절박한 상황에서 영국의 저명 의사 매켄지(Morell Mackenzie)는 프리드리히의 증상을 암으로 진단했고, 프리드리히와 빅토리아에게 기관절개(Luftröhrenschnitt)를 제안하여 승낙도 받았다. 1888년 2월 8일, 빌헬름 1세가 서거하기 한 달 전 기관절개용 튜브를 프리드리히의 기도에 삽입하는 수술이 진행되었다. 수술 집도 중 베르크만은 기관지 절개를 하지 않은 채 튜브를 잘못된 부위에 삽입하여 자칫 수술 중 프리드리히는 생을 마감해야 할 위기 상황에 놓이기도 했다. 베르크만의 잘못으로 프리드리히는 기침과 각혈을 시작했고, 당황한 베르크만은 환부에 집게손가락을 갖다 대어 환부 범위를 더욱 번지게 하는 실수를 다시금 저질렀다. 2시간 만에 출혈이 멈췄지만, 베르크만의 부주의한 행동으로 결국 프리드리히의 목에 농양도 생겼다. 그리고 이 농양은 프리드리히가 죽을 때까지 그를 더욱 고통스럽게 하는 요인이 되었다. 훗날 프리드리히의 아들 빌헬름이 어머니 빅토리아에게 "영국인 의사가 아버지를 더욱 고통에 빠뜨리는 실수를 저질렀고, 영국인 의사가 내 팔을 이렇게 불구로 만들었는데, 그것은 어머니가 독일인 의사를 용납하지 않고 무시했기 때문인 것 같습니다"라는 의미심장한 언급을 했고 이에 빅토리아는 아무런 대꾸도 하지 못했다.

기관절개 수술을 마친 후 이탈리아 산레모(San Remo)에 머무르던 프리드리히는 부친 빌헬름 1세의 서거 소식을 듣고 황제 등극을 위해 베를린으로 귀환했다. 건강상의 문제로 그가 탄 열차는 매우 느리게 이동했는데, 그의 안정과 수면이 먼저 배려되었다. 건강상 차갑고 강한 외풍을 견딜 수 없었던 프리드리히 3세에 대한 의료진의 걱정은 매우 컸다. 새 황제를 맞이하기 위해 베를린을 떠난 비스마르크와 장관들은 라이프치히역에서 프리드리히 3세가 탄 열차를 기다렸다.

새 황제가 탄 열차는 밤 11시 베를린 샬로텐부르크(Charlottenburg)의 베스텐트(Westend)역에 도착했는데, 당시 이 역에는 프리드리히 3세를 보기 위해 수천 명의 시민이 모였다. 대부분 매우 강한 동풍을 동반한 폭설로 흩어졌지만, 수백 명의 시민은 역에서 움직이지 않았고 이들 중에는 유니폼을 입은 29세의 황세자 빌헬름도 있었다. 열차에서 내린 프리드리히 3세는 샬로텐부르크 황궁으로 바로 이동했다. 당시 그의 모습을 가까이서 본 한 궁녀가 황제를 묘사했는데, 그에 따르면 모자를 쓰고 군용외투를 입은 황제는 이전과 같이 양초처럼 곧은 모습을 유지했지만, 얼굴은 말랐고 창백해 보였다는 것이다. 이어 그녀는 새 황제의 얼굴이 마치 돌처럼 굳어있는 것 같다고 하면서 눈물이 앞을 가려 더는 황제의 얼굴을 볼 수 없었다고도 했다. 이러한 궁녀의 언급을 통해 새 황제가 머지않아 사망할 것이라는 예측도 할 수 있었는데, 이는 비스마르크를 비롯한 대다수 정치가도 인지한 상태였다.

를 모색하지 않았다. 프리드리히 3세는 포츠담에서 태어났고, 1858년 1월 25일 런던에서 빅토리아(Victoria) 여왕의 장녀인 빅토리아(Victoria Adelaide Mary Louisa) 공주와 결혼했다. 제후 또는 국왕의 결혼은 권력 유지와 확대를 위한 수단으로 간주되었고 이는 과거 수백 년에 걸쳐 입증되었다.[3]

프리드리히 3세와 빅토리아 사이에 5명의 자녀가 출생했고, 1859년 1월 27일 장남 빌헬름이 태어났다. 후두암에 걸리기 전 프리드리히 3세는 군사적 색채가 강한 프로이센의 정치체제를 영국식 의회 중심 체제로 변경해야 한다는 관점을 가지고 있었고, 그것을 실현하는 데 필요한 방안도 구상했다. 실제로 프리드리히 3세는 자유주의적 성향이 강했다. 그뿐만 아니라 군 통솔력에도 뛰어난 재능을 보인 이 인물은 오스트리아와의 형제 전쟁에서 직접 인솔한 제2군단을 효율적으로 운영하여 승리에 결정적으로 이바지했고, 오스트리아와의 평화조약 체결을 앞두고 프로이센의 참모본부가 있던 니콜스부르크에서 부친 빌헬름 1세와 비스마르크 사이의 갈등을 중재할 정도로 상황판단 또한 빨랐다.

그런데 프리드리히 3세가 황제로 즉위한 이후 후두암 증세는 더욱 악화했고, 그로 인해 목소리까지 잃게 되었다. 언어장애로 인해 프리드리히 3세는 종이와 연필에 의지할 수밖에 없었고 이는 효율적인 통치도 불가능하게 했다. 그런데도 죽기 직전까지 나름대로 국정운영에 최선을 다하는 성의를 보였다. 프리드리히 3세는 황후 빅토리아와 비스마르크가 불편한 관계였음에도 비스마르크와 결별하려는 생

3 빌헬름 1세는 러시아 황실의 공주를 며느리로 들이고 싶어 했다.

각을 하지 않았는데, 그것은 제국 운영을 비스마르크에게 전적으로 위임하려 한 데서 확인된다. 예상했던 대로 프리드리히 3세의 치세는 99일 만인 1888년 6월 15일에 끝났고, 29세의 빌헬름 2세가 그의 후계자로 등극했다.

새 황제가 등극했음에도 비스마르크의 재상 연임은 보장된 것처럼 보였다.[4] 프리드리히 3세와 달리 빌헬름 2세는 황세자 시절부터 자신의 주장을 펼치는 데 적극적이었다. 비스마르크는 빌헬름의 이러한 직선적 성격에 대해 우호적인 자세를 보였지만, 점차 그의 정치적 역량이 매우 미흡하다는 사실도 인지하게 되었다. 따라서 그는 빌헬름을 베를린 외무성에서 일정 기간 근무하게 하여 국가적 사안들을 올바르게 통찰할 수 있는 능력을 부여하려고 했다. 당시 황태자였던 프리드리히는 비스마르크의 이러한 구상에 반대했는데, 그것은 그 자신이 빌헬름의 '미성숙'과 '불손함'을 알고 있었기 때문이다.

빌헬름 1세의 치세 말기, 비스마르크와 황세손 빌헬름 사이에 첫 번째 논쟁이 펼쳐졌다. 논쟁의 시발점은 유대인 및 사회주의자들에 대해 반감을 품은 슈퇴커(Adolf Stoeker)가 1878년 기독사회당(Christlich-Soziale Partei)을 창당한 데서 연유했다. 1874년부터 궁정과 주교좌성당 전도사로 활동하던 슈퇴커는 기독사회당 창당 이후부터 유대인과 사회주의자들을 헐뜯는 데 주력했는데, 그에 따르면 유대

4 빌헬름 2세의 측근이었던 슈퇴커는 1884년 8월 14일 『십자 신문』에 기고한 "장작더미 편지(Scheitethaufenbrief)"에서 비스마르크의 즉각적 해임을 요구했지만, 빌헬름 2세는 거부했다. 다음 해인 1889년 슈퇴커는 자신이 창간한 『다스 폴크(Das Volk)』에서 다시금 비스마르크를 공격하는 데 주저하지 않았다. 그는 비스마르크가 독일인의 민족적 특성을 타락시키고 세상을 잘못 이끌고 있으며, 서서히 군주정까지 몰락시키려 한다고 했다.

인과 사회주의자들은 이질적 집단이기 때문에 제국 내에서 배척해야 하고 그렇게 해야만 사회적 안정과 평화도 구축될 수 있다는 것이다. 그러면서 그는 자신의 관점에 대한 사회적 동의를 쉽게 얻어낼 수 있다는 자신감도 피력했다.

비스마르크와 황세손 빌헬름 사이의 갈등을 유발한 주된 요인은 바로 이러한 슈퇴커의 조직적이고 반사회주의적 행동에 대해 빌헬름이 공식적으로 동조했다는 것과 비스마르크의 외교 정책을 그가 공개적으로 비판한 것이었다. 당시 비스마르크는 신민 간의 갈등을 유발하는 슈퇴커의 주장에 대해 부정적이었기 때문에 그러한 주장에 황세손이 동조한다는 것 자체를 용인하지 않으려고 했다. 아울러 그는 외교 정책에서 영국을 우선시하려는 황세손 빌헬름의 의도에 대해서도 불만을 표시했다.

1886년부터 외무부 차관으로 활동하던 비스마르크의 아들 헤르베르트를 통해 재상의 관점을 파악한 황세손 빌헬름은 슈퇴커 운동에 관여한 자신의 관점을 정리한 서신을 비스마르크에게 보내 재상에 대한 자신의 부정적 시각을 주저 없이 표출했다.[5] 황세손 빌헬름의 편지를 읽고 난 후 비스마르크는 빌헬름에 대한 일종의 경고성 메시지가 필요하다는 판단하에 1886년 5월 9일 자신의 정치적 관점과 군주로서 활동하는 데 필요한 자세 등을 언급한 장문의 답장을 썼다. 여기서 그는 미래 군주의 신임을 얻고자 아첨하는 주변 사람들에 대해 황세손이 경계해야 한다는 것을 언급했다. 이어 그는 프리드리히 2세

5 황세손 빌헬름은 비스마르크에게 보낸 서신에서 자신이 황제로 즉위한다면 비스마르크에게 일시적 어려움이나 불쾌감을 주기보다는 서서히 그의 수족을 제거하는 방법을 쓰겠다고 했다.

(Friedrich II, 1740~1786)를 흠모하던 황세손 빌헬름에게 장군으로서뿐만 아니라 정치가로서도 답습해야 한다는 것을 충고했다.[6] 이러한 비스마르크의 비판적 답장에 대해 빌헬름은 심한 불쾌감을 느꼈지만, 대외적으로 표출하지는 않았다. 따라서 그는 비스마르크의 조언을

---

6 1713년 2월 25일 프로이센의 2대 국왕으로 등극한 프리드리히 빌헬름 1세(Friedrich Wilhelm I)가 1740년 5월 31일 사망함에 따라 왕세자 프리드리히(Friedrich)가 그의 후계자로 등장했다. 국왕으로 즉위한 이후부터 프리드리히 2세는 선친이 추진한 개혁 정책, 즉 절대왕정체제 구축에 필요한 제 정책을 마무리하고 자신이 구상한 계몽 절대주의 체제(Aufgeklärtes Absolutistiches System)를 본격적으로 시행하려고 했다. 프리드리히 2세는 왕위를 계승하기 이전부터 장당(Jacques Egide Duhan de Jandun), 알가로티(Francesco Algarotti), 그리고 볼테르(Voltaire)를 통해 계몽사상의 근간 및 장점들에 대해 정확히 파악하려고 했다.

국왕으로 등극한 직후 프리드리히 2세는 스스로를 '국가의 제1 공복(Erster Diener des Staates)'이라고 자칭했다. 당시 프리드리히 2세는 부친과 마찬가지로 이민자 및 위그노와 유대교인 같은 종교적 소수자들에 대한 배려 및 관용 정책도 펼쳤는데, 이는 이들을 통해 적지 않은 경제적 이익을 얻을 수 있다는 확신에서 나온 것 같다. 또한 프리드리히 2세는 언론의 제한적 자유에 관해서도 관심을 표명했고, 그 과정에서 정치 및 문학을 다룰 프랑스어 신문도 창간되었다. 거의 같은 시기 프리드리히 2세는 농민들의 부담을 크게 경감시키는 정책도 펼치기 시작했는데, 그러한 것은 지주 계층에 의해 자행되던 농토몰수 및 부역(Frondienst)을 대폭 완화하는 칙령을 발표한 데서 확인할 수 있다. 프리드리히 2세는 이러한 정책의 효과가 바로 나타나지 않을 것이라는 예상도 했는데, 그것은 기득 계층의 강한 반발이 제기되리라는 확신에서 나온 것 같다.

1740년 10월 20일 마리아 테레지아(Maria Theresia)는 국사조칙(Pragmatische Sanktion)에 따라 오스트리아의 위정자로 등장했다. 당시 프리드리히 2세는 프로이센과 국경을 접하고 있던 오스트리아의 슐레지엔 지방을 차지한다면 프로이센의 국력 역시 크게 신장하리라는 확신을 했고, 그것을 실천하는 데 필요한 방안도 마련하고자 했다. 여기서 그는 마리아 테레지아의 즉위를 인정하지 않으려는 주변 국가들인 프랑스, 바이에른 그리고 작센과 협력한다면 자신의 구상을 현실화시킬 수 있다는 판단도 했다. 같은 해 오스트리아왕위계승전쟁(1740~1763)이 발발했고 그 과정에서 프리드리히 2세는 경제적 가치가 매우 높은 슐레지엔 지방을 차지하게 되었다. 프리드리히 2세는 제3차 오스트리아왕위계승전쟁(1756~1763) 또는 7년전쟁이 끝난 후 자국의 군대와 신민을 전쟁터로 보내는 일을 가능한 한 피하려고 했다. 그러나 그는 정확한 정치적 안목과 뛰어난 외교적 수완을 통해 프로이센의 영역을 지속해서 확대해나갔다.

겸허히 수용하겠다는 태도도 밝혔다.

1886년 초에 오간 두 사람 사이의 서신교환은 두 인물의 성격을 파악하는 데 도움이 되었다. 그런데 편지에서 드러난 황세손 빌헬름의 경직된 태도는 어린 시절로 거슬러 올라갈 수 있다. 태어날 때부터 그의 왼손은 의료사고로 인해 오른손보다 짧았을 뿐만 아니라 기능 역시 거의 마비된 상태였는데, 아마도 그러한 것이 그의 성격 형성에 부정적 요인으로 작용한 것 같다.

베를린의 황세자궁에서 황위 계승권을 가진 인물이 태어날 때, 관례상 고위 관리들은 황위계승자의 출생 과정을 지켜본다. 빌헬름의 신체 전부가 어머니의 자궁에서 나오지 않은 위험한 상태에서 베를린 샤리테 병원 산부인과 과장(Direktor der Entbindungsanstalt im Charité-Krankenhaus Berlin) 마르틴(Eduard Arnold Martin) 박사는 최후 방법(ultima ratio)을 사용하기로 했다. 마르틴 박사는 몇 시간 동안 지연되고 있는 출산을 앞당겨야 했고, 그러기 위해 새로운 마취제 클로로폼(Chloroform)까지 사용해야 했다. 그는 황위계승자의 머리를 자궁 내로 돌리고, 엉덩이와 복부를 앞으로 당겨 둔위 분만을 시도했다. 그런데 당시 탯줄 맥박은 거의 감지할 수 없었기 때문에 출산 과정을 더욱 서둘러야 했다. 신속하게 진행된 응급분만(제왕절개는 종종 산모의 사망으로 이어졌는데, 이 경우에는 전혀 문제가 되지 않음)의 결과, 아기는 산 상태로 태어났지만 숨을 쉬지 않는 위기 상황에 놓이게 되었다. 의료진 모두가 당황하여 어찌 줄 모르는 상황에서 경험 많은 조산사가 무호흡 상태인 아기를 기록물 수첩과 젖은 수건으로 때려 자극을 주자 빌헬름은 다시 숨을 쉬기 시작했다. 이렇게 간신히 목숨을 건진 빌헬름에게서 왼쪽 위팔 신경얼기마비(Linksseitige Armplexus-Lähmung) 증세가 나타났다. 며칠 후, 마르틴 박사는 신생아가 왼쪽 팔을 움직일 수 없음을 확인했고, 빌헬름은 사경 진단(congential torticollis) 판정까지 받았다. 사경 진단은 분만 시 흉쇄유돌근이 손상되어 생기는 경우가 많다. 엉덩이가 먼저 나오는 둔위 분만 과정에서 아기의 목에 있는 흉쇄유돌근이라는 근육이 손상되고, 치유 과정에서 섬유화되고 짧아지면서 양쪽 근육 길이에 차이가 나서 머리가 기울어진 자세로 유지되는 것이 외양상 특징이라 하겠다.

빌헬름의 모친 빅토리아는 빌헬름이 구사일생으로 살아남에 따라 마르틴 박사의 탁월한 의술에 많은 찬사와 귀중한 반지로 보답했지만, 빌헬름이 의술적 실수로 인해 후천적 결함, 즉 사경 진단을 받은 후부터 마르틴 박사에 대해 증오심도 갖게 되었다. 이후부터 빌헬름의 장애를 치료하기 위한 갖가지 방법이 동원되었는데, 갓 도살한 토끼에 아픈 팔을 꿰매거나 팔에 전기를 공급하는 등의 치료가 그 일례라 하겠다. 그러나 이러한 치료들은 성공하지 못했다. 이렇게 어려서부터 건강상의 문제점을 가졌지만, 빌헬름은 별 탈 없이 성장했다.[7]

---

7 1871년 6월 16일 빌헬름 1세가 황제가 되어 프랑스에서 베를린으로 돌아왔을 때, 12세의 빌헬름은 브란덴부르크문으로 말을 타고 나가 새 황제를 영접했다. 소란스럽게 들끓으며 팽창하던 독일 제국에서 성장한 빌헬름은 독일 제국이 세계에서 합당한 지위를 누리게 되기를 갈망했다. 뛰어난 말재간과 부드러운 태도를 가진 빌헬름은 참을성이 없었으며, 불안정한 성격의 소유자였다. 비스마르크는 당시 빌헬름에 대해 나름대로 평가했는데, 그에 따르면 "빌헬름은 성미가 급한 인물(Blausekopf)이라 입을 다물어야 할 때 다물 줄 모르며, 아첨에 귀가 얇아 짐작하지도 원하지도 않는 가운데 독일을 전쟁에 빠뜨릴 수도 있는 인물"이라는 것이다. 빌헬름은 할아버지 빌헬름 1세와 달리 막후에 머무르려고 하지 않았다. 실제로 이 인물은 황제로 등극한 직후부터 자신을 공인으로 인식했다. 프리드리히 3세의 장례를 치르고 몇 시간 뒤, 비스마르크는 젊은 황제를 예방하면서 전혀 다른 바람이 불고 있다는 것을 실감했다. 빌헬름 2세는 고개를 뒤로 젖히고 당당한 자세로 73세의 재상에게 충성 맹세(Huldigung)로 자기 손에 입을 맞추라고 했

당시 황세손 빌헬름은 위정자들에게 요구되던 인내심 또는 자기 제어 능력도 충분히 갖추지 못했다. 따라서 만일 비스마르크로부터 프리드리히 2세가 결코 훌륭한 군주가 아니었다는 평가를 들었더라면 감수성이 예민한 그로서는 그러한 평가를 감내할 수 없었을 것이다.

빌헬름 2세가 즉위한 이후 외양상 모든 것은 제대로 되어가는 것처럼 보였는데, 그것은 프리드리히 3세 재위 기간 중 초래할 수 있었던 불확실성 등이 사라졌기 때문이다. 비스마르크 역시 자신이 추진하던 일들에 자신감을 보였다. 당시 그는 대부분 시간을 베를린이 아닌 함부르크 근처 프리드리히스루(Friedrichsruh)에 있는 영지에서 보내고 있었다.[8]

다. 당시 빌헬름 2세가 손을 워낙 낮게 든 탓에 비스마르크는 입술이 손에 닿도록 허리를 매우 깊숙이 숙여야 했다.

빌헬름 2세는 외모에 까다로울 정도로 신경 썼고, 제복을 비롯한 각종 의상을 특정 행사에 맞춰 자주 갈아입었으며, 콧수염은 특수 왁스(Spezialwachs)를 사용해 빳빳한 형태가 유지되게끔 길렀다. 이런 모습으로 국가 공식 행사에 참석할 때는 근엄하고 진지한 분위기도 연출되었다. 외모에 대한 집착은 황후도 예외가 아니었다. 빌헬름 2세는 슐레스비히-홀슈타인-존더부르크-아우구스텐부르크(Schleswig-Holstein- Sonderburg-Augustenburg) 공국의 공녀였던 아우구스테 빅토리아(Auguste Viktoria) 황후를 위해 의상과 특이한 보석, 사치스러운 모자 등을 디자인해주었을 뿐만 아니라 다이어트와 약물, 코르셋 착용 등의 방법으로 황후가 날씬한 허리를 유지하게끔 했다. 빌헬름 2세는 자신의 오른손보다 짧은 왼손을 좀처럼 바지 주머니에서 꺼내려 하지 않았는데, 신체적 콤플렉스 때문인 듯했다. 아울러 이 인물은 보수주의자 또는 사회주의자들에 의한 쿠데타로 자신이 황제직에서 추방될 수 있다는 '퇴위 콤플렉스'도 가지고 있었다.

8 실제로 비스마르크는 자기 영지에 머무르면서 독일 제국을 통치했다. 1888년 7월 비스마르크는 베를린을 떠나 프리드리히스루에 머무르다가 다음 해 1월 베를린으로 귀환했다. 이로부터 얼마 후인 1889년 5월 비스마르크는 다시 프리드리히스루로 떠났고, 1890년 1월에 발생한 위기 이전까지 가끔 자신의 집무실에 나타나 업무를 수행했다.

영지에 머무르는 동안 비스마르크는 늦게 일어났고 아침마다 날달걀 2개를 홀짝홀짝 마셨다. 이렇게 아침 식사를 간단히 마친 후 말을 타고 교외로 나가서 산책도 했다.

비스마르크는 1871년 빌헬름 1세로부터 프랑스와의 전쟁에서 승리하는 데 크게 이바지한 대가로 후작(Fürst) 작위를 부여받았고, 함부르크 근교에 있는 라우엔부르크 공국의 작센발트(Sachsenwald)와 함께 약 5만 에이커에 이르는 거대한 산림지역도 하사받았다. 따라서 비스마르크는 1867년에 받은 40만 탈러의 하사금으로 사들인 바르친까지 포함하여 엄청난 대토지 소유자가 되었다. 그의 재력 역시 통일 이후 가속화된 경제성장 덕분에 급속히 증대했는데, 이는 경제 호황기에 로트실트(Meyer Carl v. Rothschild)와 블라이히뢰더(Gerson v. Bleichlöder)라는 두 은행가의 탁월한 자산운용 덕분에 가능했다.

빌헬름 2세와의 대립이 가시화되던 시기 비스마르크의 건강 상태는 급격히 나빠졌다. 그동안 업무의 중압감과 책임감에서 비롯된 과도한 스트레스, 불규칙한 생활 리듬으로 인한 과식과 수면장애가 만성화된 데다가 신임 황제와 끊이지 않는 신경전으로 건강이 최악의 상태였다. 따라서 그는 아들인 헤르베르트를 통해 황제와 업무를

산책하면서 비스마르크는 주변의 풍광을 보거나 얼마 남지 않은 인생을 어떻게 마무리할 것인가를 생각하기도 했다. 여기서 마리 타텐-트리에글라프와 오를로프의 모습을 뇌리에 떠올리며 그들과 지낸 날들을 회상했고, 그러한 날들이 앞으로는 더는 없으리라는 것도 인지했다. 온몸이 땀에 젖은 상태로 집에 돌아온 비스마르크는 목욕을 마친 후 식사를 했다. 주치의의 요구로 식사량이 이전보다 많이 줄었지만, 비스마르크의 식사량은 일반인의 2배 이상이었다.

비스마르크가 프리드리히스루에서 장기 체류한 것은 당시 영국 여왕 빅토리아가 런던보다는 오랫동안 오스본(Osborne)과 밸모럴(Balmoral)성에 체류한 것과 연계시킬 수 있다. 스코틀랜드에서의 장기체류에 불평하던 영국인을 향해 빅토리아 여왕은 국민이 자신보다 수상을 선호하기 때문에 런던을 떠날 수밖에 없었다는 처지를 밝혔다. 그렇다면 비스마르크가 베를린을 떠난 것은 독일인이 자신보다 젊은 황제를 선호하기 때문에 할 수 없이 프리드리히스루로 가게 되었다는 것으로 요약할 수 있는데, 과연 비스마르크가 그렇게 생각했는지는 밝혀지지 않았다.

논의하는 간접적인 방법을 채택했다. 하지만 이러한 방식은 비스마르크를 혐오하던 인물들이 그의 정계 퇴출을 가시화하려는 의도에 일조한 것도 사실이었다.[9] 당시 빌헬름 2세는 외양상 비스마르크를 신뢰하는 태도를 보였지만, 마음속으로는 자신의 입지와 인기에 해가 되지 않는다면 가능한 한 빨리 그를 해임하려고 했다. 실제로 황제는 측근에게 6개월 정도 비스마르크에게 재상직을 수행하게 하고 그 이후부터 제국을 독자적으로 통치하려고 한다는 의중을 밝혔다. 빌헬름 2세의 예상은 빗나갔는데, 6개월이 아닌 18개월 후에나 비스마르크가 재상에서 물러났기 때문이다.

두 사람 사이의 갈등은 사회 정책에서 본격적으로 표출되기 시작했다. 1889년 5월 3일부터 루르(Ruhr) 지방, 자르 지방, 작센 지방, 그리고 니더슐레지엔 지방에서 14만 명에 달하는 광부들이 매우 과격한 파업을 전개했을 때, 비스마르크는 고용주들을 옹호했지만 황제는 순진하게도 노동자들을 지지했다.[10] 당시 황제는 비스마르크가 사

---

9 황제에 오른 직후 빌헬름 2세는 대부분의 여행에 헤르베르트를 동반함으로써 비스마르크에게 어느 정도 운신의 폭도 제공했다. 헤르베르트가 황제와 재상을 잇는 연락망으로서, 특히 아버지의 대리인으로서 나름대로 역할을 톡톡히 수행했기 때문이다. 이를테면 비스마르크는 자신이 신뢰하는 아들을 통해 황제에게 자신의 정책을 전달하기도 했고, 외국의 국왕이나 지도자와의 만남에서 황제의 언행에 대한 사소한 보고까지 받을 수 있었다. 당시 비스마르크는 내심으로 헤르베르트가 후계자가 되어 계속해서 자신의 정치적 노선을 이어나가기를 바랐지만, 내각의 다른 인물들은 그에 대해 동조하지 않았다.

10 1889년은 파업이 광범위하게 진행된 해로 독일 노동운동의 절정기였다. 실제로 약 40만 명에 달하는 노동자가 1,131회의 파업을 일으켰고, 그중 절반은 광산 노동자들이었다. 5월 3일부터 약 두 달간 지속된 파업에 참여한 노동자들은 15%의 임금 인상 및 초과 수당을 강력히 요구했다. 아울러 이들은 초과근무제 폐지와 작업 시간 축소도 요구했다.

회 정책에 대해 문외한으로 간주하던 베를렙쉬(Hans Hermann Freiherr v. Berlepsch)를 비롯한 몇몇 이상주의자의 주장에 대해 관심을 보였을 뿐만 아니라 "나는 가난한 계층의 왕이 되겠다(Je veux être un roi des gueux)"는 태도까지 밝혔다.[11] 이에 따라 그는 비스마르크의 반대에도 불구하고 파업노동자들의 대표단, 즉 분테(Friedrich Bunte)와 슈뢰더(Ludwig Schröder)를 접견했고 그들이 제기한 문제점들을 가능한 한 빨리 해결하겠다는 일방적인 약속도 했다.[12]

빌헬름 2세는 자신의 구상을 더욱 구체화하기 위해 1890년 1월 24일 각료회의를 소집했고, 노동자들에 대한 시민 계층의 관심 결여를 시정해야 한다는 태도도 밝혔다.[13] 비스마르크는 인기에 영합하는 빌헬름 2세의 이러한 행동에 대해 이의를 제기했다. 아울러 그는 빌헬름 2세의 사회 정책에서 파생될 수 있는 문제점들도 구체적으로 지적했다. 황제 역시 비스마르크의 실각 이후 1889년부터 약 2년간 펼친 정책을 더 이상 고집하지 않았는데, 자신의 관점이 타당하지 않았

---

11 빌헬름 2세는 비스마르크가 지난 10년 동안 맡아온 상공부 장관에 베를렙쉬를 임명했다.

12 당시 비스마르크는 군대를 동원하여 광부들의 파업을 중단시키려 했다.

13 빌헬름 2세는 각료회의에서 지금까지 독일인이 노동자들의 비참한 상황을 고의로 등한시한 것을 질책했고, 레몬처럼 썩을 때까지 이들을 착취하는 데만 주력했다는 점도 지적했다. 이런 상황에서 자본가들과 노동자들 사이의 접촉은 단절되었고, 이로 인해 현재의 파업상태가 초래되었다는 것이 빌헬름 2세의 관점이었다. 이어 그는 현재의 파업상태가 종식되기 위해서는 독일인이 노동자의 복지증대를 위해 노력해야 한다고 했고 나아가 일요일의 노동 금지, 미성년자와 여성들의 야간노동 금지, 만삭의 임산부 노동 금지, 그리고 14세 미만 미성년자의 노동 금지를 대안으로 제시했다. 당시 빌헬름 2세는 빈민 계층에 대한 독일인의 무관심으로 인해 사회주의가 등장했고, 이 주의를 추종하는 세력이 짧은 시간 내에 무시하지 못할 정도로 성장하게 되었다는 분석을 하기도 했다.

음을 스스로 입증한 것이라 하겠다.

사회민주주의 탄압법에서도 두 사람은 견해를 달리했다. 빌헬름 2세는 탄압 위주의 사회민주주의 탄압법을 전면적으로 개정하려고 했지만, 비스마르크는 의회에서 기존의 탄압법을 큰 수정 없이 그대로 연장하려고 했다. 당시 독일의 미래에 대해 매우 비관적이었던 비스마르크는 국가사회주의에 대해서도 회의적 태도를 보였고, 사회 혼란 역시 더 강압적인 조치로 막아야 한다고 생각했다. 따라서 그는 1889년 선동가를 해당 지방으로부터 추방할 권한을 지방 행정 당국에 부여하던 사회민주주의 탄압법을 영속화하려고 했다.

1890년 1월 25일 야당과 보수주의자들은 제국의회에서 비스마르크가 상정한 사회민주주의 탄압법 연장을 거부했는데, 이는 비스마르크가 사회민주주의 탄압법에 대한 황제의 관점을 명확히 파악하는 계기가 되었다.[14] 같은 날, 국민자유당은 개정 사회민주주의 탄압법을 제국의회에 제출했지만, 이 역시 통과되지 못했다.

이러한 일이 발생하기 하루 전 황제가 주재하는 각료회의에서도

---

14 1890년 1월 24일 비스마르크는 프리드리히스루에서 베를린으로 떠날 때 매우 기분이 좋았는데, 그것은 사회민주주의 탄압법이 별 수정 없이 제국의회에서 다시 통과되리라는 확신에서 연유했다. 그런데 국민자유당은 경찰이 사회주의자들을 그들의 고향 또는 활동 장소에서 추방하는 조항, 즉 평이 나쁜 28조를 삭제한다면 사회민주주의 탄압법 연장에 동의한다는 태도를 보였고, 보수주의자들은 비스마르크의 지시에 따라 행동하겠다는 견해를 제시했다. 그런데 당시 빌헬름 2세는 제국의회와의 협력을 지향했다. 따라서 그는 사회민주주의 탄압법을 폐지하려는 제국의회의 관점이 자신의 견해와도 일치한다는 것을 부각하는 데 주저하지 않았다. 이렇게 빌헬름 2세의 의중이 밝혀짐에 따라 그동안 비스마르크의 중요한 동반자로 간주되던 미쿠엘이 황제 측근으로 가담하게 되었다. 이후 그는 일부 언론을 동원하여 황제를 지지하는 데 앞장섰는데, 그 덕에 비스마르크가 해임된 후 재무장관으로 임명되었고 귀족으로 신분 상승까지 하게 되었다.

황제와 비스마르크 사이에 충돌이 있었다. 황제의 의도가 명확히 밝혀지지 않은 상황에서 비스마르크는 베를린으로 소환되었다. 당시 빌헬름 2세는 프리드리히 2세의 생일에 맞추어 자신의 관점에 따라 노동자보호법을 개정하려고 했다. 따라서 그는 서둘러 각료회의를 소집해 자신의 측근들에게조차 알리지 않은 법안을 각료회의에 제출했다. 참석자들이 모두 놀란 가운데 비스마르크는 황제가 수정한 사회 정책안에 동의할 수 없다는 태도를 분명히 밝혔다. 그러나 비스마르크의 단호한 태도는 오래 지속되지 않았다. 따라서 그의 차남 빌헬름(Wilhelm)은 추밀원 회의가 끝나고 나서 며칠 후 "이제 아버지는 예전의 한 방이 없는 것 같다(Es fehlt meiner Vater der alte Hammerschlag)"는 짧은 표현으로 부친의 단호한 결단력이 사라진 것에 아쉬움을 토로했다.

당시 비스마르크는 황제가 추진하던 사회 정책에 대해 부정적이었지만, 정당한 내용도 일부 들어 있음을 인정했다. 즉, 일요일 휴식과 미성년 및 부녀자들의 노동 시간 제한 등에 동의했는데, 이는 노동자 계층에 대한 최소한의 배려라는 인식에 그 자신도 동조했기 때문이다. 따라서 비스마르크는 1890년 2월 4일 발표된 황제 칙령(Februarerlasse)을 입안하겠다는 의사를 밝혔다. 그러나 입안된 황제 칙령에 재상의 부서가 생략되었기 때문에 사람들은 황제와 재상이 대립하고 있음을 쉽게 인지할 수 있었다.

제국의회의 정당들 역시 두 사람 사이의 갈등에 대해 어느 정도 알고 있었다. 만약 당시 비스마르크가 정당과 대중의 지지를 받고 있었다면 아마도 황제는 그에게 굴복했을 것이다.[15] 다소 차이는 있었지

15 빌헬름 2세는 자신의 정책에 대한 대중적 지지도에 대해 지나칠 정도의 관심을

만, 모든 정당은 비스마르크를 싫어한다는 공통분모를 가지고 있었다. 내정 상황만 인식하던 이들은 비스마르크의 외교정책과 그것을 통해 보장받았던 독일 제국의 안정이 가지는 중요성을 인지하지 못했기 때문에 그의 관점을 이해하려고 하지 않았다. 물론 비스마르크 역시 의원들에게 자신의 정책 지향 목표를 충분히 설명하지 않았기 때문에 그 자신에게도 어느 정도의 책임은 있었다.[16]

1890년 2월 20일 제국의회 선거가 시행되었다. 사회주의노동당은 1887년에 비해 2배 정도 많은 유효표, 즉 140만 표를 획득했고, 의석수 역시 11석에서 35석으로 크게 늘어났다.[17] 이에 반해 그동안 비스마르크의 정책을 지지했던 정당 연합(Kartellparteien), 즉 보수당, 자유보수당 그리고 국민자유당은 많은 의석을 상실했으며, 2월 28일 결선투표(Stichwahl) 이후에는 영향력을 상실한 소수정당으로 전락했다. 당시 의회 내에서 가장 많은 의석(106석)을 차지한 중앙당은 보수당 내 좌파와 연합한다면 제국의회에서 반수 이상의 의석을 확보할 수 있었지만, 정당 연합의 의석수는 220석에서 135석으로 줄어들었다.

얼마 후 비스마르크는 참담한 선거 결과를 토대로 독일 각국의 통치자가 연방협약을 탈퇴하고 새로운 제국을 세우면 어떠냐는 속내도 내비쳤는데, 이를 쿠데타(Staatsstreich)로 보는 학자들도 적지 않았다. 실제로 비스마르크는 자신에게 적대적인 사회주의노동당, 중앙

보였다.

16 이제 비스마르크는 황제, 제국의회, 그리고 사회주의자들과 대립하는 상황에 놓이게 되었다. 하지만 그는 첨예한 대립과 분쟁 강화를 통해 자신의 확신을 부각하려고 했다.

17 이들이 전체 유권자 중에서 차지한 득표율은 19.7%에 달했다.

당, 그리고 진보당이 전체 의석의 60% 이상을 차지하는 상황에서 사회민주주의 탄압법 연장이라든지 군제 개편은 거의 불가능하다는 것을 인지했다. 비스마르크의 쿠데타 발언은 단순히 그가 속이 상한 나머지 털어놓은 푸념에 불과하다고 볼 수 있는데, 그러한 것은 오직 황제만이 제국의회를 해산시킬 권한을 가진 데서 비롯된 것 같다.

1890년 3월 5일에 행한 연설에서 빌헬름 2세는 하층민 복지를 위한 정책 입안에 노력하겠다는 태도를 밝혔다. 아울러 그는 일부 인물이 자신의 정책에 반대하고 있음을 언급하면서 그러한 인물들을 가능한 한 빨리 제거하겠다는 의지도 천명했다. 이러한 언급은 일반적인 표현으로 볼 수도 있지만, 분명히 비스마르크를 겨냥한 것이었다.

이러한 상황에서 비스마르크는 권력 유지를 위해 다각도의 노력을 펼쳤다. 과거 헌법 투쟁에서 왕권을 구했던 비스마르크는 이제 왕권에 대항하여 자신의 지위를 지키기 위한 투쟁을 펼쳐야 했다. 그는 장관들에 대한 자신의 영향력을 유지하기 위해 재상의 승인 없이 황제가 장관을 임명할 수 없다는 1852년 9월 8일의 각료 칙령(Kabinettsorde)을 부각했지만, 황제는 그러한 칙령을 더는 인정하지 않겠다는 태도를 밝혔다.[18] 비스마르크는 황제의 이러한 입장에 불만을 표시했고, 이는 두 사람 사이의 결렬을 공식화하는 계기로도 작용했다.

비스마르크와 빌헬름 2세는 다른 문제에서도 충돌했다. 비스마르크는 제국의회 선거 이후 보수당과 중앙당이 연합한다면 반수 이상의 의석을 차지할 수 있다는 예상도 했다. 따라서 중앙당과의 협상

---

18 이것은 빌헬름 2세가 프로이센 수상 대리였던 뵈티허(Karl Heinrich v. Boetticher)에게 슈바르첸-아들러(Schwarzen-Adler) 훈장을 수여한 데 대한 비판에서 나온 것 같다.

이 모색되었고, 비스마르크의 재산을 관리하던 유대인 은행가 블라이히뢰더의 중개로 1890년 3월 12일 비스마르크와 빈트호르스트 사이에 밀담도 이루어졌다. 당시 빈트호르스트 또한 사회주의노동당 세력이 증대하는 것을 두려워했기 때문에 그러한 연합 제의에 대해 호의적인 반응을 보였다. 독대 과정에서 비스마르크는 성직자 추방법 폐지나 예수회 수도사들의 복직 문제 등 중앙당의 이해관계를 충족시키는 조건들을 제시했다. 그런데도 빈트호르스트는 자신이 위대한 인물의 정치적 종말을 함께해야 한다는 부담감으로 비스마르크와의 협상을 더 이상 진행하지 않았다.

당시 빌헬름 2세는 비스마르크가 교황권 지상주의를 신봉하고 민주주의를 표방하던 제국의 적인 빈트호르스트와 밀담한 것에 대해 크게 분노했다. 그런데 황제가 두 사람 사이의 접촉을 인지한 것은 보수당을 이끌던 헬렌도르프-베드라(Otto v. Hellendorf-Bedra)가 1890년 3월 14일 독대 과정에서 알려주었기 때문이다.

빌헬름 2세는 비스마르크와 빈트호르스트의 접촉으로 쿠데타가 발생할 수 있다는 우려를 표명했고 그것을 저지할 방법도 나름대로 구상했다. 당시 추진된 보수당과 중앙당의 연합 시도는 결국 양당 사이의 내부적 문제로 결렬되었고, 그에 따라 극단적 보수주의자들은 황제를 추종하면서 무조건 충성하겠다는 태도도 밝혔다. 민족자유주의자들 역시 비스마르크와의 결별을 선언했고 이들 세력을 주도하던 미켈은 황제에게 발더제(Alfred Graf v. Waldersee)를 비스마르크의 후임으로 천거하기도 했다.[19] 이러한 상황 전개에 대해 비스마르크는 분노

---

19 장군의 아들로 태어난 발더제는 1871년 초 파리 총독과 참모총장 등 요직을 두

를 표시했지만, 베를린 정가에서 그러한 것에 관심을 표명하는 사람들은 거의 없었다.

헬렌도르프-베드라와의 독대 후, 빌헬름 2세는 비스마르크와 빈트호르스트의 비밀 접촉을 빌미로 비스마르크를 재상직에서 해임하려고 했다.[20] 따라서 그는 3월 14일 오후 11시 30분, 재상에게 3월 15일 오전 9시 30분 헤르베르트 사무실에서 보고할 것을 명령했다. 그러나 시간이 너무 늦은 관계로 황궁에서 재상궁을 오가는 배달부가 없었기 때문에 황제의 명령서는 3월 15일 오전 9시가 되어서야 비스마르크에게 도착했다. 당시 비스마르크는 불면증에 시달려 늘 아침 늦게까지 잠을 잤기 때문에 25분 안에 옷을 갈아입고 외무성 건물까지 가야 했다. 약간 늦게 헤르베르트 사무실에 도착한 비스마르크는 자신이 25분 전에야 황제의 명령을 받았다는 사실을 언급했는데, 31세의 젊은 빌헬름 2세는 어제 오후에 자신이 명령했다는 것만 부각하면서 불만을 우회적으로 표현했다.

비스마르크와의 독대에서 빌헬름 2세는 우선 자신에게 아무런 언질도 없이 빈트호르스트를 만난 비스마르크를 힐책했다. 이에 비스마르크는 자신이 모든 의원과 접촉할 권한이 있음을 상기시켰지만, 빌헬름 2세는 그에 동의하지 않았다. 여기서 비스마르크는 빈트호르

루 거친 후, 1888년 몰트케 원수의 뒤를 이어 독일 제국군을 총괄했다. 몰트케 원수가 군 통수권을 장기간 장악하지 않았더라면 훨씬 일찍 수뇌부에 올랐을 인물이다. 그런데 발더제는 1871년부터 비스마르크가 추구한 "독일 제국은 포만 상태로 더는 바랄 게 없다"는 외교 정책에 반대했고 이로 인해 두 사람 사이의 정치적 갈등은 지속되었다.

20 독일 제국 헌법에 따르면 황제의 신임을 상실한 재상은 즉시 물러나야 한다는 것이다.

빌헬름 2세

스트의 요청에 따라 자신이 독대에 응한 사실도 부각했는데, 그것은 자신에 대한 황제의 신랄한 비판 강도를 완화하려는 의도에서 나온 것 같다. 그러나 황제는 그러한 변명에 관심도 보이지 않았다. 그뿐만 아니라 빌헬름 2세는 재상이 국정에 영향을 끼칠 수도 있는 대화를 한다면, 반드시 사전에 자신의 동의를 받아야 한다는 것도 강조했다. 이에 대해 비스마르크는 1852년 프리드리히 빌헬름 4세가 허가한 '중요하고 결정적인 사안'만 사전에 위정자, 즉 황제에게 보고하고 나머지는 재상이 처리한다는 것을 강조했다.

그러나 빌헬름 2세는 프리드리히 빌헬름 4세의 허가, 즉 '1852년의 각료 칙령'은 시대에 뒤떨어진 명령이기 때문에 새로운 상황에 걸맞은 칙령을 빨리 제정해야 한다는 것도 강조했다. 비스마르크는 빌헬름 2세의 이러한 요구에 불만을 표시하면서 들고 있던 서류철을 책상 위로 던졌다. 이에 빌헬름 2세는 비스마르크가 잉크병마저 자기 얼굴에 던지지 않을까 두려움도 느꼈지만, 그런 상황은 초래되지 않았다.

잠시 후 이어진 두 사람 사이의 독대에서는 독일과 러시아 사이의 관계가 중요한 부분을 차지했다. 비스마르크는 자신이 가지고 있던 서류철을 뒤적거려 런던에서 온 비밀보고서를 찾아낸 후 황제 앞에서 읽었다. 비밀보고서에는 러시아 황제가 빌헬름 2세를 평가한 것이 언급되었는데, 그에 따르면 독일 황제가 어렸을 때 제대로 교육받지 못했기 때문에 사람들은 그를 전혀 믿지 않고 있다는 것이다. 빌헬름 2세는 비스마르크의 이러한 언급에 대해 전혀 개의치 않고 재상이 오스트리아-헝가리 국경에 러시아 병력이 증강된 사실을 자신에게 즉각 알리지 않은 데 대해 불만을 표시했다. 당시 빌헬름 2세는 러시아가 곧 오스트리아-헝가리를 선제공격할 것이라고 믿었다. 그러나 비스마르크는 빌헬름 2세와의 대화 과정에서 독일이 러시아를 등한시할 경우, 초래될 위기 상황을 구체적으로 설명했다.

독대를 끝내면서 빌헬름 2세는 '1852년의 각료 칙령' 개정을 서두를 것도 요구했다. 또한 재상이 국정에 관한 모든 일을 처리하기 전에 반드시 황제의 동의를 받아야 한다는 항목이 각료 칙령 개정에 명시되어야 한다는 것도 강조했다. 빌헬름 2세와의 독대를 끝낸 후 비스마르크는 자신이 젊은 황제로부터 조롱을 받았다는 데 분노를 느꼈는데, 이것은 얼마 지나지 않아 '흠뻑 젖은 비애(triefend von Wehmut)'로 바뀌게 되었다.

비스마르크와의 독대를 끝내고 황궁으로 돌아온 빌헬름 2세는 발더제의 예방을 받았다. 빌헬름 2세는 자신과 비스마르크 사이의 심한 언쟁에 대해 자세히 언급했고, 발더제는 비스마르크가 스스로 물러나지 않는다면 황제가 직접 그를 파면해야 한다고 조언했다. 당시 발더제는 러시아에 대한 예방전쟁으로 비스마르크와 대립하고 있었고, 비스마르크가 해임되면 자신이 후계자가 될 수 있다는 희망도 품고 있었다. 발더제의 이러한 조언에 대해 빌헬름 2세는 웃으면서 곧 그런 일이 있을 것이라는 언급도 했다.

내심 기대한 비스마르크의 사직서가 도착하지 않자 빌헬름 2세는 3월 16일, 즉 일요일 저녁에 군사 참의원 의장(Chef des Militärkabinetts) 한케(Karl Wilhelm v. Hahnke) 장군을 비스마르크에게 보냈다. 우선 한케 장군은 빌헬름 2세가 각료 칙령 개정을 다룬 서류가 도착하기를 기다리고 있음을 언급했다. 이어진 면담에서 비스마르크는 다시금 자신과 황제 사이의 대화 내용을 언급하면서 '1852년의 각료 칙령'에서 명시되지 않은 것을 재상이 이행할 수 없다는 것을 강조했다. 만일 황제가 '1852년의 각료 칙령'을 폐기한다면 황제 스스로 내각 총리직, 즉 재상도 겸임해야 한다는 주장도 펼쳤다. 비스마르크의 입장을 청취한 한케는 황제에게 다시 한번 재상의 입장을 전달하겠노라 약속도 했다. 그리고 실제로 한케는 황제에게 비스마르크의 관점을 요약 정리한 후 보고하는 성의를 보였다. 이제 빌헬름 2세는 비스마르크가 스스로 물러날 생각이 없다는 것을 간파했고 가능한 한 빨리 상황을 마무리해야 한다고 생각했다.

월요일 오전, 즉 3월 17일 빌헬름 2세는 한케 장군을 다시 비스마르크에게 보냈다. 이번에는 '1852년의 각료 칙령'을 수정하든지 아니면 즉시 사직하든지 선택하라는 명백한 요구가 담긴 황제의 명령이 전달되었다. 만일 수정을 거부한다면, 사직서를 제출하고 오후에 입궁하여 작별 인사도 하라는 빌헬름 2세의 요구도 전달했다. 당시 비스마르크는 '1852년의 각료 칙령'을 포기할 생각이 없었기 때문에 한케에게 사직서를 쓸 시간이 필요하다고 했고, 다음 날 부하 관료에게 사직서를 받아 쓰게 했다.

다음 날, 즉 3월 18일 비스마르크는 빌헬름 2세에게 사직서를 직접 제출하지 않았는데, 그 이유는 건강상 이유로 집을 벗어날 수 없다는 것이었다. 황제에게 사직서를 보낸 직후 비스마르크는 애마를 타고 주변 거리와 티어가르텐 거리를 여유 있게 왔다 갔다 했는데, 거리의 사람들은 그를 알아보지 못했다. 비스마르크의 이러한 돌발적 행동은 아마도 빌헬름 2세에 대한 자신의 불편한 심기를 표출하려는 시도였던 것 같다.[21] 황궁에 도착한 사직서에서 비스마르크는 외교 정책을 둘러싸고 자신과 황제 사이에 상반된 견해가 있음을 강조했고 러시아와의 관계 개선이 먼저라는 자신의 관점을 다시금 언급했다.[22] 이어 황제가 자신의 봉사를 더 이상 원치 않기 때문에 사직할 수밖에 없

---

21 비스마르크는 몇 차례에 걸쳐 사직서를 제출했다. 지금까지는 자신의 사임이 위정자, 즉 국왕이나 황제로부터 수용되지 않을 것이라는 확신을 가진 후 사임서를 제출했는데, 이번의 경우에는 그러한 확신이 없는 상태에서 타의로 제출한 것이다.

비스마르크는 무릎 관절에 문제가 생긴 1892년부터 좋아하던 승마를 포기했다. 그리고 1894년부터는 걷기가 힘들어지면서 이동 시 항상 마차를 이용하곤 했다. 그러다가 휠체어에 의존하는 상황에 놓이게 되었다.

22 비스마르크와 황제 사이의 대외 정책적 대립으로 오스트리아-헝가리에 대한 평가도 바뀌었는데, 그것은 러시아에 대한 선제공격의 필요성을 강조한 황제의 관점에서 비롯되었다. 그러나 빌헬름 2세는 자신의 독자적인 외교 정책을 펼치지는 못했다. 따라서 다각적인 측면에서 정책을 분석하는 대신, 순간적이고 즉흥적인 판단으로 외교 정책을 결정하는 실수를 범하곤 했다.

다는 견해도 강력히 피력했는데, 이는 빌헬름 2세가 모든 면에서 부당하다는 것을 부각하려는 의도에서 나온 것 같다.

빌헬름 2세는 3월 20일 비스마르크의 사직 청원(Entlassungs-gesuch)을 수용했다. 그는 자신에 대해 부정적이었던 비스마르크의 작별 서한, 즉 사직서를 공개하지 않았다.[23] 그러나 빌헬름 2세는 자신이 직접 서명한 사직동의서를 독일 일간지에 일제히 게재하게 했다. 이로써 마치 비스마르크가 자발적으로 퇴임을 결정했으며, 말하자면 황제는 내키지 않지만 비스마르크를 보내야 하는 상황에 안타까워하는 모양새를 연출했다. 평소 객관적 관점에서 기사를 작성하던 『쾰른신문(Kölnische Zeitung)』마저 황제의 술수에 놀아났다. 이 신문은 "독일의 가장 위대한 정치가가 28년 동안 국가를 위해 봉사하다가 자발적으로 퇴임하는 모습을 우리는 지켜보았다. (…) 우리 황제는 검증된 책사와 작별해야 하는 결정을 몹시 힘들어했다"는 기사를 게재했는데, 이것은 황제의 의도가 충분히 반영된 것이라 하겠다.

비스마르크의 사직 청원을 수용한 직후 빌헬름 2세는 비스마르크에게 라우엔베르크(Lauenberg) 공작 작위와 육군 원수 계급 가운데 기병대 육군 대장직을 수여했다. 아울러 적지 않은 연금도 약속했

---

23 1874년 비스마르크는 언론법제정을 통해 당시 언론들이 비교적 자유롭게 기사를 쓰게 했다. 따라서 적지 않은 신문들은 비스마르크와 그의 정치를 날카롭게 공격하기도 했다. 이에 비스마르크는 독일 내 여론 형성에 관심을 보였는데, 몇몇 친정부 성향의 신문에 보조금을 주고 정부 측에서 제공한 자료를 토대로 기사를 작성하게 했다. 실제로 그런 기사는 비스마르크의 수하 관료가 제공한 정보로 작성됐으며, 때때로 재상 자신이 직접 표현을 다듬기도 했다. 또한 비스마르크는 재상으로 재임하면서 언론 담당 부서와 직원들에게 상당히 많은 지시를 내리면서 보도자료도 주는 등의 적극성을 보였다. 그러나 자신이 물러나는 상황에서 비스마르크는 갑자기 달라진 언론 세계, 즉 황제에게 무조건 동조하는 자세에 절망하기도 했다.

다.[24] 외양상 황제는 아쉬운 마음으로 비스마르크를 떠나보냈고, 악화한 건강 상태와 그에 따른 청원이 해임의 주된 이유인 것처럼 행동했다. 이렇게 빌헬름 2세가 해임 원인을 밝힘에 따라 비스마르크는 "과거 몇 년 전보다 현재 건강이 훨씬 좋은 것 같다"는 언급을 통해 빌헬름 2세에게 반박하려 했고, 크리스마스 때 일반인들이 우체부에게 약간의 성의를 표시하는 트링켄겔드(Trinkengeld) 같은 연금 수령도 거부했다.[25]

이렇게 비스마르크의 반발이 우회적으로 표출되었음에도 빌헬름 2세는 바덴 대공에게 보낸 전보에서 비스마르크를 떠나보내는 것이 마치 친할아버지를 다시 잃는 것처럼 슬프다고 언급했는데, 아마도 자신의 기쁜 마음을 대외적으로 표출하지 않겠다는 의도였던 것 같다. 하지만 그는 파멸의 길로 가게 될지라도 이미 신에 의해 정해진 길이라는 태도를 밝힘으로써 자신의 결정에 대한 당위성도 부여하려고 했다. 아울러 그는 자신의 관점만 주장하는 재상이나 장관이 더는 필요하지 않다는 생각을 밝혀 자신과 비스마르크 사이의 불편했던 관계를 우회적으로 표현하기도 했다.

빌헬름 2세가 공식적으로 사임 청원을 받아들인 후 비스마르크는 다음 날부터 바쁜 일정을 소화했다. 우선 그는 국가를 위한 마지

---

24 1890년 4월 3일 오스트리아-헝가리 제국 황제 프란츠 요제프 1세에게 보낸 편지에서 빌헬름 2세는 비스마르크를 해임한 이유를 언급했다. 그에 따르면, 비스마르크가 제국의 모든 사안을 독단적으로 처리했을 뿐만 아니라 황제인 자신과도 그에 대해 논의한 적이 전혀 없었다는 것이다.

25 실제로 비스마르크는 자신이 파면당했다는 것을 거론하는 데 주저하지 않았다. 또한 그는 자신이 아무것도 하지 않기에는 너무 젊다는 것을 강조하면서, 정치에 익숙한데 현재는 강제로 배제된 상태라고 했다.

막 공무집행을 했는데, 자신의 3월분 봉급에서 3월 20일부터 3월 31일까지, 정확히 11일분의 변제에 대한 서명이었다. 이미 비스마르크는 11일분에 대한 연금을 받은 상태였다. 서류 서명을 끝낸 후, 측근 관료들과 조촐한 식사를 했고 선황 프리드리히 3세의 미망인인 빅토리아도 예방했다. 아울러 비스마르크는 몇몇 인물에게 답답한 속내를 내비쳤다. 뷔르템베르크 수상에게 보낸 서신에서 자신은 "물러난 것(zurückgetreten)"이 아니며, 오히려 자신의 희망과 반대로 "이유도 알지 못하고 해고당했다"라는 불평을 털어놓았다. 베를린 주재 바이에른 사절 레르헨펠트(Lerchenfeld)에게는 자신은 전혀 물러나지 않으려 했으며, 황제가 "내보낸 것(weggeschickt)"이라고 강조하기도 했다.

3월 27일 비스마르크는 장미꽃 세 송이를 들고 빌헬름 1세가 안치된 샬로텐부르크(Charlottenburg)를 찾아 작별 인사를 했다. 석관 앞에 장미꽃을 놓으면서 "나의 옛 주군에게 퇴거 인사를 드리려고 왔습니다"라고 했다. 그런데 비스마르크는 장미꽃을 사는 데 아무런 비용도 들이지 않았는데, 자신을 추종하던 인물이 보낸 꽃다발에서 장미꽃 세 송이를 무작위로 뽑아서 가져갔기 때문이다.[26] 이후 비스마르크는 자신의 후임자인 카프리비(Georg Leo Graf v. Caprivi)를 만났지만, 자신의 퇴진에 일조한 뵈티허(Karl Heinrich Boetticher)와 비버슈타인(Adolf Freiherr Marschall v. Biberstein), 그리고 바덴 대공 등에게는 냉정함을 잊

26 빌헬름 1세의 석관 앞에서 비스마르크는 다시 태어난다면 공화주의자 또는 민주주의자가 될 것이라고 말했다. 또한 그는 군주들의 정부는 여인들의 정부라 했고, 나쁜 여인들은 저급하지만 좋은 부인들은 더욱 저급하다는 생각도 했는데, 이는 특정 여인들을 염두에 둔 발언이었다.

비스마르크의 퇴장(1890)

지 않았다.[27]

27 비스마르크는 카프리비와의 독대에서 일반적 사안에 대해 간략히 언급했다. 이 과정에서 그는 자신의 후계자에게 도움이 될 수 있는 어떠한 충고나 조언도 하지 않았다. 비스마르크의 후임자로 지명된 하노버에 주둔 중인 10군단 사령관이었던 카프리비 장군은 뛰어난 행정 능력을 갖춘 중년의 군인이었고, 새로운 직위가 자신에게 가져다줄 어려움도 잘 알고 있었다. 카프리비가 비스마르크의 후임으로 선택된 것은 제복이 그것을 착용한 사람에게 더 큰 권위를 부여해줄 것이라는 믿음에서 비롯되었다. 그리고 빌헬름 2세가 여러 장군 중에서 카프리비를 선택한 또 다른 이유는 지시받은 것을 그대로 따를 것 같은 순종적 성격을 지닌 인물로 간주했기 때문이다. 실제로 카프리비는 자신의 의지를 바로 드러내는 인물이었지만, 소환령에 대해서는 모범적인 군인처럼 아무런 반응 없이 복종했다. 당시 카프리비가 느끼고 있었듯이, 그의 임무는 국민의 관심을 과거의 위대한 행동과 인물들로부터 일상생활의 평범한 일로 돌려놓는 것이었다. 비스마르크 역시 1890년 2월 20일 제국의회 선거가 시행되기 전인 2월 초 자신의 후계자로 카

1890년 3월 29일 비스마르크는 황제의 뜻과 달리 사직서를 제출한 아들 헤르베르트와 함께 베를린의 레르테르(Lehrter)역으로 향했다. 당시 빌헬름 2세는 헤르베르트의 사직을 막지 못했는데, 이것이 그가 이행하려던 계획 중에서 유일하게 이루지 못한 일이었다. 1888년 후반부터 외교부 장관(Staatssekretär des Auswärtigen Amts)으로 활동하던 헤르베르트는 부친과 마찬가지로 건강상의 문제로 더는 외교부 장관직을 수행하지 못한다는 태도를 밝혔고, 3월 23일 내각회의가 끝난 후 공식화했다. 같은 날 그는 황제에게 사직서를 제출했다. 황제는 오이렌부르크(Botho Wend Graf zu Eulenburg) 백작과 당직 근무자 부관인 베델(Wedel) 백작을 헤르베르트에게 보내 사임 철회를 권유했다. 특히 베델은 황제의 명령에 따라 비스마르크에게 사직허락서를 전달하면서 헤르베르트가 계속 외교부 장관직을 수행할 수 있게끔 아들에게 영향력을 행사할 것을 요청하기도 했다. 그러자 비스마르크는 아들이 성인이기 때문에 어떠한 영향력도 행사할 수 없다고 했다. 그러나 그는 암초에 부딪혀 산산조각이 날 배에 헤르베르트를 승선시킬 필요가 없다는 확신을 하고 있었다. 황제의 노력에도 불구하고 헤르베르트 역시 자신의 관점을 포기하지 않았는데, 젊은 황제가 국가 건국에 크게 이바지한 부친에게 보인 무례하고, 일방적 또는 편파적인 태도에서 연유한 것 같다. 3월 30일 황제의 재가를 받은 후 헤르베르트는

프리비 장군을 생각했는데, 그것은 총선 결과로 야기될 수 있는 제국의회에서의 소요를 염두에 두었기 때문이다. 즉 그는 카프리비가 혁명의 폭풍이 독일을 휩쓸 때, 사회주의자들을 단호하게 다룰 강력한 인물로 믿었다. 독일 재상으로 활동한 카프리비는 비스마르크의 대러시아 정책의 근간을 그대로 유지했다. 오스트리아-헝가리 제국과의 단결을 강조했음에도 이 인물은 러시아와의 친선 관계 유지를 등한시하지 않았다. 따라서 카프리비는 발칸반도에서 오스트리아-헝가리를 지지하는 정책을 펼치지 않았다.

바로 프리드리히스루로 내려왔다.

레르테르역으로 이동하는 동안 거리의 많은 사람은 비스마르크에 대해 경의를 표했다.[28] 레르테르역에서의 상황도 거리에서와 같았다. 사람들이 비스마르크가 탄 기차를 향해 몰려들었다. 고함을 지르거나 모자나 손수건을 흔들고 꽃을 던져주기도 하는 인파 속에서 울음을 멈추지 않는 이들도 있었다. 「라인강의 수비대(Die Wacht am Rhein)」와 독일국가가 연이어 울려 퍼지는 가운데 "다시 돌아오십시오!", "또 만납시다!"라는 외침이 쉴 새 없이 들려왔다. 카프리비를 비롯한 고위 관료들과 비서관, 외교관 그리고 황실 총사령관이 기차역 플랫폼에서 비스마르크를 배웅했고, 황실 측에서는 바덴 대공만이 모습을 보였다.[29] 급히 기차에 오른 비스마르크는 잠시 몸을 숨긴 뒤 다시 모습을 나타냈다. 창가에 기대선 그의 눈에서 눈물이 흘러내렸고, 바깥의 소요를 잠재우려는 듯 가만히 손가락에 입을 댔다. 그러고는 창밖으로 몸을 구부리고 카프리비와 악수하는 것으로 이별을 고했다. 이어 비스마르크는 여우 모피로 덮어씌운 좌석에 앉았고 그가 탄 열차는 프리드리히스루로 떠났다.[30]

---

28 당시 베를린의 중앙역으로서 베를린과 하노버의 레르테르를 잇는 노선의 역이라 이런 이름이 붙여진 것 같다.

29 빌헬름 2세의 명령에 따라 황제의 고급부관이 비스마르크에게는 월계관(Lorbeerkranz), 요하나에게는 꽃다발(Blumenkorb)을 선사했다.

30 일부 역사학자는 레르테르역에서 진행된 일련의 행사를 지칭하여 '국장(Ein Leichenbegängnis erster Klasse)'이라고 했다. 거리에 모인 인파와 달리 비스마르크의 퇴임을 다룬 호외는 발행되지 않았고, 주식시장 역시 아무런 동요도 없었다. 그뿐만 아니라 제국의회 역시 아무런 반응을 보이지 않았다. 다만 그동안의 노고에 대한 제국의회 의장의 몇 마디 간략한 축사만이 있었을 뿐이다.

베를린을 떠나기 전, 비스마르크는 지금까지 유럽 각국의 국가원수 또는 국왕들로 유럽의 주요 국가들은 비스마르크의 해임에 깊은 우려를 표명했는데, 그의 퇴장으로 유럽의 평화가 위협받을 수도 있다는 판단 때문이었던 것 같다. 각국의 언론 역시 정부와 시각을 같이했다. 영국 런던에서 간행되던 『타임스(Times)』는 3월 19일 영국인이 재상 비스마르크의 퇴임 소식을 "유감과 두려움(with regret and anxiety)"으로 바라본다고 썼다. 이어 이 신문은 유럽 평화를 유지하는 데 이바지한 그의 공적을 아는 사람은 누구나 이 사건을 "앞으로 벌어질 일에 거의 두려움에 가까운 심정(without feeling almost of dread as to what may follow)"으로 본다고도 했다. 영국의 유명한 시사 풍자 일간지 『펀치(Punch)』의 시각 역시 정부의 관점과 일치했다. 이 신문은 1890년 3월 29일자 캐리커처(Karikatur)에서 테니얼(John Tenniel)의 유명한 삽화 "수로 안내인(Lotse)이 배를 떠나고 있다"를 게재하면서 이후 펼쳐질 유럽의 상황에 심각한 우려를 표시했다. 캐리커처에서는 침착하게 계단을 내려가

부터 선물받은 1만 3천 병의 포도주를 정리하여 프리드리히스루로 미리 보냈다. 당시 비스마르크는 지금까지 5천 병의 샴페인을 마셨으며, 기분 전환을 위해 반주로 마신 포도주, 코냑 그리고 맥주는 별도라고 했다. 실제로 비스마르크는 죽기 직전에도 코냑을 마셨다.

1848년 3월 13일 오스트리아 수상직에서 강제로 물러난 메테르니히는 부인 멜라니(Melanie)와 이야기를 나누었다. 멜라니는 남편에게 "우리는 이제 모두 죽었나요?"라고 묻자, 메테르니히는 "사랑스러운 부인, 우리는 모두 죽었어요(Oui, nous sommes tout morts)"라고 의기소침하게 대답했다. 메테르니히처럼 강제로 권력을 빼앗긴 비스마르크는 오스트리아 수상과 달리 자신의 대응 무기를 빨리 버리지 않겠다고 생각했고 그에 필요한 방안도 찾기 시작했다. 비스마르크는 생애의 마지막 8년을 프리드리히스루에서 보냈다. 물론 이 기간에 그는 몇 차례 여행을 다녀왔다. 당시 비스마르크 집안에서는 빌헬름 2세가 비스마르크를 "문밖으로 내쫓았다(vor die Tür gesetzt)", "계단으로 굴러 떨어뜨렸다(die Treppe hinuntergeworfen)", 그리고 "부리던 하인처럼 몰아냈다(wie einen Bedienten weggejagt)"라는 표현들은 금기어로 간주했다.

는 강인한 재상을 배 난간에서 황제가 짐짓 무표정한 얼굴로 무심하게 흘겨보는 것이 잘 묘사되었다.[31]

당시 프랑스 언론도 영국 언론 못지않게 비스마르크의 퇴장을 자세히 보도했다. 주요 일간지들은 거의 한 목소리로 비스마르크의 퇴장은 프랑스에 결코 좋은 소식이 아니라고 보도했다. 그리고 일각에서는 마지못해 은밀하게, 또 다른 일각에서는 공개적으로 비스마르크의 업적을 기리며 전임 재상의 평화 정책을 뒤늦게나마 인정한다는 기사를 쓰기도 했다. 『토론저널(Journal des Debats)』은 "재상이 권력의 정점을 지키는 독일 정치야말로 세계평화를 위한 보장(eine Garantie für den Weltfrieden)이었다"고 썼다.

『르탕(Le Temps)』은 "재상 비스마르크가 이빨까지 무장한 유럽에서 전 세계가 예상하고 준비한 끔찍한 전쟁을 막은 걸출한 인물 중의 하나라 평가하고, 이 인물 덕분에 세계는 전쟁의 비극적 가능성으로부터 멀어질 수 있었다"는 긍정적 분석도 했다. 러시아의 일간지 『노보에 브렘야(Nowoje Wremja)』 역시 비스마르크의 퇴임을 자세히 언급했다. 이 신문은 "비스마르크가 있는 독일은 분명히 유럽의 강대국이지만, 그가 없는 독일은 문제 국가로 전락하게 될 것"이라는 다소 암울한 분석을 했다. 아울러 빌헬름 2세가 비스마르크를 퇴출한 것은 큰 실책이었다는 평가마저 했다.

---

31 따라서 이 부분을 연구하는 대다수 학자는 비스마르크라는 거대한 인물의 영향에서 벗어나려는 빌헬름 2세의 의도가 바로 비스마르크 실각의 주된 요인이라는 데 견해를 같이하고 있다.

2 회고력 집필

비스마르크는 1890년 10월부터 약 2년간 회고록 집필에 주력했다. 이는 『상념과 회고(Gedanken und Erinnerungen)』라는 제목으로 출판되었는데, 정확한 제목은 『회고와 상념』이다.[32] "아들들과 그 후손들이 과거를 정확히 이해하고 거기서 미래의 교훈도 얻게 한다(Den Söhnen und Enkeln zum Verständnis der Vergangenheit und zur Lehre für die Zukunft)"는 목적에서 집필한 회고록에 가장 많은 도움을 준 인물은

32 1890년 7월 6일 코타출판사의 출간인 크뢰너(Aolf Kröner)는 비스마르크와 출판계약서를 작성했다. 모두 6권으로 구성된 비스마르크 회고력의 판권 사용료로 60만 제국마르크(Reichsmark)가 제시되었고, 당시 크뢰너는 모든 판본과 언어를 포괄하는 제한 없는 저작권을 확보했다. 크뢰너는 회고록 출간으로 엄청난 수익을 올릴 것이라 예상했고, 실제로 그랬다. 초판 10만 부와 재판 20만 부를 포함하여 한 달도 안 되어 발행 부수가 30만 부를 넘어선 비스마르크의 회고력은 20마르크(Mark)라는 고가에도 불구하고 놀라운 판매실적을 올렸다. 당시 정파와 종파를 막론하고 교양 계층은 물론 경제적으로 여유 있는 수공업자, 제빵업자, 그리고 도축자들까지도 비스마르크의 자서전을 구매했다. 특히 후자는 단순히 비스마르크 자서전을 집 서재에 장식용으로 보관하려고 했다. 실제로 이들은 책을 읽을 일이 거의 없었을 뿐만 아니라 읽어도 이해하지 못했다.

비스마르크(1891)

그의 옛 부하인 부허(Lothar Bucher)였다.[33] 그는 비스마르크의 구술 과정에서 빠진 부분을 보충할 자료들을 수집했을 뿐만 아니라 비스마르크가 세세한 부분까지 자세히 구술하게끔 유도하기도 했다. 그러나 비스마르크는 역사적 사안들을 대충 언급하는 경우가 많았기 때문에

33 부허는 1848년 프로이센 지방의회 의원으로 활동했다. 그러나 그는 좌파적 성향 때문에 영국에서 망명 생활을 해야 했다. 1849년부터 시작된 그의 망명 생활은 1861년까지 지속되었다. 그러다가 1864년부터 프로이센 외무성에서 근무했고 이 시기부터 비스마르크를 보좌하기 시작했다. 과연 비스마르크 회고력 작업을 끝낼 수 있을지 의문을 가졌던 부허는 마지막까지 투혼을 발휘했다. 당시 부허는 방광염으로 고생했는데, 결국 이 병으로 1892년 10월 10일 제노바의 한 호텔방에서 쓸쓸하게 생을 마감했다. 부허의 사망 소식을 접한 비스마르크는 "내 모든 것을 이야기할 수 있었고, 또 늘 나를 이해했던 유일한 인물"이라고 평가했다.

그를 종종 당황스럽게 하기도 했다. 또한 비스마르크는 이야기를 과장하거나 순서를 바꾸어 구술하기도 했으며, 남의 조언을 들으려고도 하지 않았다.[34]

그러한 문제가 있었음에도 그의 회고록은 1892년 5월에 완결되었다. 비스마르크의 회고력 중에서 제1권과 제2권은 그가 죽은 지 4개월 후인 1898년 11월 30일 슈투트가르트의 코타출판사(Cotta Verlag)를 통해 출간되었다.[35] 회고력 작성이 완료된 1892년 크뢰너는 비스마르크에게 곧바로 출간하자고 제안했지만, 비스마르크는 자신

---

34 실제로 비스마르크의 기억력에는 문제가 있었고, 부허가 완성한 부분에 대해서도 비스마르크는 거의 관심을 보이지 않았다.

35 당시 비스마르크는 자신에게 남아 있는 유일한 것은 명예롭게 생을 마감하는 일이라고 했다. 사람들은 자신이 살아 있는 동안 죽은 듯이 조용히 지내기를 바란다는 것도 인지했다. 그리고 그것은 그동안 정치 활동에서 많은 협조를 한 인물들과 그의 개인적 친구들이 그를 방문하여 정치활동 재개를 요구하지 않은 데서 쉽게 확인할 수 있다. 비스마르크는 사람들이 자신을 흑사병 환자처럼 멀리한다는 상실감도 토로했다. 또한 사람들은 자신이 생각하는 것을 막을 수 없지만, 그것을 언급하려 할 때 바로 개입한다고 했다. 이것은 아마도 황제 및 베를린 정부에 대한 그의 적대적 감정 때문인 것 같다. 만일 적대적 감정 표현을 제재하는 것이 가능했다면, 사람들은 오래전에 의사 표현 자유도 박탈했으리라는 것이 비스마르크의 관점이었다. 그런데도 비스마르크는 정계 진출에 대한 미련을 포기하지 않았다. 그는 하노버 국민자유당의 권유에 따라 1891년 4월 15일 하노버-레에 보궐선거(Nachwahl in Hannover-Lehe)에 출마했다. 당시 그는 하노버에서 확산하던 분리주의를 공격하는 데 주력했다. 비스마르크는 보궐선거에서 선출되었지만, 결선투표까지 치러야 했다. 투표율이 낮은 보궐선거에서 비스마르크는 1만 544표로 공장 노동자 출신의 사회민주당 후보가 얻은 5,486표를 누르고 당선되었다.

선거 결과에 따라 비스마르크는 의원직 승계를 수락했고, 이후 베를린의 정치권은 큰 충격에 빠지게 되었는데 향후 이 문제에 어떻게 대응해야 할지도 고민하게 되었다. 그러나 비스마르크는 의원 활동을 하지 않았고, 제국의회에 한 번도 모습을 드러내지 않았다. 당시 비스마르크는 의회 활동을 한다면 대단히 곤혹스러운 상황에 놓이게 된다는 사실을 잘 알고 있었기 때문에 선거 결과로 만족하려고 했다. 물론 외양상으로 베를린에 집도 없고 고령이기 때문에 장기간 호텔에서 지내는 것 역시 무리라고 언급했다.

의 사후에 출간해야 한다는 태도를 고집했다. 빌헬름 2세의 해임을 다룬 제3권은 1921년 9월, 즉 호엔촐레른 가문의 독일 제국이 무너진 후 출간되었는데, 이는 비스마르크의 희망에 정면으로 역행하는 것이었다. 빌헬름 2세의 생존 중 제3권 출간을 불허한 비스마르크는 자신이 독일의 마지막 황제를 비판했음에도 때때로 자신을 해임한 빌헬름 2세가 국민으로부터 탄핵받는 것도 우려한 철저한 군주주의자였다. 실제로 당시 빌헬름 2세는 독일 제국의 멸망으로 네덜란드에 망명 중이었고, 그가 사망한 것은 1941년이었다.

1890년까지 다룬 회고록 제1권에는 고령의 비스마르크가 항상 관심을 가졌던 여러 문제 및 인물들이 서술되었다. 과거에 대한 그의 언급들은 규모가 큰 정치적 사건들과 연계되는 경우가 많았는데, 예를 들면 비스마르크는 자신이 1871년에 성취한 것을 과거 수십 년의 삶과 결부시켰다. 제2권과 자신의 해임을 다룬 제3권에서 비스마르크는 1890년대의 사건들과 빌헬름 2세에 대한 자신의 부정적 관점을 중점적으로 거론했다. 비스마르크는 자신의 정적 모두를 알지 못했고, 자신이 종종 비판했던 인물들에 대한 적대감 역시 매우 지나쳤다는 사실도 밝혔다. 비스마르크는 특정 부분에 관한 서술, 즉 자신의 해임을 다룬 서술에서는 증오심을 부각하기도 했지만, 전체적인 서술에서는 비교적 솔직하고 진지한 태도를 유지했다.

실제로 비스마르크가 퇴임한 이후 그와 빌헬름 2세의 불화는 회고록에서 적지 않은 부분을 차지한다. 비스마르크가 1892년 6월 헤르베르트와 헝가리 백작 호요스(Georg Anton Graf v. Hoyos)의 딸인 마르게리테(Marguerite Malvine Gräfin v. Hoyos)의 결혼식에 참석하기 위해 빈에 갔을 때 그와 베를린 정부의 마찰은 절정에 달했고, 이 부분은 회고력에서 비교적 자세히 취급되었다.[36] 당시 프란츠 요제프 1세는 비스마르크가 잠시 자신을 알현하는 데 동의했지만, 빌헬름 2세가 프란츠 요제프 1세에게 편지를 보내 그의 알현을 방해했다. 편지에서 빌헬름 2세는 퇴임한 재상 비스마르크가 언론과 국외에서 비열한 방식으로 자신과 재상 카프리비를 비판하고 있음을 부각했다.[37] 아울러 그는 비스마르크의 여행 일정은 일종의 사기행각에 불과하고 큰 화제에 대한 쾌감과 호기심을 가진 어리석은 대중을 현혹하려는 의도도 가졌다고 했다. 얼마 후 재상 카프리비는 1892년 7월 '관보'를 통해 비스마르크의 빈 체류 기간 중 독일 관료들이 그와 접촉하는 것을 금지한다는 훈령을 내렸다. 그에 따라 빈 주재 독일대사 로이스(Heinrich VII. Prinz Reuß)와 독일 대사관 직원들은 비스마르크의 아들 결혼식과 피

---

36 1881년 32세의 헤르베르트는 아름답고 세련된(mondäne) 열 살 연상의 후작부인 카롤라트(Elisabeth v. Carolath)를 열렬히 사랑했는데, 이에 따라 카롤라트도 헤르베르트와 결혼하기 위해 이혼까지 했다. 당시 카롤라트는 베를린 사교계의 꽃이라 불릴 정도로 총애받던 여인이었다. 그런데 카롤라트 가문이 비스마르크라면 무조건 적대감을 불태우는 반대파에 속한 탓에 비스마르크는 결혼하겠다는 아들의 결심을 절대로 받아들일 수 없다고 했다. 이로써 아버지와 아들 사이의 관계는 급격히 악화했고, 그 과정에서 비스마르크는 헤르베르트의 상속권을 박탈하겠다는 견해를 밝혔지만, 아들의 태도는 바뀌지 않았다. 이에 비스마르크는 자살하겠다는 위협도 가했다. 결국 비스마르크의 뜻대로 헤르베르트는 카롤라트와의 결혼을 포기했지만, 이때의 쓰라린 경험으로 환멸만을 곱씹으며 매사에 냉혹하기만 한 남자로 변모했다. 헤르베르트와의 결혼이 성사되지 못함에 따라 카롤라트는 베네치아로 떠났고, 결국 그곳에서 생을 마감했다. 아들의 결혼 문제에 깊숙이 개입하여 무산시킨 비스마르크는 내심 아들에게 미안함을 느끼게 되었고, 이것은 빈에서 진행된 헤르베르트와 마리게리테의 결혼식까지 이어졌다. 따라서 고령임에도 비스마르크는 독일이 아닌 멀리 빈에서 열릴 결혼식에 반드시 참여하여 아들의 결혼을 진심으로 축하하려고 했다.

37 실제로 빌헬름 2세는 자신의 정책에 대해 비판적인 비스마르크가 프란츠 요제프 1세와의 대화에서 무엇을 이야기할 것인가도 예상했다.

로연에 참석하지 않았다.[38] 이러한 일련의 행위들은 비스마르크를 슬프게 했다. 당시 비스마르크는 베를린 정부의 훈령을 구약성경에 나오는 이야기에 빗대어 '우리아의 편지(Uriahs Brief)'라고 지칭했고, 이로 인해 비스마르크와 빌헬름 2세의 감정싸움은 본격화되었다.[39]

이러한 두 사람 사이의 감정적 대립에도 불구하고 빈에서 프리드리히스루로 돌아오는 길목인 드레스덴, 뮌헨, 아우크스부르크(Augsburg), 뇌르틀링겐(Nördlingen), 군첸하우젠(Gunzenhausen) 그리고 예나에서도 비스마르크에 대한 환영은 열광적이었다.[40] 비스마르크는 6월 24일부터 26일까지 뮌헨에 머물렀는데 이때 그는 시청 광장에서 성대한 환영식을 맞이했고, 10개월 전에 빌헬름 2세가 서명한 방명록에도 기록을 남겼다. 이틀 밤을 지새우는 동안 여러 궁전에서는 그를 위한 영접이 끊이지 않았고, 저녁에는 잠자리에 들 때까지 학생들과 각종 단체를 비롯한 시민의 환대와 환호가 끊이지 않았다.

7월 30일 비스마르크는 예나 광장에서 연설했는데, 당시 빌헬름

38 로이스는 오랫동안 비스마르크의 외교 정책을 지지하던 친비스마르크 성향의 인물이었다.

39 '우리아의 편지'는 구약성경에 나오는 이야기로 다윗(David)이 밧세바(Bathesheba)와 결혼하기 위해 밧세바의 남편 우리아에게 자신의 생질 요압(Joab) 장군에게 보내는 편지를 전달하라는 명령을 했고, 편지를 받은 요압은 우리아를 치열한 전선으로 출정시켜 사망하게 하는 간접적 살인을 했다. 그런데 다윗이 우리아를 이렇게 죽인 것은 밧세바와의 불륜관계와 그에 따른 임신을 은폐하려는 과정에서 비롯되었다.

40 헤르베르트 후임으로 외무부 장관이 된 마샬 폰 비버슈타인(Adolf Freiherr Marschall v. Biberstein)은 작센과 바이에른에 상주하던 독일 제국 주재관을 통해 양국 국왕에게 비스마르크와 접촉하지 말 것을 요청하면서 황제도 같은 관점이라는 것을 부각했다. 당시 황제의 견해를 무시할 수 없었던 작센과 바이에른 왕국의 국왕은 계획한 비스마르크와의 면담을 포기했다.

2세와 베를린 정부를 당황케 했다. 연설에서 비스마르크는 유럽 중앙에서 순전히 왕조 중심의 정치를 펼치는 것은 매우 위험한 발상이라고 언급하면서 제국의회의 기능을 강화하여 문제점을 해결해야 한다고 했다. 즉, 그는 황제권의 지나친 비대를 우려했다. 비스마르크는 이렇게 돌아오는 길에 겪었던 일들을 회고록에서 생생하게 말했지만, 자신과 관련된 제국 정부의 일방적인 처사에 대해서는 거론하지 않았다.[41]

해임된 이후에도 비스마르크는 자신과 빌헬름 1세와의 돈독했던 관계를 누차에 걸쳐 강조했으며, 그 시대를 회상하는 데 많은 시간을 할애하기도 했다. 그러나 그는 빌헬름 2세에 대한 개인적 비판은 자제했다. 비스마르크는 해임될 때 빌헬름 2세로부터 선물로 받은 실물 크기의 황제 초상화를 프리드리히스루의 주빈석에 걸어둠으로써 신하로서의 예의를 지키기도 했다.

41 회고력에 따르면 브란덴부르크와 포메른을 거쳐 프리드리히스루로 돌아가려던 비스마르크는 함부르크에서 콜레라가 퍼짐에 따라 8월 8일부터 12월 초까지 바르친에서 머물렀다. 실제로 8월부터 10월까지 2개월간 지속된 수인성 전염병 콜레라의 확산으로 함부르크에서만 8천 명이 목숨을 잃었다.

3 빌헬름 2세와의 화해 시도

1894년 초부터 비스마르크와 외부 세계의 화해가 이루어지기 시작했다.[42] 당시 황실의 수장 역할을 담당하던 알브레히트(Prinz Albrecht v. Preußen) 왕자는 빌헬름 2세에게 비스마르크와 화해하지 않은 상태에서 그가 죽는다면 독일 민족이 황제를 용서하지 않을 것이라고 경고했다. 실제로 알브레히트 왕자는 빌헬름 2세에게 "만일 네가 작센발트의 노인과 화해하지 않은 상태에서 이 노인이 갑자기 사망하면, 독일 민족은 너를 절대로 용서하지 않을 것이다(Wenn der Alte im Sachsenwald plötzlich stirbt, ohne dass Du Dich vorher mit ihm ausgesöhnt hast, so verzeiht Dir dies das deutsche Volk niemals)"라는 경고성 발언을 했다. 이렇게 영향력 있는 황실 인물의 경고가 있고 난 뒤 비스마르크에 대한 빌헬름 2세의 입장 역시 완화되었다. 바로 빌헬름 2세는 자신의 시종무관인 몰트케(Cuno v. Moltke)를 프리드리히스루로 보냈다. 프리드리히

42 1893년 8월 말 비스마르크는 좌골신경통과 대상포진으로 프리드리히스루에서 칩거 생활을 해야 했다. 9월에 들어서 곤충에게 물린 부분까지 덧나는 바람에 한 달 이상을 더 고생해야 했다.

스루에 도착한 몰트케는 비스마르크에게 1894년 1월 21일에 베를린으로 초청한다는 내용을 담은 황제의 편지와 선물인 라인 포도주 1병을 전달했다. 황제의 선물을 받은 다음 날 비스마르크는 감사 인사로 화답했다.

1894년 1월 26일, 황제의 생일을 하루 앞두고 비스마르크는 퇴임 후 처음으로 베를린 공식 나들이에 나섰다. 방문 당일 출발지인 함부르크는 물론 베를린에서도 30만 명이 넘는 베를린 시민이 그를 보기 위해 거리로 나섰다. 오랜만에 제복을 갖춰 입은 비스마르크는 플랫폼에서 황제의 동생인 하인리히 왕자의 영접과 기병 중대의 호위를 받으며 마차에 올라탔다. 황궁에 도착한 비스마르크는 하인리히 왕자의 부축을 받아 계단을 올라갔다. 겉보기에도 벌써 흥분해 있던 빌헬름 2세가 다가와 악수를 청하고 두 뺨에 가볍게 인사를 했다. 이렇게 베를린에 마련된 자리에서도 두 사람 사이의 대화는 형식적인 수준에서 벗어나지 못했고, 같은 해 2월 19일에 황제가 프리드리히스루를 방문했을 때도 마찬가지였다.[43]

티르피츠(Alfred v. Tirpitz)는 1894년 4월 1일 빌헬름 2세가 비스마르크를 다시 방문한 것을 언급했는데, 그에 따르면 비스마르크는 빌헬름 2세와의 독대에서 프랑스 및 여타 유럽 국가들과의 관계 같은 정치적 주제를 가지고 대화하려고 했다. 그러나 황제는 그러한 주제에 관심을 보이지 않았고 자신의 연회에서 일어난 즐거운 일화들만

43 베를린 방문에서 비스마르크는 황제가 자신을 이전의 재상이 아닌 단순한 외교사절처럼 대하는 것으로 이미 자신이 무덤 속 인물이 되었다는 것을 인지했다. 빌헬름 2세는 프리드리히스루를 방문하면서 비스마르크에게 값비싼 군복 망토를 선물로 내놓았다.

언급하려고 했다. 다시 비스마르크가 정치적 문제를 거론하려 했지만, 황제는 경청하려 하지 않았다고 한다. 오히려 황제는 새로운 군복과 새 배낭에 관한 이야기로 대응하려고 했다. 당시 빌헬름 2세는 초대에 이은 답방을 통해 누가 보더라도 최선을 다한 군주의 모습을 보여주는 데 신경을 썼고, 그것이 답방의 주된 과제라 인식했다.

비스마르크와 빌헬름 2세의 불협화음은 이후에도 지속되었다. 1894년 6월 황제는 뵈티허와 자신의 킬 군항 건설 계획을 비난하던 비스마르크를 더는 묵과하지 않으려 했다. 당시 세계정치(Weltpolitik)를 표방하며 다른 유럽 강대국들처럼 해군력 증강의 필요성을 강력히 주장하던 빌헬름 2세는 호엔로에-실링크스퓌르스트 재상을 프리드리히스루로 보내 자신의 견해를 밝히려고 했다. 호엔로에-실링크스퓌르스트는 비스마르크의 차남 빌헬름(Wilhelm)을 통해 전임 재상이 황제와 계속 갈등을 빚지 않으려면 정부에 대한 새로운 공격을 중단하는 게 좋을 것이라고 경고했다. 아들로부터 전해 들은 황제의 경고성 메시지에 대해 비스마르크는 당혹감을 감추지 못했다. 이후로도 황제는 비스마르크에 대해 무반응과 무관심으로 대응하면서도 대외적으로 화합의 모습을 보여주기 위해 각종 기념일마다 전보, 편지 그리고 선물 등을 프리드리히스루로 보내는 전략을 썼다.

1894년 12월 16일 빌헬름 2세는 킬에서 베를린으로 돌아가면서 아무런 예고도 없이 프리드리히스루를 방문했다. 짧은 만남에서 황제는 정치적인 주제를 언급하지 않으려고 했고, 비스마르크는 정치적 충고를 하려고 했다. 프리드리히스루를 다녀온 빌헬름 2세는 그동안 구상한 비스마르크의 차남 빌헬름의 등용 문제를 구체화하려고 했다. 1895년 가을 당시 내무장관 쾰러(Ernst v. Köller)가 각료회의에서 다룬 안건 일부를 누설함에 따라 어려움에 놓이게 되었다. 이에 따라 홀슈타인을 비롯한 일부 인물이 그의 해임을 요구했지만, 빌헬름 2세는 수용을 거부했다. 오히려 빌헬름 2세는 쾰러를 높이 평가하며, 해임 요구는 자신의 장관 임명권에 대한 도전으로 간주했다. 빌헬름 2세는 쾰러를 해임하고 비스마르크의 막내아들을 그 후임으로 임명하려는 결정을 내렸지만, 아직 외부에 공개하지 않은 상태였다. 당시 황제가 비스마르크 가문과의 진정한 화해를 의도했는지는 알 수 없지만, 비스마르크 가문의 등용 문제가 그와 대적한 관료들에게 일종의 위협으로 작용한 것만은 분명했다. 그런 의미에서 빌헬름 2세는 빌헬름 문제를 자기 권위에 도전하는 관료들을 제어하는 방법으로, 또는 그들과의 관계 개선을 위한 최선책으로 활용하려고 했다.

빌헬름에 대한 결정이 예상보다 늦어지자, 황제는 1896년 빌헬름의 차남이자 비스마르크의 손자인 니콜라우스(Wilhem Nikolaus)의 대부를 자청하고 나섰다. 그러나 빌헬름과 비스마르크 가문에 대한 빌헬름 2세의 이러한 우호적 자세는 1896년 10월 24일자 『함부르크 소식지(Hamburger Nachrichten)』에 게재된 재보장조약과 관련된 기사로 중단되었다.[44]

당시 비스마르크는 독일과 러시아 관계에 대한 중요성을 『함부르크 소식지』에서 다시금 강조했고, 그 과정에서 극비로 부쳐진 재보장

---

44 『함부르크 소식지』의 주간이었던 호프만(Hermann Hofmann)은 일주일에 서너 차례 프리드리히스루를 방문하여 신문 사설에 필요한 자료를 확보하려고 했다. 당시 독일 언론계에서 적지 않은 영향력을 행사하던 이 인물은 비스마르크에게 중요한 정치적 사안을 설명하고 그로부터 날카로운 논평도 제공받아 신문구독자 및 독일인에게 전달하려고 했다.

조약의 존재를 폭로했다. 이것은 황제의 현 러시아 정책을 우회적으로 비판한 것으로 볼 수 있다. 비스마르크가 투고한 기사는 국내외에 엄청난 반향을 불러일으켜 제국의회는 국정조사를 밀어붙이기까지 했다. 『함부르크 소식지』의 기사를 읽은 빌헬름 2세 역시 불같이 화를 내며 전임 재상을 내란죄와 반역죄로 슈판다우(Spandau) 요새에 잡아 가두라는 명령을 내렸다.[45] 이에 호엔로에-실링크스퓌르스트는 프리드리히스루를 무시하는 지금까지의 전략 유지가 최선의 방안이라는 것을 빌헬름 2세에게 인지시키려 했고, 그것으로 소동 역시 간신히 정리되었다. 그러나 비스마르크에 대한 황제의 분노는 식지 않았는데 그 일례로 1897년 4월 1일 열린 비스마르크의 82회 생일에 참석하지 않은 것을 들 수 있다.

45 당시 빌헬름 2세는 비스마르크가 슈판다우 요새에서 생을 마쳐야 한다는 생각까지 했다.

4 삶을 마무리하면서

비스마르크의 말년에 그에게 엄청난 슬픔을 가져다준 것은 아내 요하나, 즉 난네(Nanne)의 죽음이었다. 1894년 초부터 요하나의 병색이 완연했지만, 그녀는 남편과 자식들에게 고통을 드러내 보이지 않으려고 애썼다. 그러나 회복의 기미는 보이지 않았다. 특히 그녀는 황제와 그의 측근들이 남편과 장남을 내쫓은 것에 대한 분노를 삭이지 못하고 마음의 병까지 얻은 상태였다. 그런데도 비스마르크는 매년 그랬듯이 가족과 함께 7월에 쇤하우젠과 바르친으로 여행을 떠났다. 요하나의 건강 상태는 10월 가장 친한 친구인 레코프(Rekow)가 사망함에 따라 더욱 나빠졌고, 결국 1894년 11월 27일 오전 9시 바르친에서 수종(Wassersucht)으로 세상을 떠났다.[46] 요하나가 딸 마리의 팔에 안긴 상태에서 숨을 거뒀을 때, 비스마르크는 줄줄 흐르는 눈물을 참지 못했다. 장례식에 앞서 비스마르크는 아주 오랫동안 요하나의 관

46 세포 간 조직 내 또는 체강 내로 대량의 조직액이 비정상적으로 저류되는 수종은 혈액 중의 수분이 대량으로 조직 내로 이동했을 때, 혈관 및 림프관 내를 흐르는 조직액의 관류가 장애를 받을 때, 그리고 조직의 수분 흡착력이 증가할 때 발생한다.

옆에서 눈물을 흘리면서 관에 장식된 조그만 아연 창문을 통해 요하나의 창백한 얼굴을 들여다보곤 했다.

실제로 요하나의 죽음은 일시적으로 비스마르크를 좌절의 늪에 빠지게 했고 건강에도 심대한 영향을 끼쳤다. 요하나가 죽은 직후 비스마르크는 자기 여동생 말비네에게 솔직한 심정을 담은 서신을 보냈는데, "나에게 유일하게 남아 있었던 것은 요하나뿐이다. 지금 나는 그녀와의 대화, 유쾌한 일상적 대화 등을 떠올리면서 그녀와 함께 보낸 지난 48년을 감사하는 마음으로 회고하고 있다. 그러나 오늘 나를 둘러싼 모든 것은 황량하고 공허할 뿐이다. 감정이 격해지지만, 나는 어쩔 수 없다. 다만 나는 요하나의 사랑과 인정에 감사하지 못한 나 자신만을 책망할 뿐이다. 내가 독일 및 유럽의 정치적 상황에 분노하더라도 그녀는 항상 즐거운 얼굴로 나를 대했기 때문에 은퇴 후에도 나는 항상 즐거웠다. 그러나 오늘 신께서 생명을 허락하신다면 항상 불타고 있기를 원했던 내 마음속의 불빛 역시 꺼지기를 바란다"라고 언급했다. 또한 그는 얼마 후 자신의 공허한 미래에 대해 언급하기도 했다. 그는 인생이란 지속적인 연소 과정이므로 격정의 즐거움을 위한 원료 역시 곧 다 써버릴 것이라는 암울한 언급을 했는데, 자신의 인생 또한 얼마 남지 않았음을 우회적으로 표현한 것이라 하겠다.

요하나의 장례식을 치른 후 비스마르크는 1894년 12월 바르친에서 프리드리히스루로 이사했고, 바르친은 다시 방문하지 않았다. 이렇게 함부르크 근처의 프리드리히스루로 주거지를 옮긴 것은 바르친보다 많은 사람이 자신을 방문할 것이라는 기대에서 나온 것 같다. 이제 딸 마리와 손주들이 그를 돌보았다. 마리의 남편 란트찬(Kuno Graf v. Rantzan) 역시 외교관으로 활동하던 덴하흐 주재 특사 자리를 포기하고 프리드리히스루로 돌아와 장인 집안을 보살피는 데 전념했다.

1895년 4월 1일 비스마르크는 80번째 생일을 맞이했는데, 당시 그의 생일을 축하하는 분위기는 그때껏 볼 수 없었던 차원으로 올라갔다. 1895년 3월 23일 제국의회 의장이 비스마르크에게 생일 축전을 보내자는 안건을 제국의회에 상정했지만, 중앙당, 자유주의당, 사회민주주의당, 벨프당, 그리고 폴란드당의 반대로 제국의회는 장기 근속한 재상에게 공식적인 생일 축전을 보내지 못했다.[47] 그런데도 독일 각지에서 답지하는 축전과 선물로 표현된 존경과 호감의 물결은 제국의회의 치졸한 모욕을 충분히 보상하고도 남았다.[48]

1896년에 접어들면서 비스마르크는 건강상의 이유로 영접 등의 외부 행사를 대폭 줄였다. 실제로 비스마르크의 건강은 매우 나빴고 몸의 쇠락 역시 빠른 속도로 진행되었다. 실제로 요하나의 부재로 집안 곳곳에서 문제가 발생했다. 하다못해 하인들과 가정부는 물론 가족 구성원들 사이에서도 언쟁이 발생했다. 발열, 폐수종으로 인한 호흡곤란, 온몸의 여러 곳에서 다발적으로 나타나는 심한 통증 등으로 자주 모르핀에 의존하던 비스마르크마저 의사의 처방대로 식이요법을 따르지 않았다.[49] 당시 비스마르크는 휠체어 신세를 져야 했지만,

47 당시 제국의회 의원 중 143명은 생일 축전을 보내는 데 찬성했지만, 반대표를 던진 의원은 이보다 많은 163명이었다.

48 실제로 비스마르크의 80회 생일을 맞이하여 베를린을 비롯한 독일 전역에서 간행된 일간지들은 그에 관한 기사 작성에 총력을 기울였다. 그리고 제국의 수도인 베를린 번화가에 있는 상점들의 진열창에는 비스마르크의 사진과 흉상을 비롯하여 그를 다룬 많은 서적이 전시되었다. 그리고 거리의 많은 행상과 노점상은 비스마르크의 사진과 메달을 팔기 위해 거리에서 호객행위도 서슴지 않았다.

49 120킬로그램이 넘던 비스마르크의 체중을 조절하기 위해 육류 대신 그가 즐겨

정신만큼은 또렷했다. 하지만 모든 종류의 통증에 시달리던 비스마르크는 더는 살고 싶지 않다며 하소연하면서 깊은 체념에 빠지는 경우도 많았다. 1897년 10월 주치의 슈베닝거(Ernst Schweninger)는 비스마르크의 왼쪽 발에 노인성 괴저가 발생했음을 확인하고 모든 의술을 동원하여 피부조직이 죽어가는 현상을 멎게 하여 괴저를 발의 복사뼈 아래로 제한하는 데 성공했다.

비스마르크가 슈베닝거를 주치의로 영입한 것은 1883년인데, 당시 그의 나이는 33세였다. 슈베닝거는 120킬로그램이 넘는 거구의 비스마르크에게 다이어트를 통해 체중감량을 시도했고, 그 과정에서 체중을 90킬로그램까지 줄였다. 아울러 슈베닝거는 당시 불면증에 시달리던 재상의 마음을 어떻게 사로잡았는지, 오랜 세월이 지난 뒤 비스마르크는 역사학자 뮐러(Karl Alexander v. Muller)에게 이렇게 언급했다. 그에 따르면 슈베닝거가 "이제 오늘 밤 재상께서는 편안하게 잠드실 수 있을 겁니다"라고 말하자 비스마르크는 다소 회의적인 반응을 보였다. 그러나 슈베닝거는 그러한 반응에 개의치 않고 촉촉한 수건으로 비스마르크의 몸을 감싼 다음, 쥐오줌풀에서 짜낸 기름 몇 방울(einige Tropfen Baldrian)을 수건에 뿌리면서 수면 촉진제라고 말했다. 그런 다음 안락의자에 앉아있던 비스마르크를 침대에 눕힌 뒤, 손으로 비스마르크의 손을 감싸주었다. 마치 엄마가 불안해하는 아이를 돌보듯 하는 자세로 슈베닝거는 재상이 잠들 때까지 기다렸다. 다음날 아침 깨어난 비스마르크는 의사가 여전히 자신의 옆을 지키고 있는 것을 보고, 밤새 푹 잤으며 벌써 날이 밝았다는 것을 믿기 어려워

먹던 청어 요리를 주식으로 바꿔 어느 정도의 감량효과도 보았다.

했다. 그때부터 시작된 슈베닝거에 대한 비스마르크의 절대적 신뢰는 그가 죽을 때까지 지속되었다.

1897년 12월 16일 오전 비스마르크는 다시금 빌헬름 2세를 잠깐 만났는데, 당시 빌헬름 2세가 킬에서 베를린으로 돌아가던 길에 사전 예고도 없이 프리드리히스루에 들렀기 때문이다.[50] 얼마 후 세간에서 냉소적으로 떠돈 풍문은 빌헬름 2세가 "비스마르크의 노인성 괴저가 어느 정도 진행됐는지, 그가 언제쯤 죽을지(Wie weit der Altersbrand beim Fürsten fortgeschritten und wann dessen Tod zu erwarten ist)" 직접 두 눈으로 확인하려 들렀다고 했다. 정신만은 명료했던 비스마르크가 빌헬름 2세와 식사하면서 프랑스를 비롯한 그 밖의 국가들과 독일의 관계를 언급하는 등 정치적 대화를 진지하게 끌어가려 시도했음에도 빌헬름 2세는 모든 정치 주제를 회피하면서, 경박하고 건방진 자세로 그저 몇몇 "썰렁한 일화와 군 영내 마당의 농담(Kasernenhofwitzen)"만 했는데, 이것은 당시 그를 수행했던 외무부 장관 뷜로(Bernhard v. Bülow)와의 사전 조율에서 나온 것이었다.

비스마르크와의 대화에서 빌헬름 2세는 차마 듣기에 민망한 발언까지 했다. 그는 자신의 할아버지인 빌헬름 1세를 '빌헬름 대제'로 추켜세웠지만, 그의 조언자였던 비스마르크를 '충견'이라 비하하기도 했다. 이에 비스마르크는 황제가 거대하고 막강한 군대를 장악하고 있는 한 당연히 어떠한 일이라도 해낼 수 있지만, 그렇지 못할 때는 상황이 완전히 달라질 수도 있다는 의미심장한 말로 대응했다. 이

---

50 빌헬름 2세가 프리드리히스루를 방문한 것은 "임종이 멀지 않았다(dass es dort zu Ende gehe)"는 하인리히(Heinrich) 왕자의 보고 때문이었다.

때 비스마르크는 자신이 1856년 나폴레옹 3세와의 독대에서 언급한 것을 다시금 거론했는데, 그것은 국가가 위기 상황에 놓인다면 황제는 주변 관료들을 가까이해야 할 것이고 그렇게 하지 않는다면 국민은 나쁜 사태를 매번 황제의 책임으로 전가하는 상황이 초래하리라는 것으로 요약할 수 있다. 거의 1시간 동안 불편하기만 했던 대화를 끝낸 후 빌헬름 2세는 수행원들과 함께 자리를 떴다.

이때 비스마르크는 자신의 옆에서 시중들던 농부를 위해 5마르크 동전을 탁자 위에 내려놓았는데, 빌헬름 2세의 초상이 각인된 전면이 아니라 독일 제국의 문장이 새겨진 뒷면이 위로 오게 했다. 이러한 비스마르크의 행동에 대해 빌헬름 2세는 아무런 언급도 하지 않았다. 빌헬름 2세와의 면담 후 비스마르크는 젊은 황제가 자신이 독일 제국을 위해 쌓아온 모든 것을 파괴하리라는 확신도 하게 되었다. 그런데도 휠체어를 탄 비스마르크는 베를린으로 떠나는 빌헬름 2세를 배웅하기 위해 문 앞까지 가는 성의를 표시했다.[51]

얼마 후 비스마르크는 "프리드리히 2세가 서거한 지 20년 만에 예나 참극이 발생했듯이 나의 퇴임 20년 후에도 빌헬름 2세가 계속하여 독일 제국을 통치한다면 모든 것 역시 파괴될 것이다(Zwanzig Jahre

---

51 프리드리히스루에서 빌헬름 2세가 비스마르크에게 보인 태도에 대해 반비스마르크 인물이었던 소설가 폰타네(Theodor Fontane)도 비판했다. 그는 빌헬름 2세가 비스마르크를 버려서는 안 된다는 견해를 제시했고, 빌헬름 2세는 호엔촐레른 가문의 영광이 누구한테서 나왔는가를 다시 한번 숙고해야 한다고도 했다. 폰타네는 비스마르크가 독일 제국을 탄생시키는 데 결정적 역할을 했음을 지적했는데, 이는 빌헬름 2세가 종종 언급하던 비스마르크의 역할, 즉 통일 과정에서 도구, 하수인, 그리고 내세울 것 없는 하찮은 역할에 동의할 수 없다는 관점에서 나온 것 같다. 같은 맥락에서 폰타네는 역사를 인위적으로 왜곡시켜서는 안 된다는 조언도 했는데, 여기에는 역사의 자정적 능력인 '객관성 유지'를 무시해서는 안 된다는 경고도 포함되었다고 하겠다.

nach dem Tode Friedrichs des Grossen war Jena; zwanzig Jahre nach meiner Abgang wird wieder Niederbruch kommen, wenn Wilhelm II weiter regiert wird)"라는 암울한 예상까지 했다. 그리고 이러한 비스마르크의 예언은 그가 죽은 후 20년 만인 1918년 현실로 나타났다.[52] 이로써 비스마르크와 빌헬름 2세는 마지막 순간까지 화해하지 못했다.

1891년 91세의 나이로 빠르고 조용하게 세상을 떠난 몰트케와 달리 비스마르크의 질병은 갖은 고통을 안기며 오래 끌었다. 그런데도 비스마르크는 휠체어에 몸을 싣고 생의 마지막 순간을 받아들이고 있었다. 그렇게나 좋아하던 숲과 호밀 들판을 찾아 가끔 바깥나들이를 했고, 여름이 시작될 무렵에는 공원으로 조금씩 산책도 다녔다. 7월에 접어들면서 호흡이 곤란해지고 고열이 잦아지면서 죽은 듯이 깊은 잠에 빠지는 날이 많아졌고, 더는 집과 침실 밖을 벗어나기 어려워졌다. 차라리 총을 달라고 할 만큼 심한 통증으로 눈물을 흘리며 호소하는 그의 목소리만이 간간이 집 밖으로 새어나올 뿐이었다.

비스마르크 생애의 마지막 몇 달은 도저히 참을 수 없는 아픔이 어떤 것인지 생생하게 보여주는 고통의 현장이었다. 비서였고 주치의 역할까지 수행한 크리잔더(Rudolf Chrysander)는 비스마르크가 "나

52 비스마르크가 죽기 전, 해군장관인 티르피츠(Alfred v. Tirpitz)가 개인적 신분으로 그를 방문했다. 이 인물이 비스마르크를 방문하기 전에는 독일 정치가들은 물론 외국 정치가들도 프리드히리스루를 찾지 않았는데, 빌헬름 2세를 의식해서였다. 비스마르크와의 대화에서 티르피츠는 자신이 구상하고 홍보하던 대독일 전단(Grosse deutsche Flotte) 발족에 대해 언급했다. 비스마르크는 티르피츠가 추진하던 해상국가 건설에 동의했고, 어뢰정 건조와 해안 방위시스템 구축에도 긍정적인 반응을 보였다. 그러나 공격적인 전투함대의 출범에 대해서는 다소 유보적인 자세를 보였는데, 그동안 견지한 정책인 "독일 제국은 더 이상의 영토적 확장을 꾀하지 않는다"는 원칙에서 나온 것 같다.

는 아직 하루 정도 행복한 날을 누릴 거야. 그날은 내가 더는 깨어나지 않는 날이겠지(Für mich wird es nur noch einen glücklichen Tag geben:das ist der Tag, an dem ich nicht mehr aufwache)"라는 말을 했다고 전했다. 이러한 상황에서 비스마르크는 1898년 7월 9일 저녁부터 다음 날에 걸쳐 자신이 가지고 있던 비밀문서들과 빌헬름 2세가 언급될 『회고와 상념』 제3권의 원고를 자신의 개인 비서를 통해 런던으로 보냈는데, 빌헬름 2세가 이 서류들을 점유하지 못하게 하려는 의도였다. 그러나 당시 빌헬름 2세와 카프리비는 비스마르크가 국외로 옮긴 서류들에 관해 관심도 가지지 않았다.

곧 생을 마감해야 한다는 것을 인지한 비스마르크는 침대에 누워 무엇인가 혼잣말로 중얼거리거나 조용히 노래를 부르곤 했다. 그의 침대 옆 탁자에는 실러(Friedrich Schiller)의 시집이 놓여 있었다. 잠에서 깨어난 비스마르크는 눈을 뜨고 곁에 있던 딸 마리에게 왜 그렇게 슬픈 표정을 짓고 있는가를 질문했다. 이에 마리는 아버지께서 아프셔서 그렇다고 대답했다. 비스마르크는 웃으면서 베르디(Giuseppe Fortunino Francesco Verdi)의 오페라 「리골레토(Rigoletto)」의 3막 시작 부분에 나오는 테너의 칸초네 "바람에 날리는 깃털같이 여자의 마음은 변덕스럽다(La donna è mobile)"를 휘파람으로 불렀다. 이것은 딸에게 감동을 주었지만, 당시 상황에 어울리는 것은 아니었다.

생을 마감하기 이틀 전인 7월 28일, 비스마르크는 좋은 하루를 보냈다. 비스마르크는 주치의 슈베닝거의 권유로 샴페인 한 잔을 들고 식탁에 둘러앉아 예전처럼 가족과 어울려 식사 시간도 가졌다. 재미있는 대화를 나누고, 즐겨 앉던 팔걸이가 있는 안락의자에서 신문을 읽고, 오랜만에 파이프 담배도 피워 물었다. 그러다가 48시간 동안 깊은 잠에 빠지더니 다시 고열 증세와 함께 정신이 혼미해지면서 비스마르크의 건강 상태는 급속도로 악화되었다.

1898년 7월 30일 비스마르크는 죽음의 고통을 느끼면서 눈을 떴다. 오후 10시 50분, 곁에 있던 슈베닝거가 달걀 노른자위를 코냑에 섞은 후 이를 숟가락으로 떠서 비스마르크의 입에 넣어주려고 했다. 이에 비스마르크는 숟가락을 밀쳐내면서 "앞으로(vorwärts)"라고 말했다. 그러고는 다른 사람의 도움 없이 술잔을 들어 마셨다. 이로부터 얼마 후 아들 헤르베르트의 팔에 안겨 숨이 가빠서 그르렁거리던 비스마르크가 마지막 숨을 쉬면서 생을 마감했고, 딸 마리도 조용히 아버지의 마지막 길을 지켜보았다. 임종 직전 비스마르크는 "요하나를 다시 만나게 해주소서!"라는 간절한 한마디의 기도도 했다.[53]

노르웨이 해변에서 여름휴가를 즐기던 빌헬름 2세는 비스마르크의 사망 소식을 접한 후 곧바로 헤르베르트에게 조문을 발송했다. 이어 그는 8월 2일 프리드리히스루에서 거행된 비스마르크의 장례식에 참석했다.[54] 그는 비스마르크의 가족에게 장례식을 국장으로 하겠다는 의사를 밝혔지만, 가족들은 그러한 제의를 정중히 거절했다. 실

---

53 당시 독일 언론은 신속하게 비스마르크의 사망을 보도했다. 『클라더다치』 역시 비스마르크의 사망 기사를 게재했는데, 독일의 관점에서 보면 이미 비스마르크가 저승에 도착했다는 것이 언급되었다. 이어 기사에서는 독일의 영웅이었던 그가 전사자의 혼령이 사는 천당(Walhall)으로 들어갔는데, 그 입구에서 빌헬름 1세와 프리드리히 3세가 기쁜 얼굴로 기다리고 있었다는 다소 익살맞은 표현까지 첨부했다.

54 비스마르크와 빌헬름 2세 사이의 앙금은 완벽히 해소되지 못했다. 이는 비스마르크가 죽기 직전 딸 마리에게 언급한 것에서 확인할 수 있는데, 빌헬름 2세는 여전히 어리석은 젊은이에 불과하고 앞으로도 그러한 상태에서 벗어나지 못하리라는 것이었다. 같은 관점의 견해가 빌헬름 2세의 숙부 에드워드 7세(Edward VII)로부터도 나왔다. 그는 빌헬름 2세를 역사 속에서 확인할 수 있는 '가장 훌륭한 실패자' 중의 하나라 했다.

비스마르크와 요하나의 석관

제로 비스마르크는 유언장에서 사후 자신의 죽은 얼굴을 보이지도 말고 서명도 하지 말고 사진도 찍지 말 것이며, 프리드리히스루 저택 맞은편 작은 언덕에 매장해달라고 했다. 비스마르크의 이러한 의지에 따라 자신의 숙적, 내심으로는 더는 숙적이 아니라는 홀가분함 또는 자신감에서 비스마르크의 시신이 담긴 석관을 베를린 돔(Berliner Dom) 지하에 있는 '대리석으로 치장된 웅장한 납골당'에 호엔촐레른 왕조의 고인들 옆에 눕히려던 빌헬름 2세의 계획은 수포가 되었다.[55]

며칠 후 베를린의 카이저 빌헬름 기념 교회(Kaiser Wilhelm Gedächtniskirche)에서 열린 공식 추모 예배에서 평소 황제와 그 가족만이 앉을 수 있는 특별석이지만, 비스마르크 가족을 위해 마련된 자리

55 베를린 박물관 섬(Museuminsel)에 위치한 웅장한 규모의 개신교 교회다. 1894년에 건축을 시작해 1905년에 완성했다. 거대한 원뿔 모양의 지붕으로 인해 '돔(Dom)'이라 불리며, 베를린의 상징과도 같은 건물이다.

(Loge)는 텅 비어 있었다.[56] 저택 근처의 사당(Mausoleum) 공사가 끝난 후, 1899년 3월 16일 비스마르크와 그의 부인 요하나가 영면을 위해 안장됐다. 비스마르크가 유서에서 스스로 작성한 비문 "후작 폰 비스마르크. 1815년 4월 1일 태어났고, 1898년 7월 30일 사망했다. 독일 황제 빌헬름 1세의 충직한 독일 신하(Fürst von Bismarck, geb. 1. Apil 1815, gest. 30. Juli 1898. Ein treuer deutscher Diener Kaiser Wilhelm I.)"가 조출한 하얀 대리석 관에 각인되었다. 당시 비스마르크는 이러한 비문으로 빌헬름 2세에게 마지막으로 하고픈 말이나 서운함을 우회적으로 남긴 것 같다.

비스마르크의 장남 헤르베르트는 1893년에 실시된 제국의회 선거에서 독일제국당 후보로 출마하여 당선되었다. 이후 그는 제국의회에서 종종 빌헬름 2세의 외교 정책에 대해 언급하기도 했다. 그는 황제가 지향하던 러시아와의 관계 소원과 영국과의 친선 유지 정책을 신랄히 비판했다. 그리고 영국과의 관계 강화를 차단하기 위해 보어당(Burenpartei)을 적절히 활용하기도 했다.

비스마르크가 1898년 사망한 이후 황제에 대한 헤르베르트의 비판 역시 점차 그 영향력을 상실하게 되었다. 그리고 당시 영국에 적대감을 가졌던 독일인조차 절제와 균형을 토대로 한 비스마르크의 정책으로 회귀하는 데 동의하지 않았다. 단지 이들은 영국과 러시아가 동시에 도발하기를 원했다. 이렇게 비스마르크의 정책에 동조 세력

---

56 빌헬름 2세가 할아버지 빌헬름 1세를 추모하기 위해 건립한 개신교 교회다. 1891년에 착공해 1895년에 완공된 이 교회는 제2차 세계대전 때 폭격당해 높이 71미터의 첨탑은 파괴되었다. 전쟁의 참상을 후손에게 알리기 위해 폭격 당시의 모습을 그대로 두고 옆에 예배당을 신축했다.

이 없음에 따라 제국의회에서 비스마르크당은 출범하지 못했다. 그러나 비스마르크를 추종하고 흠모하는 독일인, 즉 판사, 교수, 은행가 그리고 대자본가로 구성된 시민 계층은 비스마르크를 독일의 영웅으로 간주했고, 1871년 자랑스러운 독일 제국을 탄생시킨 장본인이라는 것도 망각하지 않았다.

건강상의 문제로 제국의회 의원직을 사임한 헤르베르트는 1904년 9월 18일 프리드리히스루에서 알코올 중독에 따른 간 질환으로 사망했는데, 당시 그의 나이는 55세에 불과했다. 그런데 그의 죽음에 대해 아무도 관심을 표명하지 않았다. 이를 통해 비스마르크라는 이름은 독일 정치에서 더는 아무런 영향력도 행사하지 못하게 된 것도 확인되었다.

마무리하면서

괴팅겐 대학과 베를린 대학에 다니던 시절과 크니프호프에서 농장주로 활동하던 비스마르크는 당시 독일권에서 진행되던 통일과 개혁운동에 관해 관심을 보이지 않았다. 그리고 3월 혁명 직전 개원된 연합지방의회에서 최연소 의원으로 활동하면서 기존의 질서 체제를 옹호하는 보수주의적 관점을 부각하는 데도 주저하지 않았다. 1848년 3월에 발생한 혁명으로 프리드리히 빌헬름 4세가 혁명 세력에 의해 제어됨에 따라 비스마르크는 자신의 관점, 즉 혁명 세력을 타파하는 방법을 모색했고 그것을 실천하려고 노력했다. 이후 그는 베를린에서 프리드리히 빌헬름 4세와 독대할 기회를 얻었고, 병력을 동원하여 혁명적 소요를 분쇄해야 한다는 주장도 펼쳤지만, 국왕은 수용을 거부했다. 이 과정에서 비스마르크의 보수적 성향은 다시금 드러났고, 그가 보수세력의 핵심 인물로 부상하는 계기도 되었다.

비스마르크의 이러한 정치적 성향은 그가 프랑크푸르트 연방의회 대사로 활동하던 시기에도 그대로 유지되었다. 당시 오스트리아는 프로이센이 오스트리아와 대등한 국가가 아니며 앞으로도 그렇게 될 수 없다는 뜻을 밝혔고, 비스마르크 역시 인지하고 있었다. 실제로 오스트리아의 속내는 새로운 유형의 패권정치, 독일권과 중부 유럽에서 주도권을 장악하는 정치, 즉 메테르니히가 1815년부터 지향한 정치를 유지·강화하려고 했다.

프랑크푸르트 연방의회 대사였던 비스마르크는 1850년대 말 러시아와 프랑스에서 외교관으로 활동하기도 했다. 그러다가 1860년대 초 군제개혁을 시행하려던 국왕과 의회 사이의 충돌 이후 그것을 해소하는 과제를 부여받았다. 이후 프로이센의 실세로 등장했고, 점차 독일 통일을 실현하려는 의지도 밝혔다. 여기서 그는 독일권에서 프로이센과 오스트리아의 이익을 보장하는 양강 구도를 지향했지만, 오스트리아의 반대로 실현되지 못했다. 이에 따라 비스마르크는 오스트리아를 배제한 소독일주의 원칙에 따른 독일 통일을 모색했지만, 빈 정부는 그에 대해서도 동의하지 않았다. 당시 빈 정부는 오스트리아의 전 영토가 포함된 오스트리아적 대독일주의(Österreichisches Großdeutschtum)를 지향했다.

이러한 상황에서 비스마르크는 독일 통일의 걸림돌로 부각한 요소들, 즉 오스트리아와 프랑스를 제거하려고 했다. 우선 그는 1866년 오스트리아와 형제 전쟁을 펼쳐 승리를 거두었다. 이 전쟁에서 패한 오스트리아는 독일권에서 강제로 축출되었고, 독일 연방 체제 대신 북독일 연방 체제가 출범했다. 형제 전쟁에서 승리한 비스마르크는 또 하나의 저해 요인이었던 프랑스마저 굴복시킨 후 1871년 1월 18일 독일 제국도 탄생시켰다.

독일 통일을 언급하면서 우리는 비스마르크뿐만 아니라 오스트리아 정치가 메테르니히도 거론하게 되는데, 이 두 사람이 통일 과정에서 대칭적인 인물로 등장했기 때문이다. 메테르니히는 독일 통일보다 독일권에서의 우위권 확보를 통해 오스트리아의 존속과 국제적 위상증대에 관심을 보인 현실 정치가였다. 비스마르크 역시 메테르니히 같은 현실 정치가로 간주되는데, 이는 그가 지향한 소독일주의 원칙에 따른 독일 통일에서 장애 요인으로 드러난 오스트리아와 프랑스를 제압해야만 통일 구현이 가능하다고 판단했기 때문이다. 비스마르크는 독일 통일에서 탄생한 독일 제국의 국제적 위상을 증대시키려 했지만, 메테르니히는 독일 연방에서의 주도권 고수를 통해 통일 독일국가가 아닌 오스트리아의 위상만을 굳건히 하려 했다는 차이점이 확인된다. 이에 따라 메테르니히는 독일 통일을 저해한 인물로 간주된 반면, 비스마르크는 독일 통일의 주역으로 평가되고 있다.

비스마르크는 자신이 추진한 정책의 모델이었던 프리드리히 2세와 마찬가지로 문제해결을 위해 전쟁이라는 방법을 활용했다. 즉 프리드리히 2세는 슐레지엔 지방 획득에 걸림돌로 간주된 오스트리아와 1740년 전쟁을 벌였고, 비스마르크 역시 독일 통일의 저해 요인이었던 오스트리아 및 프랑스와의 전쟁을 통해 독일 통일을 구현했다. 여기서 이 두 사람은 정통성이 결여된 방법, 즉 전쟁을 활용했고 이로 인해 많은 부작용 또는 후유증도 경험해야 했다.

비스마르크는 독일 통일 이후 정당 정책, 종교 정책, 그리고 사회복지 제도 도입 등의 정책을 적극적으로 펼쳤다. 아울러 그는 알자스-로렌 지방을 빼앗긴 프랑스의 보복 전쟁이 가시화되는 것을 막기 위해 펼친 외교 정책, 즉 프랑스의 고립화와 그것의 유지에 절대로 필요한 열강 간의 동맹 정책도 지속적으로 추진했다.

비스마르크는 빌헬름 1세에 이어 1888년 3월 9일 등극한 프리드리히 3세와의 정책적 조율 과정에서 별다른 문제를 제기하지 않았다. 그러나 그는 프리드리히 3세가 1888년 6월 13일에 서거한 후 등장한 빌헬름 2세와의 관계가 원만하지 않으리라는 것을 인지했다. 물론 노재상은 젊은 빌헬름 2세와 협력하려고 했지만, 새 황제는 누구의 간섭없이 독자적으로 국가를 운영하려 했고 비스마르크의 퇴출이 필요하다는 관점도 가졌는데, 결국 그것을 실현했다. 여기서 우리는 한 국가에서 복수 권력이 동시에 공존할 수 없다는 것을 알게 되었고, 결국 기득권을 가진 권력, 즉 위정자에 의해 다른 경쟁 인물이나 세력이 제압된다는 사실을 파악했다. 기득권을 가진 세력이 설정한 구도에 다른 경쟁 세력이 침투한다면, 바로 제거 대상으로 드러나는 것도 알게 되었다. 또한 사람들이 만들고 참여하는 모든 질서 체제에서 이러한 암묵적 원칙이 작동한다는 것과 그러한 것이 앞으로도 계속 견지된다는 확신도 하게 되는데, 이는 인간의 기본적인 제 속성 중의 하나인 권력욕과 연계되기 때문이다. 따라서 이러한 일종의 '갑질 횡포'는 과거의 역사뿐만 아니라 앞으로의 역사에서도 쉽게 확인할 수 있을 것이다. 이러한 단정은 유전자 조작 없이는 인간의 기본적 속성인 권력욕과 평화 추구욕을 변형시킬 수 없다는 확신에서 나온 것 같다.

많은 국가에서 명품회사들은 코로나19 사태 이후 재료비나 인건비 인상 등을 빌미로 제품가격을 올렸고, 그 빈도 역시 이전보다 짧아지고 있다. 이제 이들 회사는 1년에 한두 번이 아니라 서너 번씩 올리면서 상품이 계속 팔린다는 확신도 했다. 이는 코로나19 사태 이후 너무나 많은 돈이 시중에 풀렸고, 그로 인해 물가 상승에 대한 기대심리 역시 증대된 데서 연유한 것 같다. 이러한 시장 상황을 정확히 파악한 명품회사들은 그들의 제품가격을 인상하기 전에 한결같이 인상 예고도 하는데, 사람들에게 상품을 빨리 구매해야 한다는 암묵적인 압박도 발휘하기 때문이다. 이러한 판매 전략에 대해 적지 않은 사람들이 불만을 토로하지만, 이들 역시 다른 구매자들과 마찬가지로 명품회사의 의도대로 매장을 찾아 인상 전의 가격으로 상품을 구매하는 경우가 많은데 이는 명품이 고가임에도 누구나 갖고 싶어 하는 신변 장식품으로 자리 잡았기 때문이다.

이러한 명품 선호 성향은 우리나라에서 더욱 심화하고 있음을 확인할 수 있는데, 2023년 1월 12일 미국의 경제 뉴스 전문방송인 CNBC 보도를 그 일례로 제시할 수 있다. 이 방송은 투자은행 모건 스탠리(Morgan Stanley)가 분석한 세계 각국의 명품소비액을 보도했다. 그에 따르면 한국인의 2022년 명품구매액은 전년보다 24% 증가한 168억 달러(20조 9천억 원)이고, 이를 1인당 지출액으로 환산하면 325 달러(40만 4천 원)에 달한다는 것이다. 전 세계에서 1위를 차지한 한국인의 1인당 구매액은 중국의 5.9배이고, 우리보다 국민소득이 거의 2배나 높은 미국의 280달러(34만 8천 원)보다 45달러(5만 6천 원)나 많았다.

저변으로 급격히 확산하는 이러한 명품 선호 및 애착 현상은 명품을 판매하는 백화점 주변에 텐트를 설치한 후 다음 날 매장에 빨리 가서 명품을 사려는 사람들까지 나타나는 기이한 현상까지 초래하고 있다. 그리고 이러한 특이한 상황은 국내 언론은 물론 해외언론에서도 토픽으로 보도하고 있다.

일반적으로 소득수준이 높아질수록 명품에 대한 선호도가 이전보다 훨씬 높아지지만, 우리나라에서는 그 도가 지나친 것 같다. 이러한 것은 명품을 통해 사회적 신분이 자동으로 업그레이드된다는 왜

곡된 인식에서 비롯되었다. 실제로 모건스탠리는 지나칠 정도의 명품 선호도가 "사회적 지위를 외적 치장을 통해 과시하려는 욕구"에서 나온다는 것을 지적했다. 그런데도 명품으로 치장하면 사회적 신분이 자동으로 업그레이드된다는 우리나라 특유의 사회적 분위기 역시 선호도 급증에 크게 이바지한 것 같다. 최근의 한 방송에서 명품 선호도의 급증 현상에서 비롯된 웃지 못할 상황까지 보도했는데, 그에 따르면 명품을 구매할 능력이 없는 경우 명품 대신 포장한 상자나 백을 정상가의 서너 배나 비싼 가격으로 사들인 후 집안 곳곳에 배치하는 젊은이들이 늘어나고 있다는 것이다. 이를 통해 명품에 대한 집착욕과 그것을 묵인하는 사회적 현상을 다시금 생각하지만, 이를 효율적으로 치유할 방법 역시 없다는 것에 씁쓸할 뿐이다.

이렇게 명품에 대해 언급한 것은 많은 사람이 선호하는 '명품'이라는 단어를 정치가들에게도 적용할 수 있다고 생각했기 때문이다. 그런데 명품 정치가는 분명히 기존의 통속적 개념과는 다른 의미가 있을 수밖에 없을 것이다. 일반적으로 한 정치가가 자신에게 주어진 정치적 과제나 책임을 올바르게 수행하거나 동시대 다른 정치가들의 본보기가 될 때, 그에게 '명품 정치가'라는 명칭을 부여할 수 있을 것이다. 여기서 우리는 비스마르크를 명품 정치가의 반열에 올려놓을 수 있느냐는 질문을 던질 수 있고, "그렇다"는 답변도 할 수 있다. 그가 자신에게 주어진 과제, 즉 독일 통일에 필요한 정책이 무엇인지를 정확히 파악하고 그에 맞는 최상의 해결책도 사용했기 때문이다. 물론 보는 관점에 따라 비스마르크를 명품 정치가로 인정하지 않으려는 세력, 즉 다수 독일인의 바람인 평화적 방법보다 무력적 방법을 통해 독일 통일을 구현한 비스마르크를 부정적으로 보는 세력 역시 적지 않다는 것을 직시해야 하고 그들의 관점 역시 존중해야 할 것이다.

여기서 우리는 “많은 국가에서 활동을 펼치고 있는 정치가 중에서 명품 정치가의 범주에 포함되는 정치가들이 과연 얼마나 될까?” 하는 질문도 던질 수 있지만, 이러한 범주에 드는 정치가들이 아쉽게도 많지 않다는 것 역시 쉽게 확인할 수 있다. 또한 명품 정치가들이 많은 국가는 그렇지 않은 국가들보다 사회적 안정 및 경제적 활성화에서 우위를 차지한 후 국가의 위상증대 역시 실현했다. 아울러 이를 통해 사회 구성원 역시 더욱 안정되고 번영된 사회에서 살 수 있는데, 이는 과거의 역사뿐만 아니라 오늘날의 일부 국가에서도 그 실례를 찾을 수 있다.

참고문헌

Althammer, Beate, *Das Bismarckreich 1871-1890. Seminarbuch Geschich –te* (Paderborn-München-Wien-Zürich, 2009)

Angelow, Jürgen, *Von Wien nach Königgrätz. Die Sicherheitspolitik des Deutschen Bundes im europäischen Gleichgewicht(1815~1866)* (München, 1996)

Augstein, Rudolf, *Otto von Bismarck* (Frankfurt, 1990)

Beck, Ulrich, *Deutsches Europas* (Berlin, 2012)

Becker, Frank, *Bilder von Krieg und Nation. Die Einigungskriege in der bürgerlichen Öffentlichkeit 1864-1913* (München, 2001)

Böhme, Helmut, *Deutschlands Weg zur Großmacht. Studien zum Verhältnis von Wirtschaft und Staat während der Reichsgründungszeit 1848~1881* (Köln, 1972)

Borner, Karl Heinz, *Die Krise der preußischen Monarchie von 1858~1862* (Berlin, 1976)

Brandt, Harm-Hinrich, *Deutsche Geschichte 1850~1870. Entscheidung über die Nation* (Stuttgart, 1999)

Brandt, Hartwig, *Europa 1815~1850. Reaktion-Konstitution-Revolution* (Stuttgart, 2002)

Bridge, Francis Roy, *The Habsburg Monarchy among the Great Powers, 1815-1918* (New York-Oxford-München, 1990)

Canis, Konrad, *Bismarcks Außenpolitik 1870 bis 1890* (Paderborn, 2004)

Craig, Gordon A., *Königgrätz* (München, 1987)

Clark, Christopher, *Preußen. Aufstieg und Niedergang 1600-1947* (Bonn, 2007)

______, *Kaiser Wilhelm II* (Harlow, 2000)

Dietrich, Richard (Ed.), *Europa und der Norddeutsche Bund* (Berlin, 1968)

Dittrich, Jochen, *Bismarck, Frankreich und die spanische Thronkandidatur der Hohenzollern. Die 'Kriegsschuldfrage' von 1870* (München, 1970)

Doering-Manteuffel, Anselm, *Die deutsche Frage und das europäische Staatensyem 1815-1871* (München, 1993)

Ehlers, Joachim, *Die Entstehung des deutschen Reiches* (Oldenbourg-München, 2010)

Engelberg, Ernst, *Bismarck: Urpreuße und Reichsgründer* (Berlin, 1987)

______, *Bismarck. Das Reich in der Mitte Europas* (Berlin, 1990)

______, *Bismarck. Sturm über Europa* (München, 2014)

Engelberg, Waltraut, *Das Private Leben des Bismarcks* (Berlin, 1999)

Erbe, Michael, *Die Habsburger 1493-1918. Eine Dynastie im Reich und in Europa* (Stuttgart-Berlin-Köln, 2000)

van Eyck, Erich, *Bismarck und das deutsche Reich* (München, 1990)

Epkenhans, Michael (Ed.), *Otto von Bismarck. Aubruch in die Moderne* (München, 2015)

Fenska, Hans (Ed.), *Im Bismarckschen Reich 1871-1890. Quellen zum politischen Denken der Deutschen im 19. und 20. Jahrhundert(6)* (Darmstadt, 1978)

Gall, Lothar, *Europa auf dem Weg in die Moderne 1850-1890* (München, 1989)

______, *Der weiße Revolutionär* (Berlin, 2002)

Gerwarth, Robert, *Der Bismarck-Mythos. Die Deutschen und der Eiserne Kanzler* (München, 2007)

Görtemaker, Manfred, *Geschichte Europas 1850-1918* (Stuttgart, 2002)

Groepper, Horst, *Bismarcks Sturz und die Preisgabe des Rückversicherungsvertrags* (Paderborn, 2008)

Gruner, Wolf, *Die deutsche Frage in Europa 1800-1990* (München, 1993)

Hank, Manfred, *Kanzler ohne Amt* (München, 1980)

Heidenreich, Bernd (Ed.), *Bismarck und die Deutschen* (Berlin, 2005)

Herre, Franz, *Anno 70/71. Der Deutsche-Französische Krieg* (Köln-Berlin, 1979)

______, *Bismarck. Der preussische Deutsche* (Köln, 1991)

Hess, Adalbert, *Das Parlament, das Bismarck widerstrebte. Zur Politik und sozialen Zusammensetzung des preußischen Abgeordnetenhauses Konfliktzeit(1862-1866)* (Köln-Opladen, 1964)

Hildebrandt, Klaus, *Das vergangene Reich. Deutsche Außenpolitik von Bismarck bis Hitler 1871-1945* (Stuttgart, 1995)

Hillgruber, Andreas, *Otto von Bismarck. Gründer der europäischen Großmacht Deutsches Reich* (Göttingen, 1978)

Hoffmann, Gabriele, *Otto von Bismarck und Johanna von Puttkammer. Die Geschichte einer großen Liebe* (Berlin, 2014)

Howard, Michael, *The Franco-Prussian War. The German Invasion of France 1870/71* (New York, 1990)

Janorschke, Johannes, *Bismarck, Europa und die 'Krieg in Sicht' Krise von 1875* (Paderborn, 1975)

Karenbach, Andreas, *Bismarcks Konzepte zur Reform des Deutschen Bundes. Zur Kontinuität der Politik Bismarcks und Preußens in der deutschen Frage* (Göttingen, 1991)

Kocha, Jürgen, *Das lange 19. Jahrhundert* (Stuttgart, 2003)

Kolb, Eberhard, *Der Kriegsausbruch 1870. Politische Entscheidungs-prozesse und Verantwortlichkeiten in der Julikrise 1870* (Göttingen, 1970)

______ (Ed.), *Europa und Reichsgründung. Preußen-Deutschland in der Sicht der großen Europäischen Mächte 1860-1880* (München, 1980)

______, *Der Weg aus dem Krieg. Bismarcks Politik im Krieg und die Friedensanbahnung 1870/71* (München, 1989)

______, *Großpreußen und Kleindeutschlands? Zu Bismarcks deutscher Politik im Reichsgründungsjahrzehnt, in: Kunisch, Johannes, Bismarck und seine Zeit* (Berlin, 1992)

______, Eberhard, *Bismarck* (München,2014)

Kraus, Hans-Christof, *Bismarck. Größe-Grenzen-Leistungen* (Stuttgart, 2015)

Kremb, Klaus, *Otto von Bismarck. Politisches Denken* (Wiesbaden, 2015)

Kretschmann, Carsten, *Bismarck. Ein Leben im Widerspruch* (Wien-Köln-Weimar, 2015)

Krockow, Christian Graf von, *Bismarck* (Stuttgart, 1997)

Lenz, Max, *Bismarcks Plan einer Gegenrevolution im März 1848* (Berlin, 1930)

Loth, Wilfried, *Das Kaiserreich. Obrigkeitsstaat und politische Mobili- sierung* (München, 1997)

Lutz, Heinrich, *Österreich-Ungarn und die Gründung des Deutschen Reiches. Europäische Entscheidungen 1867-1871* (Berlin, 1979)

______, *Zwischen Habsburg und Preußen. Deutschland 1815-1866* (Berlin, 1985)

Marcks, Erich, *Bismarcks Jugend 1815-1851* (Stuttgart-Berlin, 1909)

Meyer, Arnold Oskar, *Bismarcks Kampf mit Österreich am Bundestag zu Frankfurt (1851-1859)* (Berlin, 1927)

______, *Bismarck. Der Mensch und der Staatsmann* (Leipzig, 1944)

Mommsen, Wilhelm, *Bismarck* (München,1966)

Mommsen, Wolfgang J., *Das Ringen um den nationalen Staat. Die Gründung und der innere Ausbau des Deutschen Reiches unter Otto von Bismarck 1850-1890* (Berlin, 1993)

Mosse, W. E., *The European Powers and the German Question 1848-1871* (London, 1958)

Müller, Jürgen, *Der Deutsche Bund 1815-1866* (München, 2006)

Neugebauer, Wolfgang. *Die Hohenzollern* (Stuttgart,2007)

______, *Die Geschichte Preußens. Von den Anfängen bis 1947* (München, 2009)

Nipperdey, Thomas, *Deutsche Geschichte 1800-1866* (München, 1983)

______, *Deutsche Geschichte 1866-1918. Machtstaat vor der Demokratie* (München, 1992)

Nonn, Christoph, Bismarck. *Ein Preuße und sein Jahrhundert* (München, 2015)

Ohff, Hainz, *Preußens Könige* (München, 2016)

Pflanze, Otto, *Bismarck. Der Reichsgründer* (München, 1997)

______, *Bismarck. Der Reichskanzler* (München, 1998)

Pieper, Dietmar/Saltzwedel, Johannes (Ed.), *Die Welt der Habsburger. Glanz und Tragik eines europäischen Herrscherhauses* (München, 2010)

Pollmann, Klaus-Erich, *Parlamentarismus im Norddeutschen Bund 1867-1870* (Düsseldorf, 1985)

Rein, Gustav Adolf, *Die Revolution in der Politik Bismarcks* (Göttingen, 1957)

Reiners, Ludwig, *Bismarcks Aufstieg 1815-1864* (München, 1980)

______, *Bismarck gründet das Reich* (München, 1980)

Rose, Andreas, *Deutsche Außenpolitik in der Ära Bismarck (1862-1890)* (Darmstadt, 2013)

Schieder, Theodor, *Das Deutsche Kaiserreich von 1871 als Nationalstaat* (Göttingen, 1992)

Schlie, Ulrich, *Das Duell. Der Kampf zwischen Habsburg und Preußen um Deutschland* (Berlin, 2013)

Schulz, Matthias, *Das 19.Jahrhundert(1789-1914)* (Stuttgart, 2011)

Schmidt, Georg, *Schönhausen und die Familie von Bismarck* (Berlin, 1897)

Schmidt, Rainer F., *Otto von Bismarck. Realpolitik und Revolution* (Stuttgart, 2004)

Siemann, Wolfram, *Vom Staatenbund zum Bundesstaat: Deutschland 1806-1871* (München, 1995)

Simms, Berndas, *Kampf um Vorherrschaft. Eine deutsche Geschichte Europas 1453 bis heute* (München, 2016)

Steinberg, Jonathan, *Bismarck. Magier der Macht* (Berlin, 2012)

Stern, Fritz, *Gold und Eisen. Bismarck und sein Bankier Blechröder* (Hamburg, 1998)

Sternburg, Wilhelm von, *Die deutschen Kanzler* (Berlin, 2007)

Stürmer, Michael, *Bismarck* (München, 1984)

______, *Die Reichsgründung. Deutscher Nationalstaat und europäisches Gleichgewicht im Zeitlater Bismarcks* (München, 1984)

______, *Die Grenzen der Politik* (München, 1987)

Taylor, Alan John Percivale, *Bismarck, The Man and the Statesman* (London, 1955)

Ulrich, Volker, *Otto von Bismarck* (Hamburg, 1998)

______, *Fünf Schüsse auf Bismarck* (München, 2002)

______, *Bismarck* (Reinbek, 2013)

Vogt, Martin, *Deutsche Geschichte. Von den Anfängen bis zur Gegenwart* (Frankfurt, 2002)

Wehler, Hans-Ulrich, *Krisenherde des Kaiserreichs 1871-1918* (Göttingen, 1979)

______, *Das Deutsche Kaiserreich* (Göttingen, 1977)

Wetzel, David, *A Duel of Giants. Bismarck, Napoleon III, and the Origins of the Franco-Prussian War* (Madison, 2001)

Wihlelm, Rolf, *Das Verhältnis der süddeutschen Staaten zum Nord- deutschen Bund 1860~1870* (Husum, 1978)

Willms, Johannes, *Bismarck. Dämon der Deutschen. Anmerkungen zu einer Legende* (München, 1999)

Winkler, Heinrich August, *Der lange Weg nach Westen. Deutsche Geschichte 1806~1933* (Bonn, 2003)

Winter, Ingelore M, *Mein geliebter Bismarck. Der Reichskanzler und die Fürstin Johnna* (Düsseldorf, 1988)

Zechlin, Egmont, *Bismarck und die Grundlegung deer deutschen Großmacht* (Darmstadt, 1960)

______, *Die deutsche Einheitsbewegung* (Frankfurt, 1967)

찾아보기

ㅇ

ㅈ

ㅊ

ㅋ

ㅌ

ㅍ

ㅎ

123

김장수

한양대학교 사학과를 졸업하고, 베를린 자유대학교 역사학부에서 석사 및 철학박사를 취득했다. 저서로는 『Die politische Tätigkeit F. Palackýs』, 『Korea und der 'Westen' von 1860 bis 1900』, 『Die Beziehungen Koreas zu den europäischen Großmächten, mit besonderer Berücksichtigung der Beziehungen zum Deutschen Reich』, 『프란티세크 팔라츠키(F. Palacký)의 정치활동』, 『독일의 대학생 활동 및 그 영향』, 『서양의 제 혁명』, 『비스마르크』, 『중유럽 민족문제(공저)』, 『유럽의 절대왕정 시대』, 『주제별로 들여다본 체코의 역사』, 『주제별로 살펴본 서양 근대사』, 『체코 역사와 민족의 정체성』, 『슬라브 정치가들이 제시한 오스트리아제국의 존속 방안』, 『후스로부터 시작된 종교적 격동기(1412-1648)』, 『19세기 독일통합과 제국의 탄생』, 『메테르니히』, 『오스트리아 최초의 여왕 마리아 테레지아』, 『독일통합의 비전을 제시한 프리드리히 2세(Friedrich II)』, 『1848 독일혁명』, 『오스트리아 왕위 계승 전쟁(1740-1763)』 등이 있으며, 그동안 프란티셰크 팔라츠키(Frantiček Palacký)의 친오스트리아슬라브주의(Austroslavismus)와 19세기 오스트리아 제국의 민족문제를 다룬 논문들도 다수 발표했다. 현재 가톨릭관동대학교 역사교육과 명예교수이며, 한국세계문화사학회(이전의 한국서양문화사학회) 명예회장으로 활동하고 있다.